现代远程教育系列教材

劳 动 法

（第二版）

赵德淳　编著

经济科学出版社

图书在版编目（CIP）数据

劳动法/赵德淳编著. —2 版. —北京：经济科学出版社，2015.2（2019.2 重印）
现代远程教育系列教材
ISBN 978 - 7 - 5141 - 5488 - 7

Ⅰ. ①劳⋯　Ⅱ. ①赵⋯　Ⅲ. ①劳动法 - 中国 - 远程教育 - 教材
Ⅳ. ①D922.5

中国版本图书馆 CIP 数据核字（2015）第 033370 号

责任编辑：范　莹
责任校对：隗立娜
责任印制：李　鹏

劳动法（第二版）

赵德淳　编著

经济科学出版社出版、发行　新华书店经销
社址：北京市海淀区阜成路甲 28 号　邮编：100142
总编部电话：010 - 88191217　发行部电话：010 - 88191522
网址：www. esp. com. cn
天猫网店：经济科学出版社旗舰店
网址：http://jjkxcbs. tmall. com
固安华明印业有限公司印装
787 × 1092　16 开　23 印张　450000 字
2015 年 3 月第 2 版　2019 年 2 月第 2 次印刷
ISBN 978 - 7 - 5141 - 5488 - 7　定价：60.00 元（含习题手册）
（图书出现印装问题，本社负责调换。电话：010 - 88191502）
（版权所有　翻印必究　举报电话：010 - 88191586
电子邮箱：dbts@ esp. com. cn）

现代远程教育系列教材
编 审 委 员 会

总　序

当今世界，网络与信息技术的发展一路高歌猛进，势如破竹，不断推动着现代远程教育呈现出革命性变化。放眼全球，MOOCs运动席卷各国，充分昭示着教育网络化、国际化正向纵深发展；聚焦国内，传统大学正借助技术的力量，穿越由自己垒起的围墙，努力从象牙塔中走出来，走向社会的中心；反观自我，68所现代远程教育试点院校围绕党的十八大提出的"积极发展继续教育，完善终身教育体系，建设学习型社会"目标，经过十余载的探索前行，努力让全民学习、继续学习、终身学习的观念昌行于世。

教材作为开展现代远程教育的辅助工具之一，与教学课件、学习平台和线上线下的支持服务等要素相互匹配，共同发挥着塑造学习者学习体验和影响最终学习效果的重要作用。技术的飞速进步在不断优化学习体验的同时，也对现代远程教育教材的编写提出了新挑战。如何发挥纸介教材的独特教学功能，与多媒体课件优势互补，实现优质教材资源在优化的教学系统、平台和环境中，在有效的教学模式、学习策略和学习支持服务的支撑下获得最佳的学习成效，是我们长期以来不断钻研的重要课题。为此，我们组织有丰富教学经验及对现代远程教育学习模式有深入研究的专家编写了这套现代远程教育教材。在内容上，我们尽力适应大众化高等教育面对在职成人、定位于应用型人才培养的需要；在设计上，我们尽力适应地域分散、特征多样的远程学生自主学习的需要，以培养具备终身学习能力的现代经管人才。

教材改变的过程正是对教育理念变革的不断践行。我们热切希望求知若渴的学生和读者们不吝各抒己见，与我们一同改进和完善这套教材，在不断深化的继续教育综合改革中为构建全民终身教育体系共同努力。

这套教材的出版得到了经济科学出版社的大力支持，范莹编辑对这套教材无论从选题策划、整体设计还是及时出版更是付出了大量劳动，在此一并表示衷心感谢！

现代远程教育系列教材编委会

第二版前言

　　全面推进依法治国，总目标是建设中国特色社会主义法治体系，建设社会主义法治国家。以劳动关系为基本调整对象的劳动法是中国法律体系中重要的法律部门之一，在中国特色社会主义法治体系中发挥着重要的作用。自改革开放以来，不断地加快有关劳动关系的立法进程，特别是随着《劳动合同法》、《劳动争议调解仲裁法》和《就业促进法》的颁布实施，更是引起了社会各方面的广泛关注，使中国特色社会主义法治体系得到了进一步的完善。《劳动法》教材自2008年8月出版以来，劳动立法的进程不断加快，国务院于2008年9月通过了《劳动合同法实施条例》，第十一届全国人民代表大会常务委员会于2010年10月颁布实施了《社会保险法》，2012年12月又对《劳动合同法》进行了修订，人力资源和社会保障部于2013年6月颁布实施了《劳务派遣行政许可实施办法》，又于2014年1月颁布实施了《劳务派遣暂行规定》等，上述立法进一步丰富了中国的劳动法体系，使劳动法治建设日趋丰富。为了全面反映中国劳动法治建设的最新成果，现对教材《劳动法》进行必要的修订，并于2015年2月出版《劳动法》（第二版）。

　　《劳动法》（第二版）是按照中国目前最新颁布实施的《劳动合同法》《劳动争议调解仲裁法》《就业促进法》《社会保险法》，以及相关的立法而编写的。同时，为满足远程教育学员学习的切实需求，充分考虑到他们的学习特点，为方便自学，在保证劳动法知识体系的完整和内容的准确无误的情况下，尽量采用通俗易懂的语言进行阐述，并且做到重点突出、有所侧重。

　　在本教材编写过程中，参阅了国内一些劳动法教材和有关研究成果，对此，表示衷心的谢意。由于水平所限，书中难免存在一些不足之处，恳请读者批评指正。

作　者

2014年11月

2008 年版前言

　　社会主义和谐社会是各方面利益关系能够得到有效协调的社会，和谐社会也是稳定有序的社会。劳动关系作为最基本的社会关系之一，其稳定有序与否直接制约着和谐社会的建设。从这个意义上说，以劳动关系为主要调整对象的劳动法成为我国法律体系中一个重要的法律部门，在和谐社会的建设中发挥着独特的基础性作用。特别是随着《中华人民共和国劳动合同法》（以下简称《劳动合同法》）、《中华人民共和国劳动争议调解仲裁法》（以下简称《劳动争议调解仲裁法》）和《中华人民共和国就业促进法》（以下简称《就业促进法》）的颁布实施，更是引起了社会各方面的广泛关注。

　　本教材是按照最新颁布实施的《劳动合同法》《劳动争议调解仲裁法》《就业促进法》而编写的，同时，为满足远程教育学员学习的切实需求，充分考虑到他们的学习特点，为方便自学，在保证劳动法知识体系的完整和内容的准确无误的情况下，本教材尽量采用通俗易懂的语言进行阐述，并且做到重点突出、有所侧重。

　　在本教材编写过程中，参阅了国内一些劳动法教材和有关研究成果，对此，表示衷心的谢意。由于水平所限，书中难免存在一些不足之处，恳请读者批评指正。

作　者

2008 年 6 月

目∥录

第一章 劳动法概述

第一节 劳动法的概念和调整对象

一、劳动法的概念

劳动法是调整劳动关系以及与劳动关系密切联系的社会关系的法律规范总称。劳动法的内容主要包括：劳动者的劳动权利与义务；劳动就业的有关规定；劳动合同与集体合同制度；工作时间与休息时间制度；工资支付制度；劳动卫生安全制度；女职工与未成年工的特殊保护制度；职业培训制度；社会保险与福利制度；劳动争议的处理制度；执行劳动法的监督检查制度以及违反劳动法的法律责任等。在社会主义市场经济条件下，由于劳动关系的变化，劳动争议的日益增加，使调整劳动关系的劳动法成为我国法律体系中一个重要的独立的法律部门。

劳动法有狭义和广义之分。从狭义上讲，我国劳动法是指由中华人民共和

1

国第八届全国人民代表大会常务委员会第八次会议于 1994 年 7 月 5 日通过，自 1995 年 1 月 1 日起施行的《中华人民共和国劳动法》，它是国家为了保护劳动者的合法权益，调整劳动关系，建立和维护适应社会主义市场经济的劳动制度，促进经济发展和社会进步，根据宪法而制定的法律。从广义上讲，劳动法是调整劳动关系以及与劳动关系有密切联系的其他社会关系的法律规范总称。本书所称的劳动法，如果不做特别说明，是指广义上的劳动法。

目前，我国劳动法的渊源主要包括以下部分：（1）法律。由全国人民代表大会及其常委会制定的法律主要包括《劳动法》《劳动合同法》《就业促进法》《社会保险法》《劳动争议调解仲裁法》《工会法》《职业病防治法》《安全生产法》《矿山安全法》《妇女权益保障法》《未成年人保护法》等。（2）行政法规。由国务院颁布的劳动行政法规主要有《劳动合同法实施条例》《女职工劳动保护规定》《禁止使用童工规定》《失业保险条例》《工伤保险条例》《企业劳动争议处理条例》《劳动保障监察条例》等。（3）地方性法规。由省、自治区、直辖市以及经国务院批准的较大的市的人民代表大会及其常务委员会，结合本行政区劳动管理的实际需要，通过制定地方性法规，加强对劳动关系的调整，如《辽宁省失业保险条例》等。（4）部门规章和地方政府规章。部门规章是由国务院劳动行政主管部门颁布的规范性法律文件，如《劳务派遣暂行规定》《劳务派遣行政许可实施办法》《集体合同规定》《违反和解除劳动合同的经济补偿办法》《违反〈劳动法〉有关劳动合同规定的赔偿办法》《企业最低工资规定》等；地方政府规章是由省、自治区、直辖市和较大的市的人民政府制定的规范性法律文件。（5）司法解释。由最高人民法院颁布的关于审理劳动争议案件的司法解释也是我国劳动法渊源的重要组成部分。此外，经我国批准的国际劳工公约也是劳动法的渊源。

以《劳动法》为核心的劳动法律制度的建立，使我国劳动制度的各个方面逐步走向法治化，具有重要的社会意义。它确立了市场经济条件下劳动关系调整的基本模式，有力地推动了经济体制改革和市场经济的发展；明确了劳动者享有的基本劳动权利，维护了劳动者的合法权益；明确了劳动关系双方的权利义务，有利于减少纠纷，维护稳定、和谐的劳动关系，从而为构建和谐社会提供了重要保证。

劳动法学是以劳动法及其发展规律作为研究对象的一门法学学科，劳动法学主要是以劳动法的基本理论、现行的劳动法律制度、劳动法的历史发展规律、外国劳动法的发展和国际劳动立法等为研究对象。由于劳动法是我国社会主义市场经济条件下一个重要的法律部门，因此，劳动法学在法学体系中占有重要的地位，劳动法学的研究越来越受到国家和社会的重视。在加强对社会主义市场经济条件下的劳动关系特点研究，建立、健全适应社会主义市场经济体制的劳动法体系，协调劳动关系，为我国的改革开放提供稳定的社会环境，是劳动法学研究的重要任务。同时，随着加入 WTO，中国的劳动关系和劳资冲突问题也必将成为国际劳工问题的一部分。如何按照国际劳工标准的要求，加强中国的劳动法制建设，使中国的劳动法制环境与国际劳工标准接轨，从而妥善处理好劳动关系，也将成为中国劳动法学研究的新课题。

二、劳动法的调整对象

劳动法的调整对象是指劳动法的作用范围。我国劳动法具有自己特定的调整对象，与其他法律部门的调整对象有着严格的区别。劳动法的调整对象是劳动关系以及与劳动关系有密切联系的其他社会关系。其中，劳动关系是劳动法调整的最基本的社会关系。

（一）劳动关系

1. 劳动关系的概念

劳动关系是人们在劳动过程中彼此形成的一种社会关系，它反映了人类劳动的社会属性。劳动是人们为了创造社会财富所进行的有意识、有目的的活动，劳动对于人类的生产与人类社会的发展具有重要的意义。在劳动过程中，人们不仅同自然界发生密切的关系，而且人们彼此之间也必然发生一定的关系。人们要进行有意识、有目的的活动，就必须联合起来；即使在个体生产的条件下，人们也必须相互交换劳动成果。人们在劳动过程中这种相互联系，使劳动具有社会性质，劳动关系是极其重要的一种社会关系。

劳动关系相当复杂，它包括劳动者在劳动过程中相互之间的关系、劳动者与用人单位之间的关系等。劳动法并不能调整所有的劳动关系，只能调整一种特定的劳动关系，即劳动者与用人单位之间的劳动关系，这种劳动关系又称为狭义的劳动关系。劳动法调整的劳动关系包括：劳动报酬方面的关系、工作时间与休息休假方面的关系、劳动安全卫生方面的关系、职业培训方面的关系、劳动纪律方面的关系、社会保险和福利方面的关系、劳动争议的解决所涉及的关系等。上述各种关系是我国劳动关系的基本内容，也是劳动法调整的主要对象。

2. 劳动关系的特征

为了确定劳动法调整的劳动关系的范围，必须明确劳动关系的特征。我国劳动法调整的劳动关系具有以下特征：（1）劳动关系的双方当事人。一方是劳动者，另一方是劳动者所在单位，即用人单位，如企业、事业单位、机关、社会团体等。在劳动关系中，劳动者是借助于用人单位提供的生产资料来实现劳动的。如果劳动者借助于自有的生产资料而实现劳动，或者某些家庭成员之间的共同劳动所产生的关系，则不属于劳动法所调整的特定劳动关系。（2）劳动关系的一方当事人从属于另一方当事人。在劳动关系中，劳动者属于用人单位内部的一名成员，劳动者有义务接受用人单位的管理和指挥，劳动者和用人单位之间在行政上是一种从属关系。如果劳动者没有成为用人单位内部的一名成员，即使劳动者为某个单位提供了劳动，也不能成为特定的劳动关系，不属于劳动法的调整对象，而应当由民法加以调整。（3）劳动关系是基于劳动而产生的一种特定社会关系。劳动关系是劳动者在参加用人单位的某种劳动过程中产生的，劳动关系的产生与劳动者为用人单位提供某种劳动密不可分，这种劳动既包括物质生产领域，又包括非物质生产领域。

劳动法所调整的劳动关系与其他法律所调整的社会关系有严格的区别。如劳动法所调整的劳动关系与民法所调整的劳务关系，有着本质的区别。区别劳动关系与劳务关系，对于做好劳动管理工作，正确适用法律和妥善处理各类纠纷，显得特别重要。具体来说，劳动法调整的劳动关系与民法调整的劳务关系存在下列区别：（1）主体不同。劳动关系的主体是确定的，即一方是用人单位，另一方是劳动者。劳务关系的主体是不确定的，可能是两个平等主体，也可能是两个以上的平等主体；可能是单位之间的关系，也可能是自然人之间的关系，还可能是单位与自然人之间的关系。（2）性质不同。劳动关系的两个主体之间不仅存在财产关系即经济关系，还存在着人身关系，即行政隶属关系。也就是说，劳动者除提供劳动之外，还要接受用人单位的管理，服从其安排，遵守其规章制度等。劳动关系双方当事人，虽然法律地位是平等的，但实际生活中的地位是不平等的。这就是我们常说的用人单位是强者，劳动者是弱者。而与劳动关系相近的劳务关系的两个主体之间只存在财产关系，或者说是经济关系。即一方提供劳务服务，另一方支付劳务报酬。彼此之间不存在行政隶属关系，而是一种相对于劳动关系当事人，主体地位更加平等的关系。（3）劳动主体的待遇不同。劳动关系中的劳动者除获得工资报酬外，还有保险、福利待遇等；而劳务关系中的自然人，一般只获得劳动报酬。（4）适用的法律不同。劳动关系适用《劳动法》调整，而劳务关系则适用《合同法》调整。（5）形式不同。劳动关系用劳动合同来确立，其法定形式是书面的。而劳务关系须用劳务合同来确立，其形式是不确定的，可以是书面形式，还可以是口头和其他形式。

（二）与劳动关系有密切联系的其他关系

劳动法的调整对象主要是劳动关系，同时还调整与劳动关系有密切联系的其他关系。这些关系本身虽不属于劳动关系，但是与劳动关系有着密切的联系。因此，劳动法将这些关系也纳入其调整范围之内。劳动法调整的与劳动关系有密切联系的其他关系包括以下几种：

1. 处理劳动争议而发生的关系

我国《劳动法》规定，劳动者与用人单位发生劳动争议后，当事人可以向本单位劳动争议调解委员会申请调解；调解不成，当事人一方要求仲裁的，可以向劳动争议仲裁委员会申请仲裁。当事人也可以直接向劳动争议仲裁委员会申请仲裁。对仲裁裁决不服的，可以向人民法院提起诉讼。劳动争议双方当事人与本单位劳动争议调解委员会、劳动争议仲裁委员会、人民法院之间并不存在劳动关系，但是与劳动关系有着密切的联系。劳动法调整上述各种劳动争议关系的目的，是为了及时地解决劳动争议，以保障劳动争议双方当事人的合法权益。

2. 劳动管理方面的关系

我国《劳动法》规定，国务院劳动行政部门主管全国劳动工作。县级以上地方人民政府劳动行政部门主管本行政区域内的劳动工作。劳动行政部门与用人单位和职工之间因招收、调配、职业教育和培训等问题而发生的关系由劳动法加以调整，其目的是为了加强对劳动工作的管理，保障劳动者的合法权益。

3. 社会保障方面的关系

劳动法调整的有关社会保障方面的关系，包括社会保险关系和社会福利关系。我国《劳动法》规定，国家发展社会保险事业，建立社会保险制度，设立社会保险基金，使劳动者在年老、患病、工伤、失业、生育等情况下获得帮助和补偿；国家发展社会福利事业，兴建公共福利设施，为劳动者休息、休养和疗养提供条件；用人单位应当改造条件，改善集体福利，提高劳动者的福利待遇。在上述社会保障制度的实施过程中，自然会发生社会保障关系。社会保障关系是依附于劳动关系而发生的，与劳动关系有着密切的联系，因此，社会保障关系也由劳动法进行调整。

4. 监督劳动法执行方面的关系

监督劳动法执行方面的关系，即国家有关机关因监督、检查劳动法的执行情况而与用人单位之间发生的关系。我国《劳动法》规定，县级以上人民政府劳动行政部门依法对用人单位遵守劳动法律、法规的情况进行监督检查，对违反劳动法律、法规的行为有权制止，并责令改正。同时，《劳动法》又规定了劳动行政部门监督检查人员在对用人单位进行监督检查时的权利和义务。上述关系由劳动法加以调整，是为了维护劳动关系的合法性，保证劳动法在每个用人单位得到贯彻执行。

5. 工会组织与用人单位行政之间的关系

我国《劳动法》规定，劳动者有权依法参加和组织工会。工会代表和维护劳动者的合法权益，依法独立自主地开展活动。劳动法之所以将工会组织与用人单位行政之间的关系纳入自己的调整范畴之内，是为了发挥工会组织在维护职工合法权益方面的积极作用，对保证劳动法的贯彻实施起到保证监督作用。

从上述内容可以看出，劳动法调整对象的范围是很广泛的，它不仅包括劳动关系，而且包括与劳动关系有密切联系的其他各种社会关系。劳动法的调整对象不仅涉及劳动者与用人单位，而且涉及有关国家机关、各种社会机构、工会组织。劳动法在很广泛的领域发挥着它特有的作用。

三、劳动法的适用范围

我国《劳动法》第二条规定："在中华人民共和国境内的企业、个体经济组织（以下统称用人单位）和与之形成劳动关系的劳动者，适用本法。国家机关、事业组织、社会团体和与之建立劳动合同关系的劳动者，依照本法执行。"劳动法从我国经济体制改革的实际情况出发，对其实施范围做了专门规定。关于劳动法的适用范围，主要包括了以下几方面的内容。

（一）劳动法适用于在中华人民共和国境内的所有企业、个体经济组织和与之形成劳动关系的劳动者

劳动法关于适用范围的规定打破了所有制的界限。在现阶段，我国的劳动关系按所有制形式来划分，可以分为全民所有制单位的劳动关系、集体所有制单位的劳动关系、外商投资企业的劳动关系、私营企业的劳动关系和个体经济组织的劳动关系等。在这些不同所有制形式的企业及依法设立的有限责任公司和股份有限公司中发生的劳动关系，都一律适用劳动法。即在我国境内依法登记成立的公司、企业、个体经济组织和与之形成劳动关系的劳动者，都统一适用劳动法。这里需要明确指出的是，就个体经济组织而言，必须是请帮工，带学徒，或者有雇工经营并与劳动者形成劳动关系的，才属于劳动法的适用范围。另外，在农村设立的乡镇企业也属于劳动法的适用范围之内。

（二）国家机关、事业单位、社会团体和与之建立劳动合同关系的劳动者，依照劳动法执行

国家机关、事业单位、社会团体的劳动关系有其特殊性，国家对这些劳动关系有特殊规定。同国家机关、事业单位、社会团体已建立劳动合同关系的工勤人员，依照《劳动法》的规定执行。

2005年4月27日，第十届全国人民代表大会常务委员会第十五次会议通过了《公务员法》，规定了国家公务员的条件、义务与权利、职务与级别、录用、考核、职务任免、职务升降、奖励、惩戒、培训、交流与回避、工资福利保险、辞职辞退、退休、申诉控告、职位聘任、法律责任等。公务员的义务、权利和管理，适用公务员法。因此，国家公务员不适用劳动法。另外，法律、法规授权的具有公共事务管理职能的事业单位中除工勤人员以外的工作人员，经批准参照公务员法进行管理。此外，劳动法不适用于非农场的农业劳动者、现役军人、家庭保姆等。

从现代各国劳动法的适用范围来看，大体上有两种模式：一是将所有的劳动关系都纳入劳动法的调整范围之内，如朝鲜；二是劳动法只适用企业内部的劳动关系，不适用公务员劳动关系，公务员劳动关系由行政法调整，如美国、日本等国家。中国劳动法关于适用范围的规定，基本上适应了现代劳动法的发展趋势。

四、劳动法在中国法律体系中的地位

从广义上讲，中国劳动法既包括劳动法典，又包括一系列调整劳动关系的各种单行法规。如前所述，劳动法的调整对象是劳动关系以及与劳动关系有密切联系的其他关系。这一特定的调整对象，决定了劳动法已经成为我国法律体系中一个独立的法律部门，并在其中占有十分重要的地位。劳动法调整的特定社会关系的性质、范围、内容，决定了它与某些邻近的法律部门有着明显的不同。

（一）劳动法与民法的区别

首先，两者的调整对象不同。劳动法主要调整劳动关系，同时还调整与劳动关系有密切联系的其他社会关系。民法的调整对象包括平等主体间的财产关系和人身关系。民法调整的上述两部分关系，就内容范围而言，是以财产关系为主，人身关系为辅。

其次，两者在法律关系主体方面有所不同。劳动法律关系的主体一方是劳动者，即公民；另一方是用人单位，并且，双方在地位上存在着行政上的隶属关系，即劳动者隶属于用人单位，在行政上必须服从用人单位的管理和指挥。而民事法律关系的主体可以双方都是公民，或者都是法人或其他组织，也可以一方是公民，另一方是法人或其他组织。民事法律关系主体间的地位是平等的。

（二）劳动法与经济法的区别

首先，两者的调整对象不同。劳动法主要调整劳动者和用人单位之间的劳动关系。经济法的调整对象是在国家协调经济运行过程中发生的经济管理关

系。经济法的调整对象的范围要比劳动法广泛得多。

其次，两者的立法宗旨不同。劳动法的立法宗旨是保护劳动者的合法权益，调整劳动关系，建立和维护适应社会主义市场经济体制的劳动制度，以促进经济发展和社会进步。经济法的立法宗旨是为了维护经济管理秩序，保障我国经济体制改革的顺利进行。特别是在社会主义市场经济体制下，经济法更能弥补市场调节的不足，保证国民经济持续、快速、健康地发展。

> **小知识**
>
> **劳动法属于社会法**
>
> 九届全国人大常委会将我国的法律部门划分为七个门类：宪法及宪法相关法、民法商法、行政法、经济法、社会法、刑法、诉讼与非诉讼程序法。劳动法属于社会法的一个分支。

（三）劳动法与行政法的区别

首先，两者的调整对象不同。劳动法的调整对象主要是劳动者和用人单位之间的劳动关系。行政法的调整对象主要是国家行政机关参与的、在行政管理过程中发生的各种社会关系，具体包括行政机关与公民、法人或其他组织之间，行政机关相互之间，行政机关与公务员之间，行政机关与其他国家机关之间因行政管理职能或法律监督职能而发生的各种社会关系。行政法律关系的主体一方必须是国家行政机关，另一方可以是国家机关、企事业单位和社会团体，也可以是公民个人。

其次，法律关系产生的方式不同。劳动法律关系的产生是劳动者和用人单位在平等自愿、协商一致的基础上产生的，劳动法律关系的产生体现了劳动者和用人单位双方的意志。而行政法律关系的产生，一般都是由于国家行政机关单方面采取行政行为而形成的。

五、中国劳动法律制度的主要内容

中国自市场经济体制建立以来，劳动关系发生了很大变化，劳动关系双方的主体地位逐步确立，劳动关系日益复杂，劳动争议逐渐增多。针对劳动关系的变化，国家着眼于建立和维护和谐稳定的劳动关系，围绕培育和发展劳动力市场，积极探索建立符合社会主义市场经济体制要求的新型劳动关系调整机制，已初步建立起了以劳动政策基准、劳动合同管理、集体协商和集体合同、劳动争议处理为主要内容的劳动关系调整体制，并形成了以《劳动法》为主体，以《劳动合同法》《劳动争议调解仲裁法》《就业促进法》《集体合同规定》等一系列相配套的调整劳动关系法律、法规体系，初步实现了劳动关系调整的法治化，为建立稳定和谐的劳动关系，促进社会主义市场经济发展发挥了重要作用。

劳动法律制度的主要内容包括以下几部分。

（一）调整劳动关系的法律制度

这是调整劳动关系最基础的法律制度，主要是指劳动合同法和集体合同法。在市场经济条件下，劳动关系主要通过劳动者与用人单位订立劳动合同来建立。由于劳动者个人相对于企业而言总是处于弱势地位，在劳动合同中容易出现一些对劳动者不利的条款，这就需要通过集体合同来矫正，以提高企业的整体劳动条件和职工的工资福利待遇。集体合同一旦签订，对企业及劳动者都具有法律效力，个人与企业签订的劳动合同与集体合同条款相冲突的，以集体合同为准。

（二）确定劳动标准的法律制度

主要指国家制定的关于劳动者最基本劳动条件的法律法规，包括最低工资法、工作时间法、劳动安全与卫生法等。其目的是改善劳动条件，保障劳动者的基本生活，避免伤亡事故的发生。劳动基准属于强制性规范，用人单位必须遵守执行。

（三）规范劳动力市场方面的法律制度

主要是指调节劳动力市场、促进劳动就业的法律制度，包括就业促进法、职业培训法、就业服务法等。就业是民生之本，促进就业是现代国家的基本责任。国家必须采取各种宏观调控手段，创造就业机会，实现劳动者充分就业。

（四）社会保险方面法律制度

主要对劳动者基本生存条件的保障以及生活质量的提高进行规定，具体包括养老保险法、医疗保险法、失业保险法、工伤保险法、生育保险法等。

（五）劳动权利保障与救济方面的法律制度

主要包括劳动监察法和劳动争议处理法。由于劳动关系具有身份属性，劳动者与用人单位之间形成了管理与被管理的关系，用人单位往往会忽视甚至侵犯劳动者的劳动权利。因此，劳动监察对劳动法律制度的实施和劳动者劳动权的实现起着至关重要的作用。在劳动关系存续中，劳动争议是难以避免的，关键是要建立起有效的解决劳动争议的制度，以此作为解决纠纷、保障当事人合法权益的最后屏障。目前，我国劳动争议处理包括调解、仲裁和诉讼三种方式。

第二节　中国劳动法的基本原则和作用

一、中国劳动法的基本原则

（一）劳动法基本原则的含义

任何独立的法律部门，都有自己的基本原则。劳动法的基本原则是指从始至终贯穿在劳动法律规范之中起指导作用的基本准则，是在调整劳动关系以及与劳动关系有密切联系的其他关系时必须遵循的基本准则。劳动法的基本原则是劳动法的核心和灵魂，它集中体现了劳动法的本质和基本精神。

宪法是我国的根本大法，宪法在整个国家法律体系中具有最高的法律地位和法律效力，它是制定一般法律的依据。劳动法同其他法律部门一样，都必须以宪法为依据，宪法中有关劳动问题的规定是确定我国劳动法基本原则的法律根据。同时，劳动法的立法宗旨也是确立劳动法基本原则的依据之一。

（二）劳动法基本原则的内容

劳动法的基本原则，在我国的劳动法立法中没有集中的规定，加强对劳动法基本原则的研究是我国劳动法学的重要任务。根据宪法和劳动法中有关劳动问题的原则性规定，我国劳动法的基本原则主要包括以下几个方面的内容。

1. 保障劳动者合法权益的原则

保障劳动者的合法权益，是劳动法的首要宗旨和原则。关于劳动关系和劳动者的权利保护，在宪法中就提出了一系列原则性要求。我国《宪法》规定，中华人民共和国公民有劳动的权利和义务；国家对就业前的公民进行必要的劳动就业训练；国家通过各种途径，创造劳动就业条件，加强劳动保护，改善劳动条件，并在发展生产的基础上，提高劳动报酬和福利待遇；中华人民共和国劳动者有休息的权利；中华人民共和国公民在年老、疾病或者丧失劳动能力的情况下，有从国家和社会获得物质帮助的权利；国家发展为公民享受这些权利所需要的社会保险、社会救济和医疗卫生事业。宪法所做的上述保障劳动者合法权益的原则性规定，自然也是作为部门法的劳动法的指导方针和根本原则，并且有待劳动法典的具体落实。因此，《劳动法》第一条开宗明义地指出："为了保护劳动者的合法权益，调整劳动关系，建立和维护适应社会主义市场经济的劳动制度，促进经济发展和社会进步，根据宪法，制定本法"。

既然劳动法的首要原则是保障劳动者的合法权益，劳动法典就应当成为一切劳动者的权利保障书。以此为出发点，劳动法确立了劳动者应当享有的各项权利，规定了用人单位和有关部门的相应义务，并建立了全面而具体的权利保障制度。其中包括促进就业制度、劳动合同和集体合同制度、工作时间和休息休假制度、工资制度、劳动安全卫生制度、职业培训制度、社会保障制度、女职工和未成年工特殊保护制度、劳动法执行的监督检察制度、法律责任制度以及劳动争议的处理制度等。其他劳动行政法规和规章，也都是在遵循劳动者权益保障这一原则的前提下制定的。

2. 三方协调劳动关系原则

三方协调劳动关系原则是指政府、工会组织、企业组织代表三方共同参与劳动关系的协调。它们是协调劳动关系的主体。关于三方原则在西方国家早有提出，全称是三方协商决定劳动标准和处理劳动关系的原则，具体是指在劳动标准的确定和劳动关系的处理上由政府、雇主和工人的代表在平等的基础上协商解决。这一原则是由国际劳工组织确立的，世界上实行市场经济的国家普遍实行这一原则。三方原则对于解决劳动问题、协调劳动关系、避免社会动荡的发生有着积极的意义。国际劳工组织在 1976 年通过了《三方协商以促使实施国际劳工标准公约》和《三方协商以促使实施国际劳工标准建议书》，即国际劳工组织第 144 号公约和第 152 号建议书。1990 年 9 月 7 日，全国人民代表大会常务委员会批准了这一公约，这就为我国实行"三方原则"提供了法律依据。

在我国社会主义市场经济初级阶段，贯彻三方协调劳动关系原则，具有稳定、协调劳动关系的特殊意义。如在立法活动中应体现三方原则，在制定重要的劳动法律、法规时，应由政府、工会和企业组织代表共同参与，政府在立法活动中处于主导地位，政府在立法时必须听取工会和企业组织的意见和建议，采纳其合理建议。工会和企业组织代表参与立法，能够及时地反映劳动关系参与者的意愿，使立法内容更切合实际，更具有可执行性；而且，也使政府的劳动政策和重大决策对工会和企业组织的活动产生更为直接的影响，便于劳动法律、法规的执行。三方对劳动关系的协调正是通过制定劳动法律、法规、政策，规定劳动条件、劳动标准来实现的。在签订集体合同，进行集体协商谈判要体现三方原则。集体合同的签订、集体协商谈判一定要体现由政府宏观指导和调控，这是对劳动者在权益上的一个保证。在劳动行政部门指导下，集体合同双方当事人自行协商签订集体合同，劳动行政部门依法审查集体合同。集体协商谈判由政府进行指导、协调，能够及时化解集体合同双方当事人的纠纷，避免集体争议的出现。三方共同监督劳动法的执行。政府通过劳动行政部门监督劳动执法，依法进行劳动监察和劳动仲裁，正是其国家权力的体现；工会通过三方协调机制，监督劳动法律、法规的具体执行情况；企业通过三方机制也可监督劳动法的执行情况。

小知识

劳动关系的三方协商机制

目前，我国劳动关系出现许多新问题，如群体性突发事件增多、用人单位拖欠或克扣劳动者工资、不为职工按时足额缴纳社保金、任意延长工作时间、非法收取劳动者押金等，而现行的劳动保障法律、法规、规章难以覆盖复杂多变的劳动关系。为了适应和谐社会建设的需要，国家将全面启动劳动关系三方（国家、企业、职工）协商机制，以协商的形式解决劳动关系中存在的各种问题。"劳动关系三方协商机制"是国际劳动组织积极推行的一项制度。在国际经济一体化的今天，三方协商作为一个原则，已被绝大多数实行市场经济的国家接受并予以具体实施。协商的主要内容包括：劳动就业、劳动报酬、社会保险、职业培训、劳动争议、劳动安全卫生、工作时间和休息休假、集体合同和劳动合同等。以三方协商的形式解决劳动关系中存在的各种问题，有利于兼顾国家、企业、职工三方利益。

3. 维护劳动生产秩序的原则

维护健康、和谐的劳动生产秩序，既是宪法的基本要求，也是劳动法的基本原则。劳动法的很多规定，都是围绕建立适应于社会经济发展水平的劳动秩序、协调劳动者和用人单位之间的劳动关系而做出的。一方面要保障劳动者的合法权益，一方面要提高劳动生产效率，劳动法必须在二者之间最大限度地实现平衡，追求一种有利于改革开放、有利于现代市场经济发展的劳动生产秩序。例如，《劳动法》关于劳动合同和集体合同的规定，目的之一就是在于建立劳动秩序、预防劳资纠纷；《工会法》的立法宗旨，则在于沟通劳动关系双方当事人的对话渠道，寻找协调二者关系的理性中介；《劳动争议调解仲裁法》则旨在妥善处理劳动关系双方已经发生的争议，及时修复和发展良好的劳动关系，以维护正常的劳动生产秩序，促进现代化建设的顺利进行。

4. 平等原则

我国《宪法》第四十八条规定："中华人民共和国妇女在政治的、经济的、文化的、社会的和家庭的生活等各方面享有同男子平等的权利。国家保护妇女的权利和利益，实行男女同工同酬，培养和选拔妇女干部。"《宪法》第四条规定："中华人民共和国各民族一律平等。"为了贯彻和体现在劳动方面男女平等、民族平等的原则，在劳动法的有关制度中，都做出了相应的规定。例如，在劳动就业方面、工资分配方面，都体现了男女平等、民族平等的原则。贯彻男女平等、民族平等的原则，对于调动广大妇女的劳动积极性、增进民族团结，具有十分重大的意义。

二、中国劳动法的作用

《劳动法》第一条规定："为了保护劳动者的合法权益，调整劳动关系，建立和维护适应社会主义市场经济的劳动制度，促进经济发展和社会进步，根据宪法，制定本法。"这既确立了我国劳动法的立法宗旨，也指出了我国劳动法的作用。概括起来，劳动法的作用主要表现在以下几个方面。

（一）保护劳动者的合法权益，调动劳动者的生产积极性

劳动法从根本上说是保护劳动者的法律，这一点从劳动法产生之日起就已被证明。我国是社会主义国家，我国宪法明确规定了劳动者所应享受的各项基本权利，诸如劳动就业权、劳动报酬权、休息休假权、劳动保护权、社会保障权、民主管理权等。这些权利需要通过劳动法以及其他有关法律法规的制定和实施，才能予以保证。除宪法规定的基本权利外，劳动者还有其他各种各样的合法权益，需要劳动法和其他法律提供保护。改革开放以来，随着我国经济体制改革和劳动制度改革的深入，我国劳动关系愈加多样化和复杂化。但由于我国目前劳动法制尚不健全，对劳动法的监督执行也不够得力，使得一些劳动者的合法权益被严重侵犯。尤其是在一些私营企业、外商投资企业、个体经济组织，随意延长工时、克扣工资、拒绝提供必要的劳动保护，甚至侮辱和体罚工人的现象时有发生，以致酿成重大恶性事件，这些现象都严重侵犯了劳动者的利益。

在劳动关系中，劳动者作为自然人，对劳动关系的另一方当事人——用人单位来说，在经济上总是处于相对弱小的地位，必须通过制定劳动法来调整劳动者与用人单位之间的劳动关系，尤其是通过劳动法对劳动合同某些内容作强制性规定，以达到保护劳动者利益的目的。例如，通过最低工资的规定，用人单位支付给劳动者的工资不得低于法定最低工资；通过工作时间的规定，劳动者周工时不得超过 40 小时，需要延长工时的也不得超过法定限度，而且必须依照法定标准支付延长工时的工资；通过劳动保护的规定，保障劳动者享受必要的劳动保护条件和标准，女职工和未成年工享受特殊的劳动保护；通过社会保险的规定，保障劳动者享受各种社会保险待遇等。

在社会主义制度下，社会生产的目的是为了满足整个社会不断增长的物质文化生活的需要。坚决维护劳动者的合法权益，使其不受侵犯，必将有力地调动广大劳动者的生产积极性，使劳动者真正感受到社会地位的提高，增强其主人翁责任感。劳动法的首要任务是保护劳动者的合法权益，在各种各样的劳动

关系中，维护劳动者的合法权益和正当要求，使社会主义劳动关系能够同社会主义的基本制度相一致，才能够使劳动者在生产领域中的地位和在国家以及社会中的主人翁地位相一致。

（二）调整劳动关系，保证社会的安定团结

经济体制改革以来，我国的劳动关系发生了很大的变化，由过去单一的行政调整手段为主的劳动关系发展为现在多样化的以法律调整手段为主的劳动关系。由于各种所有制经济的迅速发展，我国已形成了目前以公有制为主体、多种所有制经济共同发展的局面，劳动关系随之也呈现出多样化。在非公有制劳动关系中，存在雇佣性质的劳动，而在国有企业中，正在加快转换经营机制，由此也带来了劳动关系的复杂化。在社会主义市场经济条件下，对于劳动关系双方当事人的用人单位和劳动者来说，其劳动关系的性质有了很大的变化。作为劳动者和用人单位，两者的根本利益是一致的，但在用人单位内部利益分配上，两者又会出现矛盾。一些用人单位从局部利益考虑，为了降低成本，采取了压低工人工资，延长工作时间，或者不提供必要的劳动条件和劳动保护的做法，从而引起了劳动关系双方的矛盾。如何正确调整和维护劳动关系双方的合法权益，解决用人单位和劳动者之间的矛盾，这就需要通过劳动法调整用人单位和劳动者之间的劳动关系，明确双方当事人的权利和义务，包括劳动报酬、工作时间、劳动保护、劳动纪律、社会保险、双方违反劳动合同的责任等。另外，还必须建立和健全劳动监察制度，监督检查劳动法律、法规的执行情况，督促和帮助劳动关系双方履行劳动合同，规范劳动行为，对违法行为给予必要的处罚。同时，建立劳动争议处理制度，及时处理和解决劳动争议，减少劳动者和用人单位的矛盾和纠纷。只有这样，才能建立和健全适应社会主义市场经济要求的劳动制度，形成国家立法规范劳动关系，劳动者和用人单位自主建立、自行协调劳动关系，工会和企业代表参与协调劳动关系，政府指导协调劳动关系，行政监察维持劳动关系，司法仲裁保障劳动关系的机制，从而维护和发展稳定和谐的劳动关系，保证社会的安定团结。

（三）建立和维护适应社会主义市场经济的劳动制度，促进经济发展和社会进步

一个国家劳动制度的建立和实行，要以劳动法律为依据。同时，劳动制度的实行也要以劳动法律为实现形式。因此，要建立完善的劳动制度，就必须有健全的劳动法律体系。党的十四大提出，我国经济体制改革的目标是建立社会主义市场经济体制。这实际也明确了我国的劳动制度要同市场经济体制相适应。可以说，劳动制度不仅是实现市场经济体制的重要手段，也是市场经济体制的重要组成部分。因此，需要建立适应和推动社会主义市场经济的新的社会主义劳动制度体系，由此便提出了制定和实施适应社会主义市场经济客观规律的劳动法律的要求，我国的劳动法正是在这种要求下出台的。

在过去的一段很长时期内，我国的劳动制度是适应计划经济体制并为其服务的。经济体制的重大变革相应地要求劳动制度的重大改革。在建立适应社会主义市场经济的劳动制度时，就要破除劳动制度中同市场经济不相符合、不相适应的内容。在计划经济体制下，劳动关系按所有制性质划分，限制劳动者的跨所有制流动，劳动力资源的使用完全按照计划，而不是按照社会劳动的客观需要，劳动者的权利得不到应有的保护，这些现象同社会主义市场经济的要求格格不入。《劳动法》的颁布和实施为新的劳动制度的建立指出了方向，使得我们能够按照社会主义市场经济的原则和方法，建立与之相适应的新型的劳动制度。

《劳动法》的实施在很大程度上起着解放生产力的作用，因为生产力中的第一要素是劳动者，劳动关系的主体按市场经济规律组合起来，劳动者的权利受到真正的保护，必将极大地促进劳动生产力的提高，使得劳动力资源的使用达到最佳程度，进而推动我国经济的健康发展。

劳动法作为维护人权、体现人本关怀的一项基本法律，在西方甚至被称为第二宪法。作为一名普通劳动者或许一辈子都不会接触到刑法、诉讼法等，但劳动法却关系到我们每个人的生活，我们无时无刻不在劳动法的保护和约束之中。作为劳动者，我们应该清楚劳动法赋予我们的基本权利和义务。劳动者在劳动过程中，了解基本的劳动法知识是必要的、经济的和有效的。

复习思考题

1. 中国劳动法的渊源包括哪些？
2. 中国劳动法的调整对象是什么？
3. 中国劳动法调整的劳动关系有什么特征？
4. 中国劳动关系与劳务关系有哪些区别？
5. 中国劳动法律制度包括哪些内容？
6. 中国劳动法与民法、经济法、行政法有什么区别？
7. 中国劳动法的基本原则是什么？
8. 中国劳动法的作用是什么？
9. 哪些用人单位内部的劳动关系适用劳动法调整？
10. 中国劳动法适用于哪些用人单位和劳动者？

第二章　国际劳动立法

第一节　资本主义国家劳动法的产生和发展

一、资本主义国家劳动法的产生

任何一个独立的法律部门的产生，都以社会中出现新的社会关系为前提。劳动法作为一个独立的法律部门，同样需要有其产生的前提。根据现代劳动法学理论，劳动法的产生是以特定的劳动关系存在为前提的。劳动关系是与人类社会同时出现的，它是生产关系的重要组成部分。劳动法作为一个独立的法律部门，则是在人类社会发展到一定阶段才出现的。

作为独立的法律部门，劳动法产生于 19 世纪，与产业革命的出现及工人运动的声势日益壮大密切相关。18 世纪末至 19 世纪初，随着西方各国无产阶级革命运动的逐步兴起，工人阶级强烈要求废除原有的"劳工法规"，颁布缩短工作日的法律；要求增加工资、禁止使用童工、对女工及未成年工给予特殊保护，以及实现社会保险等。

资产阶级政府迫于上述情况，制定了限制工作时间的法规，从而促使了劳动法的产生。英国在 1802 年通过了《学徒健康和道德法》，这就是现代劳动立法的开端。到1864年，英国颁布了适用于一切大工业的《工厂法》。1901年英国制定的《工厂和作坊法》，对劳动时间、工资给付日期、地点以及建立以生产额多少为比例的工资制等，都做了详细规定。德国于1839年颁布了《普鲁士工厂矿山条例》。法国于1806年制定了《工厂法》，1841年颁布了《童工、未成年工保护法》，1912年制定了《劳工法》。进入20世纪以后，西方主要国家大都相继颁布了劳动法规。从1802年以后的百余年间，西方国家的劳动立法从民法中分离出来，成为独立的法律部门。

二、第二次世界大战前的劳动立法

第一次世界大战后，由于国际无产阶级斗争的高涨，西方国家陆续制定了不少劳动法。德国1918年颁布《工作时间法》，明确规定对产业工人实行8小时工作制，还颁布了《失业救济法》《工人保护法》《集体合同法》，都在一定程度上保护了劳动者的利益，对资本家的权益作了适当的限制。

到20世纪30年代，西方国家劳动立法出现了两种不同倾向：一种是以德、意、日为代表的法西斯国家，不仅把已经颁布实施的改善劳动条件的法令一一废除，而且把劳动立法作为实现法西斯专政、进一步控制工人的工具。另一种是以英、美为代表的一些国家，它们为了摆脱经济危机，对工人采取了一定的让步政策。英国于1932～1938年，先后颁布了缩短女工和青工劳动时间，实行保留工资年休假及改善安全卫生条件的几项法律。美国在1935年颁布的《国家劳工关系法》，规定工人有组织工会和工会有代表工人同雇主订立集体合同的权利。1938年又颁布了《公平劳动标准法》，规定工人最低工资标准和最高工作时间限额，以及超过时间限额的工资支付办法。

俄国十月革命后，在1918年颁布了第一部《劳动法典》，1922年又重新颁布了更完备的《俄罗斯联邦劳动法典》，体现了工人阶级地位的转变和国家对劳动和劳动者的态度。它以法典的形式使劳动法彻底脱离了民法的范畴。

三、第二次世界大战后的劳动立法

第二次世界大战后，资本主义总危机进一步加深，资本主义国家产生了一批现代的反工人立法。如1947年美国国会通过的《塔夫脱—哈特莱法》，把工会变成一种受政府和法院监督的机构，禁止工会以工会基金用于政治活动；规定要求废除或改变集体合同，必须在60天前通知对方，在此期间，禁止罢工或关厂，而由联邦仲裁与调解局进行调解；规定政府有权命令大罢工延期80天举行，禁止共产党人担任工会的职务等。又如1947年法国国民议会通过的《保卫共和国劳动自由法》，同样是镇压工人运动的法律。到20世纪60年代，西方国家的劳动立法出现了新的趋势。在工人运动的压力下，各主要国家相继颁布了一些改善劳动条件和劳动待遇的法律，如法国颁布了关于改善劳动条件、男女同工同酬、限制在劳动方面种族歧视的法律；日本于1976年重新修订了《劳动标准法》，还制定了关于最低工资、劳动安全与卫生、职业训练、女工福利等方面的法律。

总之，现代资本主义的劳动法，从立法内容上，有了很大的发展，工人阶级的劳动条件和劳动待遇得到了很大的改善，如提高了劳动标准、完善了社会保障、增强了就业保障等。在20世纪后半期，资本主义国家的劳动法体现了一定的进步性，资本主义国家的工人工作时间普遍缩短，工资水平逐步提高，保险待遇得到改善。但是，随着经济衰退的不断出现，失业人数的大量增加和通货膨胀的不断加剧，工人阶级的劳动权利也往往得不到应有的保障。

第二节　国际劳动立法

一、国际劳动立法运动的兴起和发展

（一）国际劳动立法运动的兴起

采用国际公约的形式，在国家之间订立有关调整劳动关系以及与劳动关系有密切联系的其他关系的行为规范，通常人们称之为国际劳动立法。国际劳动法就其形成来源来说是国际法的一部分。国际劳动法作为国际法的一个独立门类和重要组成部分，对国际法和各国的劳动立法产生了很大的影响。

采用国际立法的办法来改善各国工人劳动状况的思想，早在19世纪初期就已经在欧洲出现。国际劳动立法的出现有着深刻的社会和经济原因。由于产业革命的影响，西欧各国工业迅猛发展，市场范围不断扩大，国家间的竞争日趋激烈，商品市场从国内扩大到国外，逐渐形成了国际性劳工问题。在产业革命浪潮的推动下，工人阶级的队伍不断壮大，阶级矛盾也随之尖锐，工人阶级为了改善自己的劳动条件和生活条件，经常和资本家开展斗争。当时欧洲的一些空想社会主义者和社会活动家，为了改善和调整劳资之间的关系，提出了不少社会改革主张和政治方案，其中包括采取国际行动来改善工人劳动条件和生活条件的建议。英国的空想社会主义者欧文，法国亚尔萨斯的企业家勒格朗和布朗吉等人都是这种思想的代表人物。他们由于亲身体察到资本主义的种种弊端，对工人产生了同情心，决心致力于社会改革事业，提倡国际劳动立法就是他们活动的一个重要方面。欧文首先在英国提出缩短童工的工作时间，并在自己开办的工厂里实施。他还要求在改善劳工的劳动条件方面采取一致的国际行动。在此期间，法国的勒格朗也提出不准雇用 10 岁以下的童工以及童工工时不得超过 10 小时的主张。他倡议各国企业主在这方面制定共同的协议，呼吁法、英、瑞士等国当局，采取积极的态度，制定共同的国际劳工标准。

当时，这些空想社会主义者和社会活动家关于国际劳动立法的思想，不但遭到各国政府的拒绝，而且也受到不少学者的非议，响应者为数不多。但是，进行国际劳动立法的思想却由此开始传播。

19 世纪后半期，由于各国工人运动日益壮大，无产阶级已经形成一股国际势力，法国革命所倡导的人道主义思想影响扩大，自由放任主义势力开始衰弱，许多政治家和理论家开始对国际劳动立法的必要性有了充分的认识，有些人为此进行了广泛的宣传，制定国际劳动法的思想开始为一些私人的联合会所接受。在 19 世纪后半期，涌现出不少工人组织和社会团体。为了改善劳动和生活条件，越来越多的人认识到采取国际行动的重要性。1884 年美国和加拿大的 8 个工人组织决定在 1886 年 5 月 1 日举行示威，并开始实行 8 小时/天工作制。在这种形势下，越来越多的人主张制定国际劳动法，一些社会团体甚至一些官方机构也提出类似的呼吁。1887 年国际慈善代表大会在法兰克福召开，大会要求各国对女工和童工的工作时间制定统一的国际标准。这一行动标志着为制定国际劳动法集体行动的开始。1880 年瑞士联邦议会责成联邦政府提出倡议，邀请各工业国开会讨论制定国际劳工标准的问题。由于当时欧洲主要工业国对这一倡议存在严重分歧，很多国家反对召开此类会议，这次会议没有举行。然而这是由官方正式提出国际劳动立法问题的第一次尝试，虽然会议未能如期举行，但是却产生了广泛的影响。

1889 年，瑞士政府首次正式与欧洲一些国家协商，建议于 1890 年 5 月在伯尔尼召开一次讨论制定国际劳动法问题的会议，并草拟了会议的具体内容和议程。后来，德国政府为了转移国内尖锐的阶级矛盾，由首相俾斯麦致信欧洲强国，要求会议在德国柏林召开。俾斯麦在信中指出，由于世界市场的国际竞争以及在竞争中的一致利益，改善工人状况的法律单凭一国难以完成，因此需要采取一致行动。欧洲各国由于惧怕德国势力，不得不表示同意。瑞士也放弃了原拟召开的会议，转而支持这次会议。于是筹备中的国际大会便由伯尔尼移到了柏林。1889 年 3 月 15～29 日，由欧洲 13 个国家参加的柏林会议正式召开。这次会议没有制定出国际公约，只对一些问题进行了技术讨论，通过了星期日休息、童工的最低年龄、限制女工做夜工、保护矿工、禁止女工童工从事危险工作、实施公约办法等 7 项议案。这次会议只有德国、瑞士倾向于制定国际劳动法，大多数国家不倾向制定国际劳动法。

柏林会议虽然没有取得任何成就，但它是第一次由各国政府正式派出代表讨论国际劳动立法的会议，这次会议在国际劳动立法运动的发展史上具有重要的意义。柏林会议以后，一些赞成制定国际劳动法的社会活动家、经济学家和工会领袖决定组织一个国际劳动法协会。该协会于 1900 年在巴黎正式成立。协会的宗旨是：（1）联合一切相信国际劳动法是必要的人；（2）组织国际劳动机关；（3）赞助各国研究劳动法，传播有关劳动法的消息；（4）提倡制定关于劳动状况的公约；（5）召开国际大会讨论劳动法。

国际劳动法协会于 1901 年在瑞士的巴塞尔召开第一次代表大会，讨论柏林会议的决议，特别注意禁止妇女做夜工和取缔妨害健康的工作两项。1902 年又在德国科隆召开了第二次代表大会，讨论禁止使用白磷和白铅的问题。1905 年正式起草了两个公约草案，提交同年由瑞士政府发起召开的伯尔尼国际会议。参加伯尔尼国际会议的国家有德国、匈牙利、意大利、法国、比利时、荷兰、英国、瑞士、瑞典、丹麦、西班牙、卢森堡和保加利亚共 13 个国家。会上根据协会事前准备的议案、说明和调查材料，经过讨论通过了两个公约：一个是《关于禁止工厂女工做夜工的公约》，其中规定凡使用机器和雇用 10 个工人的工厂，不得让女工在晚 10 时至翌晨 5 时之间工作；另一个是《关于使用白磷的公约》，规定火柴工业不准使用白磷做原料。

这两个公约经国家批准后生效。当时批准这两个公约的约 10 个国家，对于该公约在批准国家的实施情况，英国曾建议组织监察团到各国检查，但是没有被大会采纳。后来决定以国际抵制的方法来制裁不实施公约的国家，即由各国海关禁止输入违约国家生产的货物，这种办法实际上除意大利外也都没有实行。国际劳动立法协会于 1912 年召开的第七次代表大会决定另外起草《关于禁止未成年工做夜工公约》和《关于女工和未成年工每日最多工作时间公约》，准备提交 1914 年国际会议批准，但是因为爆发第一次世界大战，这次会议未能举行。

纵观国际劳动立法的历史，从空想社会主义者的首倡，经过工人领袖、雇主代表、政治家和经济学家的酝酿、讨论、争辩和谈判，历经约 100 年，才制定了两个公约。国际劳动立法走过了一条曲折而复杂的道路。但是，国际劳动立法的必要性，已经为各方面人士所承认，制定有效的国际劳动法，已经成为普遍的要求。第一次世界大战的爆发，虽然暂时中断了国际劳动立法进程，但并不能阻止国际劳动法的发展。第一次世界大战后，国际劳动立法进入了一个新的发展阶段。

（二）国际劳动立法运动的发展

第一次世界大战结束后，参战国于 1919 年年初在巴黎召开和平会议。在第一次预备会议上决议组织一个委员会，从国际方面调查工人状况，以便对劳动问题采取一致的行动，并建议成立一个永久性国际机构，继续对劳动问题进行调查研究。根据这个决议，由英、美、法、意等国推派 15 人组成委员会，由当时美国劳工联合会主席甘柏斯为委员长。委员会经过讨论和争辩，拟订了一个《国际劳工组织章程草案》和包括 9 项原则的宣言，经巴黎和平会议讨论通过，编入《凡尔赛和平条约》第 13 篇，即所谓《国际劳动宪章》。1919 年 6 月，国际劳工组织正式宣告成立。国际劳工组织由政府、雇主、工人三方代表参加，以制定国际劳工领域的国际公约和建议书作为该组织的中心任务。

　　国际劳工组织之所以能迅速成立，主要原因是各资本主义国家已经认识到利用国际方法解决劳动问题的重要性，因为日益高涨的工人运动已经严重威胁到资本主义制度的存在。成立劳工组织的目的是利用国际立法的方法来改善各国工人的劳动状况，缓和劳资矛盾，维护资产阶级的统治。在国际劳工组织成立后的 70 多年中，已经制定出一套相当完备的国际劳动法，内容涉及就业和失业、工作时间和休息时间、工资、职业安全与卫生、女工保护、童工和未成年工保护、社会保障、结社权利、劳动关系、劳工检查等 10 个方面。国际劳工组织已经成为在社会和劳工方面有着特殊责任的国际机构。

> **小提示**
>
> **劳动法与人权问题**
>
> 　　人权问题是世界各国所共同关注的问题，从各国对人权的态度来看，西方国家主要强调公民权利和政治权利；发展中国家则更加强调个人的经济、社会、文化权利，以及生存权、发展权等，生存权又主要体现为劳动权，因此，人权保护与劳动法有密切关系。

二、国际劳动立法的形式

　　国际劳动立法的形式主要包括国际劳工公约和建议书。国际劳工公约是指由国际劳工组织会员方代表团参加的国际劳工大会，根据《国际劳工组织章程》和《国际劳工大会议事规则》规定的程序制定的，并对有关各方有约束力的行为规范。国际劳工组织建议书是指国际劳工组织提出的对会员方劳动立法的建议性文件。最初的几届国际劳工大会通过的公约和建议书，是相互独立的，即对有些问题采用国际劳工公约的形式，有些问题采用建议书的形式。再以后的历届大会，对同一问题往往同时采用公约和建议书两种形式。对一些问题的基本规定采用公约形式，对一些问题的补充规定则采用建议书的形式，两者互相分工又相互配合。国际劳工公约和建议书都是国际劳动立法的形式，但是，国际劳工公约和建议书的效力是不同的。国际劳工公约在提交会员方批准后，会员方必须承担遵守和执行该公约的义务。建议书则是为会员方制定法律和采取其他措施时提供参考的，它不需要会员方批准，因而会员方也没有遵守和执行的义务。

三、国际劳动立法的程序和指导原则

（一）国际劳动立法的程序

随着人类社会的不断发展和进步，国际劳动立法的数量越来越多，内容越来越丰富。国际劳动法的制定过程概括地说，就是首先由国际劳工局通过提出问题，调查研究，提出制定公约的设想，送交国际劳工大会通过，然后由各会员方根据本国情况批准实施。其具体的步骤是：

首先，由国际劳工局提出制定国际劳动法的设想。国际劳工局在制定国际劳动法时，首先要遵循制定国际劳动法的指导原则，同时也要考虑以下几个因素：（1）新公约所影响的工人数量；（2）新公约对劳工世界的重要性；（3）对低层次的劳动者及无组织和得不到保护的劳动者的重要性；（4）该公约有关条款的相对新旧程度；（5）该公约所涉及问题的严重性；（6）该公约将使工人的基本权利提高的程度。当国际劳工局的立法设想比较系统化，并已经形成了确定的形式后，即提交国际劳工局理事会讨论是否列入国际劳工大会的议程。为此，劳工局组织法律专家和有关技术人员为理事会准备一份材料，说明各会员与新公约有关的法律规定和实际情况。材料准备好后，由劳工局局长向理事会提出简要的报告，由理事会讨论是否列入国际劳工大会的议程。如果理事会决定将新公约提交国际劳工大会讨论，则国际劳工局再准备一份更加详细的报告，内容包括各国有关法律与实际情况以及标准文本的设想。在提交文本设想时，还应当考虑某些国际气候条件，产业组织发展的完善或其他特殊情况而使产业条件与其他国家有很大差异的情况。因此，需要在草拟条款时提出一些变通办法，例如制定特别条款使公约更具有灵活性以适应某些国家的情况。劳工局在国际劳工大会召开的 1 年前将立法文本设想分送各会员方，各会员方必须在大会召开的 8 个月前将本国三方对该标准的意见答复劳工局。劳工局根据各国的答复拟订出这一建议的标准文本的最初草案。这个草案于国际劳工大会召开的 4 个月前送各会员方政府，准备提交国际劳工大会做第一次讨论。

其次，国际劳工大会任命一个三方性的委员会（政府、雇主、工人），对这些标准草案进行审议，三方性委员会经过讨论之后对原建议文本做出必要的修改，再将同意的文本连同一项将此问题列入下届大会议程的决议一并交大会通过。

最后，在国际劳工大会第一次讨论后，劳工局根据大会委员会提出的修改

意见，起草一份拟议中的公约或建议书的临时文本，在大会闭幕后的 2 个月内送交各会员方政府。各会员方政府在 3 个月内可提出修正案或其他建议交劳工局。劳工局再拟订出最后报告，于下届大会召开的 3 个月前交各会员方政府。并在下届的大会上将公约或建议书文本草案再交三方性委员会逐条审议，委员会将其同意的文本提交大会讨论通过。根据国际劳工组织的章程规定，在大会对公约或建议书进行最后表决时，必须经出席代表的 2/3 以上数票通过。通过的公约或建议书应各有两份，由大会主席和劳工局局长签字，其中一份由国际劳工局存档，另一份送联合国秘书长备案。劳工局局长应将签署过的公约或建议书副本一份送交每个会员方，由会员方政府代表送交本国主管机关以供该国批准或在制定本国法律时予以参考，由各国根据本国情况决定是否批准实施该公约或建议书。

（二）国际劳动立法的指导原则

制定国际劳工公约和建议书的指导原则，在第二次世界大战以前，是 1919 年《国际劳动宪章》中提出的 9 项原则。其内容包括：（1）人的劳动不是商品；（2）工人和雇主都有自由结社权；（3）工人应获得足以维持生活的工资；（4）工人的工作时间以每日 8 小时或每周 48 小时为标准；（5）工人每周至少有 24 小时的休息，并尽量把星期日作为公休日；（6）工商业不得雇用 14 岁以下的童工，并限制 14～18 岁男女青年的劳动；（7）男女同工同酬；（8）本籍工人与外籍工人待遇平等；（9）设立劳动监察制度，以保证劳动法的实施等。

1944 年国际劳工组织通过的《费城宣言》又重申和丰富了上述宣言。《费城宣言》的 10 项原则是：（1）达到充分就业和提高生活标准；（2）使工人受雇于他们得以最充分地发挥技能与成就，并得以为共同福利做出最大贡献的职业；（3）作为达到上述目标的手段，在一切有关方面有充分保证的情况下，提供训练和包括易地就业、易地居住在内的迁移和调动劳动力的方便；（4）关于工资、收入、工时和其他工作条件的政策，其拟订应能保证将进步的成果公平地分配给一切人，将维持最低生活的工资给予一切就业的并需要此种保护的人；（5）切实承认集体谈判的权利，在不断提高生产率的情况下实行劳资双方的合作，以及工人和雇主在制定和实施社会经济措施方面的合作；（6）扩大社会保障措施，以便使所有需要此种保障的人得到基本收入，并提供完备的医疗；（7）充分地保护各业工人的生命和健康；（8）提供儿童福利和产妇保护；（9）提供充分的营养、住宅和文化娱乐设施；（10）保证教育和职业机会均等。

近年来，随着国际社会的发展，联合国大会又通过了一些有关劳动和社会问题的重大宣言和决议，例如关于保护人权、反对种族歧视、反对歧视妇女等，也丰富了国际劳动立法原则。

四、国际劳动法的主要内容

国际劳动法的内容主要来源于国际劳工大会制定的公约和建议书。从1919年以来，国际劳工组织制定了许多公约和建议书，这些公约和建议书的内容涉及的领域极其广泛。下面重点介绍几个主要方面的内容。

（一）基本权利公约

1. 关于结社自由的公约

1921年国际劳工大会通过了第11号《农业工人的集会结社权公约》。这是国际劳工组织制定的第一个有关结社自由的公约。它规定凡批准本公约的会员方应"承允保证使从事农业的工人取得与工业工人同等的集会结社权，并废除限制农业集会结社的一切法令或其他规定"。1948年第87号《结社自由和保护组织权利公约》规定："工人和雇主应毫无区别地有权不经事先批准建立和参加他们自己选择的组织，其唯一条件是遵守有关组织的规章。"国际劳工组织以后又陆续制定了许多关于结社自由方面的公约，如1949年的第98号《组织权利和集体谈判权利原则的实施公约》、1971年的第135号《对企业工人代表提供保护和便利公约》、1981年的第154号《促进集体谈判公约》等。

2. 关于强迫劳动的公约

1930年第29号《关于强迫劳动公约》规定，逐步地废除各种形式的强迫劳动。在完全废除以前，强迫劳动只能适用于公共目的或作为一种例外的措施。公约规定，作为税收征用强迫或强制劳动，以及由行使行政职责的酋长为建设公共工程而征用的强迫或强制劳动应予逐步废除。还要求立即废除下列情况的强迫劳动：妇女、18岁以下和45岁以上的男子、残疾人、为私人或私营企业的利益而工作、矿山井下工作、为公共目的而工作但非目前迫切需要者或者非预防饥荒及食物供应匮乏者、作为集体惩罚方法的工作。公约最后还提出有效措施实施本公约。这一公约主要是针对当时殖民地存在的问题而制定的。1957年第105号《废除强迫劳动公约》，对强迫劳动问题又做了新的补充。

3. 关于就业歧视公约和建议书

1958年通过了第111号《关于就业和职业歧视公约》和第111号建议书。公约中所称的"歧视"包括种族、肤色、性别、宗教、政治见解、民族血统或社会出身等原因具有取消或损害就业或职业机会均等或待遇均等作用的任何区别、排斥或优惠。这种歧视既可以是由法律规定的结果，也可以是实际情况或惯例所形成的。公约认为以下三种情况不应认为是歧视：一是对一项特定职业基于其内在需要的任何区别、排斥或优惠，不应视为歧视；二是针对有正当理由被怀疑为或证实参与了有损国家安全活动的个人所采取的任何措施，不应认为是歧视，只是有关个人应有权向按照国家建立的主管机构提出申诉；三是国际劳工大会通过的其他公约和建议书规定的保护或援助的特殊措施，不应视为歧视。建议书更加具体地规定了每个人应在各方面享有平等的机会和待遇。公约和建议书还规定了消灭歧视的行动措施。

（二）工作条件和工作环境公约

1. 关于 8 小时工作制的公约

1919 年制定了第 1 号《工业工作时间每日限为 8 小时及每周限为 48 小时公约》。公约同时规定了例外情况，如企业中任监督或管理职务者及任机密事务者；一周中一天或几天工时少于 8 小时，则其余各天工时可多于 8 小时，但所多工时不得超过 1 小时。以后又制定了一些公约，扩大了 8 小时工作制的适用范围，并将工作时间缩短为每周 40 小时。

2. 关于每周休息的公约

1921 年的第 14 号《工业中实行每周休息公约》中规定，凡公营或私营的工业或其他任何分部所雇佣的全体职工均应于每 7 日的期间内享有连续至少 25 小时的休息时间；此项休息时间如可能时应与本国或当地的风俗或习惯相符合。公约准许有一些例外，但应在尽可能范围内补偿其休息时间。1957 年的第 106 号《商业和办事处所每周休息公约》，又将每周休息的时间规定扩大到办公室工作人员、私营企业在内。

3. 关于工资照付的假期的公约和建议书

1936 年的第 52 号《工资照付年假公约》，广泛适用于公私营企业事业的受雇用者。公约规定，凡适用本公约的人员连续服务满 1 年后，有享受工资照付的年假权利，假期至少应有 6 个工作日；未满 16 岁的人，包括学徒工在内，连续服务满 1 年后，此项假期至少有 10 个工作日。公共及惯例假日以及因疾病缺工之日不应包括在工资照付的年假之内。1954 年的第 98 号《工资照付休假建议书》，适用于除海员和农业工人以外的一切受雇用者。以后又陆续通过了许多公约和建议书，扩大了带薪休假适用范围，又提高了带薪休假的标准。

4. 关于职业卫生与安全的公约和建议书

1919 年通过的第 6 号《禁止在火柴制造中使用白磷建议书》，建议会员方禁止在火柴制造中使用白磷；1919 年通过了第 4 号《保护妇女与儿童免受铅毒建议书》；1921 年通过了第 13 号《油漆中使用白铅公约》；1971 年通过了第 136 号《防苯中毒危害公约》；1977 年又通过了第 148 号《保护工人以防工作环境中因空气污染、噪声和振动引起职业危害公约》。

（三）就业与人力资源开发公约和建议书

1. 关于就业政策的公约和建议书

有关就业政策最重要的标准是 1964 年的第 122 号《就业政策公约》和第 122 号《就业政策建议书》。公约明确规定，应宣布并实行一项积极政策，旨在促进充分的生产性的和自由选择的就业。这项政策应以保证下列各项就业为目的：为一切有能力工作并寻求工作的人提供工作；此项工作应尽可能是生产性的；有选择职业的自由，每个工人有资格享受最充分可能发挥其技能与才能的机会，获得最适合的工作。公约中规定就业政策应适当考虑经济发展的阶段和水平，以及就业目标同其他经济和社会目标之间的相互关系，并应实行适合国家条件的实际情况的方法。同时，还规定了为达到上述目标所制定的措施，以及实施这些措施应采取的必要步骤。建议书对公约的一般原则做了具体而确切的补充规定。

2. 关于失业的公约和建议书

1919 年第 2 号《失业公约》和第 1 号建议书中主张政府应免费设立职业介绍所帮助失业者，对于失业者应予失业保险，并建议国家在大量工人失业的情况下，应尽可能地组织公共工程。以后又陆续制定了一些公约和建议书，提出了减少失业的具体措施和建议。

3. 关于职业介绍所的公约和建议书

1949 年的第 96 号《收费职业介绍所公约》中规定，要逐步取缔以谋生为目的的收费职业介绍所，并管理其他职业介绍所，或者管理所有的职业介绍所。1919 年的第 2 号《失业公约》提出应设置公立免费的职业介绍所。

4. 关于人力资源开发的公约和建议书

人力资源开发是国际劳工组织非常重视的问题，其技术合作资金中的 2/3 以上用于人力资源开发。国际劳工组织制定了许多关于学徒、职业指导和培训方面的一些标准。许多公约和建议书还详细列出了人力资源开发的实施政策和计划办法。

（四）劳动管理、产业关系和工资的公约和建议书

1. 关于劳动管理的公约和建议书

国际劳工组织制定并通过的有关劳动管理方面的标准，目的是为各会员方建立和发展劳动管理体制，改进劳动检查提供依据。在劳动管理方面的标准主要包括劳动监察、劳工行政、劳动统计、劳工标准的三方协商等方面的公约和建议书。如 1926 年的《对海员工作条件一般原则建议书》；1937 年第 54 号《建筑业监察建议书》；1947 年第 81 号《工商业劳工监察公约》等，都在劳动管理方面提出了许多国际劳工标准。

2. 关于产业关系的公约和建议书

国际劳工组织的成立宗旨之一就是加强政府、雇主和工人的三方合作，调节政府、雇主和工人之间的关系。国际劳工组织成立以来，制定了各种劳资关系问题的国际标准。如结社自由方面的公约和建议书、集体协议和集体谈判方面的公约和建议书、调解和仲裁方面的公约和建议书、企业级的合作的建议书、产业级和国家级的协商的建议书、雇主提出终止雇用的公约和建议书、企业内沟通和对冤屈的审查的公约和建议书等。

3. 关于工资的公约和建议书

这方面的公约主要是确定最低工资方面的公约。如1928年第26号《制订最低工资确定办法公约》和第30号《实施最低工资确定办法建议书》。公约规定，凡批准本公约的会员方应承允制订或维持一种办法，以便为那些无从用集体协议或其他办法得到工资保障的工人确定最低工资率。公约还规定应实行一种监督或制裁的办法，以保证有关的雇主与工人明了现行最低工资率。建议书还补充了有关确定最低工资的一般原则。以后又制定了一些公约和建议书，将实施最低工资的办法推广到工资水平特别低的发展中国家。

（五）社会保障的公约和建议书

关于社会保障的专门性公约和建议书有50多个。1952年制定的第102号《社会保障最低标准公约》是一个基本标准，它确立了社会保障作为一种普遍制度的原则，其中得到普遍承认的有9个方面：医疗保健、疾病补助、失业补助、老年补助、工伤补助、家庭补助、生育补助、残病补助和遗嘱抚恤金。国际劳工组织定期审查、更新和补充其社会保障标准。国际劳工组织还专门为移民工人规定了同等待遇，规定了移民工人和本国工人在社会保障制度的9个方面享有平等的待遇。

五、国际劳动法的实施与监督

（一）会员方对国际劳动法应承担的义务

国际劳工组织的章程对每个会员方都有约束力，而且会员方对国际劳工组织要承担一定的义务。会员方对公约和建议书承担不同的义务。会员方如果批准了某一公约，该公约即对批准国产生约束力。对未批准公约的会员方则没有约束力，但必须根据国际劳工组织章程规定在一定时期内向国际劳工局提交报告，国际劳工组织说明该国为什么没有批准该公约。建议书对会员方没有约束力，它不要求会员方批准，只供各会员方制定本国法律时作为参考，同时也应在一定时期向劳工局提交报告。会员方对国际劳动法应承担的义务包括以下三个方面。

1. 向主管机关提交公约和建议书的义务

在国际劳工大会通过某一公约或建议书之后，各会员方应保证在大会闭幕后 1 年内将公约或建议书提交主管机关。最迟不得迟于大会闭幕后 18 个月。各会员方应将公约或建议书提交主管机关的情况及采取的措施通知国际劳工局局长。

2. 公约的批准及相关义务

会员方都有通过批准某一公约而承担对它的实施的国际义务。会员方政府应把公约提交本国立法机关，以便本国立法机关做出适当的决定，即批准或不批准某一公约。如果会员方立法机关批准某一公约，会员方应将正式批准书通知国际劳工局局长。

凡批准某公约的会员方，在公约生效后应保证采取必要的行动使该公约的各项条款在本国生效。其实施方法根据各国情况有所不同。实施已批准的公约的义务，旨在保证工人在劳动中享有最低的标准，但无论如何不得损害工人在该国享受已有的高于公约规定的任何优越条件。

实施已批准公约的义务还包括每个会员方向国际劳工局提出年度报告，说明采取什么措施实施其批准的公约规定。从 1977 年起，要求每个会员方每 4 年做一次详细的报告，对于一些涉及人权等重要公约要求每两年做一次报告，报告还应抄送本国有代表性的雇主组织和工人组织。

3. 对未批准的公约和建议书提供报告的义务

会员方对未批准的公约和建议书不承担实质性的义务，但根据国际劳工组织章程规定，仍有义务根据劳工局理事会的要求，每隔适当时期对未批准的公约和建议书向国际劳工局局长提交报告。报告的内容包括该会员方与公约所订事项有关的法律及实际情况，说明通过立法、行政措施、集体合同或其他方法使公约的任何条款得到实施或打算付诸实施的程度，并申述有何困难阻碍或推迟该公约的批准。对建议书的报告内容包括该国与建议书所订事项有关的法律及实际情况，说明建议书各项条款已经实施或打算付诸实施的程度，以及在采纳或实施此种规定方面已发现或可能发现有必要进行的修改。各国政府需将公约和报告书的副本抄送本国有代表性的雇主组织和工人组织。

（二）一般的监督体制

1. 经常性监督

国际劳工组织除了对有关基本人权的公约进行特殊监督外，有权对已批准某项公约的会员方进行经常性监督。在劳工组织成立初期，会员方定期向国际劳工局提交公约的执行情况报告，国际劳工局再综合上报劳工大会。1926 年国际劳工组织成立了两个专门监督机构，即公约和建议书实施专家委员会和国际劳工大会的公约和建议书实施委员会，对会员方执行公约情况进行具体研究和处理。

2. 控诉与申诉

根据《国际劳工组织章程》第二十六条至第三十四条规定，控诉是国际劳工组织最正式的监督程序。如一会员方认为任何其他会员方未曾切实遵守双方均已批准的公约时，有权向国际劳工局提出控诉。国际劳工局理事会也可自行或在收到某一代表（政府、雇主和工人）的控诉时，采取上述程序。理事会收到某一控诉时，可任命一个调查委员会来审议该项控诉案。各会员方应提供有关材料。调查委员会审议后提出报告，其中包括该委员会对与各方争执有关的一切事实问题的裁决，关于处理该案应采取的步骤，以及采取这些步骤的期限的建议。各有关政府应在 3 个月内通知国际劳工局局长，表明是否接受该委员会报告中的建议；如不接受，是否拟将该案提交国际法庭。任何会员方如在指定时间内不执行调查委员会报告中的建议或国际法庭的裁决，理事会可提请大会采取其认为明智和适宜的行动，以保证上述建议得到履行。

申诉是国际劳工组织另一种类型的监督程序。雇主或工人的产业团体，可以就某一会员方在其权限范围内在任何一方面未曾切实遵守其所批准的任何公约一事，向国际劳工局提出申诉。国际劳工局理事会将此项申诉送交被诉国政府，请该国政府就申诉做出声明。如果理事会在适当时期内未接到声明，或接到声明后认为不满意，理事会有权公布申诉和公布答复申诉的声明，要求有关政府采取进一步的行动或澄清。

（三）关于基本人权方面的特殊监督体制

对基本人权的监督，国际劳工组织有一套特殊的监督体制。国际劳工局列出了 19 条关于基本人权的公约，主要包括结社自由、废除强迫劳动、就业机会与待遇平等等。对这些公约不管会员方是否批准，都必须承担义务，接受检查和监督。在审议控诉案的过程中，除少数情节简单性质又不严重的控诉案可以一次审议结案外，一般的审议要拖延 2～4 次理事会的会议。在审议的各个阶段，均可采取直接接触的方法，在得到有关国家的邀请或至少是同意的情况下，由国际劳工局局长派遣一名代表，与有关政府进行接触，全面了解情况，寻求解决的办法。对于一些重大案件，移交给实地调查和调解委员会解决，原则上经有关政府同意。如果有关国家政府拒绝将案件移交实地调查和调解委员会，或在 4 个月内不做答复的情况下，委员会应向理事会建议采取"其他适当行动"。

六、国际劳动立法的作用与不足

（一）国际劳动立法的作用

国际劳动立法是劳动法的国际化，它是在国家之间订立的大家共同遵守的调整劳动关系以及其他与之相关的社会关系的准则。国际劳动法的产生、发展，与各国国内劳动法律制度有着密切的联系，各国国内劳动法是国际劳动法的基础，国际劳动法对各国国内劳动法又有重大的影响，两者在对立统一中相互协调、相互促进。国际劳动立法对于推动和巩固各国劳动立法，提供各国立法标准，保护劳动者基本的劳动权利，增进社会共同福利，维护社会公正具有重要的意义。国际劳动法的作用主要体现在以下几个方面。

1. 促进各国国内劳动立法的发展

国际劳工组织从成立以来，制定了大量的国际劳动公约和建议书，形成了相当完备的国际劳动法体系，对于各国制定国内劳动法起着指导作用。国际劳工组织把国际劳动公约和建议书统称为国际劳工标准。国际劳工标准几乎已经成为所有发达国家劳动立法的主要依据，也越来越成为大多数发展中国家制定国内劳动法的重要依据。虽然有的国际劳动公约和建议书没有被缔约国批准，但同样对缔约国的国内劳动立法有着重要的影响。

现行的主要的国际劳工标准是世界上几乎所有国家的政府、雇主和工人代表共同参加的国际劳工大会上讨论通过的，被视为国际公认的劳动标准。这些国际劳动标准已经成为各国国内劳动立法的推动力量和重要依据，容易为大多数国家的政府、雇主和工人三方所共同接受。

在国际劳动公约和建议书的制定过程中，由于经过反复讨论和修改，使各会员方政府、雇主和工人更加理解国际劳动立法的基本精神和内容，从而为加强各国国内的劳动立法工作创造了有利的条件。建议书虽然不具有公约的法律效力，不需要经过会员方批准，但由于其内容比较具体，因而对各会员方的劳动立法技术和立法内容具有重要的参考价值。

2. 保障劳动者的权利，维护社会公正

国际劳动立法对各国劳动法的制定和完善具有积极的促进作用，它对改善各国工人的劳动状况和保障各国工人的劳动权利，也产生了一定的积极影响。

国际劳动立法从各个方面对劳动者的劳动权利提供了保护，从最基本的结社自由权、集体谈判权、禁止歧视、禁止雇佣童工，到详细规定了工人的一般工作条件、休息休假等制度。国际劳动公约规定了工人的基本人权和基本待遇，这些对于改善各国工人的工作状况和提高其民主权利具有重大的贡献。国际劳动公约对于保护工人的劳动权利规定了各种救济措施，规范了各国政府的

责任，从行政措施、立法政策、司法救济、国际申诉等各个方面切实保障公约的贯彻。

加强对劳动者这一弱势群体的保护，对于促进社会公正也具有重要的意义。人道主义思想和社会公正思想是推动国际劳动立法的理论基础。只有劳动者的合法权利得到切实的保护，社会才能真正进步。应当让劳动者拥有更多的民主权利，更平等的就业机会，不断改善劳动者的劳动条件，只有这样，才能实现社会真正的公正。

3. 促进了国际贸易的发展

在资本主义初期，国际贸易发展实际上不利于劳动待遇的改善，往往导致各国降低劳动标准，以增强国际贸易竞争力，最终使劳工状况不断恶化。由于国内劳动立法会使本国经济在国际竞争中处于不利地位，因而需要国际协调来促进各国在平等的条件下参与国际竞争。

随着国际贸易自由化和全球经济一体化的推进，国际劳工标准问题在国际贸易中成为不同利益集团斗争的焦点。发达国家不时援引公平贸易与劳动力倾销等理论，要求在国际贸易中所有国家共同制定统一的国际劳工标准，在国际贸易中，通过推动实施国际劳工标准，防止不公平的贸易竞争。发展中国家对于发达国家的主张，普遍持反对态度，反对发达国家制定统一的国际劳工标准。争论的结果是发达国家和发展中各自做出了一定的让步，在避免贸易保护主义的条件下，发达国家和发展中国家承认基本国际劳工标准，从而在国际贸易中达成妥协。

（二）国际劳动立法的不足

国际劳动立法从发展趋势上看，符合社会发展的潮流。但是，在国际劳动立法的发展中，仍然存在着一些不足。

1. 国际劳动立法难以获得会员方的普遍采纳

国际劳动立法的根本作用是制定统一的最低的劳动标准。但是，由于国际劳工组织的各个会员方间的经济和社会发展存在着很大的差异，国际劳工标准很难为大多数会员方所接受。对于发达国家来说，国际劳工标准制定得过低；而对于大多数发展中国家来说，国际劳工标准制定得过高，往往难以实现。这种矛盾在当前尤为突出。

2. 国际劳工标准难以获得会员方的普遍批准

国际劳工标准是否会对会员方的国内劳动立法产生实际的影响，完全取决于会员方政府的态度。在现今国际劳工组织制定的公约中，只有少数的几个公约被会员方批准。如果会员方对公约没有批准，则该公约对会员方只具有一定的指导意义，而不产生法律效力。由于有的会员方认为公约的内容不符合本国的国情，本国难以实施；有的会员方担心无法实现公约而承担违反公约的责任等原因，各会员方对于是否批准公约，都持谨慎的态度。国际劳工标准很难获得大多数会员方的普遍批准执行。

3. 国际劳动立法的政治色彩越来越浓

国际劳动公约和建议书本来是想通过统一的最低劳动标准，使会员方的劳动立法标准不低于国际最低标准，以避免因为国际贸易的竞争而使保护工人的国内劳动立法无法实施。但是，由于大多数会员方处于不同的经济发展阶段，各国的工业化程度和生活水平相差很大，有些工业发达国家能够保持很高的劳动标准，而有些发展中国家经济技术非常落后，难以实施国际劳动标准。这种处境在国际劳工组织成立的初期就已经遇到，在目前许多发展中国家大量加入国际劳工组织后，这个问题更加突出。

在国际劳工组织内部，存在着发达国家与发展中国家的尖锐分歧，大多数发展中国家强烈要求制定符合发展中国家具体国情和切实利益的国际劳工标准，反对发达国家利用统一的国际劳动立法来阻碍国际自由贸易，剥夺发展中国家比较优势和发展机会，干涉别国内政的行为。发展中国家迫切主张改革国际劳动立法，实现国际劳工标准的多元化。发达国家则利用其在国际劳工组织中形成的历史优势，以"人权""社会公正"等口号为借口，无视各国的不同的经济条件、社会制度和文化传统，企图把统一的国际劳工标准强加于人，干涉他国内政。不同的利益集团在国际劳工组织内部对于国际劳工标准采取不同的政策和立场，双方不断地斗争、妥协，使得在国际劳工标准问题上的政治色彩越来越浓，违背了国际劳工组织建立的初衷和国际合作精神。

七、国际劳工组织

（一）国际劳工组织的产生

国际劳工组织是在第一次世界大战结束后的 1919 年建立的。它是根据"凡尔赛和约"作为国际联盟的附属机构而成立的。当时的创始国包括中国在内共 29 个国家。国际劳工组织是当今世界上历史最悠久、规模最大的国际组织之一。从第二次世界大战结束后，国际劳工组织成为联合国的专门机构之一。国际劳工组织章程规定，该组织的宗旨是"促进充分就业和提高生活水平，促进劳资双方合作，扩大社会保障措施，保护工人生活与健康"，主张通过劳工立法来改善劳工情况，"增进劳资双方共同福利"，进而"获得世界持久和平，建立社会正义"。

（二）国际劳工组织的组织机构

1. 国际劳工大会

国际劳工大会是国际劳工组织的最高权力机关。每年召开 1 次，一般情况下，每年 6 月在瑞士日内瓦举行。每个会员方的代表团由 2 名政府代表、1 名雇主代表、1 名工人代表和若干名顾问组成。大会的主要任务是：听取和讨论国际劳工局局长的年度报告；制定国际劳工公约和建议书，审议各成员国执行公约的情况；讨论劳工领域中重大的带有普遍性的问题，并通过一些决议，为劳工组织的总政策和未来的活动提出指导方针。

2. 理事会

理事会是劳工组织的执行机构，每 3 年进行一次换届选举。理事会每年召开 3 次会议，为大会和其他重要会议确定议程，并就应该采取的后续行动做出决定。此外，理事会还指导劳工局的各项活动，选举任命劳工局局长。理事会是一个三方性机构，由 56 名理事组成，其中包括 28 名政府理事、14 名雇主理事和 14 名工人理事。

3. 国际劳工局

国际劳工局是国际劳工组织的常设秘书处，也是劳工大会、理事会的秘书处。它负责为劳工大会和其他会议起草文件和报告；征聘和指导在全世界进行技术合作的专家；发行各种刊物；与各成员国劳工部、雇主和工会团体进行密切合作。因此，国际劳工局也是一个行政机构。

（三）国际劳工组织的主要活动

国际劳工组织的主要活动有两项，即制定国际劳动法和开展技术合作。在该组织成立初期，主要是负责制定公约和建议书，收集、散发有关劳工领域内的情报，并对其进行分析研究，为制定劳工标准提供依据，并为成员国制定本国法律提供咨询服务。

八、中国与国际劳工组织的关系

1919 年在巴黎和会上，北洋政府的代表在《对奥和约》上签字，成为国际联盟的创始会员方，因而也就成了国际劳工组织的创始成员国。从 1944 年开始，中国成为国际劳工组织的常任理事国。

中华人民共和国成立之前，从 1930 年起国民党政府先后批准了《确定准许儿童在海上工作的最低年龄公约》《工业企业中实行每周休息公约》《本国工人与外国工人关于事故赔偿的同等待遇公约》《制订最低工资确定办法公约》《各种矿场井下劳动使用妇女公约》等 14 个国际劳工公约。1949 年新中国成立后，在一段时间里，台湾当局继续窃居中国在国际劳工组织的席位，并盗用中国政府的名义非法批准了 23 个国际劳工公约。上述公约虽在形式上得到了国民党政府或台湾当局的批准，但由于种种原因，在实际上都没有得以真正实施。

1971 年，联合国大会通过决议恢复中国的合法席位，国际劳工组织随后也决定恢复中国在该组织的合法席位。1983 年 6 月，中国代表团第一次出席第六十九届国际劳工大会，从此正式恢复了在该组织的活动。这次大会以后，中国有关主管部门对旧中国批准的 14 个公约进行了审查，并于 1984 年 5 月经国务院决定予以承认，同时宣布新中国成立后台湾当局用中国名义批准的 23 个公约无效。

中国在正式恢复参加国际劳工组织的活动后，又陆续批准了几个国际劳工公约，它们是：1987 年批准的《残疾人职业康复和就业公约》、1990 年批准的《男女工人同工同酬公约》和《三方协商以促使实施国际劳工标准公约》、1994 年批准的《关于安全使用化学品公约》。

九、国际劳工标准问题

随着中国加入 WTO 组织，劳动关系和劳资冲突问题也必将成为国际劳工问题的一部分。如何按照国际劳工标准的要求，加强劳动法制建设，使中国的劳动法制环境与国际劳工标准接轨，从而妥善处理好劳动关系，将是社会各界共同关注的问题。

（一）WTO 成员方劳动关系规则——社会条款或劳工标准问题

社会条款，即所谓有关社会权利的条款，其内容主要包括劳工权利、环境保护、人权等，其中劳工权利是其基本的核心内容，或者说，社会条款问题主要是劳工标准问题。工人权利又称劳工权利和劳工权益，是指法律所规定的处于现代劳动关系中的劳动者，在履行劳动义务的同时所享有的与劳动有关的社会权益，它是以劳动权利为核心，以经济权利为基础，同时还应包括与劳动有关的政治权利及其他社会权利。而社会条款之所以成为问题，是因为提出者的意图在于要求将社会条款与国际贸易直接挂钩，即凡是违反社会条款者可以予以经济制裁。

国际劳工标准，又称国际劳动标准，一般是指国际劳工大会通过的公约和建议书，以及其他达成国际协议的具有完备系统的关于处理劳动关系和与之相关的一些关系的原则、规则。国际劳工公约的核心和宗旨是确立和保障世界范围内的劳工权利。劳工标准之所以在 WTO 成员中成为热点问题，是由于发达国家企图将劳工标准与国际贸易直接挂钩，对违反国际劳工标准者予以经济制裁；而发展中国家则认为，这是发达国家实行贸易保护和非关税壁垒的工具，因而坚决反对。这种矛盾在 1999 年西雅图会议上表现得最为充分，导致会议无果而终。

社会条款中所涉及的劳工标准，是指所谓"核心劳工标准"或称"工人的基本权利"，这一概念是 1995 年召开的社会发展问题世界首脑会议首先提出的。1998 年国际劳工大会通过的《基本劳工权利原则宣言》将其明确地规定为四个方面的权利，即结社自由并有效承认集体谈判权利；消除一切形式的强迫劳动；有效废除童工；消除就业歧视。这四项基本劳工权利，主要体现在以下国际劳工公约中：（1）《1948 年结社自由与保护组织权公约》（第 87 号公约）；（2）《1949 年组织权与集体谈判权公约》（第 98 号公约）；（3）《1930 年强迫劳动公约》（第 29 号公约）；（4）《1957 年废除强迫劳动公约》（第 105 号公约）；（5）《男女工人同工同酬公约》（第 100 号公约）；（6）《1958 年就业与职业歧视公约》（第 111 号公约）；（7）《1973 年最低就业年龄公约》（第 138 号公约）；（8）《1999 年禁止最恶劣形式童工劳动公约》（第 182 号公约）。

根据国际劳工组织《基本劳工权利原则宣言》规定："即使尚未批准的有关公约，仅从作为劳工组织成员这一实际出发，所有成员国都有义务真诚地并根据章程要求，尊重、促进和实现关于作为公约之主题的基本权利的各项原则。"但是，国际劳工标准作为 WTO 成员方处理劳资关系的行为规则，在国际劳工组织成员国之间表现为一般国际法，这些规则的约束力只有在批准国按照本国的法律制度和惯例，采取执行公约的必要措施后，才在该国具有直接的法律效力。这种必要措施，可以采取国内立法的形式，也可以直接执行被批准的国际劳工公约，还可以依习惯法默示国际劳工公约对于国内法的约束力。

（二）中国劳动法制对国际劳工公约的认同与接轨

尽管发达国家和国际劳工组织要求将社会条款与国际贸易挂钩的出发点是不一样的，发达国家是想通过社会条款来实现贸易保护，而国际劳工组织则希望通过将两者挂钩来维护劳工利益。但是，在直接的要求上两者是一致的，双方必然形成互相援引和支持的局面。这就迫使中国在加入 WTO 以后要正确看待国际劳工标准问题。中国作为国际劳工组织成员，不仅有责任和义务遵守与实现国际劳工公约规定的劳工基本权利的各项原则，而且应该在条件合适的情况下，扩大国际劳工公约特别是核心公约的批准范围。为此，中国政府已经签署了《经济、社会及文化权利国际公约》和《公民权利和政治权利国际公约》。承认这两个国际人权公约，实际上就是承认目前国际劳工组织提出的核心劳工公约，因为这两个国际人权公约已经包括了核心劳工公约的基本内容。但是，从整个国际劳工组织的法律体系来看，到目前为止，中国共批准了 22 个国际劳工公约（包括承认旧中国政府批准的 14 个），仅占全部 128 个国际劳工公约的 17%，不及各会员方平均批准数目的 1/3。这种状况，与中国作为国际劳工组织创始国和社会主义的工人阶级大国的地位和作用很不适应。加入 WTO 以后，这一工作显得日益紧迫。从目前中国劳动关系状况来看，随着社会主义市场经济体制的建立，劳动关系矛盾日益增多，劳工权益受侵犯的现象时有发生，迫切需要加强和完善劳工标准立法；从中国劳动立法的进展来看，以《中华人民共和国劳动法》及与之配套的法律法规为标志，已初步形成了以市场价值为基本取向的劳动法律体系，除了自由结社和强迫劳动问题与国际社会存在一定的分歧外，在其他内容上与国际社会的要求并无大的差别。有些标准如工作时间，甚至超过了一般的国际标准。因此，中国目前已经基本具备批准核心劳工公约的法律环境。

复习思考题

1. 资本主义国家劳动法产生的原因是什么？
2. 国际劳动立法产生的原因是什么？
3. 国际劳动立法包括哪些形式？
4. 国际劳动立法经过哪些程序？
5. 国际劳动立法的指导原则是什么？
6. 国际劳工组织会员方对国际劳动立法应当承担的义务是什么？
7. 国际劳动立法有什么作用？
8. 国际劳动立法有什么不足？
9. 国际劳工组织包括哪些组织机构？

第三章　劳动就业

学习目标

　　1. 掌握劳动就业的具体含义、理解劳动就业人员的具体范围、掌握失业的概念及特征、理解国际劳工组织的失业标准。

　　2. 了解中国不同时期的劳动就业方针具体含义、理解政府在促进就业方面的职责。

　　3. 掌握劳动就业原则的具体含义。

　　4. 了解公共就业服务机构和职业中介机构的区别。

　　5. 掌握外国人在中国就业的具体要求。

关键术语

　　劳动就业　劳动就业人员范围　失业　劳动就业方针　政府促进就业职责　公平就业　职业培训　劳动就业服务　劳动就业的原则　照顾特殊群体就业　公共就业服务机构　职业中介机构　失业预警机制

第一节　劳动就业与劳动就业制度

一、劳动就业的概念

　　劳动就业是指具有劳动能力的劳动者在法定劳动年龄内，依法从事某种有劳动报酬或者劳动收入的社会活动。劳动就业的实质是达到就业年龄的劳动者实现同生产资料的结合形成社会生产力。劳动法上所指的劳动就业具有以下特征：（1）劳动者必须有从事劳动就业的资格。劳动者必须在法定劳动年龄内，才能从事劳动。同时，劳动者从事特定的劳动还必须具有一定的从业资格。这是劳动者取得劳动权利能力和劳动行为能力的基本条件。如果其不具有劳动权利能力和劳动行为能力，即使其从事有一定报酬的活动，也不得被称为劳动就业。（2）劳动者本人要有进行劳动的愿望。国家的劳动就业政策是出于保护劳动者的就业权而制定的。如果劳动者根本不想就业，那么国家也就没有必要去保障其劳动权利。因此没有劳动愿望的劳动者不在劳动法调整的范围之内。劳动者办理失业登记或者求职登记，就是劳动者有劳动愿望的体现。（3）劳动者从事的劳动必须是有报酬、有收入的劳动。如果劳动者与生产资料进行了某种程度的结合，并创造出了物质财富，但是其从事的劳动没有获得报酬，这种情况也不属于劳动就业。这就把义务劳动排除在劳动就业的范围之外。（4）劳动者从事的是合法劳动。劳动者必须从事符合法律、行政法规规定的劳动和符合社会公共利益的劳动。凡是从事不合法的劳动和损害社会公共利益的劳动，不能视为就业。劳动者从事的劳动，只有符合上述特征，才能视为劳动法上的就业，才能享有因就业而产生的其他一系列权利。

劳动就业是劳动者最关心、最直接、最现实的利益问题之一，是构建和谐社会的前提和基础。我国劳动力供大于求格局将长期存在，就业结构性矛盾突出，统筹城乡就业、解决新成长劳动力和下岗失业人员就业任务艰巨，使得就业形势严峻、就业压力巨大。

为了将劳动就业工作纳入法制化轨道，依法保障劳动者的公平劳动就业权，2007 年 8 月 30 日经第十届全国人大常委会第二十九次会议表决通过了《中华人民共和国就业促进法》（以下简称《就业促进法》），于 2008 年 1 月 1 日起施行。《就业促进法》是一部促进就业、发展和谐劳动关系、推动经济发展同扩大就业良性互动、实现社会和谐稳定的重要法律，对促进就业的方方面面做出了明确而具体的规定。为解决就业问题提供了积极有力的法律保障。

二、劳动就业人员的范围

根据国际劳工组织规定的通用就业标准，凡是在规定年龄以上，具有下列情况的都可以作为就业人员：（1）正在工作中的人。即在规定的时期内，正在从事有报酬经营收入的工作人员。（2）有职业但是临时没有工作的人。例如，由于疾病、事故、劳动争议、休假、旷工或因气候不良、机器故障等原因而临时停工的人员。（3）雇主和个体经营者，或正在家庭经营企业或农场劳动或经营其他手工业、商业等不领取报酬的家庭成员，在规定的时期内，从事其工作的时间为正常工作时间的 1/3 以上者。在我国，凡年满 16 周岁以上的公民，从事有劳动报酬或经营收入的职业，都属于就业。

劳动就业的范围，一般只包括在国民经济各部门从事劳动的劳动者。在校学生利用业余时间勤工助学、已经达到离退休年龄的劳动者继续在原单位被续聘、返聘、用人单位聘用离退休的劳动者，不视为就业。

三、失业的概念

失业，是一个与就业对称的概念。它是指在法定劳动年龄范围内并且有劳动能力和就业愿望的劳动者未能实现就业的状态。

失业作为一个法律概念，具有下述特征：（1）失业者仅限于依据有关法律、法规和政策应当保证其就业的劳动者。不满或超过法定劳动年龄者、完全丧失劳动能力者和无就业愿望者，以及在校学生、现役军人和其他依法无须保障其就业的人员，均不存在失业问题。（2）失业必须是处于未获得就业岗位的状态。既包括从未获得就业岗位，也包括失去原有就业岗位后未获得新就业岗位。已有就业岗位却因故暂时未能在岗劳动的状态则不属于失业；但是，虽有就业岗位，却在较长时间只能得到非全日工作从而未能领取全额劳动报酬的，也应视为失业。（3）失业的表现形式仅以显性失业为限，经济学意义上的隐蔽性失业不包括在内。在我国，失业人员仅指城镇中的非农业人员，不包括农村人口，农村中的未就业者称为农村剩余劳动力。

国际劳工组织在1988年的《促进就业和保护失业公约》中把失业划分为全失业和半失业两种。全失业是指凡能够工作、可以工作并确实在寻找工作的劳动者不能得到适当职业而没有收入的状态。全失业必须具备如下条件：（1）劳动者必须能够工作并且愿意工作。（2）正在寻找工作并为寻找工作尽到了努力。寻找工作是指通过合适的途径得到就业信息并前去应召而遭到拒绝，或者在得到的全部就业信息中没有适合自己条件的工作。（3）不能得到适当的职业而没有收入。对于适当的职业应做广义解释，即对社会有益的自己能够得到适当报酬的工作。半失业是指因暂时停工引起临时解雇而使收入中止，尤其是由于经济、技术结构和类似性质的原因中止收入而没有中断就业关系的状态。如果一个社会中半失业情况存在比较普遍，则说明社会劳动力配置处于不合理的状态。

在市场经济条件下，竞争机制使失业成为必然。劳动力市场是市场经济体系中非常重要的一个要素市场。市场经济条件下的劳动力市场要求劳动力能在市场中流动，并有合理的劳动力资源配置；要求劳动力从各方面来考虑工作的选择。市场必然意味着竞争，劳动者必然会面临被淘汰的危险。因此，失业是社会化大生产和市场经济的必然规律，它的出现是不可回避的事实。

尽管从总体上看，我国公开的失业率与其他经济发达国家相比一直处于较低的水平上，失业似乎并不构成一个严重的社会问题，然而，事实上人们感受到的却是失业的严重、就业的压力。这是由于：一是公开的失业率具有统计上的局限性。多年来，政府有关部门的城镇失业率统计，不能反映全社会劳动力的失业水平，因为这一统计仅限于城镇地区，而未涉及农村地区。二是城市内隐蔽性失业的问题被掩盖了。我国城市经济部门中存在着非公开失业，这种非公开失业的主要形式，就是企事业单位中充斥着大量冗员。因此，在改革开放以前，中国的计划经济并非没有失业，只不过由于种种原因使得大量的失业以一种隐蔽的状态存在，以往所实行的就业机构，并未实现真正意义上的劳动力充分就业，恰恰相反，它阻碍了劳动力资源的最优配置。从某种意义上说，我国今天庞大的失业和半失业队伍，正是过去的就业政策和人口政策的偏差所长期积淀而成的。随着经济增长和技术进步，社会各产业对非技术劳动者需求的降低，将是不可避免的趋势。

四、中国劳动就业方针

国家为了保障劳动者的劳动权，积极采取各种有效措施促进就业。促进就业是国家的重要职责。在新中国成立初期，针对旧中国遗留下来的严重失业问题，国家提出了"政府介绍就业和群众自行就业相结合"的方针，为解决旧中国遗留下来的失业问题发挥了积极作用。在"文化大革命"期间，劳动就业问题再一次日趋尖锐，失业又成为严重的社会问题。党的十一届三中全会以后，国家实行改革开放的政策，针对新形势下的失业问题，国家制定了"三结合"的就业方针，即在国家统筹规划和指导下，实行劳动部门介绍就业、自愿组织起来就业和自谋职业相结合的就业方针。"三结合"就业方针是适应以公有制为主体、多种所有制经济共同发展需要而产生的，因而它为解决我国失业问题做出了巨大的贡献。

在市场经济条件下，国家把扩大就业放在经济社会发展的突出位置，实施积极的就业政策，坚持劳动者自主择业、市场调节就业、政府促进就业的方针，多渠道扩大就业。自主就业是指劳动者进入劳动力市场，通过各种渠道自谋职业。在劳动力市场上，劳动者是劳动就业的主体，有《宪法》《劳动法》《就业促进法》赋予的平等就业和自主择业的权利。国家倡导劳动者树立正确的择业观念，提高就业能力和创业能力，鼓励劳动者自主创业、自谋职业。市场调节就业是指通过培育与发展劳动力市场，以市场为配置劳动力资源的基础性调节手段，实现劳动者与用人单位的双向选择。政府促进就业是指政府通过发展经济和调整产业结构、规范人力资源市场、完善就业服务、加强职业教育和培训、提供就业援助等措施，创造就业条件，扩大就业。政府促进就业不仅符合市场经济的要求和通常的国际惯例，也符合我国批准和执行的国际劳工组织《就业政策公约》的精神。

五、政府在促进劳动就业方面的职责

就业问题关系到所有劳动者及其家庭的切身利益，促进就业和治理失业是政府的重要职责，这不仅是国际社会的共识，也是世界各国政府执政的重要目

标，在我国，更是各级政府执政为民的重要体现。就业促进法对政府在促进就业中的职责作出了明确规定，包括以下八个方面。

（一）建立劳动就业工作目标责任制度

县级以上人民政府应当把扩大劳动就业作为经济和社会发展的重要目标，纳入国民经济和社会发展规划，并制定促进就业的中长期规划和年度工作计划。各级人民政府和有关部门应当建立促进就业的目标责任制。县级以上人民政府按照促进就业目标责任制的要求，对所属有关部门和下一级人民政府进行考核和监督。

（二）制定实施有利于就业的经济和社会政策

县级以上人民政府通过发展经济和调整产业结构，实行有利于促进就业的产业政策、投资政策、财政政策、税收优惠政策、金融政策、城乡统筹、区域统筹和群体统筹的就业政策等，多渠道扩大就业、增加就业岗位。

（三）推进公平就业

各级人民政府依法保证劳动者享有平等就业和自主择业的权利，创造公平的就业环境，消除就业歧视。规定劳动者就业，不因民族、种族、性别、宗教信仰等不同而受歧视；残疾人、传染病病原携带者和进城就业的农民等群体享有与其他劳动者平等的劳动权利。用人单位招用人员、职业中介机构从事职业中介活动，应当向劳动者提供平等的就业机会和公平的就业条件，不得实施就业歧视。

（四）加强就业服务和管理

县级以上人民政府应当培育和完善统一开放、竞争有序的人力资源市场，促进劳动力供给与需求的有效匹配；建立健全公共就业服务体系，强化公共就业服务，为劳动者免费提供就业政策法规咨询、职业指导和职业介绍等服务。制定政策并采取措施，建立健全就业援助制度，对困难人员给予扶持和帮助。

（五）大力开展职业培训

国家依法发展职业教育，鼓励开展职业培训，并通过制订实施职业能力开发计划，鼓励和支持培训机构和用人单位开展就业前培训、在职培训、再就业培训、职业技能培训和创业培训，以及建立健全劳动预备制度和实行职业资格证书制度等措施，促进劳动者提高职业技能，增强就业能力和创业能力。

（六）建立健全失业保险制度

国家建立健全失业保险制度，依法确保失业人员的基本生活，并促进其实现就业；县级以上人民政府建立失业预警制度，对可能出现的较大规模的失业，实施预防、调节和控制。

（七）开展就业和失业调查统计工作

国家建立劳动力调查统计制度和就业登记、失业登记制度，开展劳动力资源和就业、失业状况调查统计，并公布调查统计结果，以加强就业的基础管理工作。

（八）发挥社会各方面促进就业的作用

各级人民政府和有关部门应当对在促进就业工作中做出显著成绩的单位和个人，给予表彰和奖励，发挥工会、共青团、妇联、残联、用人单位以及其他社会组织在促进就业工作中的作用。

六、劳动就业的原则

（一）公平就业的原则

《劳动法》第十二条规定："劳动者就业，不因民族、种族、性别、宗教信仰不同而受歧视。"《劳动法》第十三条规定："妇女享有与男子平等的就业权利。在录用职工时，除国家规定的不适合妇女的工种或者岗位外，不得以性别为由拒绝录用妇女或者提高对妇女的录用标准。"从上述规定可以看出，国家保障劳动者享受平等的就业权，任何用人单位不得以任何借口在就业方面歧视劳动者。同时，对于特殊群体（如妇女、残疾人等）的就业，国家要给予特别的保护，保障他们能够平等地实现就业权。贯彻平等就业原则，是发展社会主义市场经济的客观要求。

为了保障公平就业原则的实现，《就业促进法》对公平就业做了具体规定：（1）各级人民政府创造公平就业的环境，消除就业歧视，制定政策并采取措施对就业困难人员给予扶持和援助。（2）用人单位招用人员、职业中介机构从事职业中介活动，应当向劳动者提供平等的就业机会和公平的就业条件，不得实施就业歧视。（3）国家保障妇女享有与男子平等的劳动权利。用人单位招用人员，除国家规定的不适合妇女的工种或者岗位外，不得以性别为由拒绝录用妇女或者提高对妇女的录用标准。用人单位录用女职工，不得在劳动合同中规定限制女职工结婚、生育的内容。（4）各民族劳动者享有平等的劳动权利。用人单位招用人员，应当依法对少数民族劳动者给予适当照顾。（5）国家保障残疾人的劳动权利。各级人民政府应当对残疾人就业统筹规划，为残疾人创造就业条件。用人单位招用人员，不得歧视残疾人。（6）用人单位招用人员，不得以是传染病病原携带者为由拒绝录用。但是，经医学鉴定传染病病原携带者在治愈前或者排除传染嫌疑前，不得从事法律、行政法规和国务院卫生行政部门规定禁止从事的易使传染病扩散的工作。（7）农村劳动者进城就业享有与城镇劳动者平等的劳动权利，不得对农村劳动者进城就业设置歧视性限制。

（二）相互选择的原则

相互选择的原则是指劳动者有根据个人主观愿望和自身条件，自由选择职业的权利，用人单位有权根据本单位的实际需要自主选择劳动者。在劳动力市场中，劳动者和用人单位的法律地位是平等的，劳动者有自由选择职业的权利，用人单位有选择劳动者的权利。相互选择的原则体现了劳动者的竞争式就业，它有利于提高劳动者整体素质，优化劳动力结构。随着社会主义市场经济的不断发展，劳动者和用人单位相互选择的范围和余地将会越来越大，以最大限度地满足劳动者的择业需要和用人单位的用工需求。

📑 **小提示**

用人单位关注求职者的哪些能力

（1）忠诚度。企业看重应聘者对忠诚度的看法，尤其是一些国有大型企业更是如此。

（2）实践能力。很多企业要招聘的绝不是简单的"学习机器"，实践能力往往更受到企业的重视。

（3）团队协作精神。经营规模宏大的企业往往非常重视员工的团队协作精神，尤其欢迎具有团队协作精神的应聘者。

（4）创新精神。对于大型企业来说，离开了不断地创新，就等于失去了生命力，因此应聘者是否具有创新精神也是重点要考察的。

（5）对企业文化的认可程度。企业在招聘过程中常常会考虑到员工是否能够认可和适应该企业的价值观和企业文化，这将决定员工是否能够很好地为企业服务。

（6）人际交往能力和良好的沟通能力。企业都把人际沟通能力作为重点考核内容，非常重视应聘者的沟通技巧，应聘者一定要具有与客户沟通、协调的能力。

（7）对新知识新能力的求知态度和学习能力。应届毕业生往往不具备直接进行业务操作的能力，基本上都要经过系统的培训，所以学习能力和求知欲应该是重点考察的内容。很多企业都坚持这一原则。只要有强烈的求知欲和学习能力一定可以通过系统的培训脱颖而出。

（三）照顾特殊群体人员就业的原则

特殊群体人员是指因某种原因致使在劳动就业方面存在一定困难的人员，包括妇女、残疾人、少数民族人员、退出现役的军人等。我国法律规定妇女在就业上享有同男子平等的权利。国家保护妇女的权利和利益，实行男女同工同酬。由于妇女的政治、经济、文化等方面的社会实际地位不能与男子平等，使妇女在就业方面存在一定的困难。针对妇女就业中存在的困难，国家颁布了一系列就业规定，对妇女的就业问题给予了高度的重视。如 1983 年 2 月，原劳动人事部发布的《关于招工考核择优录用的暂行规定》；1986 年 7 月，国务院颁发的《国营企业招用工人暂行规定》；1983 年 7 月，国务院颁发的《女职工劳动保护规定》等，都对妇女的劳动就业给予了特殊的保护。对残疾人和退出现役的军人就业，我国制定的《残疾人保障法》《兵役法》等法律法规做了具体的规定。

（四）禁止未满 16 周岁的未成年人就业的原则

《劳动法》第十五条规定："禁止用人单位招用未满 16 周岁的未成年人。文艺、体育和特种工艺单位招用未满 16 周岁的未成年人，必须依照国家有关规定，履行审批手续，并保障其接受义务教育的权利。"按照《劳动法》规定，我国公民就业的最低年龄为 16 周岁，用人单位不得招用未满 16 周岁的未成年人、招用未满 16 周岁的未成年人就业，严重影响了少年儿童的人身安全和身体健康。1991 年全国人大通过的《中华人民共和国未成年人保护法》第二十八条明确规定："任何组织和个人不得招用未满 16 周岁的未成年人，国家另有规定的除外。"1991 年 4 月国务院发布了《禁止使用童工规定》，对禁止用人单位使用童工做了具体规定：（1）禁止国家机关、社会团体，企业事业单位和个体工商户、农户、城镇居民使用童工；（2）禁止各种职业介绍机构以及其他单位和个人为未满 16 周岁的少年、儿童介绍就业；（3）各级工商行政主管部门不得为未满 16 周岁的少年、儿童核发个体营业执照；（4）父母或者其他监护人不得允许未满 16 周岁的子女或者被监护人做童工。对违反有关规定，录用未满 16 周岁的未成年人就业的，应当承担相应的法律责任。贯彻禁止未满 16 周岁的未成年人就业的原则，对于保护未成年人的身心健康，促使他们在德、智、体各方面健康成长，保证少年、儿童接受规定的义务教育具有重要意义。

第二节　劳动就业服务和管理

一、劳动就业服务

（一）公共就业服务机构

公共就业服务机构是各级劳动行政部门或者其他有关部门举办的，承担公共就业服务职能的公益性服务机构。《就业促进法》对公共就业服务机构的设立、职责、服务范围等做了规定。县级以上人民政府培育和完善统一开放、竞争有序的人力资源市场，为劳动者就业提供服务。县级以上人民政府鼓励社会各方面依法开展就业服务活动，加强对公共就业服务和职业中介服务的指导和监督，逐步完善覆盖城乡的就业服务体系。县级以上人民政府加强人力资源市场信息网络及相关设施建设，建立健全人力资源市场信息服务体系，完善市场信息发布制度。

县级以上人民政府建立健全公共就业服务体系，设立公共就业服务机构，为劳动者免费提供下列服务：（1）就业政策法规咨询；（2）职业供求信息、市场工资指导价位信息和职业培训信息发布；（3）职业指导和职业介绍；（4）对就业困难人员实施就业援助；（5）办理就业登记、失业登记等事务；（6）其他公共就业服务。

公共就业服务机构应当不断提高服务的质量和效率，不得从事经营性活动，公共就业服务机构是公益性的就业服务机构。公共就业服务经费纳入同级财政预算。县级以上地方人民政府对职业中介机构提供公益性就业服务的，按照规定给予补贴。国家鼓励社会各界为公益性就业服务提供捐赠、资助。地方各级人民政府和有关部门不得举办或者与他人联合举办经营性的职业中介机构。地方各级人民政府和有关部门、公共就业服务机构举办的招聘会，不得向劳动者收取费用。

（二）职业中介机构

职业中介机构是由社会力量依法成立的，从事职业介绍工作的专门机构。《就业促进法》规定了职业中介机构的设立条件包括：（1）有明确的章程和管理制度；（2）有开展业务必备的固定场所、办公设施和一定数额的开办资金；（3）有一定数量具备相应职业资格的专职工作人员；（4）法律、法规规定的其他条件。设立职业中介机构，应当依法办理行政许可。经许可的职业中介机构，应当向工商行政部门办理登记。未经依法许可和登记的机构，不得从事职业中介活动。

国家对外商投资职业中介机构和向劳动者提供境外就业服务的职业中介机构另有规定的，依照其规定。县级以上人民政府和有关部门加强对职业中介机构的管理，鼓励其提高服务质量，发挥其在促进就业中的作用。

职业中介机构的职业介绍，直接涉及广大劳动者的切身利益。因此，《就业促进法》规定，从事职业中介活动，应当遵循合法、诚实信用、公平、公开的原则。用人单位通过职业中介机构招用人员，应当如实向职业中介机构提供岗位需求信息。禁止任何组织或者个人利用职业中介活动侵害劳动者的合法权益。职业中介机构不得有下列行为：（1）提供虚假就业信息；（2）为无合法证照的用人单位提供职业中介服务；（3）伪造、涂改、转让职业中介许可证；（4）扣押劳动者的居民身份证和其他证件，或者向劳动者收取押金；（5）其他违反法律、法规规定的行为。

（三）失业预警机制

建立失业预警机制是就业促进法在法律方面的首创，《就业促进法》规定，县级以上人民政府建立失业预警制度，对可能出现的较大规模的失业，实施预防、调节和控制。比如因职工人数较多的大型企业的破产、企业的注销或者企业经济性裁员达到一定人数的，都需要纳入失业预警机制的范围之内。同时，国家建立劳动力调查统计制度和就业登记、失业登记制度，开展劳动力资源和就业、失业状况调查统计，并公布调查统计结果。统计部门和劳动行政部门进行劳动力调查统计和就业、失业登记时，用人单位和个人应当如实提供调查统计和登记所需要的情况。

二、外国人在中国就业与境外就业服务

（一）外国人在中国就业管理规定

外国人在中国就业是指没有取得定居权的外国人在中国境内依法从事社会劳动并获取劳动报酬的行为。随着中国对外开放的不断扩大，外国人在中国就业人数不断增多，为了加强对外国人在中国就业的管理，原劳动部、公安部、外交部、对外贸易经济合作部联合颁发了《外国人在中国就业管理规定》的通知，对外国人在中国就业做出了具体的管理规定。在中国境内就业的外国人和聘用外国人的用人单位，都应当遵守该规定。

1. 就业许可

用人单位聘用外国人必须为该外国人申请就业许可，经获准并取得《中华人民共和国外国人就业许可证书》后方可就业。用人单位不得聘用外国人从事营业性文艺演出，但经文化部批准持《临时营业演出许可证》进行营业性文艺演出的外国人除外。中国的台湾、香港、澳门地区居民在内地就业按《台湾和香港、澳门居民在内地就业管理规定》执行。对违反规定未申领就业证擅自就业的外国人和未办理许可证书擅自聘用外国人的用人单位，由公安机关按《中华人民共和国外国人入境出境管理法实施细则》的规定处理。

外国人在中国就业必须具备下列条件：（1）年满18周岁，身体健康；（2）具有从事其工作所必需的专业技能和相应的工作经历；（3）无犯罪记录；（4）有确定的聘用单位；（5）持有有效护照或能代替护照的其他国际旅行证件。在中国就业的外国人应持职业签证入境（有互免签证协议的，按协议办理），入境后取得外国人就业证和外国人居留证件，方可在中国境内就业。

凡符合下列条件之一的外国人可免办就业许可和就业证：（1）由中国政府直接出资聘请的外籍专业技术和管理人员，或由国家机关和事业单位出资聘

请，具有本国或国际权威技术管理部门或行业协会确认的高级技术职称或特殊技能资格证书的外籍专业技术和管理人员，并持有外国专家局签发的《外国专家证》的外国人；（2）持有《外国人在中华人民共和国从事海上石油作业工作准许证》从事海上石油作业、不需要登陆、有特殊技能的外籍劳务人员；（3）经文化部批准持《临时营业演出许可证》进行营业性文艺演出的外国人。

2. 外国人在中国就业的申请与审批

用人单位聘用外国人，必须填写《聘用外国人就业申请表》（以下简称《申请表》），向其与劳动行政主管部门同级的行业主管部门（以下简称行业主管部门）提出申请，并提供下列有效文件：（1）拟聘用的外国人履历证明；（2）聘用意向书；（3）拟聘用外国人原因的报告；（4）拟聘用的外国人从事该工作的资格证明；（5）拟聘用的外国人健康状况证明；（6）法律、法规规定的其他文件。行业主管部门依照规定的条件进行审批。经行业主管部门批准后，用人单位应持《申请表》到本单位所在地区的省、自治区、直辖市劳动行政部门或其授权的地市级劳动行政部门办理核准手续。省、自治区、直辖市劳动行政部门或其授权的地市级劳动行政部门应指定专门机构具体负责签发许可证书工作。发证机关应根据行业主管部门的意见和劳动力市场的需求状况进行核准，并在核准后向用人单位签发许可证书。

外商投资企业聘雇外国人，无须行业主管部门批准，可凭合同、章程、批准证书、营业执照和其他申请文件直接到劳动行政部门发证机关申领许可证书。用人单位应在被聘用的外国人入境后15日内，持许可证书、与被聘用的外国人签订的劳动合同及其有效护照或能代替护照的证件到原发证机关为外国人办理就业证，并填写《外国人就业登记表》。就业登记证只在发证机关规定的区域内有效。

3. 外国人在中国就业的劳动管理

用人单位与被聘用的外国人应依法订立劳动合同。劳动合同的期限最长不得超过5年。劳动合同期满时，其就业证即行失效。如需续订，该用人单位应在原合同期满前30日内，向劳动行政部门提出延长聘用时间的申请，经批准并办理就业证延期手续。

> **小提示**
>
> **外国人在中国就业问题**
>
> 用人单位因生产经营需要使用外籍员工时，应该按照中国相关法律的规定及时办理相关的手续，以避免行政责任；而外籍员工在中国就业时，更应该注意维护自己的合法权益，应该合法地提供劳动，如果出现劳动合同期满、就业证失效的情况，应该及时要求用人单位办理相关延期手续。

用人单位支付所聘用的外国人的工资不得低于当地最低工资标准。在中国就业的外国人的工作时间、休息休假、劳动安全卫生以及社会保险按国家有关规定执行。禁止个体经济组织和公民个人聘用外国人。

（二）境外就业服务

随着中国到境外就业人数的不断增多，为了加强境外就业服务与管理，保护中国境外就业人员的合法权益，劳动部经公安部等部门同意，于1992年11月颁发了《境外就业服务机构管理规定》，对境外就业服务机构的资格认定、服务职能、管理与监督、罚则等做了明确规定。境外就业服务机构的主要服务职能包括：（1）为中国公民提供境外就业信息、咨询；（2）接受境外雇主的委托，为其推荐、招聘所需人员；（3）检查境外雇主的营业执照、资信证明、境外雇主所在国家或地区移民部门（劳工部门或其他主管机关）批准的招聘境外人员的许可证明、聘用合同文本等有关资料；（4）协助、指导境外就业人员同雇主签订聘用合同，并提供合同样本；（5）为境外就业人员提供条件，协助其在出境前接受必要的技能、语言培训，介绍所到国家或地区的法律法规及其他有关情况；（6）协助境外就业人员办理出国所需的护照、签证、公证材料、专业或技能测试、体检、防疫注射等各种手续和证件；（7）接受境外就业人员委托，为其代办在国内的养老保险；（8）为境外就业人员代存人事档案；（9）境外雇主不履行聘用合同、损害我境外就业人员权益时，协助境外就业人员通过调解、仲裁、诉讼等程序维护自身利益；（10）境外就业人员因合同期满或其他原因终止境外就业时，为其尽早回国提供服务；（11）按照国家的就业方针、政策，为回国的境外就业人员提供就业服务，帮助其再就业。

复习思考题

1. 劳动法所指的劳动就业具有什么特征？
2. 国际劳工组织规定的劳动就业人员范围有哪些？
3. 劳动法上所指的失业有什么特征？
4. 中国不同时期的劳动就业方针是什么？
5. 国家在促进就业方面负有哪些主要职责？
6. 中国劳动就业的原则是什么？
7. 公平就业权的具体内容是什么？
8. 外国人在中国就业的劳动管理内容是什么？

第四章　劳动合同与集体合同

学习目标

1. 了解劳动合同的特征，掌握哪些用人单位聘用劳动者应当签订劳动合同，理解订立劳动合同的具体原则，重点掌握无固定期限劳动合同的签订条件。

2. 掌握劳动合同的订立要求，包括劳动合同的订立时间、形式要求、用人单位未与劳动者签订书面形式劳动合同的后果、劳动合同应当具备的条款、重点掌握劳动合同法对劳动合同的试用期、违约金和竞业限制问题的具体规定。

3. 掌握无效劳动合同的种类、无效劳动合同的处理方法。

4. 劳动合同的履行和变更的具体程序要求。

5. 掌握劳动者和用人单位解除劳动合同的条件、程序、用人单位禁止解除劳动合同的条件、用人单位解除和终止劳动合同如何对劳动者支付经济补偿金。

6. 掌握劳务派遣与非全日制用工的特别规定。

7. 掌握集体合同的特征、集体合同与劳动合同的区别、在用人单位内部如何签订集体合同、签订或者履行集体合同发生争议的处理方法。

关键术语

劳动合同　固定期限劳动合同　无固定期限劳动合同　以完成一定工作任务为期限的劳动合同　劳动合同的解除和终止　违约金　竞业限制　试用期　经济补偿金　劳动合同的无效　劳务派遣　非全日制用工　集体合同　集体协商　专项集体合同　行业性与区域性集体合同

第一节　劳动合同

一、劳动合同概述

（一）劳动合同的概念

劳动合同是劳动者与用人单位之间确立劳动关系、明确双方劳动权利和劳动义务的协议。我国《劳动法》第十六条规定："建立劳动关系应当订立劳动合同。"劳动合同是劳动者与用人单位建立劳动关系的法律形式。为了完善劳动合同制度，明确劳动合同双方当事人的权利和义务，保护劳动者的合法权益，构建和发展和谐稳定的劳动关系，第十届全国人民代表大会常务委员会第二十八次会议于2007年6月29日通过了《中华人民共和国劳动合同法》，自2008年1月1日起施行。2008年9月3日国务院第25次常务会议通过了《中华人民共和国劳动合同法实施条例》，自2008年9月18日施行。2012年12月28日第十一届全国人民代表大会常务委员会第三十次会议对《劳动合同法》做了修订，自2013年7月1日起施行。上述立法对规范劳动合同的订立、劳动合同的履行和变更、劳动合同的解除和终止等问题，发挥了重要的作用。

劳动合同是合同的一种，它除了具有合同的一般特征以外，还具有自己的特征。

1. 劳动合同主体具有特定性

劳动合同的主体一方必须是用人单位，用人单位包括企业、个体经济组织、民办非企业单位、国家机关、事业单位、社会团体等；劳动合同的另一方当事人是劳动者，即必须是16周岁以上，具有一定劳动能力的劳动者。

2. 劳动合同的内容是劳动法上的权利和义务

订立劳动合同的目的，是将劳动关系用法律形式加以明确，以保护双方当事人，特别是劳动者一方的合法权利。劳动合同所要明确和保护的权利，不是民法或行政法上的权利，而是劳动法上的权利，即与劳动过程密切有关的权利，并且主要是劳动者一方的权利。劳动者享有的就业权、报酬权、休息休假权、劳动安全卫生保护权、职业技能培训权、社会保险和福利权等劳动权利，绝大部分都应在劳动合同中得到体现，否则，劳动者依法享有的劳动权利将无实际意义。

3. 劳动合同的标的是劳动行为

关于这一特点的确定，曾经有过争论，有人认为劳动力不是商品，劳动力作为劳动合同标的缺乏依据。我们认为，正如人不是法律关系的客体但并不妨碍人身作为法律关系客体一样，在社会主义市场经济条件下，劳动行为作为劳动合同标的是不成问题的，而且从劳动合同的订立、履行过程分析，劳动权利义务的对象实际就是劳动行为。

4. 劳动合同是有偿合同

劳动者的基本义务是完成合同约定或用人单位指定的劳动，用人单位的基本义务是向劳动者支付劳动报酬，劳动者在用人单位根据劳动合同完成的劳动是有偿的。这一特征与前一个特征有理论上的逻辑联系：劳动合同的标的是劳动行为，即劳动过程，劳动者只要完成了规定的劳动义务，就应有权获取劳动报酬，至于劳动成果是否得以作为商品实现交换、用人单位价值实现与否，与劳动者劳动报酬的获得不存在法律上的因果关系。

（二）劳动合同的分类

《劳动合同法》第十二条规定：劳动合同分为固定期限劳动合同、无固定期限劳动合同和以完成一定工作任务为期限的劳动合同。

1. 固定期限的劳动合同

固定期限劳动合同，是指用人单位与劳动者约定合同终止时间的劳动合同。用人单位与劳动者协商一致，可以订立固定期限劳动合同。按照劳动合同期限的长短，固定期限的劳动合同又可以分为短期劳动合同、中期劳动合同和长期劳动合同。短期劳动合同一般是指两年以下的劳动合同；中期劳动合同一般是指 3~5 年的劳动合同；长期劳动合同一般是 5 年以上的劳动合同。

2. 无固定期限的劳动合同

无固定期限劳动合同，是指用人单位与劳动者约定无确定终止时间的劳动合同。根据《劳动合同法》第十四条第二款的规定，用人单位与劳动者协商一致，可以订立无固定期限劳动合同。有下列情形之一，劳动者提出或者同意续订、订立劳动合同的，除劳动者提出订立固定期限劳动合同外，应当订立无固定期限劳动合同：（1）劳动者在该用人单位连续工作满十年的；（2）用人单位初次实行劳动合同制度或者国有企业改制重新订立劳动合同时，劳动者在该用人单位连续工作满十年且距法定退休年龄不足十年的；（3）连续订立二次固定期限劳动合同，且劳动者没有本法第三十九条和第四十条第一项、第二项规定的情形，续订劳动合同的。用人单位自用工之日起满一年不与劳动者订立书面劳动合同的，视为用人单位与劳动者已订立无固定期限劳动合同。《劳动合同法》第八十二条第二款规定，用人单位违反本法规定不与劳动者订立无固定期限劳动合同的，自应当订立无固定期限劳动合同之日起向劳动者每月支付两倍的工资。

3. 以完成一定工作任务为期限的劳动合同

以完成一定工作任务为期限的劳动合同，是指用人单位与劳动者约定以某项工作的完成为合同期限的劳动合同。用人单位与劳动者协商一致，可以订立以完成一定工作任务为期限的劳动合同。

（三）劳动合同法的适用范围

根据《劳动合同法》的规定，中华人民共和国境内的企业、个体经济组织、民办非企业单位等组织（以下称用人单位），与劳动者建立劳动关系，订立、履行、变更、解除或者终止劳动合同，适用本法。国家机关、事业单位、社会团体和与其建立劳动关系的劳动者，订立、履行、变更、解除或者终止劳动合同，依照本法执行。劳动合同法在劳动法的基础上，扩大了适用范围。即增加了民办非企业单位等组织作为用人单位，并且将事业单位聘用制工作人员也纳入劳动合同法调整。

1. 企业、个体经济组织、民办非企业单位等组织

企业是以营利为目的的经济性组织，是用人单位的主要组成部分，是《劳动合同法》规定的主要用人单位。个体经济组织是指有经营能力的公民，依照《个体工商户条例》规定经工商行政管理部门登记，从事工商业经营的个体工商户。民办非企业单位是指企业事业单位、社会团体和其他社会力量以及公民个人利用非国有资产举办的，从事非营利性社会服务活动的组织。如民办学校、民办医院、民办图书馆、民办博物馆、民办科技馆等。除列举的企业、个体经济组织、民办非企业单位三类组织外，其他组织与劳动者建立劳动关系，也适用劳动合同法。《劳动合同法实施条例》第三条规定，依法成立的会计师事务所、律师事务所等合伙组织和基金会，属于劳动合同法规定的用人单位。《劳动合同法实施条例》第四条规定，劳动合同法规定的用人单位设立的分支机构，依法取得营业执照或者登记证书的，可以作为用人单位与劳动者订立劳动合同；未依法取得营业执照或者登记证书的，受用人单位委托可以与劳动者订立劳动合同。

2. 国家机关、事业单位和社会团体

国家机关、事业单位、社会团体和与其建立劳动合同关系的劳动者，订立、履行、变更、解除或者终止劳动合同，依照劳动合同法执行。（1）国家机关。国家机关包括国家权力机关、国家行政机关、司法机关、国家军事机关、政协等，其录用公务员和聘任制公务员，适用公务员法，不适用劳动合同法，国家机关招用工勤人员，需要签订劳动合同，适用劳动合同法。（2）事业单位。事业单位可以分为三种情况：一是具有管理公共事务职能的组织，如证券监督管理委员会、保险监督管理委员会等，其录用工作人员是参照公务员法进行管理，不适用劳动合同法。二是实行企业化管理的事业单位，这类事业单位与职工签订的是劳动合同，适用劳动合同法的规定。三是非实行企业化管理的事业单位，如医院、学校、科研机构等，有的劳动者与单位签订的是劳动合同，签订劳动合同的，按照劳动合同法的规定执行；有的劳动者与单位签订的是聘用合同，事业单位与实行聘用制的工作人员订立、履行、变更、解除或者终止劳动合同，法律、行政法规或者国务院另有规定的，依照其规定；未做规定的，依照劳动合同法的有关规定执行。（3）社会团体。社会团体是指中国公民自愿组成，为实现会员共同意愿，按照其章程开展活动的非营利性社会组

织。社会团体的性质不同，有的社会团体如党派团体，除工勤人员外，其工作人员是公务员，按照公务员法管理；有的社会团体如工会、共青团、妇联等社会团体，这些社会团体虽然公务员法没有明确规定是否适用公务员法，但实践中对列入国家编制序列的社会团体，除工勤人员外，其工作人员是比照公务员法进行管理的。除此以外的多数社会团体，如果作为用人单位与劳动者订立的是劳动合同，就按照劳动合同法进行管理。

（四）劳动合同订立的原则

1. 合法原则

合法是劳动合同有效的前提条件。合法包括劳动合同的主体、内容、程序等符合法律规定。劳动合同的主体合法，作为劳动合同中的用人单位一方，应当是依法成立的企业、个体经济组织、民办非企业单位、国家机关、事业单位和社会团体等；作为劳动者一方，应当是年满16周岁以上和具有劳动行为能力的自然人。劳动合同的内容划分，劳动合同的内容必须符合国家法律、行政法规的规定，劳动合同的有些内容，相关的法律、法规都有规定，用人单位和劳动者必须在法律规定的限度内做出具体约定，如工作时间、劳动报酬、劳动保护等问题，不得违反国家的强制性规定。如果劳动合同的内容违法，劳动合同不受法律保护，当事人还要承担相应的法律责任。订立劳动合同的程序合法，订立劳动合同的程序包括要约、承诺等必须符合法律规定。

2. 公平原则

公平原则是指劳动合同的内容应当公平、合理。在符合法律规定的前提下，劳动合同双方公正、合理地确立双方的权利和义务。有些劳动合同内容，相关劳动法律、法规往往只规定了一个最低标准，在此基础上双方自愿达成协议即合法，但合法的未必公平、合理。如同一个岗位，两个资历、能力都相当的人，工资收入差别很大，或者能力强的收入比能力差的还低，就是不公平。再如用人单位提供少量的培训费用培训劳动者，却要求劳动者订立较长的服务期，而且在服务期内不提高劳动者的工资或者不按照正常工资调整机制提高工资。这些都不违反法律、法规的强制性规定，但不合理，不公平。此外，还要注意的是用人单位不能滥用优势地位，迫使劳动者订立不公平的合同。公平原则是社会公德的体现，将公平原则作为劳动合同订立的原则，可以防止劳动合同当事人尤其是用人单位滥用优势地位损害劳动者的权利，有利于平衡劳动合同双方当事人的利益，有利于建立和谐稳定的劳动关系。

3. 平等自愿原则

平等自愿原则包括两层含义，一是平等原则；二是自愿原则。平等原则就是劳动者和用人单位在订立劳动合同时在法律地位是平等的，没有高低、从属之分，不存在命令和服从、管理和被管理关系。只有地位平等，双方才能自由表达真实的意思。当然在订立劳动合同后，劳动者成为用人单位的一员，受用人单位的管理，处于被管理者的地位，用人单位和劳动者的地位是不平等的。平等是法律上的平等，形式上的平等，在我国劳动力供大于求的形势下，多数劳动者和用人单位的地位实际上做不到平等。但用人单位不得利用优势地位，在订立劳动合同时附加不平等的条件。自愿原则是指订立劳动合同完全是出于劳动者和用人单位双方的真实意志，是双方协商一致达成的，任何一方不得把自己的意志强加给另一方，任何单位和个人不得强迫劳动者订立劳动合同。

4. 协商一致原则

协商一致就是用人单位和劳动者要对合同的内容达成一致意见。合同是双方意思表示一致的结果，劳动合同也是一种合同，也需要劳动者和用人单位双方协商一致，达成合意，一方不能凌驾于另一方之上，不得把自己的意志强加给对方，也不能强迫命令、胁迫对方订立劳动合同。在订立劳动合同时，用人单位和劳动者都要仔细研究合同的每项内容，进行充分的沟通和协商，解决分歧，达成一致意见。只有体现双方真实意志的劳动合同，双方才能忠实地按照合同约定履行劳动合同。

5. 诚实信用原则

在订立劳动合同时要诚实，讲信用。如在订立劳动合同时，双方都不得有欺诈行为。用人单位招用劳动者时，应当如实告知劳动者工作内容、工作条件、工作地点、职业危害、安全生产状况、劳动报酬，以及劳动者要求了解的其他情况；用人单位有权了解劳动者与劳动合同直接相关的基本情况，劳动者应当如实说明。双方都不得隐瞒真实情况，以欺诈手段使对方在违背真实意思的情况下订立的劳动合同，属于无效劳动合同。

二、劳动合同的订立

（一）劳动合同订立的要求

1. 劳动关系的建立

《劳动合同法》规定，用人单位自用工之日起即与劳动者建立劳动关系。用人单位应当建立职工名册备查。用人单位与劳动者在用工前订立劳动合同的，劳动关系自用工之日起建立。由此可见，自用人单位招用劳动者从事劳动合同约定的工作之日起，劳动关系即确立。双方可以就按照约定享受权利和履行义务，接受劳动法律、法规的约束。对于与本单位建立劳动关系的劳动者，用人单位应当建立职工名册，以备劳动行政部门查看。职工名册一般包括劳动者的姓名、性别、民族、出生年月、文化程度、政治面貌、职务、级别等内容。建立职工名册，对于劳动用工管理、解决劳动争议，具有重要意义。

2. 劳动合同的订立要求

劳动合同的订立，又称劳动合同签订，指劳动者与用人单位依法就劳动方面的权利义务协商一致、达成协议的法律行为。订立劳动合同是一种法律行为，这不仅要求双方当事人必须意思表示一致，而且合同的内容、形式、订立程序等都必须遵守法律、法规的规定。《劳动合同法》规定，用人单位招用劳动者时，应当如实告知劳动者工作内容、工作条件、工作地点、职业危害、安全生产状况、劳动报酬，以及劳动者要求了解的其他情况；用人单位有权了解劳动者与劳动合同直接相关的基本情况，劳动者应当如实说明。

《劳动合同法》第九条规定，用人单位招用劳动者，不得扣押劳动者的居民身份证和其他证件，不得要求劳动者提供担保或者以其他名义向劳动者收取财物。《劳动合同法》第八十四条规定，用人单位违反本法规定，扣押劳动者居民身份证等证件的，由劳动行政部门责令限期退还劳动者本人，并依照有关法律规定给予处罚。用人单位违反本法规定，以担保或者其他名义向劳动者收取财物的，由劳动行政部门责令限期退还劳动者本人，并以每人五百元以上二千元以下的标准处以罚款；给劳动者造成损害的，应当承担赔偿责任。

劳动合同由用人单位与劳动者协商一致，并经用人单位与劳动者在劳动合同文本上签字或者盖章生效。劳动合同文本由用人单位和劳动者各执一份。

3. 劳动合同订立的范围

我国《劳动法》规定，建立劳动关系应当订立劳动合同。1995 年 8 月 4 日原劳动部发布的《关于贯彻执行〈中华人民共和国劳动法〉若干问题的意见》对有关问题作了以下规定：（1）用人单位应当与其富余人员、放长假的职工签订劳动合同，这种劳动合同在内容上可以和在岗职工劳动合同有所区别。(2) 用人单位应当与长期被外单位借用的人员、带薪上学人员、其他非在岗但仍保持劳动关系的人员签订劳动合同，这种劳动合同的某些条款在外借或上学期间经协商可以变更。（3）用人单位应当与请长病假但保持劳动关系的人员签订劳动合同。（4）党委书记、工会主席等党群专职人员一般也应当与用人单位签订劳动合同。（5）经理由上级主管部门聘（委）任的，应当与聘（委）任部门签订劳动合同；经理由董事会聘任的，应当与董事会签订劳动合同。

（二）劳动合同的形式

《劳动法》第十九条规定，劳动合同应当以书面形式订立。《劳动合同法》第十条规定，建立劳动关系，应当订立书面劳动合同。已建立劳动关系，未同时订立书面劳动合同的，应当自用工之日起一个月内订立书面劳动合同。用人单位与劳动者在用工前订立劳动合同的，劳动关系自用工之日起建立。由上述规定可以看出，我国的劳动合同强制性地采用书面形式。之所以要求以书面形式订立劳动合同，是因为劳动合同具有履行期限较长、内容复杂的特征，书面形式一方面便于证明双方当事人的权利和义务关系，利于劳动合同管理机关实施监督；另外，劳动合同双方当事人之间一旦发生劳动争议，也有据可查，便于有关部门查明事实，辨明是非，分清责任、及时处理。

应当以书面形式签订劳动合同，但用人单位未与劳动者签订书面形式的劳动合同，将对用人单位产生不利的后果。（1）《劳动合同法》第八十二条规定，用人单位自用工之日起超过一个月不满一年未与劳动者订立书面劳动合同的，应当向劳动者每月支付两倍的工资。（2）《劳动合同法实施条例》第六条规定，用人单位自用工之日起超过一个月不满一年未与劳动者订立书面劳动合同的，应当依照《劳动合同法》第八十二条的规定向劳动者每月支付两倍的工资，并与劳动者补订书面劳动合同；劳动者不与用人单位订立书面劳动合同的，用人单位应当书面通知劳动者终止劳动关系，并依照《劳动合同法》第四十七条的规定支付经济补偿。前款规定的用人单位向劳动者每月支付两倍工资的起算时间为用工之日起满一个月的次日，截止时间为补订书面劳动合同的前一日。（3）《劳动合同法实施条例》第七条规定，用人单位自用工之日起满一年未与劳动者订立书面劳动合同的，自用工之日起满一个月的次日至满一年的前一日应当依照《劳动合同法》第八十二条的规定向劳动者每月支付两倍的工资，并视为自用工之日起满一年的当日已经与劳动者订立无固定期限劳动合同，应当立即与劳动者补订书面劳动合同。（4）《劳动合同法》第十一条规定，用人单位未在用工的同时订立书面劳动合同，与劳动者约定的劳动报酬不明确的，新招用的劳动者的劳动报酬按照集体合同规定的标准执行；没有集体合同或者集体合同未规定的，实行同工同酬。《劳动合同法实施条例》第五条规定，自用工之日起一个月内，经用人单位书面通知后，劳动者不与用人单位订立书面劳动合同的，用人单位应当书面通知劳动者终止劳动关系，无需向劳动者支付经济补偿，但是应当依法向劳动者支付其实际工作时间的劳动报酬。

用人单位与劳动者之间形成了事实劳动关系，而用人单位故意拖延不订立劳动合同，劳动行政部门应予以纠正。用人单位因此给劳动者造成损害的，应按原劳动部《违反〈劳动法〉有关劳动合同规定的赔偿办法》（劳部发〔1995〕223号）的规定进行赔偿。

实践中，不少用人单位不与劳动者订立书面合同的现象仍然比较严重，造成大量事实劳动关系的产生。事实劳动关系的形成一般有两种情况：一种情况是双方当事人在劳动关系形成时未依《劳动法》和《劳动合同法》规定签订书面劳动合同而产生的事实劳动关系；另一种情况是原劳动合同期满后，原用人单位与劳动者既未续订劳动合同，又没有终止劳动合同，从而形成事实劳动关系。事实劳动关系能否受法律的保护？事实劳动关系受法律的保护，具体体现在：（1）原劳动部《关于贯彻执行〈中华人民共和国劳动法〉若干问题的意见》第二条规定："中国境内的企业、个体经济组织与劳动者之间，只要形成劳动关系，即在事实上已成为企业、个体经济组织的成员，并为其提供有偿劳动，适用劳动法。"这条规定已明确地对事实劳动关系予以肯定。（2）原劳动部《关于实行劳动合同制度若干问题的通知》第十四条规定："有固定期限的劳动合同期满后，因用人单位方面的原因未办理终止或续订手续而形成事实劳动关系的，视为续订劳动合同，用人单位应及时与劳动者协商合同期限，办理续订手续。由此给劳动者造成损失的，该用人单位应当依法承担赔偿责任。"由此可见，劳动行政部门对合同期满未办终止和续订手续而形成的事实劳动关系还是予以承认，并加以保护的。（3）原劳动部办公厅《关于劳动争议处理问题的复函》指出，处理事实劳动关系引起的劳动争议，劳动争议仲裁委员会应当首先督促双方当事人依照国家和地方法律法规的规定签订、续订或终止劳动合同，同时要根据具体情况区分双方当事人在形成事实劳动关系过程中各自应承担的责任大小，予以妥善处理。这条规定虽没明确事实劳动关系的合法性，但明确了劳动争议仲裁委员会可受理事实劳动关系引起的争议，使事实劳动关系双方当事人发生劳动争议时不至于投诉无门。

（三）劳动合同的内容

劳动合同的内容，也称劳动合同的条款，是指双方当事人为了建立劳动关系、明确劳动权利义务而在劳动合同中订明的条款。劳动合同的内容有法定必备条款和当事人任意约定条款之分。前者是劳动合同中必须订明，否则无法明确劳动权利义务的条款；后者由当事人任意约定，有无并不强制，但一旦订明，对双方当事人有法律约束力的条款。

1. 劳动合同的法定条款

根据《劳动合同法》第十七条规定，劳动合同应当具备以下条款：（1）用人单位的名称、住所和法定代表人或者主要负责人；（2）劳动者的姓名、住址和居民身份证或者其他有效身份证件号码；（3）劳动合同期限；（4）工作内容和工作地点；（5）工作时间和休息休假；（6）劳动报酬；（7）社会保险；（8）劳动保护、劳动条件和职业危害防护；（9）法律、法规规定应当纳入劳动合同的其他事项。

2. 劳动合同的任意约定条款

劳动合同除上述规定的必备条款外，用人单位与劳动者可以约定试用期、培训、保守秘密、补充保险和福利待遇等其他事项。

3. 劳动合同的试用期

《劳动法》第二十一条规定：劳动合同可以约定试用期。试用期最长不得超过 6 个月。所谓试用期，是指劳动者与用人单位在订立劳动合同时，双方协商一致约定的考察期。在这个考察期内，劳动者与用人单位可以考虑自己或对方是否适合建立这种劳动关系，如果认为不适合，可以终止劳动关系。从这一规定可以看出：首先，试用期"可以"约定，所以它不是劳动合同的法定必备条款。当事人可以经过协商决定是否约定试用期。一般来说，用人单位招用新手从事某个工种（岗位）劳动时，最好能约定试用期。其次，试用期有期限限制。《劳动合同法》对劳动合同的试用期作了具体的规定：（1）劳动合同期限三个月以上不满一年的，试用期不得超过一个月；劳动合同期限一年以上不满三年的，试用期不得超过两个月；三年以上固定期限和无固定期限的劳动合同，试用期不得超过六个月；（2）同一用人单位与同一劳动者只能约定一次试用期；（3）以完成一定工作任务为期限的劳动合同或者劳动合同期限不满三个月的，不得约定试用期；（4）试用期包含在劳动合同期限内。劳动合同仅约定试用期的，试用期不成立，该期限为劳动合同期限；（5）劳动者在试用期的工资不得低于本单位相同岗位最低档工资或者劳动合同约定工资的80%，并不得低于用人单位所在地的最低工资标准。《劳动合同法实施条例》第十五条进一步明确规定，劳动者在试用期的工资不得低于本单位相同岗位最低档工资的80%或者不得低于劳动合同约定工资的80%，并不得低于用人单位所在地的最低工资标准；（6）在试用期中，除劳动者有《劳动合同法》第三十九条和第四十条第一项、第二项规定的情形外，用人单位不得解除劳动合同。用人单位在试用期解除劳动合同的，应当向劳动者说明理由。

4. 劳动合同的违约金

违约金是指合同当事人约定在一方不履行合同时向另一方支付一定数额的货币。实践中很多用人单位在劳动合同中对劳动者约定高额违约金，以此限制劳动者的提前辞职。劳动合同法主要是从保护劳动者权益的角度出发，对劳动合同的违约金作了以下限制性规定：（1）用人单位为劳动者提供专项培训费用，对其进行专业技术培训的，可以与该劳动者订立协议，约定服务期。劳动者违反服务期约定的，应当按照约定向用人单位支付违约金。违约金的数额不得超过用人单位提供的培训费用。用人单位要求劳动者支付的违约金不得超过服务期尚未履行部分所应分摊的培训费用。《劳动合同法实施条例》第十六条规定，《劳动合同法》第二十二条第二款规定的培训费用，包括用人单位为了对劳动者进行专业技术培训而支付的有凭证的培训费用、培训期间的差旅费用以及因培训产生的用于该劳动者的其他直接费用。（2）用人单位与劳动者可以在劳动合同中约定保守用人单位的商业秘密和与知识产权相关的保密事项。对负有保密义务的劳动者，用人单位可以在劳动合同或者保密协议中与劳动者约定竞业限制条款，并约定在解除或者终止劳动合同后，在竞业限制期限内按月给予劳动者经济补偿。劳动者违反竞业限制约定的，应当按照约定向用人单位支付违约金。（3）除上述两种规定的情形外，用人单位不得与劳动者约定由劳动者承担违约金。

劳动合同法之所以允许劳动合同就劳动者保守商业秘密事项和服务期事项约定违约金，是因为用人单位就这两项事项事先有投入，劳动者一旦提前解除劳动合同，出于补偿用人单位损失的目的，劳动合同就此对劳动者的辞职约定违约金。这种违约金的约定，只具有补偿性而无惩罚性。违约金原则上对普通劳动者不适用。

5. 劳动合同的竞业限制条款

竞业限制又称为竞业禁止、竞业避止，它是指劳动者在离开用人单位一定期限内，不得自营或者为他人经营与原用人单位有竞争业务的制度。竞业限制是为保护用人单位的商业秘密应运而生的一种制度，是用人单位对劳动者择业权的限制。同时，竞业限制合同是双务、有偿的合同，用人单位享有约束劳动者选择职业自由的权利，也必须承担因此而给劳动者造成的损失；劳动者应当履行竞业限制的义务，但也应获得相当的经济补偿，保护用人单位的商业秘密不能以损害离职劳动者的生存权为代价。

《劳动合同法》为了规范劳动合同中用人单位与劳动者约定的竞业限制条款，作了如下规定：（1）用人单位与劳动者可以在劳动合同中约定保守用人单位的商业秘密和与知识产权相关的保密事项。（2）对负有保密义务的劳动者，用人单位可以在劳动合同或者保密协议中与劳动者约定竞业限制条款，并约定在解除或者终止劳动合同后，在竞业限制期限内按月给予劳动者经济补偿。劳动者违反竞业限制约定的，应当按照约定向用人单位支付违约金。（3）竞业限制的人员限于用人单位的高级管理人员、高级技术人员和其他负有保密义务的人员。竞业限制的范围、地域、期限由用人单位与劳动者约定，竞业限制的约定不得违反法律、法规的规定。（4）在解除或者终止劳动合同后，上述规定的人员到与本单位生产或者经营同类产品、从事同类业务的有竞争关系的其他用人单位，或者自己开业生产或者经营同类产品、从事同类业务的竞业限制期限，不得超过两年。

订立劳动合同的几点技巧

劳动合同是对劳动法律法规作进一步明确、详细、具体的规定，既是约束劳动关系双方如实、全面履行劳动合同的依据，也是解决劳动争议的主要依据。因此，签订一份明确完整、合法合理的劳动合同对劳动者和用人单位来说都很重要。签订劳动合同时应当注意以下几点技巧：

（1）审查限制性条款。由于用人单位在就业关系中处于较为有利的地位，因此在签订劳动合同时通常利用这种优势，制定一些不合理的格式条款，比如片面强化劳动者义务、限制劳动者的自由和回避用人单位的责任等。

（2）审查试用期条款。试用期内极易发生劳动争议。

（3）审查违约违纪条款。劳动合同中关于违反劳动合同的责任条款是比较重要的。注意劳动合同法对劳动者设立违约金条款规定了严格的条件。

（4）审查工资、补助和奖金条款。工资水平不仅是加班费用的计算依据，也是经济补偿金、生活补助费等的发放计算标准，因此数额必须写清楚。

（5）审查竞业限制条款。涉及这类条款应当注意明确约定补偿费、禁业年限和范围、违约责任和计算方式。劳动合同法对劳动合同中的竞业限制条款作了明确的规定。

三、劳动合同无效

（一）劳动合同无效的概念和种类

劳动合同无效，是指劳动合同双方当事人虽然订立，但没有法律效力的劳动合同。根据《劳动合同法》第二十六条的规定，下列劳动合同无效或者部分无效：

1. 以欺诈、胁迫的手段或者乘人之危，使对方在违背真实意思的情况下订立或者变更劳动合同的

欺诈是指劳动合同当事人一方故意制造假象或隐瞒事实真相，欺骗对方，诱使对方形成错误认识而与之订立劳动合同。如应聘的劳动者提供了虚假的毕业证书与用人单位签订了劳动合同、用人单位提供了伪造的企业注册登记证明与劳动者签订了劳动合同等，采取欺诈手段订立的劳动合同是无效的；威胁是指劳动合同当事人以将要发生的损害或者以直接实施损害相威胁，一方迫使另一方处于恐惧或者其他被胁迫的状态而签订的劳动合同，可能涉及生命、身体、财产、名誉、自由、健康等，以此签订的劳动合同都是无效劳动合同。

2. 用人单位免除自己的法定责任、排除劳动者权利的

用人单位免除自己的法定责任、排除劳动者的权利的劳动合同无效，通常表现为劳动合同简单化，法定条款缺失，在劳动合同中仅规定劳动者的义务，不规定劳动者的权利，如有的劳动合同规定"生老病死都与企业无关"，"用人单位有权根据生产经营变化及劳动者的工作情况调整其工作岗位，劳动者必须服从单位的安排"等霸王条款，该种劳动合同条款与保护劳动者基本劳动权利的劳动法立法宗旨相违背，劳动合同中出现上述条款，即便劳动者出于自愿，也应认定为无效。

3. 违反法律、行政法规强制性规定的

该种劳动合同无效，主要是指劳动合同违反了国家制定的关于劳动者最基本劳动条件的法律、行政法规强制性规定，包括劳动合同违反了最低工资保障制度、工作时间制度、劳动安全与卫生制度、社会保险制度等。国家制定上述制度的目的是改善劳动条件，保障劳动者的基本生活，避免伤亡事故的发生，劳动合同违反上述制度的规定，应当归于无效。应当特别注意的是本项的规定只限于法律和行政法规，不能任意扩大范围。

（二）劳动合同无效的确认

根据《劳动法》第十八条规定，无效劳动合同由劳动争议仲裁委员会或者人民法院确认。当事人及其他任何单位或个人，都无权确认劳动合同无效。《劳动合同法》也规定，对劳动合同的无效或者部分无效有争议的，由劳动争议仲裁机构或者人民法院确认。

无效的劳动合同，从订立的时候起，就没有法律约束力。对于劳动合同被确认无效的，其法律后果是：（1）劳动合同被确认无效，劳动者已付出劳动的，用人单位应当向劳动者支付劳动报酬。劳动报酬的数额，参照本单位相同或者相近岗位劳动者的劳动报酬确定；（2）无效劳动合同是由劳动合同当事人一方或者双方的过错造成的，有过错的一方应当承担赔偿责任或者各自承担相应的责任。

四、劳动合同的履行和变更

（一）劳动合同的履行

1. 劳动合同的全面履行

劳动合同依法订立即具有法律约束力，用人单位与劳动者应当履行劳动合同规定的义务。《劳动合同法》规定，用人单位与劳动者应当按照劳动合同的约定，全面履行各自的义务。这就要求劳动合同一经依法订立即具有法律效力，受法律保护，双方当事人应当做到切实履行，以实现劳动合同双方当事人

订立劳动合同时的预期目的。

劳动合同的全面履行要求劳动合同的当事人双方必须按照劳动合同约定的时间、期限、地点、方式等，履行自己承担的义务，既不能只履行部分义务而将其他义务置之不顾，也不得擅自变更合同，更不得任意不履行合同或者解除合同。对于用人单位而言，必须按照合同的约定向劳动者提供适当的工作场所、劳动安全卫生条件和相关工作岗位，并按照约定的金额和支付方式按时向劳动者支付劳动报酬；对于劳动者而言，必须遵守用人单位的规章制度和劳动纪律，认真履行自己的劳动职责，并且亲自完成劳动合同约定的工作任务。在劳动合同关系中，劳动者提供劳动力，而用人单位则是使用该劳动力，劳动合同作为具有人身关系性质的合同，其所规定的条款相互之间有其内在联系，不能割裂，因此，全面履行劳动合同也是劳动合同的基本要求。

2. 用人单位依法履行劳动合同

在劳动合同履行过程中，针对某些用人单位不依法履行劳动合同，侵害劳动者合法权益的现象，劳动合同法特别强调了用人单位在以下方面要依法履行劳动合同，以维护劳动者的合法权益：（1）用人单位应当按照劳动合同约定和国家规定及时足额支付劳动报酬。用人单位拖欠或者未足额支付劳动报酬的，劳动者可以依法向当地人民法院申请支付令，人民法院应当依法发出支付令。（2）规定用人单位应当严格执行劳动定额标准，不得强迫或者变相强迫劳动者加班。用人单位安排加班的，应当按照国家有关规定向劳动者支付加班费。（3）规定劳动者对用人单位管理人员违章指挥、强令冒险作业有权拒绝，不视为违反劳动合同；对危害生命安全和身体健康的劳动条件，有权对用人单位提出批评、检举和控告。上述规定，体现了劳动合同法对劳动者的特别保护。

3. 特殊情形下的劳动合同履行

劳动合同法针对用人单位在劳动合同履行期间发生改制等情形，规定了特殊情形下劳动合同的履行：（1）规定用人单位变更名称、法定代表人、主要负责人或者投资人等事项，不影响劳动合同的履行；（2）规定用人单位发生合并或者分立等情况，原劳动合同继续有效，劳动合同由承继其权利义务的用人单位继续履行。

在用人单位变更名称、法定代表人、主要负责人，或者用人单位发生合并、分立等情况时，由于劳动合同必备条款中的用人单位名称、法定代表人、主要负责人等内容发生了变更，用人单位与劳动者应当从形式上变更劳动合同，但是，没有从形式上变更劳动合同的，原劳动合同也应当继续履行。

（二）劳动合同的变更

1. 劳动合同变更的概念

劳动合同的变更是指劳动合同依法订立生效以后，合同尚未履行或者尚未履行完毕之前，用人单位与劳动者就劳动合同内容作部分修改、补充或者删减的行为。《劳动合同法》第三十五条规定："用人单位与劳动者协商一致，可以变更劳动合同约定的内容。变更劳动合同，应当采用书面形式，变更后的劳动合同文本由用人单位和劳动者各执一份。"劳动合同的变更应当遵守协商一致的原则。劳动合同的内容是用人单位和劳动者的合意，一经订立即受到法律的保护。劳动合同是劳动法律的延伸，即具有法律上的约束力，任何一方不得随意变更。但是，为适应客观情况的变化，法律规定劳动合同可以有条件地变更，即必须经当事人协商一致。

2. 劳动合同变更的程序

根据劳动合同法及相关的法律法规的规定，变更劳动合同需要注意以下问题：（1）用人单位和劳动者均可提出变更劳动合同的要求，办理劳动合同变更手续。提出变更要求的一方应及时告知对方变更劳动合同的理由、内容、条件等；另一方应及时做出是否同意的答复，否则将承担一定的法律后果。（2）变更劳动合同应当采用书面形式。变更后的劳动合同仍然需要由劳动合同双方当事人签字、盖章生效。劳动合同变更书应由劳动合同双方各执一份，同时，对于劳动合同经过公证的，劳动合同变更书也应当履行相关手续。（3）对于特定的情况，不用办理劳动合同变更手续的，只需向劳动者说明情况，从形式上变更劳动合同的某些内容，如用人单位变更名称、法定代表人、主要负责人或者投资人等事项发生变更的，则不需要办理变更手续，劳动关系双方当事人应当继续履行原合同的内容。（4）劳动合同变更应当及时进行。劳动合同变更必须是在劳动合同生效后终止前进行，用人单位和劳动者应当对劳动合同变更问题给予足够的重视，不能拖到劳动合同期满后进行。（5）由于劳动合同的变更给对方造成损失的，提出变更的一方应当承担损害赔偿责任。

五、劳动合同的解除和终止

（一）劳动合同的解除

1. 劳动合同解除的概念

劳动合同的解除，是指劳动合同在订立以后，尚未履行完毕或者未全部履行以前，由于合同双方或者单方的法律行为导致双方当事人提前消灭劳动关系的法律行为。劳动合同解除可分为协商解除、法定解除和约定解除三种情况。劳动合同解除是一种法律行为，当事人解除劳动合同的条件和程序都应符合法律和行政法规的规定。

2. 劳动合同的双方协商解除

劳动合同的双方协商解除，是指在劳动合同有效的前提下，双方当事人协商一致提前结束劳动合同法律约束力的法律行为。《劳动合同法》第三十六条规定："用人单位与劳动者协商一致，可以解除劳动合同。"协商解除劳动合同，是指用人单位与劳动者在完全自愿的情况下，互相协商，在彼此达成一致意见的基础上提前终止劳动合同的效力。

劳动合同依法订立后，双方当事人必须履行合同义务，遵守合同的法律效力，任何一方不得擅自解除劳动合同。但是，为了保障用人单位的用人自主权和劳动者劳动权的实现，在特定条件和程序下，用人单位与劳动者协商一致且不违背国家利益和社会公共利益的情况下，可以解除劳动合同，但必须符合以下几个条件：（1）被解除的劳动合同是依法成立的有效的劳动合同；（2）解除劳动合同的行为必须是在被解除的劳动合同依法订立生效之后、尚未全部履行之前进行；（3）用人单位与劳动者均有权提出解除劳动合同的请求；（4）在双方自愿、平等协商的基础上达成一致意见，可以不受劳动合同中约定的终止条件的限制；（5）协商解除劳动合同过程中，如是用人单位提出解除劳动合同的，应依法向劳动者支付经济补偿金。

3. 劳动者解除劳动合同

在劳动关系中，劳动者相对于用人单位而言始终处于弱势地位，从保护劳动者权益出发，法律赋予了劳动者单方解除劳动合同的权利。根据《劳动法》和《劳动合同法》的规定，劳动者享有单方面解除劳动合同的权利，不需要征得用人单位的同意，只需通知用人单位即可。按照是否需要提前通知用人单位，劳动者单方解除合同包括提前通知用人单位解除劳动合同和随时解除劳动合同两种情况。

劳动者提前通知用人单位解除劳动合同，要求劳动者按照《劳动合同法》的规定，提前一定的时间通知用人单位解除劳动合同。《劳动合同法》第三十七条规定："劳动者提前三十日以书面形式通知用人单位，可以解除劳动合同。劳动者在试用期内提前三日通知用人单位，可以解除劳动合同。"劳动者提前通知用人单位解除劳动合同，应当遵守下列程序的规定：（1）遵守解除预告期。劳动者在享有解除劳动合同自主权的同时，也应当遵守解除合同预告期，即应当提前30天通知用人单位才能有效，便于用人单位及时安排人员接替其工作，保持劳动过程的连续性，确保正常的工作秩序，避免因解除劳动合同影响企业的生产经营活动，给用人单位造成不必要的损失；劳动者在试用期内，发现用人单位的实际情况与订立劳动合同时所介绍的实际情况不相符合，或者发现自己不适合从事该工作，以及存在其他不能履行劳动合同的情况，劳动者无须任何理由，可以通知用人单位予以解除劳动合同，但应提前3日通知用人单位，以便用人单位安排人员接替其工作。劳动者未遵守解除预告期的规定，将会构成违法解除劳动合同，而将可能承担赔偿责任。（2）书面形式通知用人单位。无论是劳动者还是用人单位在解除劳动合同时，都必须以书面形式告知对方。因为这一时间的确定直接关系到解除预告期的起算时间，也关系到劳动者的工资等利益，所以必须采用慎重的方式来表达。劳动者此种情况提出解除劳动合同的，用人单位可以不给付经济补偿金。

劳动者随时解除劳动合同，主要是针对目前社会上一些用人单位严重侵犯劳动者合法权益的现象，为了保护劳动者的合法权益，劳动合同法赋予劳动者享有劳动合同的特别解除权。特别解除权是劳动者无条件单方解除劳动合同的权利，是指如果出现了法定的事由，劳动者无须向用人单位预告就可通知用人单位解除劳动合同。由于劳动者行使特别解除权往往会给用人单位的正常生产经营带来很大的影响，所以，劳动合同法在平衡保护劳动者与用人单位合法利益基础上做了具体的规定，只限于在用人单位有过错行为的情况下允许劳动者行使特别解除权。具体包括以下情形：（1）未按照劳动合同约定提供劳动保护或者劳动条件的。保护劳动者在劳动过程中的生命健康安全是用人单位的基本责任和义务。用人单位为劳动者提供相应的劳动保护是对劳动者基本利益的维护。劳动保护和劳动条件是指在劳动合同中约定的用人单位对劳动者所从事的劳动必须提供的生产、工作条件和劳动安全卫生保护措施。即用人单位保证劳动者完成劳动任务和劳动过程中安全健康保护的基本要求。包括劳动场所和设备、劳动安全卫生设施、劳动防护用品等。如果用人单位未按照国家规定的标准或劳动合同的规定提供劳动条件，致使劳动安全、劳动卫生条件恶劣，严重危害劳动者的身体健康，并得到国家劳动部门、卫生部门的确认，劳动者可以与用人单位解除劳动合同。（2）未及时足额支付劳动报酬的。劳动报酬，是指用人单位依据国家有关规定或劳动合同约定，根据劳动者劳动岗位、技能及工作数量、质量，直接支付给劳动者的劳动收入。在劳动者已履行劳动义务的情况下，用人单位应按劳动合同约定或国家法律法规规定的数额、日期及时足额支付劳动报酬，禁止克扣和无故拖欠劳动者劳动收入。支付劳动报酬，也是劳动合同所规定的必备条款，用人单位未按照劳动合同约定及时足额支付劳动报酬，就是违反劳动合同，也是对劳动者合法权益的侵犯，劳动者有权随时告知用人单位解除劳动合同。（3）未依法为劳动者缴纳社会保险费的。社会保险是指国家对劳动者在患病、伤残、失业、工伤、年老以及其他生活困难情况下，给予物质帮助的制度。包括养老保险、医疗保险、失业保险、工伤保险和生育保险。根据《劳动法》第七十二条规定："用人单位和劳动者必须依法参加社会保险，缴纳社会保险费。"对于拒不依法缴纳或延迟缴纳保险费的用人单位，劳动行政部门可以责令其限期缴纳。逾期不缴的，可以加收滞纳金。因此可以看出社会保险具有国家强制性，用人单位应当依照有关法律、法规的规定，负责缴纳各项社会保险费用，并负有代扣代缴本单位劳动者社会保险费的义务。如果用人单位未依法为劳动者缴纳上述社会保险费，是对劳动者基本权利的侵害，劳动者可以与用人单位解除劳动合同。（4）用人单位的规章制度违反法律、法规的规定，损害劳动者权益的。此项规定包含了两层含义。第一，用人单位的规章制度违反了法律、法规的规定。规章制度是由用人单位制定的旨在保证劳动者履行劳动义务和享有劳动权利的规则和制度。首先，规章制度的内容要合法。即内容不得违反国家宪法、劳动法、劳动合同法及其他法律、法规的规定，也不得与劳动合同与集体合同的内容相冲突。因为劳动合同、集体合同和规章制度往往都会涉及对劳动条件和劳动待遇的规定，劳动合同和集体合同是劳动者与用人单位双方合意的结果，而规章制度是由用人单位单方面制定的，这就要求规章制度有关劳动条件和劳动待遇的规定不得低于合同的约定。其次，规章制度的制定和公布的程序要合法，要经过一定的民主程序。规章制度的制定权虽然属于用人单位，但规章制度的内容涉及的是劳动者的劳动权利和劳动义务，因此，法律上要求用人单位在制定规章制度时，要经过一定的民主程序。同时，用人单位的规章制度应当公示。劳动者作为规章制度的遵守者，有权了解规章制度的内容，直接涉及劳动者切身利益的规章制度应当公示，或者告知劳动者。第二，损害了劳动者的权益。因用人单位没有按法律规定制定规章制度，给劳动者的权益带来了损害。只有同时具备以上两点要求，劳动者才可以以此为由通知用人单位解除劳动合同。（5）因《劳动合同法》第二十六条第一款规定的情形致使劳动合同无效的。《劳动合同法》第二十六条第一款规定了劳动合同无效或者部分无效的几种情况。无效的劳动合同从订立的时候起就没有法律约束力，劳动者可以不予履行，对已经履行的，给劳动者造成损害的，用人单位还应承担赔偿责任。（6）法律、行政法规规定劳动者可以解除劳动合同的其他情形。本项是一条"兜底"条款，以避免遗漏现行法律、法规规定的其他情况，并采用此种方法以使《劳动合同法》和其他法律以及以后颁布的新法相衔接。除此之外，用人单位以暴力、威胁或者非法限制人身自由的手段强迫劳动者劳动的，或者用人单位违章指挥、强令冒险作业危及劳动者人身安全的，劳动者可以立即解除劳动合同，不需事先告知用人单位。

《劳动合同法实施条例》对于劳动者解除劳动合同做了进一步的明确规

定。《劳动合同法实施条例》第十八条规定，有下列情形之一的，依照劳动合同法规定的条件、程序，劳动者可以与用人单位解除固定期限劳动合同、无固定期限劳动合同或者以完成一定工作任务为期限的劳动合同：（一）劳动者与用人单位协商一致的；（二）劳动者提前三十日以书面形式通知用人单位的；（三）劳动者在试用期内提前三日通知用人单位的；（四）用人单位未按照劳动合同约定提供劳动保护或者劳动条件的；（五）用人单位未及时足额支付劳动报酬的；（六）用人单位未依法为劳动者缴纳社会保险费的；（七）用人单位的规章制度违反法律、法规的规定，损害劳动者权益的；（八）用人单位以欺诈、胁迫的手段或者乘人之危，使劳动者在违背真实意思的情况下订立或者变更劳动合同的；（九）用人单位在劳动合同中免除自己的法定责任、排除劳动者权利的；（十）用人单位违反法律、行政法规强制性规定的；（十一）用人单位以暴力、威胁或者非法限制人身自由的手段强迫劳动者劳动的；（十二）用人单位违章指挥、强令冒险作业危及劳动者人身安全的；（十三）法律、行政法规规定劳动者可以解除劳动合同的其他情形。

4. 用人单位解除劳动合同

根据《劳动合同法》的规定，用人单位单方解除劳动合同分为即时解除、预告解除和经济性裁员。

用人单位即时解除劳动合同又称为过失性辞退。《劳动合同法》在赋予劳动者单方解除劳动合同权利的同时，也赋予用人单位对劳动合同的单方解除权，以保障用人单位的用工自主权，但为了防止用人单位滥用解除权，随意与劳动者解除劳动合同，立法上严格限定用人单位与劳动者解除劳动合同的条件，保护劳动者的劳动权。根据《劳动合同法》的规定，用人单位单方即时解除劳动合同主要有以下几种情形：（1）在试用期间被证明不符合录用条件的。适用该条件即时解除劳动合同，要求必须具备下列条件：第一，用人单位所规定的试用期期间符合法律规定；第二，是否在试用期间；第三，对是否合格的认定应当以法律法规规定的基本录用条件和用人单位在招聘时规定的知识文化、技术水平、身体状况、思想品质等条件为准；第四，对于劳动者在试用期间不符合录用条件的，用人单位必须提供有效的证明。（2）严重违反用人单位的规章制度的。所谓"严重"，一般应根据劳动法规所规定的限度和用人单位内部的规章制度规定的具体界限为准。如劳动者违反操作规程，损坏生产、经营设备造成经济损失的，不服从用人单位正常工作调动，不服从用人单位的劳动人事管理等行为，给用人单位的正常生产经营秩序和管理秩序带来损害。（3）严重失职，营私舞弊，给用人单位的利益造成重大损害的。即劳动者在履行劳动合同期间，没有按照岗位职责履行自己的义务，违反其忠于职守、维护和增进用人单位利益的义务，有未尽职责的严重过失行为或者利用职务之便谋取私利的故意行为，使用人单位有形财产、无形财产遭受重大损害，但不够刑罚处罚的程度，用人单位可以与其解除劳动合同。（4）劳动者同时与其他用人单位建立劳动关系，对完成本单位的工作任务造成严重影响，或者经用人单位提出，拒不改正的。劳动者同时与其他用人单位建立劳动关系，即通常的兼职行为，我国有关劳动方面的法律、法规虽然没有对兼职行为做禁止性的规定，但作为劳动者而言，完成本职工作，是其应尽的义务。从事兼职工作，在时间上、精力上必然会影响到本职工作。作为用人单位来讲，对一个不能全心全意为本单位工作，并严重影响到工作任务完成的人员，有权与其解除劳动合同。（5）因《劳动合同法》第二十六条第一款第一项规定的情形致使劳动合同无效的。如果发生用人单位与劳动者签订的劳动合同无效的情形，无效的劳动合同对当事人双方没有法律效力，用人单位可即时解除劳动合同。（6）被依法追究刑事责任的。

用人单位预告解除劳动合同又称为无过失性辞退。用人单位有权根据劳动合同履行中客观情况的变化而单方解除劳动合同。这里的客观情况既包括用人单位的原因，也有劳动者自身的原因。对因客观情况变化导致用人单位单方面解除劳动合同，《劳动合同法》规定，有下列情形之一的，用人单位提前30日以书面形式通知劳动者本人或者额外支付劳动者1个月工资后，可以解除劳动合同：（1）劳动者患病或者非因工负伤，在规定的医疗期满后不能从事原工作也不能从事由用人单位另行安排的工作的。根据原劳动部颁发的《企业职工患病或非因工负伤医疗期规定》第二条的规定："医疗期是指企业职工因患病或非因工负伤停止工作治病休息不得解除劳动合同的时限。"这里的医疗期，是指劳动者根据其工龄等条件，依法可以享受的停工医疗并发给病假工资的期间，而不是劳动者病伤治愈实际需要的医疗期。劳动者患病或者非因工负伤，有权在医疗期内进行治疗和休息，不从事劳动。但在医疗期满后，劳动者就有义务进行劳动。如果劳动者由于身体健康原因不能胜任工作，用人单位有义务为其调动岗位，选择他力所能及的岗位工作。如果劳动者对用人单位重新安排的工作也无法完成，说明劳动者履行合同不能，用人单位需提前30日以书面形式通知其本人或额外支付劳动者1个月工资后，解除劳动合同。以便劳动者在心理上和时间上为重新就业做准备。（2）劳动者不能胜任工作，经过培训或者调整工作岗位，仍不能胜任工作的。所谓"不能胜任工作"，是指不能按要求完成劳动合同中约定的任务或者同工种、同岗位人员的工作量。但用人单位不得故意提高定额标准，使劳动者无法完成。劳动者没有具备从事某项工作的能力，不能完成某一岗位的工作任务，这时用人单位可以对其进行职业培训，提高其职业技能，也可以把其调换到能够胜任的工作岗位上，这是用人单位负有的协助劳动者适应岗位的义务。如果单位尽了这些义务，劳动者仍然不能胜任工作，说明劳动者不具备在该单位的职业能力，用人单位可以解除与该劳动者的劳动合同。用人单位不能随意调动劳动者工作岗位或提高工作强度，借口劳动者不能胜任工作而解除劳动合同。（3）劳动合同订立时所依据的客观情况发生重大变化，致使劳动合同无法履行，经用人单位与劳动者协商，未能就变更劳动合同内容达成协议的。这里的"客观情况"是指履行原劳动合同所必要的客观条件，因不可抗力或出现致使劳动合同全部或部分条款无法履行的其他情况，如自然条件、企业迁移、被兼并、企业资产转移等，使原劳动合同不能履行或不必要履行的情况。发生上述情况时，为了使劳动合同能够得到继续履行，必须根据变化后的客观情况，由双方当事人对合同进行变更的协商，直到达成一致意见。如果劳动者不同意变更劳动合同，原劳动合同所确立的劳动关系就没有存续的必要，在这种情况下，用人单位也只有解除劳动合同。根据《劳动合同法》的相关规定，用人单位因劳动者的非过失性原因而解除合同的，还应当给予劳动者相应的经济补偿。

　　经济性裁员是用人单位行使解除劳动合同权的另一种方式，它是指企业由于经营不善等经济性原因，提前解除与劳动者签订的劳动合同。对劳动合同法允许在一定条件下用人单位进行经济性裁员，是企业享有经营自主权的具体体现。用人自主权是企业经营自主权的重要内容，企业可以根据实际需要招聘人员，也可以裁减人员。如果企业在生产经营困难等情况下不能裁减人员，企业的经营自主权就无法落实。根据《劳动合同法》的规定，有下列情形之一，需要裁减人员20人以上或者裁减不足20人但占企业职工总数10%以上的，用人单位提前30日向工会或者全体职工说明情况，听取工会或者职工的意见后，裁减人员方案经向劳动行政部门报告，可以裁减人员：（1）依照《企业破产法》规定进行重整的。《企业破产法》第二条规定："企业法人不能清偿到期债务，并且资产不足以清偿全部债务或者明显缺乏清偿能力的，依照本法规定清理债务。企业法人有前款规定情形，或者有明显丧失清偿能力可能的，可以依照本法规定进行重整。"企业破产法设置重整制度，主要目的就是使用人单位根据企业重整的经营方案、债权的调整和清偿方案以及其他有利于企业重整的方案在内的重整计划，继续经营并清偿债务，避免用人单位进入破产清算程序，使经营失败的企业有可能通过重整而得到复苏、振兴的机会。在重整过程中，用人单位可根据实际经营情况，进行经济性裁员。（2）生产经营发生严重困难。在用人单位的生产经营发生严重困难时，应允许用人单位通过各种方式进行自救，而不是进一步陷入破产、关闭的绝境。在用人单位的生产经营发生严重困难时，裁减人员、缩减职工规模是一项有效的扭亏为盈措施。从总体看，经济性裁员对用人单位的劳动者群体是有利的，但涉及特定劳动者的权益，应慎重处理。因此，《劳动合同法》允许用人单位生产经营发生严重困难时，进行经济性裁员。（3）企业转产、重大技术革新或者经营方式调整，经变更劳动合同后，仍需裁减人员的。企业转产、重大技术革新或者经营方式调整并不必然导致用人单位进行经济性裁员。为了更好地保护劳动者合法权益，同时引导用人单位尽量不使用经济性裁员，要求企业转产、重大技术革新或者经营方式调整，只有在变更劳动合同后，仍需要裁减人员，才可进行经济性裁员。（4）其他因劳动合同订立时所依据的客观经济情况发生重大变化，致使劳动合同无法履行的。除上述列举的三类情形外，还有一些客观经济情况发生变化需要经济性裁员的情形，如企业整体搬迁需要经济性裁员的，也应允许用人单位进行经济性裁员。作为兜底条款，对本规定应做严格解释。

在经济性裁员过程中，为了保护特定的劳动者，裁减人员时，应当优先留用下列人员：（1）与本单位订立较长期限的固定期限劳动合同的；（2）与本单位订立无固定期限劳动合同的；（3）家庭无其他就业人员，有需要扶养的老人或者未成年人的。用人单位裁减人员，在6个月内重新招用人员的，应当通知被裁减的人员，并在同等条件下优先招用被裁减的人员。

《劳动合同法实施条例》对于用人单位解除劳动合同的条件做了进一步的明确规定。《劳动合同法实施条例》第十九条规定，有下列情形之一的，依照劳动合同法规定的条件、程序，用人单位可以与劳动者解除固定期限劳动合同、无固定期限劳动合同或者以完成一定工作任务为期限的劳动合同：（一）用人单位与劳动者协商一致的；（二）劳动者在试用期间被证明不符合录用条件的；（三）劳动者严重违反用人单位的规章制度的；（四）劳动者严重失职，营私舞弊，给用人单位造成重大损害的；（五）劳动者同时与其他用人单位建立劳动关系，对完成本单位的工作任务造成严重影响，或者经用人单位提出，拒不改正的；（六）劳动者以欺诈、胁迫的手段或者乘人之危，使用人单位在违背真实意思的情况下订立或者变更劳动合同的；（七）劳动者被依法追究刑事责任的；（八）劳动者患病或者非因工负伤，在规定的医疗期满后不能从事原工作，也不能从事由用人单位另行安排的工作的；（九）劳动者不能胜任工作，经过培训或者调整工作岗位，仍不能胜任工作的；（十）劳动合同订立时所依据的客观情况发生重大变化，致使劳动合同无法履行，经用人单位与劳动者协商，未能就变更劳动合同内容达成协议的；（十一）用人单位依照企业破产法规定进行重整的；（十二）用人单位生产经营发生严重困难的；（十三）企业转产、重大技术革新或者经营方式调整，经变更劳动合同后，仍需裁减人员的；（十四）其他因劳动合同订立时所依据的客观经济情况发生重大变化，致使劳动合同无法履行的。

5. 用人单位解除劳动合同的限制

根据《劳动合同法》第三十九条、第四十条、第四十一条的规定，出现法定情形时，用人单位可以单方解除劳动合同。为保护一些特定群体劳动者的合法权益，《劳动合同法》第四十二条又规定在六类法定情形下，禁止用人单位根据《劳动合同法》第四十条、第四十一条的规定单方解除劳动合同。对用人单位不得解除劳动合同规定的理解需要注意以下两个方面：一是《劳动合同法》第四十二条禁止的是用人单位单方解除劳动合同，并不禁止劳动者与用人单位协商一致解除劳动合同；二是本条禁止的前提是用人单位不得根据《劳动合同法》第四十条、第四十一条解除劳动合同，但劳动者具备了本条规定的六种情形之一，用人单位仍可以根据《劳动合同法》第三十九条的规定解除劳动合同。《劳动合同法》第四十二条规定，劳动者有下列情形之一的，用人单位不得依照本法第四十条、第四十一条的规定解除劳动合同：（1）从事接触职业病危害作业的劳动者未进行离岗前职业病健康检查，或者疑似职业病病人在诊断或者医学观察期间的。受到职业病威胁的劳动者以及职业病人是社会弱势群体，需要国家的关怀和法律的保障，根据《职业病防治法》第三十二条规定，对从事接触职业病危害的作业的劳动者，用人单位应当按照国务院卫生行政部门的规定组织上岗前、在岗期间和离岗时的职业健康检查，并将检查结果如实告知劳动者。对未进行离岗前职业健康检查的劳动者不得解除或者终止与其订立的劳动合同；《职业病防治法》第四十九条规定，用人单位在疑似职业病病人诊断或者医学观察期间，不得解除或者终止与其订立的劳动合同。对于上述两类情况，《劳动合同法》再次作了确认，用人单位一般不得单方解除劳动合同。（2）在本单位患职业病或者因工负伤并被确认丧失或者部分丧失劳动能力的。职业病是劳动者在生产劳动及其职业活动中，接触职业性有害物质引起的疾病。因工负伤是因工作遭受事故伤害的情形。无论是职业病还是因工负伤，都与用人单位有关工作条件、安全制度或者劳动保护制度不尽完善有关，发生职业病或者因工负伤，用人单位作为用工组织者和直接受益者理应承担相应责任。同时，一旦发生职业病或者因工负伤，都可能造成劳动者丧失或者部分丧失劳动能力，如果此时允许用人单位解除劳动合同，将会给劳动者的医疗、生活等带来困难，因此，《劳动合同法》规定在本单位患职业病或者因工负伤并被确认丧失或者部分丧失劳动能力的，用人单位不得解除劳动合同。（3）患病或者非因工负伤，在规定的医疗期内的。医疗期是指企业职工因患病或非因工负伤停止工作治病休息不得解除劳动合同的时限。医疗期一般为 3 ~ 24 个月，以劳动者本人实际参加工作年限和在本单位工作年限为标准计算具体的医疗期。有几类标准：实际工作年限 10 年以下的，在本单位工作年限 5 年以下的为 3 个月，5 年以上的为 6 个月；实际工作年限 10 年以上的，在本单位工作年限 5 年以下的为 6 个月，5 年以上 10 年以下的为 9 个月，10 年以上 15 年以下的为 12 个月，15 年以上 20 年以下的为 18 个月，20 年以上的为 24 个月。企业职工在医疗期内，其病假工资、疾病救济费和医疗待遇按照有关规定执行。根据《企业职工患病或非因工负伤医疗期规定》的第七条规定，企业职工非因工致残和经医生或医疗机构认定患有难以治疗的疾病，医疗期满，应当由劳动鉴定委员会参照工伤与职业病致残程度鉴定标准进行劳动能力的鉴定。被鉴定为 1 ~ 4 级的，应当退出劳动岗位，解除劳动关系，并办理退休、退职手续，享受退休、退职待遇。（4）女职工在孕期、产期、哺乳期的。所谓孕期，是指妇女怀孕期间。产期，是指妇女生育期间，产假一般为 90 天。哺乳期，是指从婴儿出生到 1 周岁之间的期间。妇女只要在孕期、产期、哺乳期的，用人单位就不得根据《劳动合同法》第四十条、第四十一条的规定单方解除劳动合同。（5）在本单位连续工作满 15 年，且距法定退休年龄不足 5 年的。考虑到老职工对于企业的贡献较大，再就业能力较低，政府和社会都比较关注这部分弱势群体，因此《劳动合同法》加强了对老职工的保护。在本单位连续工作满 15 年，且距法定退休年龄不足 5 年的，用人单位不得根据《劳动合同法》第四十条、第四十一条的规定单方解除劳动合同。（6）法律、行政法规规定的其他情形。考虑到有些法律、行政法规中也有不得解除劳动合同的规定，同时为了便于与以后颁布的法律相衔接，规定了一个"兜底"条款，这有利于对劳动者的保护。

（二）劳动合同的终止

1. 劳动合同终止的概念

劳动合同终止是指劳动合同的法律效力依法被消灭。劳动合同解除与劳动合同终止都会引起劳动合同法律效力的终结，劳动合同终止是劳动合同解除之外的劳动合同法律效力终结的情形。劳动合同解除和劳动合同终止都导致了劳动关系的终结，但两者之间又有明显的区别：（1）劳动合同终止属于劳动合同关系的自然终结，而劳动合同解除是劳动合同关系的提前终结。（2）劳动合同终止的法定条件主要是劳动者和用人单位主体资格的消灭。劳动合同解除的法定条件是一些违法、违纪、违规等行为。（3）劳动合同终止一般是可以预见的，而劳动合同解除一般不可预见。

2. 劳动合同终止的情形

《劳动合同法》第四十四条规定了劳动合同终止的条件，有下列情形之一的，劳动合同终止：（1）劳动合同期满。该条件主要适用于固定期限劳动合同和以完成一定工作任务为期限的劳动合同两种情形。劳动合同期满，除依法续订劳动合同的和依法应延期的以外，劳动合同自然终止，双方权利义务结束。根据原劳动与社会保障部的规定，劳动合同的终止时间，应当以劳动合同期限最后 1 日的 24 时为准。根据《劳动合同法》的规定，劳动合同期满自然终止，原劳动合同消灭。如果劳动者仍在原用人单位工作，用人单位未表示异议的，应视为一个新劳动合同的开始。考虑到用人单位续签劳动合同的实际情况，以及在这种情形下劳动者也有一定责任，所以可依照《劳动合同法》第十条的规定，在前一劳动合同终止之日后劳动者提供劳动的第一天起一个月内订立书面劳动合同，否则用人单位就要承担未与劳动者签订书面劳动合同的相应法律责任。至于后一劳动合同的内容除了期限以外应视为与原劳动合同一致。（2）劳动者已开始依法享受基本养老保险待遇。根据法律、行政法规的规定，我国劳动者开始依法享受基本养老保险待遇的条件大致有两个，一是劳动者已达到退休年龄；二是个人缴费年限累计满 15 年或者个人缴费和视同缴费年限累计满 15 年。劳动法并没有规定劳动者达到退休年龄，劳动合同终止。劳动合同法也没有做出相应的规定。《劳动合同法实施条例》第二十一条规定，劳动者达到法定退休年龄的，劳动合同终止。（3）劳动者死亡，或者被人民法院宣告死亡或者宣告失踪的。劳动者死亡、被人民法院宣告死亡或者宣告失踪的，劳动合同签订一方主体资格消灭，客观上丧失劳动能力，之前签订的劳动合同因为缺乏一方主体而归于消灭，属于劳动合同终止的情形之一。（4）用人单位被依法宣告破产的。根据《企业破产法》的规定，用人单位一旦被依法宣告破产，就进入破产清算程序，用人单位的主体资格即将归于消灭，因此用人单位一旦进入被依法宣告破产的阶段，意味着劳动合同一方主体资格必然消灭，劳动合同归于终止。（5）用人单位被吊销营业执照、责令关闭、撤销或者用人单位决定提前解散的。吊销营业执照，是指剥夺被处罚用人单位已经取得的营业执照，使其丧失继续从事生产或者经营的资格。责令关闭，是指行为人违反了法律、行政法规的规定，被行政机关做出了停止生产或者经营的处罚决定，从而停止生产或者经营。被撤销，是指由行政机关撤销有瑕疵的公司登记。用人单位被依法吊销营业执照、责令关闭或者被撤销，已经不能进行生产或者经营，应当解散，以该用人单位为一方的劳动合同终止。用人单位决定提前解散，也使用人单位的主体资格消失，劳动合同终止。（6）法律、行政法规规定的其他情形。有关劳动合同终止的情形，除了《劳动合同法》规定的五种情形外，可由法律、行政法规做出规定。

（三）解除或者终止劳动合同的经济补偿

1. 经济补偿的性质

经济补偿是劳动合同制度中的一项重要内容，经济补偿是一种企业承担社会责任的主要方式之一，在我国失业保险制度建立健全过程中，经济补偿可以有效减缓失业者的焦虑情绪和生活实际困难，维护社会稳定，形成社会互助的良好社会氛围。经济补偿不同于经济赔偿，不是一种惩罚手段。我国实行按劳分配制度，劳动者付出劳动得到劳动报酬，劳动报酬基本能体现劳动者的贡献。同时，经济补偿是国家调节劳动关系的一种经济手段，引导用人单位长期使用劳动者，谨慎行使解除权利和终止权利。用人单位为了减少成本，避免支付经济补偿，就不会随意解除劳动合同，从而达到稳定劳动关系的目的。

2. 经济补偿的范围

《劳动合同法》规定，有下列情形之一的，用人单位应当向劳动者支付经济补偿：（1）劳动者依照《劳动合同法》第三十八条规定解除劳动合同的。用人单位有违法、违约行为的，劳动者可以随时解除劳动合同，并有权取得经济补偿。（2）用人单位依照《劳动合同法》第三十六条规定向劳动者提出解除劳动合同并与劳动者协商一致解除劳动合同的。用人单位与劳动者可以协商一致解除劳动合同，但由用人单位首先提出解除建议的，应当支付经济补偿。如果劳动者主动提出与用人单位协商解除劳动合同，双方达成解除劳动合同的协议，则用人单位不需要向劳动者支付经济补偿。（3）用人单位依照《劳动合同法》第四十条规定解除劳动合同的。《劳动合同法》第四十条规定，劳动者患病或者非因工负伤，在规定的医疗期满后不能从事原工作也不能从事由用人单位另行安排的工作的；劳动者不能胜任工作，经过培训或者调整工作岗位，仍不能胜任工作的；劳动合同订立时所依据的客观情况发生重大变化，致使劳动合同无法履行，经用人单位与劳动者协商，未能就变更劳动合同内容达成协议的，用人单位可以在提前30日通知或者额外支付1个月工资后，解除劳动合同。也就是说，在劳动者有一定不足，用人单位没有过错，且做了一些补救措施，但劳动者仍不符合工作要求的情况下，允许用人单位解除劳动合同，但为平衡双方的权利义务，用人单位必须向劳动者支付经济补偿。（4）用人单位依照《劳动合同法》第四十一条第一款规定解除劳动合同的。《劳动合同法》第四十一条第一款规定的是经济性裁员，在经济性裁员中，劳动者没有任何过错，用人单位也是迫于无奈，为了企业的发展和大部分劳动者的权益，解除一部分劳动者的劳动合同。为平衡双方的权利义务，经济性裁员中，用人单位应当支付经济补偿。（5）除用人单位维持或者提高劳动合同约定条件续订劳动合同，劳动者不同意续订的情形外，依照《劳动合同法》第四十四条第一项规定终止固定期限劳动合同的。劳动合同期满时，用人单位同意续订劳动合同，且维持或者提高劳动合同约定条件，劳动者不同意续订的，劳动合同终止，用人单位不支付经济补偿；如果用人单位同意续订劳动合同，但降低劳动合同约定条件，劳动者不同意续订的，劳动合同终止，用人单位应当支付经济补偿；如果用人单位不同意续订，无论劳动者是否同意续订，劳动合同终止，用人单位应当支付经济补偿。（6）依照《劳动合同法》第四十四条第四项、第五项规定终止劳动合同的。《劳动合同法》第四十四条第四项规定，用人单位被依法宣告破产的，劳动合同终止。第四十四条第五项规定，用人单位被吊销营业执照、责令关闭、撤销或者用人单位决定提前解散的，劳动合同终止。《企业破产法》第一百一十三条规定，破产清偿顺序中第一项为破产人所欠职工的工资和医疗、伤残补助、抚恤费用，所欠的应当划入职工个人账户的基本养老保险、基本医疗保险费用，以及法律、行政法规规定应当支付给职工的补偿金。用人单位因为有违法行为而被吊销营业执照、责令关闭、撤销时，劳动者是无过错的，其权益应该受到保护。劳动合同终止时，用人单位应该支付经济补偿。（7）法律、行政法规规定的其他情形。有些法律、行政法规中有关用人单位支付经济补偿的规定。

3. 经济补偿的计算方法

在劳动合同解除或者终止，用人单位依法支付经济补偿时，就涉及如何计算经济补偿的问题。计算经济补偿的普遍模式是：工作年限×每工作一年应得的经济补偿。《劳动合同法》及有关国家规定对工作年限及经济补偿标准作了明确的规定：（1）计算经济补偿中的工作年限。劳动者在用人单位工作的年限，应从劳动者向该用人单位提供劳动之日起计算。如果由于各种原因，用人单位与劳动者未及时签订劳动合同的，不影响工作年限的计算。如果劳动者连续为同一用人单位提供劳动，但先后签订了几份劳动合同的，工作年限应从劳动者提供劳动之日起连续计算。如果劳动者为同一用人单位提供劳动多年，但间隔了一段时间，也先后签订了几份劳动合同，工作年限原则上应从劳动者提供劳动之日起连续计算，已经支付经济补偿的除外。（2）计算标准。经济补偿的计算标准为：经济补偿按劳动者在本单位工作的年限，每满一年支付一个月工资的标准向劳动者支付。六个月以上不满一年的，按一年计算；不满六个月的，向劳动者支付半个月工资的经济补偿。（3）计算基数。计算经济补偿时，工作满一年支付一个月工资。一个月工资是劳动者解除或者终止劳动合同前十二个月的平均工资。（4）计算封顶。劳动者月工资高于用人单位所在直辖市、设区的市级人民政府公布的上年度职工月平均工资的三倍的，用人单位向其支付经济补偿的标准按职工月平均工资三倍的数额支付，向其支付经济补偿的年限最高不超过十二年。《劳动合同法实施条例》第二十七条规定，《劳动合同法》第四十七条规定的经济补偿的月工资按照劳动者应得工资计算，包括计时工资或者计件工资以及奖金、津贴和补贴等货币性收入。劳动者在劳动合同解除或者终止前 12 个月的平均工资低于当地最低工资标准的，按照当地最低工资标准计算。劳动者工作不满 12 个月的，按照实际工作的月数计算平均工资。

另外，为督促用人单位及时支付经济补偿，《劳动合同法》规定，解除或者终止劳动合同，未依照规定向劳动者支付经济补偿的，由劳动行政部门责令限期支付经济补偿，逾期不支付的，责令用人单位按应付金额 50% 以上 100% 以下的标准向劳动者加付赔偿金。

（四）违法解除劳动合同的后果

劳动合同的解除或者终止直接涉及劳动者的切身利益，为了保护劳动者的合法权益，劳动合同法对用人单位解除或者终止劳动合同作了明确的规定，包括劳动合同解除或者终止的实体性条件和程序性条件，这些规定都是用人单位解除或者终止劳动合同必须履行的义务。同时，劳动合同法又规定了用人单位违法解除或者终止劳动合同的后果。《劳动合同法》第四十八条规定："用人单位违反本法规定解除或者终止劳动合同，劳动者要求继续履行劳动合同的，用人单位应当继续履行；劳动者不要求继续履行劳动合同或者劳动合同已经不能继续履行的，用人单位应当依照本法第八十七条规定支付赔偿金。"

由此可见，用人单位违法解除或者终止劳动合同的，首先要保护劳动者的劳动就业权，如果劳动者要求用人单位继续履行劳动合同，使劳动关系"恢复原状"，用人单位应当继续履行劳动合同。考虑到劳动合同履行的实际情况，应当尊重劳动者有关是否继续履行劳动合同的选择权，如果劳动者认为继续履行劳动合同存在实际困难，不要求继续履行劳动合同的，劳动合同可以解除或者终止，在此情况下，用人单位应当依法支付赔偿金。《劳动合同法》第八十七条规定，用人单位违反本法规定解除或者终止劳动合同的，应当依照本法第四十七条规定的经济补偿标准的两倍向劳动者支付赔偿金。《劳动合同法实施条例》第二十五条规定，用人单位违反劳动合同法的规定解除或者终止劳动合同，依照《劳动合同法》第八十七条的规定支付了赔偿金的，不再支付经济补偿。赔偿金的计算年限自用工之日起计算。

六、特别规定

（一）劳务派遣

1. 劳务派遣的概念

劳务派遣是指劳务派遣单位根据用工单位的要求，与用工单位签订劳务派遣协议，将与其建立劳动合同关系的劳动者派往用工单位，被派遣劳动者接受用工单位的劳动管理，劳务派遣单位从用工单位获取派遣费，并向被派遣劳动者支付劳动报酬的特殊用工形式。在劳务派遣的用工形式中，劳动者与其工作的用人单位之间不是劳动关系，而是与劳务派遣单位形成劳动关系，再由该劳务派遣单位派到用人单位劳动，用人单位与劳务派遣单位签订派遣协议。

劳务派遣是市场经济条件下市场主体自发选择劳动用工形式的结果。20世纪90年代以来，劳务派遣成为我国一种新型的劳动用工方式，劳务派遣公司也大量的涌现，从最初适用于保姆、保安、保洁劳务人员到后来在建筑、采矿、交通运输、通信、邮政、电力、化工等行业都广泛应用。与传统的用工方式相比，劳务派遣具有灵活性，但其特殊的三方关系也容易滋生弊端，容易被一些用人单位利用来逃避法律义务，损害劳动者的利益。有鉴于此，为规范劳务派遣行为，维护被派遣劳动者的合法权益，《劳动合同法》和《劳动合同法实施条例》对劳务派遣用工形式做了专门规定，主要包括明确劳务派遣单位与劳动者订立劳动合同的期限、劳务派遣单位和用工单位各自应当履行的义务、劳务派遣实施岗位的范围等内容。2013年6月20日，人力资源和社会保障部公布了《劳务派遣行政许可实施办法》，自2013年7月1日起施行。2013年12月20日人力资源和社会保障部通过了《劳务派遣暂行规定》，自2014年3月1日起施行。上述立法进一步地规范了劳务派遣的用工形式。

2. 劳务派遣单位

在劳务派遣的用工形式中，规范劳务派遣单位的设立条件，直接涉及劳动者权益的保护。为了提高劳务派遣单位承担风险的能力，《劳动合同法》第五十七条规定，经营劳务派遣业务应当具备下列条件：（一）注册资本不得少于人民币二百万元；（二）有与开展业务相适应的固定的经营场所和设施；（三）有符合法律、行政法规规定的劳务派遣管理制度；（四）法律、行政法规规定的其他条件。经营劳务派遣业务，应当向劳动行政部门依法申请行政许可；经许可的，依法办理相应的公司登记。未经许可，任何单位和个人不得经营劳务派遣业务。只有依法设立的能够独立承担民事责任，具备一定规模的公司法人才能专门从事劳务派遣业务。这就为劳务派遣单位的设立规定了严格的条件，规范了劳务派遣单位的发展形势，保证了劳务派遣单位具有一定的资本能力，以便劳务派遣单位更好地对被派遣劳动者承担用人单位的责任。

同时，《劳动合同法》又规定，劳务派遣单位是《劳动合同法》所称的用人单位，应当履行用人单位对劳动者的义务。《劳务派遣暂行规定》第八条规定，劳务派遣单位应当对被派遣劳动者履行下列义务：（一）如实告知被派遣劳动者《劳动合同法》第八条规定的事项、应遵守的规章制度以及劳务派遣协议的内容；（二）建立培训制度，对被派遣劳动者进行上岗知识、安全教育培训；（三）按照国家规定和劳务派遣协议约定，依法支付被派遣劳动者的劳动报酬和相关待遇；（四）按照国家规定和劳务派遣协议约定，依法为被派遣劳动者缴纳社会保险费，并办理社会保险相关手续；（五）督促用工单位依法为被派遣劳动者提供劳动保护和劳动安全卫生条件；（六）依法出具解除或者终止劳动合同的证明；（七）协助处理被派遣劳动者与用工单位的纠纷；（八）法律、法规和规章规定的其他事项。

　　劳务派遣单位与被派遣劳动者订立的劳动合同，除应当载明《劳动合同法》第十七条规定的事项外，还应当载明被派遣劳动者的用工单位以及派遣期限、工作岗位等情况。劳务派遣单位应当与被派遣劳动者订立两年以上的固定期限劳动合同，按月支付劳动报酬；被派遣劳动者在无工作期间，劳务派遣单位应当按照所在地人民政府规定的最低工资标准，向其按月支付报酬。劳务派遣单位不得以非全日制用工形式招用被派遣劳动者。劳务派遣单位可以依法与被派遣劳动者约定试用期。劳务派遣单位与同一被派遣劳动者只能约定一次试用期。

3. 劳务派遣协议

　　在劳务派遣的用工形式中，劳务派遣单位根据用工单位的要求派遣符合条件的劳动者，用工单位根据协议向劳务派遣单位支付报酬或管理费。为了明确劳务派遣中的有关权利、义务，劳务派遣单位派遣劳动者应当与用工单位订立劳务派遣协议，劳务派遣协议是劳务派遣单位与用工单位之间为了明确双方在劳务派遣过程中的权利、义务而达成的协议。劳务派遣协议在性质上属于民事合同。劳务派遣单位与用工单位订立劳务派遣协议，将有利于明确派遣单位与用工单位之间的权利义务，从而避免发生争议时双方推诿现象的出现。《劳务派遣暂行规定》第七条规定，劳务派遣协议应当载明下列内容：（一）派遣的工作岗位名称和岗位性质；（二）工作地点；（三）派遣人员数量和派遣期限；（四）按照同工同酬原则确定的劳动报酬数额和支付方式；（五）社会保险费的数额和支付方式；（六）工作时间和休息休假事项；（七）被派遣劳动者工伤、生育或者患病期间的相关待遇；（八）劳动安全卫生以及培训事项；（九）经济补偿等费用；（十）劳务派遣协议期限；（十一）劳务派遣服务费的支付方式和标准；（十二）违反劳务派遣协议的责任；（十三）法律、法规、规章规定应当纳入劳务派遣协议的其他事项。

　　劳务派遣协议的内容直接涉及劳动者的切身利益，为了保护劳务派遣中被派遣的劳动者合法权益，《劳动合同法》规定了劳务派遣单位的义务，即劳务派遣单位应当将劳务派遣协议的内容告知被派遣劳动者。劳务派遣单位不得克扣用工单位按照劳务派遣协议支付给被派遣劳动者的劳动报酬。劳务派遣单位和用工单位不得向被派遣劳动者收取费用。劳务派遣单位跨地区派遣劳动者的，被派遣劳动者享有的劳动报酬和劳动条件，按照用工单位所在地的标准执行。

4. 用工单位的义务

在劳务派遣中，被派遣的劳动者实际上是为用工单位提供劳动，为了保护被派遣劳动者的合法权益，《劳动合同法》也规定了用工单位在劳务派遣中的义务。这些义务包括：（1）执行国家劳动标准，提供相应的劳动条件和劳动保护。劳动条件是指劳动者为完成劳务派遣任务所必需的一些物质条件，如必要的劳动工具等物质技术条件和其他工作条件。由于被派遣的劳动者是为用工单位提供劳动，因此，用工单位应当为劳动者提供相应的劳动条件；劳动保护是指用工单位为了保障劳动者在劳动过程中的身体健康与生命安全，预防伤亡事故和职业病的发生而采取的有效措施。在劳动者为用工单位提供劳动的过程中，往往存在着各种不安全、不卫生的因素，用工单位承担劳动保护的义务，有利于保护劳动者的健康和安全。在劳动保护方面，凡是有国家标准规定的，用工单位必须按照国家标准执行。（2）告知被派遣劳动者的工作要求和劳动报酬。为了满足用工单位的实际用工需要，用工单位必须对劳动者提出相应的工作要求，包括对劳动者的能力要求等，以保证劳务派遣的顺利完成。被派遣劳动者的工资是由劳务派遣单位与用工单位之间协议约定的，劳动者在用工单位劳动，理应知道自己的劳动报酬所得。用工单位的上述告知义务可以有效地保护被派遣劳动者的合法权益。（3）支付加班费、绩效奖金，提供与工作岗位相关的福利待遇。用工单位在生产经营过程中，可能会出现临时性的延长工作时间情况，用工单位安排劳动者加班加点，必须按照规定的标准向劳动者支付加班费，而加班费的支付不可能在劳务派遣协议中与劳务派遣单位事先约定，因此，加班费由用工单位支付；绩效奖金是按照劳动者劳动绩效计算的奖金，由于不同劳动者的工作能力不同，绩效奖金的确定具有不确定性，也不能事先约定。提供与工作岗位相关的福利待遇是体现劳务工与用工单位其他职工同工同酬的要求。（4）对在岗被派遣劳动者进行工作岗位所必需的培训。在劳务派遣中，劳务派遣单位应当按照劳务派遣协议的约定向用工单位派遣劳动者。如果用工单位因为工作需要，认为需要对劳动者进行一定的岗位培训的，应当对劳动者进行必要的岗位培训，培训费用由用工单位承担。（5）连续用工的，实行正常的工资调整机制。如果发生连续用工，导致用工时间较长，在此条件下，如果还是按照劳务派遣协议的约定向劳动者支付劳动报酬，显然对劳动者不公平。因此，用工单位连续用工的，工资需要进行定期的调整，工资调整由用工单位依法进行。同时，用工单位不得将被派遣劳动者再派遣到其他用人单位。

被派遣劳动者享有与用工单位的劳动者同工同酬的权利。用工单位应当按照同工同酬原则，对被派遣劳动者与本单位同类岗位的劳动者实行相同的劳动报酬分配办法。用工单位无同类岗位劳动者的，参照用工单位所在地相同或者相近岗位劳动者的劳动报酬确定。劳务派遣单位与被派遣劳动者订立的劳动合同和与用工单位订立的劳务派遣协议，载明或者约定的向被派遣劳动者支付的劳动报酬应当符合前款规定。被派遣劳动者有权在劳务派遣单位或者用工单位依法参加或者组织工会，维护自身的合法权益。

《劳动合同法》和《劳务派遣暂行规定》还对劳务派遣中劳动合同的解除做了明确规定。《劳动合同法》第六十五条规定，被派遣劳动者可以依照本法第三十六条、第三十八条的规定与劳务派遣单位解除劳动合同。被派遣劳动者有本法第三十九条和第四十条第一项、第二项规定情形的，用工单位可以将劳动者退回劳务派遣单位，劳务派遣单位依照本法有关规定，可以与劳动者解除劳动合同。《劳务派遣暂行规定》第十四条规定，被派遣劳动者提前 30 日以书面形式通知劳务派遣单位，可以解除劳动合同。被派遣劳动者在试用期内提前 3 日通知劳务派遣单位，可以解除劳动合同。劳务派遣单位应当将被派遣劳动者通知解除劳动合同的情况及时告知用工单位。《劳务派遣暂行规定》第十五条规定，被派遣劳动者因本规定第十二条规定被用工单位退回，劳务派遣单位重新派遣时维持或者提高劳动合同约定条件，被派遣劳动者不同意的，劳务派遣单位可以解除劳动合同。被派遣劳动者因本规定第十二条规定被用工单位退回，劳务派遣单位重新派遣时降低劳动合同约定条件，被派遣劳动者不同意的，劳务派遣单位不得解除劳动合同。但被派遣劳动者提出解除劳动合同的除外。

《劳动合同法》和《劳务派遣暂行规定》还对劳务派遣的岗位做了限制性规定。《劳动合同法》第六十六条规定，劳动合同用工是我国的企业基本用工形式。劳务派遣用工是补充形式，只能在临时性、辅助性或者替代性的工作岗位上实施。前款规定的临时性工作岗位是指存续时间不超过六个月的岗位；辅助性工作岗位是指为主营业务岗位提供服务的非主营业务岗位；替代性工作岗位是指用工单位的劳动者因脱产学习、休假等原因无法工作的一定期间内，可以由其他劳动者替代工作的岗位。用工单位应当严格控制劳务派遣用工数量，不得超过其用工总量的一定比例，具体比例由国务院劳动行政部门规定。《劳务派遣暂行规定》第四条规定，用工单位应当严格控制劳务派遣用工数量，使用的被派遣劳动者数量不得超过其用工总量的 10%。前款所称用工总量是指用工单位订立劳动合同人数与使用的被派遣劳动者人数之和。计算劳务派遣用工比例的用工单位是指依照劳动合同法和劳动合同法实施条例可以与劳动者订立劳动合同的用人单位。用工单位决定使用被派遣劳动者的辅助性岗位，应当经职工代表大会或者全体职工讨论，提出方案和意见，与工会或者职工代表平等协商确定，并在用工单位内公示。

（二）非全日制用工

1. 非全日制用工的概念

非全日制用工是与全日制用工相对应的概念，劳动合同法对非全日制用工做出了界定，它是指以小时计酬为主，劳动者在同一用人单位一般平均每日工作时间不超过 4 小时，每周工作时间累计不超过 24 小时的用工形式。从劳动合同法对非全日制用工的界定标准来看，包括以下含义：（1）非全日制用工是一种特殊的用工形式。在非全日制用工中，用人单位和劳动者之间形成的是劳动关系，而不是民事雇佣关系；双方达成的协议是劳动合同，而不是民事合同。（2）非全日制用工的实质标准是：在同一单位平均每日工作不超过 4 小时，每周工作时间累计不超过 24 小时。以工作时间的长短作为界定非全日制用工的标准是国际通行的做法，但每个国家规定的工作时间标准不同。我国劳动合同法界定非全日制用工采用每日工作时间结合周工作时间的标准，即一般平均每日不超过 4 小时，同时每周累计不超过 24 小时。在同一个用人单位中，如果劳动者每日工作时间不超过 4 小时，但每周累计工作时间超过 24 小时的，将构成一般的劳动关系，而不是非全日制用工关系；如果劳动者每天平均工作时间超过了 4 小时，而每周累计不超过 24 小时，也将构成一般的劳动关系，而不是非全日制用工关系。这里的工作时间应理解为劳动合同约定的工作时间。（3）非全日制用工中工资形式以小时计酬为主。计时工资一般有四种具体计算标准：小时工资制、日工资制、周工资制和月工资制。鉴于非全日制用工临时性、工作时间短且灵活等特点，无论是实行日工资制、周工资制还是月工资制都存在一些客观障碍，容易产生纠纷，因此非全日制用工中适合实行小时计酬方式。为了保护非全日制用工中劳动者的合法权益，非全日制用工一般应以小时计酬为主。

非全日制用工作为灵活就业的一种重要方式，近年来在我国呈现出较快增长趋势。但是，我国劳动法却没有关于非全日制用工的规定，如非全日制用工是否合法、从事非全日制工作的劳动者有哪些劳动权益等问题，缺乏明确的规定。实践中，从事非全日制用工的劳动者如进城的农民工、城市下岗职工、部分离退休人员等，其合法权益更容易被侵害。因此，劳动合同法对非全日制用工进行了相应规范，以明确非全日制用工中劳动合同双方的权利和义务，更好地保护非全日制用工中劳动者的合法权益。考虑到非全日制用工的特点，在具体劳动合同制度方面有一些特殊的规定，劳动合同法对非全日制用工在特别规定一章中做了专节规定。

2. 非全日制用工劳动合同

考虑到实践中存在大量非书面合同的劳动关系和国际上通行的做法，为了更好地保持非全日制用工形式的灵活性以促进就业，劳动合同法对非全日制用工劳动合同的形式采用了灵活的模式。《劳动合同法》规定，非全日制用工双方当事人可以订立口头协议。也就是说，在非全日制用工中，用人单位既可以与劳动者订立书面劳动合同，也可以订立口头协议。灵活的用工形式，促进了劳动就业工作。

《劳动合同法》同时规定，从事非全日制用工的劳动者可以与一个或者一个以上用人单位订立劳动合同；但是，后订立的劳动合同不得影响先订立的劳动合同的履行。劳动合同法允许从事非全日制用工的劳动者建立双重或多重劳动关系，突破了原有立法禁止建立多重劳动关系的限制。允许从事非全日制用工的劳动者建立双重或多重劳动关系，劳动者可以增加劳动收入，同时，用人单位可以降低用人成本。但是，订立一个以上劳动合同的，后订立的劳动合同不得影响先订立劳动合同的履行，不得侵害到先订立的劳动合同。

3. 非全日制用工不得约定试用期

劳动合同法规定用人单位与劳动者可以协商约定试用期，将试用期作为劳动合同的约定条款，而不是必备条款。在非全日制用工形式中，为了维护劳动者的权益，《劳动合同法》规定，非全日制用工双方当事人不得约定试用期。对于用人单位，不得与劳动者约定试用期，就意味着不能以劳动者在试用期间被证明不符合录用条件而与劳动者解除劳动合同。用人单位违反规定与非全日制用工的劳动者约定了试用期的，由劳动行政部门责令改正，违法约定的试用期已经履行的，由用人单位以劳动者试用期满月工资为标准，按已经履行的试用期的期限向劳动者支付赔偿金。

4. 非全日制用工终止用工

非全日制用工的突出特点就是它的灵活性，为了更好地利用非全日制用工的灵活性，促进就业，促进劳动力资源的优化配置，劳动合同法对非全日制用工的终止做出了比全日制用工更为宽松的规定。非全日制用工双方当事人任何一方都可以随时通知对方终止用工。终止用工，用人单位不向劳动者支付经济补偿。终止用工不支付经济补偿，在一定程度上维护了用人单位的合法权益。关于通知的形式，从立法可以看出，通知可以采用书面形式，也可以采用口头通知的形式。

　　劳动合同法对非全日制用工的劳动报酬标准、劳动报酬支付期限等作了规定。非全日制用工小时计酬标准不得低于用人单位所在地人民政府规定的最低小时工资标准。非全日制用工劳动报酬结算支付周期最长不得超过 15 日。即用人单位支付非全日制劳动者的小时工资不得低于用人单位所在地人民政府规定的小时最低工资标准，在劳动报酬支付的期限上，缩短了非全日制劳动结算的最长周期，不再允许以月为结算单位。

第二节　集体合同

一、集体合同概述

（一）集体合同的概念

　　集体合同是指用人单位与本单位职工根据法律、法规、规章的规定，就劳动报酬、工作时间、休息休假、劳动安全卫生、职业培训、保险福利等事项，通过集体协商签订的书面协议。企业职工一方与用人单位可以订立劳动安全卫生、女职工权益保护、工资调整机制等专项集体合同。专项集体合同是指用人单位与本单位职工根据法律、法规、规章的规定，就集体协商的某项内容签订的专项书面协议。《劳动法》第三十三条第一款规定："企业职工一方与企业可以就劳动报酬、工作时间、休息休假、劳动安全卫生、保险和福利等事项，签订集体合同。"集体合同制度是当今国际上普遍采用的调整劳动关系的一项重要法律制度，集体合同制度对于保障劳动者的权益，调整和协调劳动关系发挥了重要的作用。我国《劳动法》《劳动合同法》和《集体合同规定》等对集体合同的签订、集体合同的审查、集体合同争议的处理等问题，做出了明确的规定，以规范集体合同制度。《集体合同规定》第二条规定："中华人民共和国境内的企业和实行企业化管理的事业单位（以下统称用人单位）与本单位职工之间进行集体协商，签订集体合同，适用本规定。"

　　与劳动合同相比，集体合同具有以下特征。

1. 集体合同主体的特定性

　　《劳动法》第三十三条规定，集体合同由工会代表职工与企业签订，没有建立工会的企业，由职工推举的代表与企业签订。《劳动合同法》第五十一条第二款进一步规定，集体合同由工会代表企业职工一方与用人单位订立；尚未建立工会的用人单位，由上级工会指导劳动者推举的代表与用人单位订立。可见，集体合同的主体是特定的，集体合同的一方是工会或者职工代表，另一方是用人单位。集体合同的主体与劳动合同的主体具有明显的区别。

2. 集体合同内容的广泛性

集体合同的内容十分广泛，可能涉及劳动关系的各个方面，也可能只涉及劳动关系的某个方面。集体合同具体包括以下内容：劳动报酬、工作时间、休息休假、保险福利、劳动安全与卫生、合同期限、变更、解除、终止集体合同的协商程序、双方履行集体合同的权利和义务、履行集体合同发生争议时协商处理的约定、违反集体合同的责任、双方认为应当协商约定的其他内容。

3. 集体合同双方承担义务的差异性

集体合同不同于一般的劳动合同，集体合同规定用人单位应承担的义务，大都具有法律强制性，用人单位不履行集体合同规定的义务，应当承担法律责任；而工会或者职工代表在集体合同中承担的义务，主要属于社会道义性质，因此工会或者职工代表一般不承担法律责任。这是集体合同区别于劳动合同的又一重要特征。

4. 集体合同形式的规范性

集体合同是要式合同，根据《劳动法》及《集体合同规定》的有关规定，我国集体合同必须采用书面形式，内容主要是与劳动关系有关的事项，必须经过平等协商这个法定程序，最后经劳动行政部门审核后生效。

（二）集体合同的功能

现代劳动关系的法律调整，应当包括三个层次：第一层次是国家制定的劳动法律规范，它确定了劳动关系的基本原则和一般标准，是强制性的规范；第二层次是劳动合同制度，它是劳动者和用人单位自主协商确定劳动关系的一种制度，带有一定的意思自治性；第三层次是集体合同制度，它是介于劳动法律规范与劳动合同制度中间协调劳动关系的主要法律制度。我国于1994年制定的《劳动法》首次从法律制度的层面规定了集体合同制度。集体合同制度实施以来，对于保障劳动者的合法权益，协调劳动关系发挥了重要的作用。在保护劳动者利益和协调劳动关系方面，与调整劳动关系的其他法律制度相比，集体合同具有特殊的功能。

1. 集体合同可以弥补劳动立法的不足

有关劳动立法只能按照最低标准来保障劳动者的权益，按此标准进行保护劳动者只是法律所要求的最低水平，而立法意图并不是希望对劳动者利益的保护仅仅停留在最低水平上，但想要通过劳动立法的方式规定更高的标准又恐怕难以施行。通过集体合同，可以对劳动者利益做出高于法定最低标准的约定，从而使劳动者利益保护的水平能够实际高于法定最低标准。同时，劳动立法关于劳动者利益和劳动关系协调的规定可能比较原则，相对于复杂的劳动关系而言难免有所疏漏。通过集体合同可以对这些共性问题做出约定，从而更具体地规范劳动关系，对劳动立法的不完备起到补充作用。在保护劳动者权益和协调劳动关系方面，集体合同制度可以弥补劳动立法的不足。

2. 集体合同可以弥补劳动合同的不足

劳动者与用人单位在签订劳动合同时，单个劳动者是相对弱者，不足以与用人单位抗衡，难免违心地接受用人单位提出的不合理条款。而由工会或者职工代表为全体劳动者签订集体合同，就可以与用人单位平等协商，避免劳动者被迫接受不合理条款。同时，劳动者之间因各自实力不同，在与用人单位签订劳动合同时的实际地位有差别，仅以劳动合同来确定劳动者的权利义务，就难免使有的劳动者遭受歧视，不能平等地享有权利和承担义务，通过集体合同可以确保在一定范围内，全体劳动者的权利和义务实现平等。

（三）集体合同与劳动合同的区别

集体合同与劳动合同是《劳动法》和《劳动合同法》规定的调整劳动关系的两种不同的合同形式，两者之间存在着一定的联系。建立集体合同制度与劳动合同制度的目的都是为了确立劳动者与用人单位之间的劳动关系，以规范劳动关系；集体合同与劳动合同都应当采用书面形式订立；集体合同对劳动合同具有一定的约束力，劳动合同中规定的劳动条件和劳动报酬不得低于集体合同的规定。但集体合同与劳动合同相比又有着明显的区别。

1. 合同主体不同

集体合同的主体是劳动者团体和用人单位或其团体，故又称团体协约或团体合同；劳动合同的主体是用人单位与单个劳动者，在我国是用人单位与劳动者个人。劳动者个人不能与用人单位签订集体合同，工会组织或者职工代表也不能代表职工个人与用人单位签订集体合同。

2. 合同签订的目的不同

签订集体合同的主要目的，是为了改善劳动关系，加强劳动纪律，减少劳动纠纷，保障用人单位全体劳动者的整体利益；签订劳动合同的主要目的是建立劳动关系，维护劳动者个人和用人单位的合法权益。

3. 合同内容不同

集体合同不仅规定用人单位的一般劳动和生活条件，而且涉及劳动关系的各个方面，内容具有广泛性、整体性的特点；劳动合同规定劳动者个人和用人单位的权利和义务，内容多是关于劳动条件的规定。

4. 合同形式不同

集体合同都为书面合同；劳动合同在有的国家为要式合同，在有的国家则要式合同与非要式合同并存，如中国的非全日制用工合同，可以采用口头形式，其他劳动合同应当采用书面形式。

5. 合同效力不同

集体合同对全体劳动者都有法律效力，并且，集体合同的效力一般高于劳动合同的效力，集体合同规定了用人单位的最低劳动标准，劳动合同规定的各项劳动标准不得低于集体合同的规定，否则无效，劳动合同只对单个劳动者有法律效力。

6. 责任不同

集体合同的一方当事人如用人单位违反集体合同的规定，侵害了工会和全体劳动者的合法权益并造成损失时，应当承担物质赔偿责任；工会一方不履行集体合同的规定，一般只对上级工会和全体会员负道义上的责任，由上级工会给予批评教育，纠正违约的行为，以适当方式弥补因违约给用人单位造成的损失，但一般不承担物质赔偿责任。劳动合同任何一方当事人违约可导致另一方提前解除劳动合同，任何一方因违约而给对方造成经济损失时，应根据其后果及损失的大小，予以赔偿。

小知识

集体谈判的功能

西方集体谈判制度是一项有上百年历史，并有效推行至今的成熟制度，它能有效地保障工人利益，协调劳资关系，维护社会稳定。可以说，西方的集体谈判制度是一项比较成熟的制度，它的根本目的是要保护工人阶级的权利与利益，所以，值得我们借鉴，为我们所用。劳动关系的要害是劳资冲突，也就是劳方和资方以及政府三方面力量的较量。在我国，由于工会的弱化，对于单一劳动者，资方已经占有绝对的优势，而政府在这方面的保护又不够，如何平衡劳方和资方的力量，将是解决劳资冲突的关键。集体谈判就是一个很好的成熟的方法与工具。

二、集体合同的订立

（一）集体合同订立的原则、程序和形式

1. 集体合同订立的原则

进行集体协商，签订集体合同或专项集体合同，应当遵循以下原则：（1）遵守法律、法规、规章及国家有关规定；（2）相互尊重，平等协商；（3）诚实守信，公平合作；（4）兼顾双方合法权益；（5）不得采取过激行为。符合本规定的集体合同或专项集体合同，对用人单位和本单位的全体职工具有法律约束力。用人单位与职工个人签订的劳动合同约定的劳动条件和劳动报酬等标

准，不得低于集体合同或专项集体合同的规定。县级以上劳动行政部门对本行政区域内用人单位与本单位职工开展集体协商、签订、履行集体合同的情况进行监督，并负责审查集体合同或专项集体合同。

2. 集体合同订立的程序

订立集体合同一般应经过以下程序：

（1）确定集体协商的代表。集体协商代表（以下统称协商代表），是指按照法定程序产生并有权代表本方利益进行集体协商的人员。为了保证集体协商代表的顺利产生和依法履行职权，《集体合同规定》规定：第一，集体协商双方的代表人数应当对等，每方至少3人，并各确定1名首席代表。第二，职工一方的协商代表由本单位工会选派。未建立工会的，由本单位职工民主推荐，并经本单位半数以上职工同意。职工一方的首席代表由本单位工会主席担任。工会主席可以书面委托其他协商代表代理首席代表。工会主席空缺的，首席代表由工会主要负责人担任。未建立工会的，职工一方的首席代表从协商代表中民主推举产生。第三，用人单位一方的协商代表，由用人单位法定代表人指派，首席代表由用人单位法定代表人担任或由其书面委托的其他管理人员担任。第四，用人单位协商代表与职工协商代表不得相互兼任。第五，企业内部的协商代表参加集体协商视为提供了正常劳动。第六，职工一方协商代表在其履行协商代表职责期间劳动合同期满的，劳动合同期限自动延长至完成履行协商代表职责之时。职工一方协商代表履行协商代表职责期间，用人单位无正当理由不得调整其工作岗位。第七，用人单位法定代表人可以更换用人单位一方协商代表。第八，协商代表因更换、辞任或遇有不可抗力等情形造成空缺的，应在空缺之日起15日内按照规定产生新的代表。协商代表应履行以下职责：第一，参加集体协商；第二，接受本方人员质询，及时向本方人员公布协商情况并征求意见；第三，提供与集体协商有关的情况和资料；第四，代表本方参加集体协商争议的处理；第五，监督集体合同或专项集体合同的履行；第六，法律、法规规定的其他职责。

（2）进行集体协商。集体协商任何一方均可就签订集体合同或专项集体合同以及相关事宜，以书面形式向对方提出进行集体协商的要求。一方提出进行集体协商要求的；另一方应当在收到集体协商要求之日起20日内以书面形式给予回应，无正当理由不得拒绝进行集体协商。协商代表在协商前应进行必要的准备工作，如熟悉与集体协商内容有关的法律、法规、规章和制度；了解与集体协商内容有关的情况和资料，收集用人单位和职工对协商意向所持的意见；拟定集体协商议题等。集体协商会议由双方首席代表轮流主持，并按下列程序进行：第一，宣布议程和会议纪律；第二，一方首席代表提出协商的具体内容和要求，另一方首席代表就对方的要求作出回应；第三，协商双方就商谈事项发表各自意见，开展充分讨论；第四，双方首席代表归纳意见。达成一致的，应当形成集体合同草案或专项集体合同草案，由双方首席代表签字。集体协商未达成一致意见或出现事先未预料的问题时，经双方协商，可以中止协商。中止期限及下次协商时间、地点、内容由双方商定。

（3）双方正式签字。经双方协商代表协商一致的集体合同草案或专项集体合同草案应当提交职工代表大会或者全体职工讨论通过。职工代表大会或者全体职工讨论集体合同草案或专项集体合同草案，应当有 2/3 以上职工代表或者职工出席，且须经全体职工代表半数以上或者全体职工半数以上同意，集体合同草案或专项集体合同草案方获通过。集体合同草案或专项集体合同草案经职工代表大会或者职工大会通过后，由集体协商双方首席代表签字。

（4）报送审查。集体合同或专项集体合同签订或变更后，应当自双方首席代表签字之日起 10 日内，由用人单位一方将文本一式三份报送劳动行政部门审查。劳动行政部门对报送的集体合同或专项集体合同应当办理登记手续。集体合同或专项集体合同审查实行属地管辖，具体管辖范围由省级劳动行政部门规定。中央管辖的企业以及跨省、自治区、直辖市的用人单位的集体合同应当报送国家劳动行政部门或国家劳动行政部门指定的省级劳动行政部门。劳动行政部门应当对报送的集体合同或专项集体合同的下列事项进行合法性审查：第一，集体协商双方的主体资格是否符合法律、法规和规章规定；第二，集体协商程序是否违反法律、法规、规章规定；第三，集体合同或专项集体合同内容是否与国家规定相抵触。劳动保障行政部门对集体合同或专项集体合同有异议的，应当自收到文本之日起 15 日内将《审查意见书》送达双方协商代表。劳动保障行政部门自收到文本之日起 15 日内未提出异议的，集体合同或专项集体合同即行生效。生效的集体合同或专项集体合同，应当自其生效之日起由协商代表及时以适当的形式向本方全体人员公布。

集体合同订立、生效后，对签订集体合同双方所代表的人员都具有约束力。任何一方不得擅自变更或解除集体合同。如果集体合同的当事人违反集体合同的规定，就要承担相应的法律责任。对于劳动者来说，除集体合同有特别规定外，集体合同的全部内容适用于企业内部全体职工。即在一个企业内部，只要工会与企业签订了集体合同，工会就代表了全体职工，而不只是代表工会会员，对于非工会会员也适用。对其生效实施后被企业录用的职工而言，集体合同也是适用的。对于用人单位来说，集体合同生效后则不因企业法人代表的变动而影响其效力。

3. 集体合同订立的形式

《集体合同规定》规定，集体合同是集体协商双方代表根据法律、法规的规定就劳动报酬、工作时间、休息休假、劳动安全卫生、保险福利等事项在平等协商一致的基础上签订的书面协议。由此可见，集体合同必须以书面形式订立，否则不具有法律效力。这是因为，一方面集体合同涉及双方当事人的权利义务，与其切身利益有重大关系，只有采用书面形式订立，才便于履行和检查；另一方面，集体合同订立后，必须经有关劳动行政部门审查，这也要求集体合同必须以书面形式订立。

（二）集体合同的内容

集体协商双方可以就下列多项或某项内容进行集体协商，签订集体合同或专项集体合同：（1）劳动报酬。劳动报酬主要包括：用人单位工资水平、工资分配制度、工资标准和工资分配形式；工资支付办法；加班、加点工资及津贴、补贴标准和奖金分配办法；工资调整办法；试用期及病、事假等期间的工资待遇；特殊情况下职工工资（生活费）支付办法；其他劳动报酬分配办法。（2）工作时间。工作时间主要包括：工时制度；加班加点办法；特殊工种的工作时间；劳动定额标准。（3）休息休假。休息休假主要包括：日休息时间、周休息日安排、年休假办法；不能实行标准工时职工的休息休假；其他假期。（4）劳动安全与卫生。劳动安全卫生主要包括：劳动安全卫生责任制；劳动条件和安全技术措施；安全操作规程；劳保用品发放标准；定期健康检查和职业健康体检。（5）补充保险和福利。补充保险和福利主要包括：补充保险的种类、范围；基本福利制度和福利设施；医疗期延长及其待遇；职工亲属福利制度。（6）女职工和未成年工特殊保护。女职工和未成年工的特殊保护主要包括：女职工和未成年工禁忌从事的劳动；女职工的经期、孕期、产期和哺乳期的劳动保护；女职工、未成年工定期健康检查；未成年工的使用和登记制度。（7）职业技能培训。职业技能培训主要包括：职业技能培训项目规划及年度计划；职业技能培训费用的提取和使用；保障和改善职业技能培训的措施。（8）劳动合同管理。劳动合同管理主要包括：劳动合同签订时间；确定劳动合同期限的条件；劳动合同变更、解除、续订的一般原则及无固定期限劳动合同的终止条件；试用期的条件和期限。（9）奖惩。奖惩主要包括：劳动纪律；考核奖惩制度；奖惩程序。（10）裁员。裁员主要包括：裁员的方案；裁员的程序；裁员的实施办法和补偿标准。（11）集体合同期限。集体合同或专项集体合同期限一般为 1~3 年，期满或双方约定的终止条件出现，即行终止。（12）变更、解除集体合同的程序。（13）履行集体合同发生争议时的协商处理办法。（14）违反集体合同的责任。（15）双方认为应当协商的其他内容。

集体合同中劳动报酬和劳动条件等标准不得低于当地人民政府规定的最低标准；用人单位与劳动者订立的劳动合同中劳动报酬和劳动条件等标准不得低于集体合同规定的标准。

三、集体合同的变更、解除和终止

双方协商代表协商一致，可以变更或解除集体合同或专项集体合同。有下列情形之一的，可以变更或解除集体合同或专项集体合同：（1）用人单位因被兼并、解散、破产等原因，致使集体合同或专项集体合同无法履行的；（2）因不可抗力等原因致使集体合同或专项集体合同无法履行或部分无法履行的；（3）集体合同或专项集体合同约定的变更或解除条件出现的；（4）法律、法规、规章规定的其他情形。

变更或解除集体合同或专项集体合同适用本规定的集体协商程序。集体合同或专项集体合同期满前 3 个月内，任何一方均可向对方提出重新签订或续订的要求。

四、专项集体合同

专项集体合同是指用人单位与劳动者根据法律、法规的规定，就集体协商的某项内容签订的专项书面协议。为了减少协商谈判所需要的社会成本，也为了更有针对性、更有效地解决劳动关系某一个方面的问题，工会在推进集体合同制度的实践中订立专项集体合同，逐渐成为一种普遍形式。《劳动合同法》规定，企业职工一方与用人单位可以订立劳动安全卫生、女职工权益保护、工资调整机制等专项集体合同。

（一）劳动安全卫生专项集体合同

签订劳动安全卫生专项集体合同的目的是加强对劳动者的劳动保护。该专项集体合同的主要内容是企业在劳动安全卫生保护方面应当承担的义务。随着保护劳动者权益的认识逐渐深入，劳动安全卫生标准越来越为社会关注。在已有《劳动法》《工会法》《安全生产法》《职业病防治法》《消防法》《危险化学品安全管理条例》等劳动安全卫生法律法规及标准的前提下，为进一步规范企业与职工双方在生产经营活动中的行为，加强安全生产的管理和监督，防止和减少安全生产事故的发生，维护职工的安全健康合法权益，促进企业的稳步发展。依据有关规定，结合某行业、某企业实际订立劳动安全卫生专项协议，已经越来越受到人民群众的关注。

（二）女职工权益保护专项集体合同

签订女职工权益保护专项集体合同的目的是加强女职工合法权益和特殊利益方面的保护。该专项集体合同的主要内容是企业在女职工权益保护方面能够提供哪些方面的具体保护。它对用人单位和本单位的全体女职工具有法律约束力。结合企业的实际情况制定的女职工特殊权益保护专项集体合同，往往具有较强的针对性、实效性和可操作性，是切实维护女职工合法权益和特殊利益的重要机制和手段。例如专项集体合同中规定企业与女职工建立劳动关系应当订立劳动合同，实行男女同工同酬；在企业工会委员会、职工民主管理和进修时企业必须安排一定比例的女职工参加；根据女职工的生理特点，对月经期、孕期、产期和哺乳期的女职工给予特殊保护；企业不得在孕期、产期、哺乳期，降低其基本工资或终止、解除其劳动合同；单位每年对女职工（含离退休女职工）进行一次妇科检查；集体合同还对合同的检查和监督等方面进行了明确规定，使女职工合法权益得到了切实的维护和保障。

（三）工资调整机制专项集体合同

签订工资调整机制专项集体合同的目的是保证劳动者的工资水平与企业的经济效益挂钩，形成正常的职工工资增长机制。该专项集体合同的主要内容是就企业内部工资分配制度、工资分配形式、工资收入水平进行平等协商，并在协商一致的基础上签订专项集体合同。原劳动和社会保障部 2007 年提出，我国将力争在 5 年内，使各类企业都建立工资集体协商制度，形成正常的工资增长机制。在企业工资集体协商过程中，职工一方明显处于弱势。代表企业利益的一方往往组织严密，具有很强的专业素质，而代表职工利益的一方往往是由选举、任命等方式临时产生，缺乏谈判的动力与技能，致使工资谈判常常走过场，难有实际效果。为此，企业职工一方需要借助有组织的工会力量，能够真正与企业一方平等协商，订立工资调整机制方面的专项集体合同。《劳动法》第四十七条规定："用人单位根据本单位的生产经营特点和经济效益，依法自主确定本单位的工资分配方式和工资水平。"相比之下，工资集体协商更加科学民主，代表着一种进步的趋势，因此，《劳动合同法》规定可以签订工资调整机制专项集体合同。

五、行业性、区域性集体合同

随着集体合同制度的实施，各级工会组织积极开展各种形式的实践，近年来行业性集体合同、区域性集体合同得到了相当大的发展。推广行业性集体合同、区域性集体合同，有利于跳出单个企业的局限，促进某行业、某区域的劳动者和用人单位平等协商，从而能够保护更大范围的劳动者的合法权益。明确行业性集体合同、区域性集体合同的法律地位，一方面将更加有利于推动行业性集体合同、区域性集体合同的发展，另一方面也能够对行业性集体合同、区域性集体合同的发展起到规范作用。因此，《劳动合同法》规定，在县级以下区域内，建筑业、采矿业、餐饮服务业等行业可以由工会与企业方面代表订立行业性集体合同，或者订立区域性集体合同。行业性、区域性集体合同对当地本行业、本区域的用人单位和劳动者具有约束力。同一行业的所有劳动者和用人单位都要平等履行行业性集体合同，同一区域的所有劳动者和用人单位都要平等履行区域性集体合同，而不局限于约束协商谈判、签订该项集体合同的双方代表。

（一）行业性集体合同

行业性集体合同主要是指在一定行业内，由行业性工会联合会与相应行业内各企业，就劳动报酬、工作时间、休息休假、劳动安全卫生、保险福利等事项进行平等协商，所签订的集体合同。在调整劳动关系方面，行业性集体合同具有独特的优势：（1）同一领域的各企业具有行业共同性，在利润和职工工资水平、职业危害状况、劳动者素质等方面往往比较接近，可以就某一方面制定具体的、有针对性的共同标准，从而容易达成行业性集体合同；（2）行业性集体合同能够更广泛地保护整个行业内的劳动者的合法权益，同时在和谐稳定劳动关系的基础上，行业整体素质也得到提升；（3）协商订立行业性集体合同能够减少劳资谈判的社会成本，因此行业性集体合同有逐渐向越来越广大区域扩展的趋势。如建筑业、采矿业、餐饮服务业等，行业特点都比较显著，决定了这些行业容易订立切实可行的行业性集体合同。如餐饮服务业，劳动者工资报酬通常比较平均、比较低下，在这些方面签订行业性集体合同能够建立良好的工资调整机制，有效提高餐饮服务业劳动者的工资水平。

（二）区域性集体合同

区域性集体合同是指在一定区域内（指镇、区、街道、村、行业），由区域性工会联合会与相应经济组织或区域内企业，就劳动报酬、工作时间、休息休假、劳动安全卫生、保险福利等事项进行平等协商而签订的集体合同。发展区域性集体合同制度，需要注意以下几点：（1）区域性集体合同是不适合在大范围大区域内推行的。由于企业性质差异、各行业劳动者需求不同等，在一个较大区域内协商签订集体合同往往比较困难，即使签订集体合同也往往因为缺少针对性而难以实施。（2）区域性集体合同的优势在于基层（镇、村、街道）较小的区域内，发挥好基层工会熟悉当地企业和劳动者的优势，就当地某些特殊情况、特殊需要订立区域性集体合同。

六、集体合同争议的处理

（一）因签订集体合同发生争议的处理

因签订集体合同发生的争议，当事人应当协商解决。当事人双方协商不成的，由当地的行政部门协调处理。《集体合同规定》规定，地方各类企业和不跨省（自治区、直辖市）的中央直属企业因签订集体合同发生争议的处理，由省（自治区、直辖市）劳动行政部门确定管辖范围。全国性集团公司、行业性公司以及跨省（自治区、直辖市）的中央直属企业因签订集体合同发生的争议，由国务院劳动行政部门指定有关省（自治区、直辖市）劳动行政部门受理，或由国务院劳动行政部门组织有关方面协调处理。县级以上人民政府劳动行政部门的劳动争议协调处理机构是受理和协调处理签订集体合同争议的日常工作机构。

因签订集体合同发生争议，双方当事人不能自行协商解决的，当事人一方或双方可向劳动行政部门的劳动争议协调处理机构书面提出协调处理申请；未提出申请的，劳动行政部门认为必要时可视情况进行协调处理。劳动行政部门协调处理因签订集体合同发生的争议时，应组织同级工会代表、企业方面的代表以及其他有关方面的代表共同进行。

劳动行政部门处理因签订集体合同发生的争议，应自决定受理之日起30日内结束。争议复杂或遇影响处理的其他客观原因需要延期时，延期最长不得超过15日。协调处理因签订集体合同发生的争议，双方当事人座各选派代表3～10名，并指定1名首席代表参加。企业不得在此期间解除与职工代表的劳动关系。争议双方及其代表应如实提供有关情况和材料，协调处理因签订集体合同发生的争议结束后，由劳动行政部门制作《协调处理协议书》，双方当事人首席代表和协调处理负责人共同签字盖章。《协调处理协议书》下达后，双方应当执行。

（二）因履行集体合同发生争议的处理

《劳动法》第八十四条第二款规定："因履行集体合同发生争议，当事人协商解决不成的，可以向劳动争议仲裁委员会申请仲裁；对仲裁裁决不服的，可以自收到仲裁裁决书之日起15日内向人民法院提起诉讼"。《劳动法》规定的对仲裁裁决不服的，才能提起诉讼的体制，不利于及时解决履行集体合同发生的争议，容易造成劳动者权益遭受侵害的状况长期得不到解决。而在发生集体合同争议的情况下，众多劳动者的合法权益都会遭受损害，这种状况长期得不到解决，会危害到劳动关系的稳定和社会秩序的安定。

为了解决上述问题，《劳动合同法》第五十六条规定："用人单位违反集体合同，侵犯职工劳动权益的，工会可以依法要求用人单位承担责任；因履行集体合同发生争议，经协商解决不成的，工会可以依法申请仲裁、提起诉讼"。这里规定了工会选择或仲裁或议审的两种途径，仲裁不再是提起诉讼的必经程序，可以使因履行集体合同发生的争议得到及时的解决。

复习思考题

1. 什么是劳动合同？劳动合同有哪些特征？
2. 无固定期限劳动合同的签订条件有哪些？
3. 《劳动合同法》的适用范围包括哪些？
4. 劳动合同的订立原则有哪些？
5. 劳动合同包括哪些主要条款？
6. 哪些劳动合同无效？
7. 劳动者单方面解除劳动合同的条件有哪些？
8. 用人单位单方面解除劳动合同的条件有哪些？
9. 对用人单位解除劳动合同有哪些限制条件？
10. 劳动合同终止的条件有哪些？
11. 用人单位向劳动者支付经济补偿金的条件有哪些？
12. 什么是劳务派遣？劳务派遣单位的设立条件有哪些？
13. 劳务派遣单位对被派遣劳动者应当履行哪些义务？
14. 用工单位对被派遣劳动者应当履行哪些义务？
15. 被派遣劳动者解除劳动合同的条件有哪些？
16. 劳务派遣单位解除劳动合同的条件有哪些？
17. 劳务派遣的岗位有哪些？
18. 非全日制用工的界定标准是什么？
19. 非全日制用工劳动合同的特殊性是什么？
20. 什么是集体合同？它有哪些基本特征？
21. 集体协商的程序如何进行？
22. 集体合同应包括哪些基本内容？
23. 集体合同与劳动合同有什么区别？
24. 集体协商过程中发生争议如何解决？

第五章 工作时间和休息休假

学习目标

1. 掌握劳动法对工作时间的具体界定标准，对工作时间法律调整的基本原则，重点掌握工作日的种类及每一种工作日的工作时间规定。

2. 延长工作时间的规定，劳动法对延长劳动者的工作时间有哪些限制性措施。

3. 休息休假的含义，劳动者享受的休息休假种类、每一种休息休假的具体时间规定、工资支付方法。

关键术语

工作时间　工作时间立法　工作日　工作周　标准工作日　缩短工作日　不定时工作日　综合计算工作日　延长工作时间　休息休假　公休假日　法定节假日

第一节　工作时间

一、工作时间概述

（一）工作时间的概念

工作时间又称劳动时间，是指法律规定的劳动者为履行劳动义务，在用人单位从事劳动或工作的时间。它包括以下几层含义：（1）工作时间是劳动关系中劳动者为用人单位履行劳动义务而从事劳动或工作的时间；（2）工作时间的长度由法律直接规定；（3）劳动者不遵守工作时间要承担法律责任。

工作时间是劳动者的劳动能力与生产资料直接结合的时间，也是实现劳动过程的时间，它是劳动的自然尺度，是衡量每个劳动者的劳动贡献和支付劳动报酬的计算单位。劳动的消耗总是在一定的具体劳动过程中进行的，其结果则是创造一定数量的物质财富或精神财富。同时，对它的限制又是劳动保护的一项重要内容，与劳动者的身体健康密切相关。因而，工作时间的规定必须受到立法的制约。工作时间包括每日工作小时数和每周工作小时数。一昼夜内工作时间的总和为工作日，一周内工作时间的总和为工作周。

工作时间作为法律范畴，不仅包括实际工作的时间，也包括劳动者从事法定的或用人单位指定的其他时间，诸如，劳动者从事工作前准备和工作后结束工作的时间、连续从事有害健康工作的间歇时间、女职工哺乳婴儿的时间、开会或参加社会活动的时间、停工待活的时间等。

（二）中国工作时间立法

1994 年 1 月 24 日国务院通过了《国务院关于职工工作时间的规定》，规定自 1994 年 3 月 1 日起实施。在我国境内的国家机关、社会团体、企事业单位以及其他组织的职工，统一实行每日工作 8 小时，平均每周工作 44 小时的工时制度。《劳动法》第三十六条规定："国家实行劳动者每日工作时间不超过 8 小时、平均每周工作时间不超过 44 小时的工时制度。"1995 年 2 月 17 日国务院第八次全体会议通过了《国务院关于修改〈国务院关于职工工作时间的规定〉的决定》，其中规定，自 1995 年 5 月 1 日起，职工每日工作 8 小时，每周工作 40 小时。

根据《全国年节及节假日休假办法》的规定，全体公民的节日假期由原来的 10 天增设为 11 天。据此，职工全年月平均制度工作天数分别调整如下：（1）年工作日：365 天 – 104 天（休息日）– 11 天（法定节假日）= 250 天；（2）季工作日：250 天 ÷ 4 季 = 62.5 天/季；（3）月工作日：250 天 ÷ 12 月 = 20.83 天/月；（4）工作小时数的计算：以月、季、年的工作日乘以每日的 8 小时。

二、工作时间法律调整的原则

（一）保护劳动者身体健康和休息权

工作时间的长度和工作班的安排，不得损害劳动者身体健康，必须保障劳动者休息权的实现。《宪法》第四十三条规定："中华人民共和国劳动者有休息的权利。""国家发展劳动者休息和休养的设施，规定职工的工作时间和休假制度。"从法律上对工作时间和休息时间做出规定，是各国早期劳动立法的重要内容。我国对劳动者工作时间的限制和休息权的法律保障，主要目的是为了保障劳动者的健康和安全。特别是在生产力水平不高，劳动生产率的提高还需要依赖人的体力的情况下，更需要强制执行法定工时，保障公民的休息权，禁止用人单位任意加班加点，靠延长工作时间增加产量等现象，以维护劳动者的合法权益。

（二）促进职工文化科学技术水平的发展，提高劳动效率

法律上对工作时间和休息时间的规定，与各国的社会经济制度、科学技术的发展程度有着直接的关系。而工时制度的发展变化，又将对社会经济的发展产生重大影响。在一般情况下，随着经济的发展，要求缩短工时，增加休息时间，把工作时间的长度限定在足以保证劳动效率达到一定水平的限度之内，使劳动者有足够的休息时间来恢复体力和从事业余文化科学技术的学习，提高专业技能，改善劳动力素质，从而提高劳动效率。在市场经济条件下，由于竞争意识的加强和工作节奏的加快，保证劳动者有比较充分的休息时间，显得尤为重要。

（三）与经济发展和人民生活水平相适应

随着经济发展和人民生活水平的提高，工作时间呈缩短趋势。从劳动立法的历史看，世界各国都随着社会的发展，通过各种方式和途径，不断缩短工作时间和延长休息休假时间。在第一次世界大战以前，各国规定的工作日一般为10小时，第一次世界大战后，缩短到8小时。从20世纪40年代起，各国又相继缩短工时，到70年代，欧美各国普遍实行40小时工作周。新中国建立后，在相当长的时期内，基本上实行每天工作8小时，每周6天48小时的工时制度。1994年2月国务院发布了《国务院关于职工工作时间的规定》及《关于职工工作时间的规定实施办法》，规定了在保证完成生产任务和工作任务，不增加人员编制、财政支出的条件下，职工实行每天工作8小时，平均每周工作44小时的工时制度。在特殊条件下从事劳动和有特殊情况的职工，按照国务院或者国务院劳动、人事行政主管部门的规定，可以再适当缩短工作时间。根据国务院的规定，自1995年5月1日起我国已实行每天8小时，每周40小时工作制。这些规定，都表明随着经济的发展和人民生活水平的提高，我国正从实际情况出发，积极创造条件，不断缩短工作时间，以满足人们日益增长的物质和文化生活需要。

三、工作日的种类

工作日也称劳动日，是指劳动者在一昼夜内的工作时间。在立法和实践中，一般以工作日作为工作时间的表现形式和计算单位。关于工作日的种类，从学理上，大体分为以下几种：

（一）标准工作日

标准工作日也称标准工作制，是指由法律规定的，在正常情况下普遍实行的工作日。标准工作日是工时立法的基础，其他几种工作日的规定都是与标准工作日相比较而言的。其主要特点是：（1）它以正常情况作为其适用条件；

（2）它普遍适用于一般职工；（3）它一般以法定最高工时作为其时间长度；（4）它被作为确定其他工作日长度的基准。

《劳动法》第三十六条规定："国家实行劳动者每日工作时间不超过 8 小时，平均每周工作时间不超过 44 小时的工作制度。"1995 年国务院修订了《国务院关于职工工作时间的规定》，重新发布了工作时间，规定职工每日工作 8 小时，每周工作 40 小时。该规定适用于中华人民共和国境内的国家机关、社会团体、企业事业单位以及其他组织的职工，该规定自 1995 年 5 月 1 日实施。根据国务院的规定，原劳动部、原人事部分别发布了《贯彻〈国务院关于职工工作时间的规定〉的实施办法》（以下简称《实施办法》），对国家机关、社会团体、企业事业单位的工作时间具体地做了统一要求。《实施办法》还要求各单位必须加强管理，有计划、有步骤地实行该规定，不能因实行新工时制而影响生产和工作任务，也不能因此而降低职工的经济收入，减少劳动报酬。

（二）缩短工作日

缩短工作日也称缩短工作制，是指劳动者从事少于标准工作日的工作时间。缩短工作日主要适用于从事有毒有害工作、条件艰苦工作、过度紧张工作、特别繁重体力劳动等。《国务院关于职工工作时间的规定》第四条规定："在特殊条件下从事劳动和有特殊情况，需要适当缩短工作时间的，按照国家有关规定执行。"《实施办法》中规定："在特殊条件下从事劳动和有特殊情况的职工，按照国务院或者国务院劳动、人事行政主管部门的规定，可以再适当缩短工作时间。属于中央直属企业事业单位的职工，经主管部门审核上报后，由国务院劳动人事部门批准。属于地方企业事业单位的职工，经当地主管部门审核上报，由当地劳动、人事部门批准。"我国目前实行缩短工作日的主要有以下四种情况：（1）从事矿山、井下、高山、高温、低温、有毒有害、特别繁重或过度紧张的劳动等职工，每日工作少于 8 小时。近年来，纺织行业已在实行"四班三运转"工时制度；化工行业实行 6 或 7 小时的缩短工时；煤矿井下实行四班 6 小时工作制；建筑、冶炼、地质勘探、森林采伐、装卸搬运等均为繁重体力劳动，依本行业特点都实行了不同程度的缩短工作日。（2）夜班工作时间实行缩短 1 小时。夜班工作时间一般指当晚 10 时至次日晨 6 时从事劳动或工作的时间。夜班工作改变了正常的生活规律，增加了神经系统的紧张状态，因而夜班工作时间比标准工作时间减少 1 小时。（3）根据 1988 年国务院发布的《女职工劳动保护规定》，有不满 1 周岁婴儿的女职工可在每班劳动时间有两次哺乳（含人工喂养）时间，每次 30 分钟。多胞胎生育的，每多哺乳一个婴儿，每次哺乳时间增加 30 分钟。女职工每班劳动时间内的哺乳时间可以合并使用。（4）1991 年第七届全国人大常委会通过的《中华人民共和国未成年人保护法》规定，未成年工（年满 16 周岁未满 18 周岁的劳动者）实行低于 8 小时工作日。

（三）不定时工作日

不定时工作日又称不定时工作制，是指每日没有固定工作时间的工作日。《国务院关于职工工作时间的规定》中规定："因工作性质和职责的限制，不宜实行定时工作制的职工可以实行不定时工作制。"原劳动部《关于企业实行不定时工作制和综合计算工时工作制的审批办法》（以下简称《审批办法》）中规定："企业因生产特点不能实行标准工作时间的，可以实行不定时工作制。"不定时工作制一般适用于以下人员：（1）某些行政领导、管理人员、技术人员；（2）工作无法按时间定额计算的人员，如顾问、外勤人员；（3）因工作性质特殊，需要继续工作的人员，如铁路道口看守人员；（4）自行支配工作时间的人员，如森林巡查人员。不定时工作日并非对工作时间毫无限制，而是不加严格限制，基本上按照标准工作日执行。由于不定时工作日具有极大的灵活性，实践中尚无统一的标准。具体执行，一般由各地人民政府、企业主管部门、行政管理机关视实际情况自行确定。

（四）综合计算工作日

综合计算工作日，是指用人单位根据生产和工作的特点，分别采取以周、月、季、年等为周期综合计算劳动者工作时间的一种工时形式。企业实行综合计算工作日后，其平均日工作时间和平均周工作时间应与法定标准工作时间基本相同。

根据《审批办法》的规定，综合计算工作时间制适用于符合以下条件之一的企业职工：（1）交通、铁路、邮电、水运、航空、渔业等行业中因工作性质特殊，需连续作业的职工；（2）地质及资源勘探、建筑、制盐、制糖、旅游等受季节和自然条件限制的行业的部分职工；（3）其他适合实行综合计算工时工作制的职工，如对于那些在市场竞争中，由于受外界因素的影响，生产任务不均衡的企业的部分职工，经劳动行政部门严格审批后，也可以参照综合计算工时工作制的办法实施。

实行综合计算工时工作制，要确保职工的休息休假权利的实现和生产、工作任务的完成。综合计算工时工作制可采用集中工作、集中休息、轮休调休、弹性工作时间等方式进行。

与不定时工作制不同的是，企业实现综合计算工时工作制，不论以周、月、季、年何种形式为周期综合计算工作时间，职工的平均月工作时间和周工作时间都应与法定标准工作时间基本相同，超过法定标准工作日部分，应作为延长工作时间计算，并应按规定支付职工延长工作时间的工资报酬。在法定节日工作的，用人单位应按规定支付法定节日工作的工资报酬。

此外，我国部分单位正在试行非全时工作制和弹性工作制。非全时工作制是指每日或每周实际工时少于正常规定的工作时间，并按照实际工作时间支付劳动报酬的工时制度。它可以一天只工作几个小时，也可以一周内在某几天工作。欧美国家，特别是美国、德国都大力提倡和广泛使用非全时工作制。近年来，随着经济体制改革的深化和第三产业的发展，有些旅馆、饭店、商店和个体经济组织开始采用非全时工作制，雇用非全时工人。这种工时制度比较灵活，又能调动就业人员的积极性，提高经济效益，因而，我国应从法律上鼓励服务性行业采用非全时工作制。

弹性工作制是指企业中实行的一种有限度地由职工灵活选定上下班的工作时间制度。它把一个工作日分为定额时间和弹性时间两部分。定额时间是指规定在固定时间内，所有职工必须同时按岗位上班；弹性时间是指由职工自行选择用来完成工作的一部分时间。弹性工作制是在妇女大批进入企业参加工作，迫切要求有更多的休息时间从事家务劳动和抚养子女的情况下产生的。

第二节 延长工作时间

一、延长工作时间的概念

延长工作时间，是指用人单位在法定工作时间之外要求劳动者继续工作而增加一定工作时间，即我们通常所说的"加班加点"。

加班是指用人单位要求劳动者在正常工作日之外延长工作时间。加点是指用人单位要求劳动者在正常工作时数以外延长当天工作时间。

我国现行劳动立法对企业加班加点作了严格限制。《劳动法》第四十三条规定："用人单位不得违反本法规定延长劳动者的工作时间。"《国务院关于职工工作时间的规定》第六条规定："任何单位和个人不得擅自延长职工工作时间。因特殊情况和紧急任务确需延长工作时间的，按照国家有关规定执行。"上述立法对控制企业任意加班加点，节约加班加点经费和开支，保障职工实现休息权和健康安全，促进企业改进劳动组织，提高劳动生产率和经济效益具有重要的意义。但是，完全禁止加班加点也是不可能的，在企业中常常会出现意料不到的情况，为了满足生产、工作的特殊需要，劳动法对加班加点、延长工作时间又作了灵活的变通规定。因此，在工时立法中，对加班加点既允许又限制，以防止加班加点的滥用，保障劳动者休息权和有关权益的实现。

二、关于延长工作时间的主要规定

（一）允许延长工作时间的法定条件

在正常情况下，各用人单位不得安排职工加班、加点，但为了满足生产、工作的特殊需要，法律允许在特殊情况下延长工作时间。根据《劳动法》和《国务院关于职工工作时间的规定》及其实施办法的规定，有下列情况之一的，可以延长工作时间：（1）由于发生自然灾害、事故或者因其他原因，使人民的安全健康和国家资财遭到严重威胁，需要紧急抢救的。（2）由于生产设备、交通运输线路、公共设施发生故障，影响生产和公众利益，必须及时抢修的。（3）在法定节日和公休假日工作不能间断的。（4）必须利用法定节日或公休日的停产期间进行设备检修、保养的。（5）为了完成国防紧急生产任务，或者完成上级在国家计划外安排的其他紧急生产任务以及商业、供销企业在旺季完成收购、运输、加工农副产品紧急任务的。（6）法律、行政法律规定的其他情形。

法律、法规规定以上情形是延长工作时间的法定条件，目的在于保护国家利益、集体利益，保护劳动者的整体利益。在上述情形下延长工作时间，不受限制，而在其他情况下，延长劳动者工作时间要受到各种限制。

（二）延长工作时间的限制

1. 延长工作时间的限度

《劳动法》第四十一条规定："用人单位由于生产经营需要，经与工会和劳动者协商后可以延长工作时间，一般每日不得超过 1 小时；因特殊原因需要延长工作时间的，在保障劳动者身体健康的条件下延长工作时间每日不得超过 3 小时，但是每月不得超过 36 小时。"从时间上对加班加点进行规定和限制，保证职工在加班加点的情况下仍有一定的休息时间，这对确保职工劳逸结合，及时恢复体能，以便能继续长期参加工作和生产劳动有着重要作用。

📄 **小知识**

休假日加班是否不受法律规定每月不超过 36 小时的限制？

根据原劳动部《关于职工工作时间有关问题的复函》的规定，《劳动法》第四十一条规定的延长工时时间的限制包括正常工作日的加点、休息日和法定休假日的加班，且每月工作日的加点、休息日和法定休假日的加班的总时数不得超过 36 小时。所以，休假日加班的时间也应当计算在每月的总时数之内，所谓休假日加班不受法律规定每月不超过 36 小时限制的说法是没有法律依据的。

---

2. 被延长工时人员范围的限制

《劳动法》第六十一条规定："对怀孕 7 个月以上的女职工，不得安排其延长工作时间和夜班劳动。"第六十三条规定："不得安排女职工在哺乳未满 1 周岁的婴儿期间从事国家规定的第三级体力劳动强度的劳动和哺乳期禁忌从事的其他劳动，不得安排其延长工作时间和夜班劳动。"《未成年人保护法》也有禁止安排未成年工加班加点的明文规定。法律严格规定参加加班加点的人员对象，对于维护女职工和未成年工的合法权益具有重要的作用。

3. 延长工作时间的补偿待遇

立法关于延长工作时间补偿的规定，兼有职工利益补偿和限制延长工时双重功能。根据《劳动法》规定，延长工时的补偿有两种形式，即补休和加班加点工资，其中，补休是应当优先采用的形式。《劳动法》关于加班加点工资的规定，有以下主要内容：（1）加班加点工资的发放范围。国家机关、社会团体、事业单位的职工，企业中适用事假照发工资制度的职工，加班加点后只安排补休而不发给加班加点工资。企业中不适用事假照发工资制度的职工，加班加点后不能安排补休的应发给加班加点工资。劳动者在完成劳动定额或规定工作任务后参加用人单位安排的加班加点，才发给加班加点工资。企业由于生产任务不足或者未按计划完成生产任务，为了突击完成任务或突击完成临时承揽的生产任务而加班的，不得发放加班工资。（2）加班加点工资的标准。根据《劳动法》规定，在以下情况下，用人单位应当向职工支付高于正常工作时间工资的工资报酬：其一，安排劳动者延长工作时间的，支付不低于工资的150%的工资报酬；其二，休息日安排劳动者工作又不能安排补休的，支付不低于工资的200%的工资报酬；其三，法定休假日安排劳动者工作的，支付不低于工资的300%的工资报酬。实行计件工资的劳动者在完成计件定额任务后的加班加点，分别按照不低于其本人法定工时计价单价的150%、200%、300%支付加班加点工资。（3）加班加点工资的管理。国家规定，企业主管部门根据各企业的不同生产情况，应分别核定企业全年发放的加班工资总额，并报当地劳动部门审批，同时还要抄送开户银行。企业发放的加班工资总额超过核定限额部分，应从核定的可以用于当年发放的奖金总额中予以扣除。凡未核定加班工资限额的，银行不得支付加班工资。企业主管部门、劳动部门对加班工资的发放必须加强监督，对滥发加班工资的单位和滥批加班工资的部门必须严肃处理并坚决纠正。对严重违法乱纪的有关领导人员还应给予纪律处分。

小知识

实行综合计算工时工作制的职工一日工作超过8小时能否算作加班加点？

根据原劳动部《关于职工工作时间有关问题的复函》和《关于企业实行不定时工作制和综合计算工时工作制的审批办法》的规定，实行综合计算工时工作制采用的是以周、月、季、年为周期的综合计算工作时间的一种工时制度，但其平均日工作时间和平均周工作时间应与法定标准工作时间基本相同。所以，实行综合计算工时工作制的企业，在综合计算周期内，如果劳动者的实际工作时间总数超过该周期法定标准工作时间总数的，超过部分应当作为延长工作时间，并按国家规定支付延长工作时间的劳动报酬，且平均每月延长工作时间的总时数不得超过36小时。倘若在整个综合计算同期内的实际工作时间总数不超过该周期内的法定标准工作时间总数，只是其中某一日工作时间超过8小时，其超过的部分不应作为延长工作时间。

（三）严格审批手续

加班加点占用了职工宝贵的休息时间，因此，企业、事业单位、国家机关、社会团体等单位要加班加点必须严格按照法定的程序进行。1982 年 4 月 8 日国务院《关于严格制止企业滥发加班加点工资的通知》规定，企业在特殊情况下组织职工加班加点，应当事先提出理由，计算工作量和加班加点人数，在征得同级工会组织同意后办理审批手续。加班加点的审批权限，由省、市、自治区人民政府和国务院各部门研究确定。

1994 年 3 月 15 日，原劳动部、公安部、全国总工会联合发出《关于加强外商投资企业和私营企业劳动管理切实保障职工合法权益的通知》（以下简称《通知》）。《通知》规定："企业违反国家规定，强迫职工加班加点，职工可以拒绝，企业不得因此扣发职工工资，更不得以此为理由解雇职工。"工会组织应对企业遵守劳动法规的情况进行监督，发现企业有违法行为，可及时提出要求，督促企业改正；对不改正的，可向劳动行政部门等有关部门报告情况，共同采取措施使其改正。通过法律的监督和管理，对加班加点从审批手续上进行严格限制，切实保障劳动者的合法权益，促进社会主义市场经济健康迅速的发展。

📋 **小知识**

实行综合计算工时工作制的职工假日正常上班的，企业是否支付加班工资？

根据原劳动部《关于贯彻执行〈中华人民共和国劳动法〉若干问题的意见》第 62 条的规定，实行综合计算工时工作制的企业职工，工作日正好是周休息日的，属于正常工作；工作日正好是法定节假日的，应当依照不低于劳动者正常情况下本人日工资的 300% 的标准，支付加班工资。所以，企业以实行综合计算工时工作制为由，不支付加班工资是违法的。

（四）违反工时规定的法律责任

《劳动法》第九十条规定："用人单位违反本法规定，延长劳动者工作时间的，由劳动行政部门给予警告、责令改正、并可以处以罚款。"1994 年原劳动部发布了《违反〈中华人民共和国劳动法〉行政处罚办法》，其中规定用人单位每日延长劳动者工作时间超过 3 小时、每月延长工作时间超过 36 小时的，应给予警告、责令改正，并可按每个劳动者每超过工作时间 1 小时罚款 100 元以下标准处罚。用人单位未与工会和劳动者协商，强迫劳动者延长工作时间的，也按上述标准予以处罚。

第三节 休息休假

一、休息休假的概念

休息和休假是指劳动者在任职期间，根据法律规定，不从事劳动和工作而自行支配的休息时间和法定节假日。它包括下列几层含义：（1）劳动者在休息休假期间不必为用人单位从事劳动或工作；（2）休息休假时间由劳动者自行支配；（3）劳动者在休息休假时间内的生活保障由用人单位提供；（4）用人单位不得非法占用劳动者的休息时间，如需依法占用，应当给劳动者以补偿。

休息权是我国宪法规定的公民基本权利之一。法律规定职工的休息权不仅在于补偿劳动者的体能的消耗，保障职工的身体健康，也在于使得广大劳动者有较多的闲暇时间学习科学技术知识，提高专业技术水平，不断提高劳动者素质，提高工作效率和劳动生产率。长期以来，为了贯彻宪法的有关规定，国家通过颁布一系列劳动法律、法规具体规定了职工的工作时间，严格限制加班加点，并增设了大量的疗养院、休养所、文化宫、图书馆、运动场、游乐场等公共设施，以供职工休息时使用，从而使劳动者的休息权的实现得到充分的物质保证。

二、休息休假的种类

休息休假的种类，随着社会经济条件的发展而有所变化。我国职工休息休假的种类和长度由法律、法规直接规定。目前，我国职工享有的休息休假可分为以下几种。

（一）工作日内的间歇时间

工作日内的间歇时间是指职工在每个工作日内所享有的休息和用餐时间。它对于减少劳动者劳动过程中的疲劳和紧张，提高劳动效率是必要的。由于各行业工作性质的不同，各行业对工作日内的间歇时间规定不同。间歇时间一般不少于半小时，如果实行单班制或双班制的企业，其间歇时间应规定在工作开始后4小时。三班制的企业，如两班工作时间各为8小时，另一班（夜班）工作时间为7小时，每班的间歇时间为20分钟。生产不容间断，不能实行固定的间歇时间的单位，应保证劳动者在工作时间内有基本的用餐时间。怀孕满7个月的女职工应给予工间休息时间。这种休息时间不计算在工作时间之内。有些单位实行工间操制度，工间操时间计入工作时间之内。

（二）两个工作日之间的休息时间

两个工作日之间的休息时间是指职工在一个工作日结束后至下一个工作日开始的休息时间。这种休息时间是保障职工恢复体力智力的重要阶段。其长度应以保证职工的体力和工作能力恢复为基准。一般为15～16小时，无特殊情况应保障职工连续使用，不得间断。实行轮班制的，其班次必须平均调换，一般应在休息日之后调换。调换班次时，不得使职工连续工作两班。

（三）公休假日

公休假日是指职工工作满一个工作周以后应给予的休息时间。《劳动法》第三十八条规定："用人单位应当保证劳动者每周至少休息一日。"我国自1995年5月1日开始，实行每周40小时工作制度，劳动者工作满5天可享有2天的公休假日。国家机关、事业单位实行统一的工作时间，星期六和星期日为周休息日。企业职工在实行每周40小时工作制度时，由于生产需要（如供水、供电）或为了更好地为居民服务（如电报、电话、电视）或为了减少交通的拥挤及能源供应的紧张，不能在公休假日休息的，可安排在一周内其他时间轮流休息。但有些企业由于生产受季节、工程等因素影响，不能执行正常的工时和休息制度，经劳动行政部门批准，可以实行不定时工作制或综合计算工作制等其他工作和休息办法。

出差人员的公休假日，应该在出差地点享受，如果在出差地点未享受的，可以从实际情况出发，另给予补休。

目前我国纺织、冶金、建材、煤矿井下、化工有毒有害的作业工人，凡实行"四班三运转"（即工作三天，休息一天）的，可享有比普通职工更多的公休假日。

📋 **小知识**

企业能否实行每周6天工作制？

根据原劳动部《关于职工工作时间有关问题的复函》的有关规定，有条件的企业应当按照《中华人民共和国劳动法》和《国务院关于职工工作时间的规定》的有关规定，实行劳动者每日工作8小时，每周工作40小时这一标准工时制度。但是，有些企业因工作性质和生产特点不能实行标准工时制度的，在保证劳动者每日工作时间不超过8小时，平均每周工作时间不超过40小时的基础上，实行每周6天工作制。

（四）法定节假日

法定节假日是国家法律统一规定的用以开展纪念、庆祝活动的休息时间。各国法定节日一般从三方面规定：政治性节日，如国庆节、解放日等；宗教性节日，如圣诞节等；民族习惯性节日，如中秋节等。根据修改后的《全国年节及纪念日放假办法》的规定，全体公民放假的节日包括：（1）新年，放假1天（1月1日）；（2）春节，放假3天（农历正月初一、初二、初三）；（3）清明节，放假1天（农历清明当日）；（4）劳动节，放假1天（5月1日）；（5）端午节，放假1天（农历端午当日）；（6）中秋节，放假1天（农历中秋当日）；（7）国庆节，放假3天（10月1日、2日、3日）。

部分公民放假的节日及纪念日包括：（1）妇女节（3月8日），妇女放假半天；（2）青年节（5月4日），14周岁以上的青年放假半天；（3）儿童节（6月1日），不满14周岁的少年儿童放假1天；（4）中国人民解放军建军纪念日（8月1日），现役军人放假半天。

少数民族习惯的节日，由各少数民族聚居地区的地方人民政府，按照各该民族习惯，规定放假日期。"二七"纪念日、"五卅"纪念日、"七七"抗战纪念日、"九三"抗战胜利纪念日、"九一八"纪念日、教师节、护士节、记者节、植树节等其他节日、纪念日，均不放假。全体公民放假的假日，如果适逢星期六、星期日，应当在工作日补假。部分公民放假的假日，如果适逢星期六、星期日，则不补假。

小链接
国家法定节假日调整方案

春节从除夕日开始放假，"五一"劳动节假期由3天调整为1天，清明、端午、中秋增设为国家法定节假日，各放假1天。这一调整方案的最大变化是取消了"五一"黄金周，将其所占用的假期分散在三个传统民俗节日。

（五）探亲假

探亲假是指工作地点与父母或配偶分居两地，且不能在公休假日团聚的职工，每年所享受的一定期限的带薪假期。1981年国务院修订颁布了《关于职工探亲待遇的规定》，其主要内容是：

1. 享受探亲假的条件

凡在国家机关、人民团体和全民所有制企业、事业单位工作满1年的固定职工，与配偶或者父母不在一起，又不能在公休假日团聚的，可以享受探望配偶或者父母的待遇。但职工如果与父亲、母亲一方能够在公休假日团聚的，不能享受探望父母的待遇。

2. 探亲假期

探亲假期是指职工与配偶、父母团聚的时间。具体规定是：（1）职工探望配偶的，每年给予一方探亲假一次，假期为 30 天。（2）未婚职工探望父母，原则上每年给假一次，假期为 20 天。如果因为工作需要，本单位当年不能给予假期，或者职工自愿两年探亲一次的，可以两年给假一次，假期为 45 天。（3）已婚职工探望父母的，每 4 年给假一次，假期为 20 天。（4）上述假期均包括公休假日和法定节假日在内。另外，根据实际情况需要给予往返路程假。（5）凡实行休假制度的职工（如大专院校、中小学校的教职工），应在休假期间探亲；如休假期较短，可由本单位适当安排，补足其探亲假的天数。

3. 探亲待遇

职工在规定的探亲假期和路程假期内，按照本人的标准工资发给工资。职工探望配偶和未婚职工探望父母的标准往返路费，由所在单位负担。已婚职工探望父母的往返路费，超过本人月标准工资30%的部分，也由所在单位负担。集体所有企业、事业单位职工的探亲待遇，由省、自治区、直辖市人民政府根据本地区的实际情况自行规定。1986 年 7 月，国务院发布的《国营企业实行劳动合同制暂行规定》中规定："符合探亲条件的劳动合同制工人，也享受国家有关探亲待遇。"

（六）带薪年休假

带薪年休假是指职工每年享有保留职务和工资的一定期限连续休息的假期。许多国家的劳动法中都明确规定，享受年休假是劳动者一项不容剥夺，也不许放弃的重要休息权。以支付工资进行工作来代替年休假，被认为是非法行为。用人单位有义务根据职工要求和照顾生产需要适当安排年休假，一般限制推迟到下一年享受；劳动者连续工作满 1 年，即有权享受年休假待遇。建国初期，我国曾在部分职工中也试行过假期为 12 天的年休假制度，后因国家经济条件有限，未能坚持执行。《劳动法》第四十五条对年休假作了明确规定，国家实行带薪年休假制度。劳动者连续工作 1 年以上的，享受带薪年休假。具体办法由国务院规定。2007 年 12 月 7 日国务院第 198 次常务会议通过了《职工带薪年休假条例》，自 2008 年 1 月 1 日起施行。

根据《职工带薪年休假条例》的规定，机关、团体、企业、事业单位、民办非企业单位、有雇工的个体工商户等单位的职工连续工作 1 年以上的，享受带薪年休假（以下简称年休假）。单位应当保证职工享受年休假。职工在年休假期间享受与正常工作期间相同的工资收入。职工累计工作已满 1 年不满 10

年的，年休假 5 天；已满 10 年不满 20 年的，年休假 10 天；已满 20 年的，年休假 15 天。国家法定休假日、休息日不计入年休假的假期。

职工有以下情形之一的，不享受当年的年休假：（一）职工依法享受寒暑假，其休假天数多于年休假天数的；（二）职工请事假累计 20 天以上且单位按照规定不扣工资的；（三）累计工作满 1 年不满 10 年的职工，请病假累计 2 个月以上的；（四）累计工作满 10 年不满 20 年的职工，请病假累计 3 个月以上的；（五）累计工作满 20 年以上的职工，请病假累计 4 个月以上的。

单位根据生产、工作的具体情况，并考虑职工本人意愿，统筹安排职工年休假。年休假在 1 个年度内可以集中安排，也可以分段安排，一般不跨年度安排。单位因生产、工作特点确有必要跨年度安排职工年休假的，可以跨 1 个年度安排。单位确因工作需要不能安排职工休年休假的，经职工本人同意，可以不安排职工休年休假。对职工应休未休的年休假天数，单位应当按照该职工日工资收入的 300% 支付年休假工资报酬。

（七）其他假

除以上假期外，我国法律规定的其他假期还有女职工生育时的产假、职工婚丧假等。《劳动法》第六十二条规定："女职工生育享受不少于 90 天的产假。"1980 年 2 月，原国家劳动总局、财政部发布的《关于国营企业职工婚丧假和路程假问题的规定》中规定，职工本人结婚或职工的直系亲属死亡时，可以根据具体情况，给予 1～3 天的婚丧假并酌情给予路程假。如双方都是晚婚的，婚假延长到 15 日。产假、婚丧假期间，用人单位应依法支付工资。

复习思考题

1. 工作时间的含义是什么？
2. 中国的日、周工作时间标准是多少？
3. 工作时间的法律调整原则有哪些？
4. 工作日的种类有哪些？
5. 在什么条件下可以延长工作时间？
6. 延长劳动者的工作时间如何支付工资报酬？
7. 《劳动法》对延长工作时间做了哪些限制？
8. 中国休息休假的种类主要有哪些？
9. 中国的法定节假日如何放假？
10. 中国哪些用人单位应当履行职工带薪年休假制度？
11. 职工在什么情形下不享受带薪年休假？

第六章 工　　资

学习目标

1. 掌握工资的含义，将工资收入与其他形式的收入区别开来，了解国家实行工资立法的作用，理解工资分配的基本原则。

2. 理解工资的表现形式和国家对工资总额实行的宏观调控方法。

3. 理解国家实行最低工资制度的意义，掌握最低工资的保障与监督制度。

4. 重点掌握特殊情况下的工资支付方法。

5. 重点掌握工资支付办法的规定和工资保障措施。

关键术语

工资　工资的基本形式　工资分配的原则　工资立法　工资总量宏观调控　最低工资　特殊情况下的工资支付　工资保障制度　工资支付办法

第一节　工资与工资制度

一、工资的概念

工资，又称薪金，是指基于劳动关系，用人单位按照劳动者提供的劳动数量和质量，依法以货币形式支付的劳动报酬。它包括以下几层含义：（1）工资是劳动者基于劳动关系所取得的劳动报酬；（2）工资是劳动者履行劳动义务后而应得的物质补偿；（3）工资额的确定应以劳动者提供的劳动数量和质量为依据；（4）工资的支付应依法进行，即工资支付的项目、水平、形式、对象、时间等必须符合法定要求。

在我国现阶段，工资仍是广大劳动者及其家庭成员生活的主要来源，也是劳动者实现其劳动的一项重要劳动条件。就一般而言，它又是考察一国国民经济发展水平和国民生活水平、计算产品成本和价格以及确定劳动者的保险福利费等方面的主要参数。《劳动法》第五章对工资分配原则、分配方式、工资水平、工资保障等作了专门规定，再加上大量的政策法规，使我国工资制度日臻完善。

二、工资的基本形式

工资形式，是指计量劳动和支付劳动报酬的方式。企业根据本单位生产经营特点和经济效益依法自主确定本单位的工资分配形式。工资形式主要有计时工资、计件工资、奖金、津贴。

（一）计时工资

计时工资是按照职工技术熟练程度、劳动繁重程度和工作时间的长短支付工资的一种形式。它是依照职工的工资等级、相应的工资标准、工作时间来支付工资的。工资标准是每一职工在单位时间内应得的工资额。为了贯彻按劳分配的原则，国家或企业为不同职务、不同工种和不同等级的职工分别规定了不同的工资标准。

工资标准只是对劳动技能、劳动付出和贡献的一种假定条件，这种假定要变为现实，必须在时间上有所反映。只有同时间要素的结合才能科学、合理地反映劳动量和劳动报酬的关系。也就是说，凡是工资等级相同的职工，劳动时间相同，可以得到相同数量的工资。

按照不同的计算工资时间单位，计时工资可分为月工资制、日工资制、小时工资制；按其是否与奖励相结合，又可分为简单计时工资制和计时加奖的工资制。计时工资制适应性较强，实行的范围较广，几乎任何部门、单位和各类工种、职务均可采用。但它不能把职工实际所得同职工实际劳动消耗和劳动成果有效地紧密联系起来而显示出一定的局限性。因此，改革和完善我国长期以来实行的计时工资制，对更好地调动广大职工积极性，促进企业管理的科学化，提高劳动生产率具有重要意义。

（二）计件工资

计件工资是指按照劳动者生产合格产品的数量或合乎质量要求的作业量，以预先规定的计价单价为标准来计算工资的一种工资形式。其特点是把直接用时间单位计量劳动者的劳动转化为凝结着一定时间的劳动成果来计量劳动者的劳动。它用间接劳动时间来计量，是计时工资的转化形式，能较好地把劳动与报酬直接联系起来，是贯彻按劳分配原则的一种主要工资形式。

计件工资按不同分类标准可划分为多种具体形式。按计件计算的范围可分为个人计件制和集体计件制；按实际计件的方式，可分为包工计件制和计件加奖制；按对计件单位计算方法的不同又划分为直接无限计件制和累进计件制。计件工资制的实行，要求有完善而严格的定额管理制度，要求企业及其他用人单位有较高的管理水平。因而，计件工资制的实行必须具备相应的合适条件，其条件包括：（1）产品的数量能够准确计量，能正确反映劳动者所付出的劳动量；（2）职工个人的主观努力与产品的产量有密切的正比例关系；（3）企业生产任务饱和，产品销售畅通，生产资料供应正常；（4）有先进合理的产量定额机制，并有随技术工艺改进修订劳动定额，调整计价单价的制度；（5）有比较健全的质量标准体系。

实行计件工资的用人单位规定劳动者工作时间不得违反有关法律、法规的规定，并且要合理确定其劳动定额和计件报酬标准。

（三）奖金

奖金是对超额劳动计发的一种工资形式。它是职工工资收入的重要组成部分，是对在工作和生产建设中取得卓越成绩的职工的一种奖励。奖金不能独立存在，只能与其他工资形式结合使用。它是工资的一种补充形式，可以弥补计时工资和计件工资的不足。职工在生产过程中由于技术能力不同、体质不同，各个人所发挥主动性、积极性不同，必然形成劳动数量和质量上的差别。计时工资不能完全反映这种差别；计件工资虽然能够反映产品的数量和质量的差别，但对于节约物资、安全生产等方面的差别却无法反映。因此，需要以奖金来补充，从而更好地体现按劳分配，鼓励职工提高劳动热情，提高技术业务水平。

（四）津贴

津贴又叫补贴，是补偿职工额外和特殊劳动消耗，或者保证职工的工资水平不受特殊条件影响而支付的一种工资形式。

津贴和奖金的性质和设立目的不同。奖金是超额劳动报酬，设立奖金是为了奖励有效超额劳动的支出者；津贴是对额外劳动消耗等的补偿，是为了体现劳动者在不同劳动条件下劳动消耗等因素的差别。

津贴种类繁多，大体有以下几大类：（1）补偿职工特殊或额外消耗的津贴，如野外津贴、兼课教师津贴等；（2）保健性津贴，如井下津贴、高温津贴、有毒有害岗位津贴等；（3）技术性津贴，如科研津贴、体育津贴等；（4）年功性津贴，如工龄津贴等；（5）其他津贴，如建筑安装企业流动施工津贴、物价补贴等。

三、工资分配的原则

根据《劳动法》的有关规定，现阶段，我国工资分配主要遵循以下几项原则：

（一）按劳分配原则

《劳动法》第四十六条第一款规定："工资分配应当遵循按劳分配原则，实行同工同酬。"按劳分配要求按照劳动者的劳动数量和质量分配个人消费品，多劳多得、少劳少得。按劳分配，首先，必须坚持同工同酬，即所有劳动者不分性别、年龄、种族一律按照其等量劳动获得等量报酬；其次，必须反对平均主义，对不同质的劳动给予不同量的劳动报酬，把脑力劳动和体力劳动、复杂劳动和简单劳动、熟练劳动和非熟练劳动、繁重劳动和较轻劳动区别开来。在坚持以按劳分配形式为主的前提下，同时还允许其他多种分配形式并存，允许合法的非劳动收入的存在，把职工的工资外收入作为按劳分配的补充。

（二）在经济发展的基础上逐步提高职工工资水平的原则

工资水平在经济发展的基础上逐步提高，是我国《劳动法》关于工资制度的一项重要规定。它一方面要求劳动生产率提高的速度必须超过工资增长的速度；另一方面要求工资增长的速度必须与劳动生产率提高的速度相适应。因此，在生产发展、经济效益提高、国家财政收入稳定增长和正确处理积累与消费关系的前提下，要使职工的工资收入逐步有较大的提高，消费水平逐步有较大的增长。国家在制定工资法规时，必须正确规定经济增长与职工工资总额之间的比例关系，使工资增长制度化，既保证一定数量的社会积累，又保证劳动者生活水平的提高，从而最大限度地调动其生产积极性和创造性。

（三）用人单位自主分配原则

《劳动法》第四十七条规定："用人单位根据本单位的生产经营特点和经济效益，依法自主地确定本单位的工资分配方式和工资水平。"在市场经济条件下，企业作为市场主体，拥有包括工资分配自主权在内的经营管理自主权。在国家宏观调控的前提下，工资分配方式由企业资金组成方式和经营方式决定，工资水平由劳动力市场的供求关系来确定。这是工资制度的一项重大改革。贯彻这一原则必须做到：效益优先，兼顾公平，既要反对平均主义，允许企业之间存在差距，拉开档次，又要反对高低悬殊，照顾城乡之间、工农之

小知识

什么是工资权？

工资权是劳动者让渡劳动力支配权而取得的一项权利。劳动者只要在用人单位的指挥下按照规定完成一定的工作量，劳动者就有权要求取得工资。正因为劳动者有工资权，劳动才得以成为劳动者的谋生手段。工资权的完整内容包括四个组成部分：一是工资取得权；二是工资支配权；三是工资保障权；四是工资分配参与权。

间的劳动收入水平。把工资分配权真正还给企业，不仅非国有企业要自主分配，国有企业也要自主分配。

（四）工资总量宏观调控原则

在社会主义市场经济中，企业拥有在按劳分配原则指导下自主分配职工工资的权利。国家根据企业经济效益的好坏核定其工资定额，并在此基础上确定社会的工资总额。国家对工资总量实行宏观调控是十分必要的，其目的在于控制用工成本的上升，保持经济总量平衡，使消费和经济发展相适应，以实现国民经济持续、稳定、协调发展。

四、工资立法的作用

工资是我国劳动者生活的主要来源。在社会主义市场经济体制下，工资仍具有社会分配职能、补偿职能、激励职能和经济调节职能。由于工资问题牵涉面广、政策性强，以及自身结构的复杂性，所以，党和国家十分重视工资立法工作，颁布了一系列的有关工资改革、奖金管理等方面的规定，初步形成了我国的工资法律体系。这对加强工资管理，保证提高职工生活水平，调动职工劳动积极性，促进工资改革的发展和推动四化建设都具有重要的作用。

（一）保证在生产发展的基础上逐步提高职工的生活水平

现阶段，工资是广大劳动者生活的全部或主要来源，职工生活水平的高低，在很大程度上取决于工资收入的多少。国家根据社会主义基本经济规律的要求，确定了生产发展和工资增长的比例关系，使职工工资水平的提高和生产发展水平相适应，这样，就能保证职工生活水平的提高建立在可靠的物质基础之上。

（二）保证合理组织劳动和劳动力的合理流动

根据国民经济发展的客观要求，劳动力必须在企业之间、部门之间和地区之间进行分配和再分配，以保证生产建设的需要。对此，除了加强思想政治工作，教育劳动者服从国家分配外，国家还可以通过工资立法，运用经济手段，通过提高工资标准，鼓励职工到国家最需要的地方，特别是艰苦的地方去工作，以保证国家合理组织劳动和促进劳动力的合理流动。

（三）鼓励职工学习文化，钻研技术，提高职工素质和业务技术能力，促进社会生产率的提高

社会主义制度下，工资立法必须反映按劳分配的原则，职工的技术水平越高，提供的社会劳动越多，所得的工资也越高。这样，就把职工的个人利益和国家、企业、集体的利益结合起来，可以鼓励职工努力学习技术，钻研业务，提高劳动熟练程度，采用先进技术，改进操作方法，从而促进整个社会劳动生产率不断提高。

此外，工资立法还能保障劳动者工资的正确计算和发放，任何单位和个人都不得任意扣罚工资、奖金、津贴，保障了工资分配职能的实现。

第二节 工资总量的宏观调控

一、工资总量宏观调控的必要性

工资总量是指用人单位在一定时间内直接支付给本单位全体劳动者的全部劳动报酬。一般包括计时工资、计件工资、奖金、津贴和补贴、加班加点工资、特殊情况下的工资等。

工资总量的宏观调控，是指国家对全国工资总量从宏观上进行调节和控制，以确保工资总额增长与国民经济发展保持一个科学、合理、协调的比例关系。

《劳动法》第四十六条第二款规定："工资水平在经济发展的基础上逐渐提高，国家对工资总量实行宏观调控。"社会主义市场经济体制确立后，国家不再是工资分配主体，不再集中统一地、直接地调整企业内部的工资关系，但是，一个国家的积累和消费仍然应当保持一个正确的比例关系，才能使国民经济保持稳定持续的增长。同时工资关系与广大企业和职工有着密切的利害关系，如果国家不赋予企业在职工工资分配上一定的自主权，则不利于充分发挥企业在生产经营上的主动权，不利于企业的经营管理，企业对职工就难以形成一定的经济约束力和激励机制。如果赋予企业工资分配上的自主权而不加限制，则有可能造成企业不顾其未来发展，不顾国家和全民的整体利益而关注眼前的利益。因此，通过对企业工资总额的宏观调控，可以正确处理好国家、企业、个人三者的利益关系，协调好生产、积累、消费三者之间的比例关系。

二、国家对工资总额实行的宏观调控

（一）工资总额构成

国家对工资总量宏观调控的总原则是工资水平在经济发展的基础上逐步提高。只要经济不断发展，劳动者的工资水平就应当有所提高。国家要对工资总量实行宏观调控，首先必须对工资总量有个科学的界定，划清工资总额组成和非工资总额组成的界限。这样才能统一工资的计划、统计、核算的口径和标准，才会有准确的工资总量，也才会达到对其宏观调控的目的。根据 1989 年经国务院批准、国家统计局发布的《关于工资总额组成的规定》的规定，工资总额以直接支付给职工的全部劳动报酬为根据。实践中，直接支付给职工的劳动报酬一般由计时工资、计件工资、奖金、津贴与补贴、加班加点工资和特殊情况下支付的工资六个方面组成。根据国务院的有关规定，下列企业支出作为专项支出，不应列入工资总额范围：（1）根据国务院发布的有关规定颁发和支付的各类奖金；（2）职工福利费用；（3）工作需要支出；（4）劳动保护开支；（5）劳动保险费等。

（二）工资总额宏观调控的原则

根据现行法律、法规规定，国家对工资总额的宏观调控，应遵循以下原则：（1）工资总额与企业经济效益相联系，职工个人劳动所得与其劳动成果相联系；（2）工资总额的增长幅度低于经济效益的增长幅度，职工实际平均工资增长幅度低于劳动生产率增长幅度；（3）宏观调控和微观搞活相结合。

（三）工资总额宏观调控的方式

国家对工资总额的宏观调控实行中央与省市两级调控。我国地域辽阔，地区之间经济发展水平差异很大，收入分配实行中央与省市两级调控，符合我国经济发展实际。具体怎样实现国家对工资总量的宏观调控，国务院、原劳动部颁布了一系列行政法规、规章，做了明确而详细的规定：

1. 工资总额弹性计划

工资总额弹性计划是指由国家制定并组织实施的，对于地区、部门（行业）的工资总额进行动态调控的指导性计划。弹性工资总额计划制度主要有以下内容：（1）国家对地区、部门全面实行动态调控的弹性工资总额计划。（2）弹性工资总额计划的确定。第一年的工资总额基础，一般根据上年年报数进行审定，从第二年开始，原则上以上年未应达到数滚动计算。增加值（净产值）工资含量一般以前3年实际平均含量为基础，通过考核同期相关经济效益来确定。相关经济指标包括非农国内生产总值、非农国内生产总值工资含量、资金利税率、劳动生产率等。（3）工资总额弹性计划的执行。在弹性计划执行期间，结余的工资总额允许在年度之间自行调剂使用。地区和部门实发工资总额超过弹性工资总额计划部分，要在弹性计划执行期末结算时，等额增加该地区或部门上缴中央财政的数额，并等额核减下一个计划期的工资总额基数。（4）工资总额弹性计划对企业工资总额、企业职工人数有间接调控作用。各地区、部门所属企业实发工资必须严格控制在弹性计划的工资总额之内，如有突破，劳动部门应会同企业主管部门综合运用经济手段、法律手段和必要的行政手段，指导企业对当年预计发放的工资总额进行相应的调整，鼓励企业多留工资储备金。

2. 工资总额与经济效益挂钩

工资总额与经济效益挂钩，简称"工效挂钩"，它是确定和调控企业工资总量的主要形式。原劳动部、财政部等部门根据企业实际情况和有关方面的意见，经国务院同意，联合发布《国有企业工资总额同经济效益挂钩的规定》，对企业经济效益指标及其基数、工资总额基数、浮动比例、工效挂钩的管理等问题做了具体的规定和说明。其主要内容如下。

（1）经济效益及其基数。实现工效挂钩，应以能够综合反映企业经济效益和社会效益的指标作为挂钩指标，一般以实现利税、实现利润、上缴利税为主要挂钩指标；因企业生产经营特点不同，也可将实物（工作）量、业务量、销售收入、创汇额、收汇额以及劳动生产率、工资利税率、资本金利税率等综合经济效益指标作为复合挂钩指标。经财政部门认定的亏损企业可以实行工资总额与减亏额指标挂钩，或采用新增工资按减亏的一定比例提取的办法。工资总额与税利总额严重倒挂的企业，可采取税利新增长部分按核定定额提取效益工资的办法，经济效益指标基数一般以企业上年度实际完成数为基础，剔除不可比因素和不合理部分，并参照本地区同行业平均水平进行核定。经济效益指标基数要按照鼓励先进、鞭策后进的原则核定，既对企业自身经济效益高低、潜力大小进行纵向比较，又进行企业间的横向比较。

（2）工资总额基数。企业的挂钩工资总额基数，原则上以企业上年劳动工资统计年报中的工资总额为基础核定，实行增人不增工资总额，减人不减工资总额的办法。

（3）浮动比例。企业工效挂钩的浮动比例，根据企业劳动生产率、工资利税率、资本金利税率等经济效益指标高低和潜力大小，按企业纵向比较与企业横向比较相结合的方法确定。挂钩的浮动比例一般按 1：0.3 到 1：0.7 核定。少数特殊企业其浮动比例经过批准可适当提高，但最高按低于 1：1 核定。

（4）工效挂钩的管理。劳动、财政部门会同计划等部门对企业工效挂钩实施综合管理，包括制定工效挂钩的政策法规和实施办法；审核确定企业的挂钩方案；核定企业挂钩的工资总额基数、经济效益指标基数和挂钩浮动比例，并进行年终工资清算；监督检查企业工效挂钩的执行情况。

3. 工资总额指令性控制

它是由国家直接向用人单位下达指令性工资指标或核定用人单位年度工资总额计划，用人单位对这种计划指标必须执行。这种方式主要适用于对国家机关、事业单位和社会团体工资总额的管理。

4. 工资总额考核控制

按照这种控制方式，企业在坚持工资总额增长幅度低于企业经济效益增长幅度，职工平均工资增长幅度低于本企业劳动生产率增长幅度的原则和保证公积金、公益金提留的前提下，自主决定年度工资总额；劳动部门仅核定企业提出的工资总额基数，并以经济效益和劳动生产率增长幅度为标准考核企业的增资幅度；企业提取工资总额高于经济效益和劳动生产率的增长幅度的部分，劳动部门应予扣回。按规定，外商投资企业和自我约束机制基本建立、资产经营责任基本落实的其他企业，可适用这种宏观调控方式。

5.《工资总额使用手册》管理制度和工资总额联合审核制度

由各级劳动部门会同统计、财政、银行等部门，于每年年初对本地区企业上年度工资总额的提取和发放情况进行联合审核。在联合审核的基础上，由劳动部门和银行核发《工资总额使用手册》。在联审中，发现多提或超额发放工资的，要如数扣回。所有企业都要使用《工资总额使用手册》，实行工效挂钩和自主确定工资总额的企业，根据自行编制的工资总额计划如实填写《工资总额使用手册》，于年初报主管部门或劳动部门一次性备案签章；实行工资总额包干的企业，按照劳动部门下达的工资总额包干数填写《工资总额使用手册》，于年初报主管部门或劳动部门一次性审核签章。对未备案签章、审核签章或超额支取工资的企业，银行一律拒付。

工资总额与经济效益挂钩的办法，是当前在向社会主义市场经济转轨过程中，确定和调控企业工资总量的主要形式，但这种形式只是国有企业向现代企业过渡的权宜之计。根据1993年12月劳动部制定的《关于建立社会主义市场经济体制时期劳动体制改革总体设想》，企业工资改革的目标是：建立市场机制调节，企业自主分配，职工民主参与，政府监督调控的新模式。因此，我们应当在实践中不断总结摸索新的调控办法和监督措施，使国家对工资总量宏观调控完全符合市场经济的要求。

> **小提示**
>
> **国家的工资管理权包括哪些方面的内容？**
>
> （1）对全社会工资的一般管理。（2）对企业工资的间接管理。（3）对国家机关（包括部分事业单位和社会团体）工资的直接管理。

三、用人单位对工资的自主分配

《劳动法》第四十七条规定："用人单位根据本单位的生产经营特点和经济效益，依法自主确定本单位的工资分配方式和工资水平。"这里的用人单位主要指企业。在社会主义市场经济体制下，企业的工资分配应当由企业自主决定。按国家现行有关法律、法规和政策的规定，企业在内部工资分配上主要有以下几个方面的自主权。

（一）依法自主确立工资分配方式和工资水平

在市场经济条件下，影响企业工资分配方式和工资水平的因素主要有：（1）企业经济效益。企业工资基金的增值取决于企业的经济效益，职工工资的增值取决于企业的经济效益和个人的劳动贡献。（2）劳动生产率。劳动生产率是发展生产、提高企业经济效益的主要途径，是决定企业工资水平的基础，只有提高劳动生产率，才能提高企业的经济效益，从而提高职工的工资水平。（3）劳动就业供求状况。劳动力供求双方通过公平竞争和价值规律对劳动力供求关系的影响，形成均衡的工资率。市场工资率对企业内部工资分配具有重要的调节作用。企业在贯彻按劳分配原则的前提下，在法律规定的范围内，可根据自身的特点，自主决定工资分配方式和工资水平。除采用工资形式这一基本分配方式外，企业还可以采取诸如企业承包人的承包收入、企业经营者的风险收入等其他分配方式。

（二）依法自主确立企业工资制度

1985年1月国务院《关于国营企业工资改革问题的通知》规定，企业实行等级工资制还是实行岗位（职务）工资制或是结构工资制由企业根据实际情况自行确定。目前，企业的工资制度多种多样，主要的工资制度有以下几种：（1）等级工资制。等级工资制是指根据劳动者的技术等级或职务等级划分工资级别，按等级发放工资的制度。按照规定，实行等级工资制的企业，工人的一个技术等级可以对应一个或几个工资等级，提升工资等级要考核技术等级。企业工人的工资标准，按11类工资区划分，每类工资区可以按3类产业或工种交叉使用5种工资标准。企业管理人员实行职务等级工资制，工资标准按现行国家11类工资区划分，每类工资区一般设3种工资标准。大型企业为3~6级，大型联合企业为1~6级，中型企业为5~10级。企业根据经济效益的好坏、负担能力大小来决定企业的工资标准。（2）效益工资制。效益工资制又称工效挂钩制度，即企业的工资总额同企业经济效益挂钩的制度。实行效益工资制，一方面，职工个人的工资同企业的经济效益相联系，企业经济效益越高，其工资总额则按比例增加，职工个人的工资也就越高；反之，企业的经济效益低，工资总额也降低，职工个人的工资随之降低。另一方面，职工个人的工资同其劳动贡献相联系，职工个人对企业的贡献越大，其效益工资也就越高；反之，职工劳动贡献少，其效益工资也就减少。（3）岗位技能工资制。岗位技能工资制包括岗位工资制和技能工资制。岗位工资制实行一岗一薪，易岗易薪。岗位工资由某一岗位的劳动繁重程度、劳动环境、工作责任大小等因素来决定。技能工资是根据劳动者的劳动技能和工作业绩来考核决定的。岗位技能工资制有效地打破了等级工资制的等级限制，较好地贯彻了按劳分配的原则，使劳动者的工资收入与其劳动技能、劳动强度、劳动条件、劳动贡献等密切相连，充分发挥了工资的激励机能。

（三）依法自主确定工资形式和奖金分配方案

企业是实行计时工资还是计件工资，是否建立津贴、补贴制度，由企业根据其实际情况自行确定。在奖金分配上，企业可以对职工实行计分发奖，可以把奖金与基本工资的一部分或全部捆在一起实行浮动工资，可以用奖励基金实行集体或个人的计件超额工资。企业可以实行内部的浮动岗位津贴，也可以搞自主浮动升级。

（四）依法自主确定职工工资的调升

企业厂长或经理有权给有特殊贡献的职工晋级。晋级面为每年3%；企业在国家规定的工资总额和政策范围内，可以自主决定对职工调资升级的时间和对象。

（五）依法自主确定工资数额

企业有权在国家宏观调控范围内确定工资总额；有权通过劳动合同和集体合同确定劳动者工资数额。

第三节　最低工资保障制度

一、最低工资的概念

最低工资是指劳动者在法定工作时间内提供了正常劳动，其用人单位应支付的法定的最低限度的劳动报酬。它包括下列几层含义：（1）劳动者在法定工作时间内提供了正常劳动，这是取得最低工资的前提。（2）最低工资标准由政府直接规定，而不由劳动关系双方自愿协商确定。《劳动法》规定，最低工资标准由省、自治区、直辖市人民政府规定，报国务院备案。集体合同和劳动合同都不得约定低于此标准的工资标准，用人单位支付工资也不得低于此标准。（3）最低工资对其适用范围内的全体劳动者都有保障效力，并且不因劳动者的工种，岗位的不同而有任何变化。合理地确定最低工资，对工资水平的高低具有很大的影响。只要劳动者按照劳动或工作标准向社会提供了必要和有效的劳动、为社会尽了应尽的义务，就有得到保证其生存的劳动报酬的权利。

二、中国实行最低工资制度的必要性

中国现阶段实行的是社会主义市场经济体制，个人消费品的分配实行按劳

分配原则，而工资又是劳动者基本生活来源，尽管社会主义工资与资本主义工资有本质区别，但马克思关于资本主义最低工资的分析方法，对于社会主义最低工资的确定仍有重要意义。根据马克思主义的基本原理，结合中国的实际情况，通过法律形式，建立最低工资制度有着极其重要的现实意义。

（一）实行最低工资制度有利于更好地保障广大职工的合法权益，实现市场经济条件下的效益与公平兼顾

随着市场经济的建立和完善，企业已逐渐成为工资分配的权利主体，可以根据自身的经济效益状况自主地确定职工的工资收入水平和职工的工资分配比例。实行企业最低工资制度，有利于维护在分配权利的享受上处于被支配地位的职工一方的合法权利，保障其合法权益不受侵犯。特别是为在外商投资企业、私营企业和个体经营实体中劳动或工作的职工维护自己的合法权益提供了法律保障，有利于防止和消除这些企业可能出现的任意克扣工人工资的现象，体现社会主义真正的公平与合理。最低工资制度作为国家干预分配的手段，可以从根本上保障劳动者权益，保证社会的发展和稳定。

（二）实行最低工资制度是培育、发展劳动力市场，健全社会主义市场经济体系的客观需要

最低工资制度是国家对劳资关系自由原则一种必要的法律限制。劳动力市场离不开健康的劳动法律关系，由于劳动关系双方各自利益的相对差异，用人单位和劳动者都不可能自觉地站到宏观高度考虑社会劳动力的生产和发展问题。实行最低工资制度，将劳动关系中的关键要素之一的劳动报酬用法律形式固定下来，有利于确定正确合理的劳动关系，从而促进劳动力市场的健康顺利发展。

（三）实行最低工资制度是进一步深化工资改革，早日实现工资分配的法制化的需要

国家制定最低工资标准，能够为企业与劳动者订立劳动合同、确定劳动报酬提供一定参考依据，也可以为制定某些社会保险待遇，如失业保险提供必要的参照数。此外，也有利于健全企业的工资调整制度。我国目前在工资分配上存在着严重的不合理现象，行业之间、部门之间、地区之间的职工工资差距过大，挫伤了一部分人的劳动积极性。实行最低工资制，一方面有利于国家通过最低工资制度来调节社会各行业、各部门的工资关系，使得国家在微观搞活的同时，加强宏观调控，促进和完善工资的法制化；另一方面也有利于消除社会不合理的贫富差距。最低工资主要由职工最低生活费用、职工平均工资、劳动生产率、城镇就业状况及经济发展水平等因素来确定，当这些因素发生变化时，最低工资标准要做相应调整，而企业也应对其职工工资体系做相应调整。这样，能够使企业工资体现社会主义的公平与合理，保障职工基本生活需要，缓和社会矛盾，维护社会稳定。

（四）实行最低工资制度有利于促进我国工资制度与国际劳工组织工资制度接轨

最低工资制度已成为世界潮流，许多发达国家和发展中国家，都已根据国际劳工组织公约建立了这一制度。我国是国际劳工组织成员国，建立这一制度，有利于我国工资制度与国际接轨。

三、最低工资标准的确定和发布

（一）最低工资标准的确定原则

最低工资标准是指单位劳动时间的最低工资数额。它一般按月确定，也可以按周、日或小时确定。各种单位时间的最低工资标准可以转换。对同一地区不同区域和行业，可以结合其各自特点确定不同的最低工资标准。确定最低工资标准，应遵循如下原则：

1. 综合平衡原则

确定最低工资标准应从我国国情出发，综合考虑国民经济发展水平、劳动生产率状况、社会职工平均工资水平、同行业的工资水平、城乡关系等多种因素，在保持社会基本平衡的基础上确立最低工资的额度。

2. 基本生活保障原则

职工最基本的生活需求以维持生存所需的吃、穿、住等资料为主，并辅之以必要的发展资料。准确测定需求量及其物价水平，并切实考虑不同劳动之间的适当差别，对于科学确定最低工资标准是十分必要的。

3. 企业负担能力原则

这一原则要求，通过测定全国或某一地区、行业或部门的经济发展水平、企业负担能力来确定最低工资，并要随经济发展水平和物价变化状况做适时、适度的调整。

（二）确定最低工资标准应参考的因素

确定最低工资标准的参考因素，世界各国工资立法中规定不尽相同，但一般都没有超出国际劳工组织 1970 年第 131 号公约，即《特别参照发展中国家情况确定最低工资公约》中所规定的因素：（1）工人及其家庭的必需品，需考虑该国的一般工资水平、生活费、社会保障津贴以及其他社会阶层的相应生活标准；（2）经济因素，包括经济发展要求、生产率水平、获得和维护高水平就业的需要。

确定和调整最低工资标准应当综合考虑的因素包括：（1）劳动者本人及平均赡养人口的最低生活费用；（2）社会平均工资水平；（3）劳动生产率；

（4）就业状况；（5）地区之间经济发展水平的差异。1993年11月原劳动部发布《企业最低工资规定》规定，在综合考虑上述五个方面的因素后，具体的最低工资标准应当高于当地社会救济金和失业保险金标准，低于平均工资；应当反映不同区域和行业的特点，对不同经济发展区域和行业可以确定不同的最低工资标准。最低工资应以法定货币按时支付。在最低工资的组成部分中，不应包括以下三项：（1）加班加点工资；（2）中班、夜班、高温、低温、井下、有毒有害等特殊工作环境、条件下的津贴；（3）国家法律、法规和政策规定的劳动保险、福利待遇。

（三）最低工资标准的制定程序

根据《企业最低工资规定》及其补充规定，制定最低工资标准一般经过以下程序：

1. 初步拟定

最低工资标准的确定应在国务院劳动行政主管部门指导下，由省级人民政府劳动行政部门会同同级工会、企业家协会研究确定，并向当地工商业联合会、财政、民政、统计等部门咨询。

2. 征求意见

省级劳动行政部门必须将确定的当地最低工资标准及其依据、详细说明和最低工资标准的适用范围报国务院劳动行政主管部门备案。国务院劳动行政主管部门在收到省级劳动行政主管部门的备案报告后，应召集全国总工会、全国企业家协会共同研究，如其报送的最低标准及其适用范围不妥时，有权提出变更意见，并在15天之内以书面形式给予答复。

3. 报请批准

省级劳动行政主管部门在25天之内未收到国务院劳动行政主管部门提出变更意见的，或接到变更意见对原确定的最低工资率及其适用范围做出修订后，应当将本地区最低工资标准及其适用范围报省级人民政府批准。

（四）最低工资标准的发布

省、自治区、直辖市劳动行政部门，应当将本地区最低工资标准及其适用范围，在经政府批准后7天内发布，并在当地政府公报上和至少一种全地区报纸上发布。所在地的用人单位必须按照公布的最低工资标准执行。

最低工资标准发布实施后，政府及有关部门应当根据制定时参考的各种因素，如当地最低生活费用、职工平均工资、劳动生产率、城镇就业状况和经济发展水平等的变化或本地区职工生活费用价格指数累计变动较大时，适时进行调整，但每年最少调整一次。以确保职工的最低工资收入能够满足劳动者本人和其家庭成员的基本生活消费。

（五）最低工资的保障与监督

1. 最低工资的保障

为了保证用人单位支付劳动者的工资不低于当地最低工资标准，国家规定了具体的保障措施，要求企业必须将政府对最低工资的有关规定告知本单位劳动者。企业支付给劳动者的工资不得低于其适用的最低工资率。实行计件工资或提成工资等工资形式的企业，必须进行合理的折算，其相应的折算额不得低于按时、日、周、月确定的相应的最低工资率。在劳动合同中，如果当事人约定劳动者在未完成劳动定额或承包任务的情况下，用人单位可低于最低工资标准支付劳动者工资，则该条款不具有法律效力。

2. 对执行最低工资标准的监督

按照规定，各级人民政府劳动行政主管部门负责对最低工资执行情况进行检查和监督。此外，工会有权对最低工资执行情况进行监督，发现企业支付劳动者工资低于有关最低工资率的，有权要求有关部门处理。

有关部门和用人单位确定和执行最低工资标准时，必须严格依照国家法律、法规的规定。违反法律、法规规定的，要承担相应的法律责任。省、自治区、直辖市人民政府劳动行政主管部门确定最低工资标准违反法律规定的，由国务院劳动行政主管部门责令其限期改正。用人单位违反最低工资给付的，由当地政府劳动行政主管部门责令其限期改正，逾期未改正的，对用人单位和责任人给予经济处罚。用人单位支付给劳动者的工资低于最低工资率的，由当地政府劳动行政主管部门责令其限期补发所欠劳动者的工资，并视其欠付工资时间的长短向劳动者支付赔偿金。欠付1个月以内的，向劳动者支付所欠工资的20%的赔偿金；欠付3个月以内的，向劳动者支付所欠工资的50%的赔偿金；欠付3个月以上的，向劳动者支付所欠工资的100%的赔偿金。拒发所欠工资和赔偿金的，对企业和责任人给予经济处罚。对上述处罚决定不服的，当事人可以依照《行政复议法》的规定申请复议。对复议决定不服的，可以依照《行政诉讼法》的规定向人民法院提起诉讼。复议申请人逾期不起诉，又不履行复议决定的，依照《行政复议法》的规定执行。

第四节　特殊情况下的工资支付

一、特殊情况下的工资的概念

特殊情况下的工资，是指按照法律规定或者合同的约定，在非正常的工作情况下或暂时离开工作岗位支付给劳动者的工资。它有以下特征：（1）它以劳动者非正常工作为前提；（2）特殊情况下的工资支付以法律规定或合同约定为依据；（3）它体现国家对劳动者权利和基本生活的保障。

二、特殊情况下的工资种类及其支付

根据《劳动法》和《工资支付暂行规定》，特殊情况下工资支付主要包括：

（一）劳动者依法参加社会活动期间的工资支付

劳动者在法定工作时间内依法参加下列社会活动，用人单位应视其提供了正常劳动而支付工资：（1）依法行使选举权或被选举权；（2）当选为代表出席乡（镇）、区以上政府、党派、工会、青年团、妇女联合会等组织召开的会议；（3）出任人民法庭证明人；（4）出席劳动模范、先进工作者大会；（5）不脱产工会基层委员会委员因工会活动占用生产或工作时间；（6）其他依法参加的社会活动。

（二）劳动者休假期间的工资支付

劳动者依法享受年休假、探亲假、婚假、丧假期间，用人单位应按劳动合同规定的标准支付工资。

（三）加班加点的工资支付

安排劳动者延长工作时间的，支付不低于工资的150%的工资报酬；休息日安排劳动者工作的，支付不低于工资的200%的工资报酬；法定休假日安排劳动者工作的，支付不低于工资的300%的工资报酬。

（四）用人单位停工、停产时的工资支付

为了保障职工在停工期间的基本生活需要，国务院《关于企业工人、职工停工津贴的暂行规定》中规定：（1）职工因本身过失造成的停工，不发给过失者津贴；（2）非因职工本身过失造成的停工一般按本人标准工资的75%发给停工津贴；（3）试用新机器、新工具，试行先进经验及合理化建议期间，非职工本人过失造成的停工，按照本人标准工资100%发给停工津贴；（4）停工期间的地区津贴、野外津贴、生活补贴均按一级工的停工津贴发给。在停工期间，企业应积极设法安排职工从事其他劳动。确实无法安排，停工连续3个工作日以内的工资照发，超过3个工作日以上的天数，发给停工津贴。

（五）学习和培训期间工资

经过用人单位推荐或批准，劳动者临时脱产或半脱产到有关学校参加学习期间，工资照发；经本单位同意脱产参加函授学习的，在规定的脱产函授学习期间，工资照发；经本单位同意脱产参加成人教育学习的，学习期间工资照发。

（六）用人单位依法破产时的工资支付

用人单位依法破产时，用人单位应按《企业破产法》规定的清偿顺序，首先支付欠付本单位劳动者的工资。

第五节　工资保障制度

一、工资保障的概念

工资保障有广义和狭义之分。广义上的工资保障是指为实现宪法确定的"国家保护公民的合法收入"的全部制度，如提高工资、稳定物价、扩大劳动就业、举办各种福利事业等确保工资水平的稳定和提高的所有制度。狭义的工资保障是指劳动法调整的工资支付保障，禁止任意扣发工资和工资监督制度。本节所称的工资保障是指狭义的工资保障。

在我国现阶段劳动者及其家属的生活来源仍然主要靠工资收入的情况下，建立工资保障制度，对于提高企业行政领导人员的管理水平和法制观念，禁止任意扣罚职工工资现象发生，保障职工合法收入不受侵犯，都具有重要意义。

二、工资支付办法的规定

根据《劳动法》和《工资支付暂行规定》的规定，用人单位支付工资必须按照下列规定执行：（1）工资应当以法定货币支付。用人单位在一般情况下，应以人民币支付劳动者工资；特定用人单位（如外商投资企业）或对于特定劳动者（如外籍劳动者）可以按规定用外币支付工资，不得以实物及有价证券替代货币支付。（2）用人单位应将工资支付给劳动者本人，一般不得由第三人代为支付，但用人单位可委托银行代发工资。劳动者本人因故不能领取工资时，可由其亲属或委托他人代领。没有劳动者同意或法律许可，用人单位不得向劳动者以外的第三人支付。（3）用人单位在支付工资时应向劳动者提供一份其个人的工资清单。用人单位必须书面记录支付劳动者工资的数额、时间、领取者的姓名以及签字，并保留两年以上备查。（4）工资必须在用人单位与劳动者约定的日期支付，如遇节假日或休息日，则应提前在最近的工作日支付。（5）工资至少每月支付一次，实行周、日、小时工资制的，可按周、日、时支付工资。对于完成一次性临时性劳动或某项具体工作的劳动者，用人单位按有关协议或合同规定在其完成劳动任务后即支付工资。劳动关系双方依法解除或终止劳动合同时，用人单位应一次性付清劳动者工资。用人单位依法破产时，应将劳动者的工资列入清偿顺序，优先支付。

126

三、工资保障措施

我国宪法规定，国家保护公民的合法收入，除非符合法定允许扣除的条件，用人单位不得克扣劳动者工资。根据现行法律、法规规定，允许扣除工资的情况，主要有：（1）用人单位在下列情况下，可以代扣劳动者工资：代扣代缴个人所得税；代扣代缴应由劳动者个人负担的各项社会保险费用；法院判决、裁定中要求代扣的抚养费、赡养费。（2）由于劳动者本人原因给用人单位造成经济损失而应当支付的赔偿金，可以从劳动者本人的工资中扣除，但每月扣除的部分不得超过劳动者当月工资的20%。若扣除后的剩余工资部分低于当地月最低工资标准，则按最低工资标准支付。（3）劳动者在劳动教养期间，停发原工资，发给生活费。其家属生活确实有困难的，原单位在其工资剩余部分中酌情给予补助。（4）劳动者违反劳动纪律，受到留用察看处分者，留用察看期间停发工资，发给生活费；受到撤职处分者，必要时可以同时降低其一级或两级工资级别。（5）由于用人单位行政领导人员违反劳动安全卫生法规而给国家和劳动者造成损失时，国家劳动保护监察人员有权根据其所犯错误情节轻重和态度好坏，处以月标准工资5%～20%的罚款，并在1～6个月内不得参加评奖。（6）法律、法规规定可以从劳动者工资中扣除的其他费用。

为了保证工资支付，劳动行政部门、工会组织和人民银行要加强对工资的监督。劳动行政部门要监督国家工资法规的正确实施，监督、检查工资待遇的执行情况。工会组织要保护职工群众的利益，监督单位行政切实执行国家工资法规的规定。人民银行要加强对工资基金的管理工作，监督企业执行工资基金使用计划和通知开户银行办理工资基金转移手续。用人单位应根据法律、法规、规章的规定，通过职工大会、职工代表大会或者其他形式协商制定内部的工资支付制度，并告知本单位全体劳动者，主动接受群众监督并积极配合上述单位的检查监督工作，充分发挥工资管理制度的积极作用。用人单位有下列侵害劳动者合法权益行为的，由劳动行政部门责令其支付劳动者工资和经济补偿，并可责令其支付赔偿金：（1）克扣或者无故拖欠劳动者工资的；（2）拒不支付劳动者延长工作时间工资的；（3）低于当地最低工资标准支付劳动者工资的。

复习思考题

1. 什么是工资？工资的基本形式有哪些？
2. 工资法律调整应贯彻哪些基本原则？

3. 工资总量宏观调控的必要性是什么？

4. 中国实行最低工资制度的重要意义体现在哪些方面？

5. 用人单位支付工资必须遵守哪些规定？

第七章　劳动安全卫生

学习目标

1. 了解劳动安全卫生制度的含义，理解建立劳动安全卫生法律制度的意义，掌握劳动安全卫生制度的主要内容。

2. 掌握劳动安全设施标准的内容、劳动卫生设施标准的内容、个人劳动防护用品的规定。

3. 掌握劳动安全卫生管理制度的内容、用人单位在劳动安全卫生方面承担的义务、劳动者在劳动安全卫生方面的权利义务。

关键术语

劳动安全卫生　劳动安全卫生法律制度　劳动安全卫生实施标准　劳动安全设施标准　劳动卫生设施标准　个人劳动防护用品　劳动安全卫生管理制度

第一节　劳动安全卫生与劳动安全卫生制度

一、劳动安全卫生的概念

劳动安全卫生，是指直接保护劳动者在劳动过程中的安全和健康的各种法律措施。它通常也称为劳动保护。国家为了保护劳动者在劳动过程中的安全和健康所制定的一系列法律规范，统称劳动安全卫生制度。它包括劳动安全技术规程、劳动卫生规程、劳动安全卫生管理制度和国家安全监察等方面的法律规定。劳动安全卫生包括以下三个方面的含义：（1）劳动安全卫生保护的对象只能是劳动者，而不是用人单位。（2）劳动安全卫生是保护劳动者安全和健康的重要措施，只有在保证劳动者安全和健康的前提下，劳动者才能更充分地发挥劳动积极性。（3）劳动安全卫生仅限于在劳动过程中对劳动者的安全、健康予以保护。劳动安全卫生是基于在劳动过程中产生的劳动关系而发生的，因此，对于劳动者在劳动过程以外的活动所致意外伤害以及防病治病工作，则不属于劳动法调整的范围。

由于在现代工业生产过程中存在着各种不安全和不卫生的因素，如电、磁、声、光、尘、机械伤害、有毒有害物质等，都会给劳动者的生命安全和身体健康造成威胁，如不采取相应的防护措施，就会损害劳动者的安全和健康（如工伤事故、职业病等），甚至会影响生产的正常进行。比如矿山井下可能发生瓦斯爆炸，建筑施工可能发生高空坠落，工厂可能发生机械伤害，化工行业可能发生职业病等。因此，世界各国都比较重视劳动安全卫生立法。在世界工运史上，工人阶级为劳动条件进行过长期的斗争，要求国家制定法律，保护劳动者在劳动过程中的安全和健康。在工人运动的压力下，有些工业发达的资本主义国家制定和颁布了一些职业安全、卫生法规。如美国于1969年颁布了《煤矿安全与卫生法》；1971年颁布了《职业安全与卫生法》；1974年英国颁布了《劳动安全与卫生法》；1972年日本颁布了《劳动安全卫生法》等。劳动安全与卫生制度是劳动法的重要组成部分。在国际劳工组织通过的所有公约和建议书中，职业安全与卫生约占主要内容的一半。由此可见，世界各国都对劳动安全和卫生高度重视。如何预防和减少工伤事故和职业病，仍是当今各国劳动保护法研究的重要问题。

中国历来对劳动安全卫生立法十分重视。早在1956年5月，国务院就颁布了著名的"三大规程"，即《工厂安全卫生规程》《建筑安装工程安全技术规程》《工人职员伤亡事故报告规程》。1982年3月，国务院发布了《矿山安全条例》《矿山安全监察条例》《锅炉、压力容器安全监察条例》，专门对矿山、锅炉和压力容器的安全做了规定。1984年7月，国务院发布了《关于加强防尘防毒工作的决定》；1987年7月颁布了《关于加强乡镇企业劳动保护工作的规定》；1987年12月国务院发布了《中华人民共和国尘肺病防治条例》；1992年11月第七届全国人大常委会第28次会议颁布了《中华人民共和国矿山安全法》。《劳动法》第六章中对劳动安全与卫生做了专门规定。1995年，原劳动部先后颁布了《重大事故隐患管理规定》《劳动监察员管理办法》等规章，2001年10月27日第九届全国人民代表大会常务委员会第二十四次会议通过了《职业病防治法》，该法于2011年12月31日经第十一届全国人民代表大会常务委员会第二十四次会议进行了修正。2002年6月29日第九届全国人民代表大会常务委员会第二十八次会议通过《安全生产法》，2002年4月30日由国务院通过《使用有毒物品作业场所劳动保护条例》等，上述一系列劳动安全卫生立法，充分体现出国家对劳动者在生产过程中的安全和健康十分关心和高度重视。

二、建立劳动安全卫生法律制度的意义

（一）为劳动者在生产过程中的安全和健康提供法律保障

劳动者是社会物质和精神财富的创造者，而劳动力是生产力中最重要和最活跃的因素。要发展生产力，首先必须保护劳动力。对于劳动者在生产过程中遇到的各种不安全、不卫生的因素，国家只有通过立法的手段，制定和颁布劳动安全卫生法律、法规，才能有效地防止伤亡事故和职业病，为劳动者在生产过程中的安全和健康提供法律保障。用人单位必须严格实施劳动安全法规，严格执行国家规定的各种劳动安全和卫生标准，避免有毒有害物质侵害劳动者的身体健康，创造良好的劳动条件和环境，切实对劳动者在生产过程中的安全和健康负责。对违反劳动安全卫生法规者应依法追究责任。

（二）调动劳动者的积极性，促进劳动生产率的提高

国家建立劳动安全卫生制度，在保证劳动者在生产过程中的安全和健康的同时，也起到了调动劳动者的积极性，促进劳动生产率的提高的作用。国家要发展生产必须不断提高劳动生产率，劳动生产率的提高依靠的是劳动者的体力和智力，保护劳动者的安全和健康，也是对我国劳动力的保护。国家采取各种保护措施，用工单位执行劳动安全卫生法规，对生产中不安全、不卫生的因素加以防止和消除，才有可能保证生产的顺利进行。劳动安全卫生的各种措施的实施，对现代生产技术向前发展有着明显的促进作用。因为要达到国家制定的各种劳动安全卫生标准，必然促使生产的组织者、经营者不断进行技术改造，改进操作方法，更新设备，实现生产过程的机械化、电气化、自动化。这不仅可以大大改善劳动条件，减轻劳动强度，而且可以促进生产技术发展的现代化和提高劳动生产率。

三、劳动安全卫生法律制度的内容

劳动安全卫生法律制度是指国家为了改善劳动条件，保护劳动者在生产过程中的安全和健康而制定的各种法律规范的总称。劳动安全卫生法律制度是为了安全生产的需要而制定的。在生产过程中，由于存在着一些不安全、不卫生的因素，经常会引起一些事故，导致用人单位不必要的经济损失和人身伤亡，为了避免这些现象的发生，就应当采取必要的措施来消除这些有害因素。劳动安全卫生法律制度的立法原则是安全第一、预防为主。当生产与安全发生矛盾时，应当把不安全的因素去除后才能生产。

依照我国劳动安全卫生法律、法规的规定，劳动安全卫生制度的内容有：
（1）劳动安全设施规定。包括机器设备的安全装置、电器设备的安全装置、

压力容器和锅炉的安全装置、工作地点的安全措施、厂房建筑物和道路的安全措施、建筑工程的安全和矿山安全等。（2）劳动卫生设施规定。包括防止粉尘危害的规定、防止有毒有害物质危害的规定、防止噪音和强光的规定、防暑降温和防寒的规定、通风照明的规定、个人防护用品的规定、职工健康管理的规定等。（3）劳动安全卫生管理制度。包括安全生产责任制度、安全技术措施计划制度、安全生产教育考核制度、安全生产检查制度、劳动保护监察制度、伤亡事故报告制度等。（4）违反劳动安全卫生法规的责任。

第二节　劳动安全卫生设施标准

一、劳动安全设施标准

为防止劳动者在生产过程中遭受意外伤害（伤亡事故），保证劳动者的生命健康安全和生产设备免遭破坏，国家制定了统一安全设施技术标准。它包括以下内容：

（一）机器设备的安全设施

机器设备要有防护装置、保险装置、信号装置及危险牌示和识别标志等安全装置设施，才能保障工人在生产过程中的人身安全，避免在使用机器设备过程中发生伤亡事故。按《工厂安全卫生规程》规定：凡暴露在机器外部的传动带、明齿轮、砂轮、电锯、皮带轮、飞轮等危险部分必须有防护装置；起重机要有起重吨位和信号装置；桥式起重机应该有卷扬限制器、起重量控制器、行程限制器、缓冲器和自动连锁装置，起重机应规定统一的指挥信号；机器的转动摩擦部分要有自动加油装置或者蓄油器；等等。安全危险牌示和识别标志应牢固设立于显而易见的地方，文字应简短和明确。

（二）电器设备的安全设施

电器设备广泛应用于各种工业企业，因此注意电器设备的安全，避免火灾和触电事故的发生，显得尤为重要。依照《工厂安全卫生规程》的规定，电器设备安全设施主要包括下列内容：电器设备必须设有可熔保险器或自动开关，其金属外壳应根据技术条件采取保护性接地或接零措施；手持电动工具在使用前也必须采取保护性接地或接零措施；电器设备和线路的绝缘必须良好，裸露的带电导体应该安装在人碰不着的地方，否则必须设置安全遮拦和警告标志；在蒸汽、气体、粉尘大量发生的工作场所，必须使用密封式电器设备；在有爆炸性危险的气体或粉尘的工作场所，必须使用防爆型电器设备；电工须经专业训练并经考试合格后，持操作合格证才准上岗。

（三）动力锅炉和压力容器的安全设施

为防止锅炉和压力容器的爆炸事故和火灾，保障劳动者和工厂设备的安全，必须采取安全措施。要求每座工业锅炉都应该有安全阀、压力表和水位表，并应建立保养、检修和水压试验制度；操作人员必须经专门训练考试合格后才能上岗；各种气瓶在存放和使用时，必须距离明火 10 米以上，并避免在阳光下暴晒，搬迁时不能相互碰撞。

（四）工作场所的安全设施

工作场所应在有关位置装备安全标志。主要有：禁止标志（如禁止烟火、通行、停留等）；警告标志（如当心有毒、有电、爆炸等）；指令标志（如必须戴安全帽和防护镜等）；提示标志（如火警电话、灭火器、太平门、安全通道等）。

工作场所中的机器和工作台等设备的布置，应便于工人操作；在脚部易受潮、受寒的工作地点应装置木头踏板；原材料、成品和半成品的堆放不要妨碍操作和通行，废料要及时清除，以保持工作场所清洁整齐；工作地点还应有合适的局部照明设备；等等。

（五）厂房建筑物和道路的安全设施

厂房建筑物必须坚固牢实，以防倒塌，引起伤亡事故。工厂厂房的建筑要符合国家设计标准，如装有天车的厂房以及装有重型机械、锻锤等设备的厂房，建筑设计要有坚固性标准；化工和冶炼行业，要有较高标准的防火设施等。工厂内道路必须平坦，夜间要有足够的照明设备。道路和轨道交叉处必须有明显的警告标志、信号装置或者落杆，为生产需要所设的坑和池要设围栏或盖板等。

（六）建筑工程的安全设施

依照《建筑安装工程安全技术规程》和《关于加强建筑企业安全施工的规定》，关于建筑工程的安全设施主要有下列内容：（1）对从事高空作业的职工，必须进行身体检查，禁止患有高血压、心脏病、贫血病、癫痫病和其他不适宜高空作业的人从事高空作业。在六级以上大风和大雨、大雪、大雾等恶劣气候下，不准进行高空作业和露天起重工作。脚手架要经施工负责人员检查验收后，才能使用，使用期间应该经常检查。（2）施工现场应符合安全卫生要求。在现场的附属企业、机械装置、仓库、运输道路和临时上下水道、电力网、蒸汽管道、压缩空气管道、乙炔管道、乙炔发生站和其他临时工程的位置和规格都应在施工组织设计中详细规定。（3）在开挖基坑、井坑、基础槽时，要根据土质情况和开挖深度设置必要的支架和安全坡来加固，要建立经常的安全检查制度。另外对拆除固壁支架和爆破石方工程有具体规定。（4）对从事建筑安装工程的搭设脚手架工、爆破工、电工、焊工、起重机、打桩机各类车辆的司机，必须进行专业训练，考试合格者，持合格证上岗。另外，根据劳动部颁布的《建设项目（工程）劳动安全卫生监察规定》的要求，建设项目中的劳动安全卫生设施必须符合国家规定的标准，必须与主体工程同时设计、同时施工、同时投入生产。此外，按照该规定，建设项目中引进的国外技术和设备应符合我国规定或认可的劳动安全卫生标准，全部设计应符合我国有关规范和规定的要求。

（七）矿山安全设施

《中华人民共和国矿山安全法》第二章和第三章对矿山建设的安全保障和矿山开采的安全保障做了专章规定。其主要内容如下。

1. 矿山建设的安全规定

矿山建设的安全设施必须和主体工程同时设计、同时施工、同时投入生产和使用。矿山建设工程的设计文件，必须符合矿山安全规程和行业技术规范，并按照国家规定经管理矿山企业的主管部门批准；不符合矿山安全规程和行业技术规范的，不得批准。

矿山设计下列项目必须符合矿山安全规程和行业技术规范：（1）矿井的通风系统和供风量、风质、风速；（2）露天矿的边坡角和台阶的宽度、高度；（3）供电系统；（4）提升、运输系统；（5）防水、排水系统和防火、灭火系统；（6）防瓦斯系统和防尘系统；（7）有关矿山安全的其他项目。

每个矿井必须有两个以上能行人的安全出口，出口之间的直线水平距离必须符合矿山安全规程和行业技术规范。矿山必须有与外界相通的并符合安全要求的运输和通信设施。

2. 矿山开采的安全规定

矿山开采必须具备保障安全生产的条件，执行开采不同矿种的矿山安全规程和行业技术规范。矿山设计规定保留的矿柱、岩柱，在规定的期限内，应当予以保护，不得开采或者毁坏。矿山使用的有特殊安全要求的设备、器材、防护用品和安全检测仪器，必须符合国家安全标准或者行业安全标准；不符合国家安全标准或者行业标准的，不得使用。

矿山企业必须对机电设备及其防护装置、安全检测仪器，定期检查、维修，保证使用安全；必须对作业场所中有毒有害物质和井下空气含氟量进行检测，保证符合安全要求；必须对下列危害安全的事故隐患采取预防措施：（1）冒顶、片帮、边坡滑落和地表塌陷；（2）瓦斯爆炸、煤尘爆炸；（3）冲击地压、井喷；（4）地面和井下的火灾、水害；（5）爆破器材和爆破作业发生的灾害；（6）粉尘、有毒有害的气体、放射性物质和其他有害物质引起的危害；（7）其他危害。对使用机械、电气设备，排土场、矸石山、尾矿库和矿山闭坑后可能引起的危害，矿山企业必须采取预防措施。

二、劳动卫生设施标准

劳动卫生设施标准是指国家为保护职工在生产和工作过程中的身体健康，防止、消除职业病和职业中毒而规定的各种卫生设施标准。主要规定有《工厂安全卫生规程》《工业企业设计卫生标准》《关于防止厂矿企业中矽尘危害的决定》《关于防止沥青中毒的办法》《工业企业噪音标准》《关于加强防毒工作的决定》《中华人民共和国尘肺病防治条例》等。

（一）防止粉尘危害的规定

按照劳动卫生规程的要求，凡属有粉尘作业环境的，要求各生产单位努力实现生产设备的机械化、密闭化，并增加吸尘、滤尘和通风设备；矿山应采用湿式凿岩和机械通风；对接触粉尘的工人要发给防尘口罩、防尘工作服和保健食品，还要进行定期健康检查；对矽肺病患者要分别予以治疗、调动工作或疗养；等等。

《中华人民共和国尘肺病防治条例》适用于所有有粉尘作业的企业、事业单位。条例规定凡有粉尘作业的企业、事业单位应采取综合防尘措施和无尘或低尘的新技术、新工艺、新设备，使作业场所的粉尘浓度不超过国家卫生标准。任何企业、事业单位不得停止运用或者拆除防尘设施。对新建、改建、扩建、续建有粉尘作业的工程项目，防尘设施必须与主体工程同时设计、同时施工和同时投产。作业场所的粉尘浓度超过国家卫生标准，又未积极治理，严重影响职工安全健康时，职工有权拒绝操作。

（二）防止有毒有害物质危害的规定

有的工种在生产过程中，会产生大量的有毒有害的液体和气体，直接损害工人的身体健康。因此，劳动卫生规程严格规定了车间生产环境中有毒有害物质的最高浓度容许标准。如一氧化碳为每立方米不超过 30 毫克，"六六六"为每立方米不超过 0.1 毫克的标准等等。再如，劳动部公布的《关于防止沥青中毒的办法》，要求在沥青的装卸、搬运和使用中应采取各种有效防护措施，预防沥青中毒事故；还应根据季节、气候与作业条件给予适当的间歇时间，间歇时间也算作工作时间；等等。

（三）防暑降温和防冻取暖的规定

劳动卫生规程要求为工人提供良好的工作环境，工作场所应当保持一定的温度，过高或过低都会影响工人的健康。因此，《工厂安全卫生规程》规定：室内工作地点的温度经常高于 35℃时，应采取降温措施；低于 5℃时，应设置取暖设备。

（四）防止噪音和强光的规定

在从事电焊、锻压、冶炼等作业环境中所产生的噪音和强光，对工人的听觉和视觉都有不良影响，为保护工人的健康，《工厂安全卫生规程》规定：发生强烈噪音的生产，应该尽可能在设有消音设备的单独工作房中进行；在有噪音、强光、辐射热和飞溅火花、碎片、刨屑的场所操作的工人，应分别供给护耳器、防护眼镜、面具和帽盔；等等。

（五）通风照明的规定

《工厂安全卫生规程》规定：工作场所的光线应充足，采光部分不要遮蔽；工作地点的局部照明的光度应符合操作要求，也不要光度过强，刺目耀眼；通风装置和取暖设备，必须有专职或者兼职人员管理，通道也应有足够的照明。

三、个人劳动防护用品的规定

（一）个人劳动防护用品的作用及其分类

劳动者在劳动过程中，由于作业环境条件异常而超过人体耐受力、防护装备缺乏或防护装备有缺陷以及其他突然发生的原因，往往容易造成尘、毒、噪音、强磁、辐射、触电、静电感应、爆炸、烧烫、冻伤、淹溺、腐蚀、打击、坠落、绞碾和刺割等急慢性危害和工伤事故，严重的危及劳动者的人身安全。为了保护劳动者的安全健康，必须给劳动者配备个人劳动防护用品。个人劳动防护用品的作用是使用一定的屏蔽体或系带、浮体，采取阻隔、封闭、吸收、分散、悬浮等手段，保护机体的局部或全身免受外来有毒有害物质的侵害。正确使用劳动防护用品，对于劳动者安全健康，防止职业病和慢性损害的发生，减少或杜绝伤亡事故的发生均是非常必要的。

个人劳动防护用品品种繁多，目前分类方法也不统一，有的按防护部位分类，有的按使用原材料分类，有的按用途分类，有的混合分类。按照个人劳动防护用品的用途，可将其分为十四种：（1）防尘用品，如呼吸道防尘用品——口鼻罩、防尘衣、披肩帽等。（2）防毒用品，如防毒面具、防毒手套等。（3）防噪音用品，如耳塞、耳帽等。（4）防电用品，如绝缘手套、绝缘靴鞋等。（5）防高温辐射用品，如防护眼镜、隔热防火服等。（6）防微波和激光辐射用品，如防微波眼镜、防激光眼镜等。（7）防放射性用品，如白布、塑料薄膜等。（8）防油用品，如橡胶、乳胶等。（9）防水用品，如胶布防水衣、雨衣等。（10）防冲击用品，如防砸鞋、竹板护腿等。（11）防坠落用品，如电信安全带、安全网等。（12）防机械外伤用品，如工作服、护肘等。（13）防脏污用品，如工作服、手套等。（14）防寒用品，如防寒服、防寒鞋等。这些个人劳动防护用品有的具有多种功能，所以在防护过程中，要注意综合应用。

（二）个人劳动防护用品的发放范围

根据《工厂安全卫生规程》及其他有关规定，个人劳动防护用品的发放范围包括：（1）凡有灼伤、烫伤或易发生机械外伤等危险的操作，有强烈辐射热或低温条件下的作业，散发毒性、刺激性、感染性物质或者大量粉尘的操作，经常使衣服腐蚀、潮湿或特别肮脏的操作的，工厂应供给工人工作服或围裙，并根据需要分别供给工作帽、口罩、手套、护腿和鞋盖等防护用品。（2）在有危害健康的气体、蒸汽或粉尘场所操作的工人，应由工厂分别供给适用的口罩、防护眼镜和防毒面具等。（3）工作中发生有毒的粉尘和烟气，可能伤害口腔、鼻腔、眼睛、皮肤的，应由工厂分别供给工人漱洗药水或防护药膏。（4）在有噪音、强光、辐射热和飞溅碎片、刨屑的场所操作的工人，应由工厂分别供给护耳器、防护眼镜、面具和帽盔等。（5）经常站在有水或其他液体的地面上操作的工人，应由工厂发放防水靴或防水鞋等。（6）高空作业工人，应由工厂供给安全带。（7）电气操作工人，应由工厂按照需要分别供给绝缘鞋、绝缘手套等。（8）经常在露天工作的工人，应由工厂供给防晒、防雨的用具。（9）在寒冷气候中必须露天进行工作的工人，应由工厂根据需要供给防寒用品。（10）在有传染病危险的生产部门中，应由工厂供给工人洗手用的消毒剂。所有工具，如工作服和防护用品，必须由工厂负责定期消毒。（11）生产大量一氧化碳等有毒气体的工厂，应备有防毒救护用具，必要的时候，应设立防毒救护站。（12）对于在有易燃、易爆、烧灼介质及有静电场所作业的工人，禁止发放、使用化纤防护用品。

第三节　劳动安全卫生管理制度

一、劳动安全卫生管理制度的概念

劳动安全卫生管理制度，是指厂矿企业等生产单位，为了保护劳动者在劳动生产过程中的健康与安全，在组织劳动和科学管理方面制定的各项规章制度。它属于企业管理制度的重要组成部分。我国《劳动法》第五十二条规定："用人单位必须建立、健全劳动安全卫生制度，严格执行国家劳动安全卫生规程和标准，对劳动者进行劳动安全卫生教育，防止劳动过程中的事故，减少职业危害。"因此，生产单位制定劳动安全卫生管理制度是法律所提出的要求，也是保障各种劳动安全卫生标准执行的具体措施。

二、劳动安全卫生管理制度的内容

（一）安全生产责任制

根据 1963 年国务院发布、1979 年重申继续执行的《关于加强企业生产中安全工作的几项规定》，安全生产责任制的主要内容是：企业单位的各级领导人员在管理生产的同时，必须负责管理安全工作，认真贯彻执行国家有关劳动安全卫生的法规和制度；企业单位内部的各有关专职机构，都应该在各自业务范围内，对实现安全生产的要求负责；劳动保护专职机构（或专职人员）要在企业行政和工程技术的主要负责人的直接领导下，做好具体的安全生产工作；所有职工必须自觉遵守劳动安全卫生管理制度，不得违章冒险作业，并有权拒绝服从各级领导人员的违章指挥和有权制止其他人员的违章作业。

安全生产责任制是企业管理制度中最基本的一项制度，是所有劳动安全卫生管理制度的核心，是保护劳动者在生产过程中的健康和安全，促进安全生产的重要措施。

（二）编制安全技术措施计划管理制度

安全技术措施计划是企业生产技术财务计划的一个组成部分。企业编制安全技术措施计划，应依据有关劳动安全卫生的法律和法规，结合本企业的实际情况，分清项目的缓急轻重，解决急需解决的问题，并力求少花钱，多办事，效果好。要明确规定各项计划措施的完成期限和负责人。

安全技术措施的范围，包括一切有关改善劳动条件，防止工伤事故和职业病以及职业中毒为目的的技术措施，即安全技术和劳动卫生措施项目、生产辅助设施和安全生产教育等方面的措施。

（三）安全生产教育制度

依据劳动部 1996 年 1 月 11 日颁发的《企业职工劳动安全卫生教育管理规定》，安全生产教育制度的主要内容如下：（1）企业新工人上岗前必须进行厂级、车间级、班组级三级安全教育。三级安全教育时间不少于 40 学时。其中，厂级安全教育包括劳动安全卫生法律法规、通用安全技术、劳动卫生和安全文化的基本知识、本企业劳动安全卫生规章制度及状况、劳动纪律和有关事故案例等项内容；车间级教育的内容包括：本车间劳动安全卫生状况和规章制度、主要危险危害因素及安全事项、预防工伤事故和职业病的主要措施、典型事故案例及事故应急处理措施等项内容；班组级安全教育包括遵章守纪、岗位安全操作规程、岗位间工作衔接配合的安全卫生事项、典型事故案例、劳动防护用品（用具）的性能及正确使用方法等项内容。企业新招工人按规定通过三级安全教育并经考核合格后方可上岗。（2）从事特种作业的人员（如电气、起重、锅炉、受压容器、焊接、车辆驾驶、爆破等工人）必须经过专门的安全知识与安全操作技能培训，并经过考核，取得特种作业资格，方可上岗工作。（3）企业采用新技术、新设备、新工艺、新材料，必须对工人进行新操作办法或新工作岗位的安全教育。企业必须建立安全活动日和采取经常性的检查，对职工进行经常性的安全教育。（4）企业职工调整工作岗位或离岗一年以上重新上岗，必须进行相应的车间级或班组级安全教育。

（四）安全生产检查制度

安全卫生检查一般由安全卫生监察机构派监察员随时到企、事业等单位进行检查，及时纠正、处理违反劳动安全卫生法律、法规行为。同时，企业要对内部的安全卫生进行经常性的检查。厂、车间、班组和各职能部门要经常不断地进行安全检查，发现问题及时解决。企业的上级主管部门也应组织定期检查。除此之外，专业技术人员应经常对其专业性问题进行检查，如电气安全、锅炉和压力容器、防火防爆、防暑降温等。

（五）劳动安全卫生监察制度

劳动安全卫生监察制度，是指对厂矿企业贯彻执行各项劳动安全卫生法规进行监督检查的制度。我国监察制度采取以国家监察机构为主体、专业监督与群众监督相结合的体系。我国有关劳动安全卫生监察法律、法规主要有《矿山安全监察工作规则》《锅炉压力容器安全监察条例》《工会劳动保护监督检查员暂行条例》《压力管道安全管理与监察规定》《蒸汽锅炉安全技术监察规程》《建设项目（工程）劳动安全卫生监察规定》《劳动安全卫生监察员管理办法》等。

劳动安全卫生监察制度包括三方面的内容：一是国家安全监察制度，即国家有关机关依法监督检查企业事业单位及其主管部门执行劳动安全卫生法律、法规情况并纠正和惩处违法行为的制度；二是专业劳动安全监察制度，即厂矿企业等单位的各级主管部门对其所属单位贯彻实施劳动安全卫生法规情况进行监督检查的制度，它属于内部监督的性质；三是群众劳动安全监察制度，即各级工会组织对厂矿企业贯彻实施劳动安全卫生法规进行监督检查的制度，它属于社会监督的性质。

除上述外，劳动安全卫生监察制度还包括劳动保护监察员资格的认定、劳动保护监察机构的职权及对安全监察机构及监察人员执行职务的奖惩规定。

（六）伤亡事故报告制度

1993年3月1日国务院颁布的《企业职工伤亡事故报告和处理规定》，适用于我国境内的一切企业，国家机关、事业单位、人民团体发生的伤亡事故参照执行。伤亡事故报告制度的主要内容包括：

1. 伤亡事故的分类

伤亡事故依不同的标准可作不同的分类：（1）依导致伤害原因的不同可分为因工伤亡事故和非因工伤亡事故。（2）依造成伤害程度和伤亡人数可分为轻伤事故、重伤事故、死亡事故、重大死亡事故、特大死亡事故。轻伤事故，是指职工负伤后休息一个工作日以上，构不成重伤的事故。重伤事故，是指经医生诊断成为伤残或者可能成为伤残的；伤势严重，需要进行较大手术才能挽救的；人体要害部位严重灼伤、烫伤或非要害部位灼伤、烫伤面积占全身面积1/3以上的；严重骨折和严重脑震荡的；眼部受伤较重有失明可能的；大拇指轧断一节，其他任何一指轧断两节或任何两指各轧断一节的；脚趾轧断三只以上或局部肌腱受伤严重引起机能障碍有残废可能的；内部损伤、出血或伤及腹膜的等。死亡事故，是指一次死亡1～2人的事故。重大死亡事故，是指一次死亡3～9人的事故。特大死亡事故，是指一次死亡10人以上的事故。（3）按事故类别可分为物体打击伤害事故、车辆伤害事故、机械伤害事故、起重伤害事故、触电、淹溺、灼烫、火灾、高处坠落、坍塌、冒顶片帮、透水、放炮、火药爆炸、瓦斯爆炸、锅炉爆炸、受压容器爆炸、其他爆炸事故等。

2. 伤亡事故报告

发生伤亡事故时，负伤者或者事故现场有关人员应当立即直接或者逐级报告企业负责人。企业负责人接到重伤、死亡、重大死亡事故报告后，应当立即报告企业主管部门和企业所在地劳动部门、公安部门、人民检察院和工会。报告内容包括发生事故的单位、时间、地点、伤亡情况和初步分析事故原因等。企业主管部门和劳动部门接到死亡、重大死亡事故报告后，应当立即按系统逐级上报；死亡报告报至省、自治区、直辖市企业主管部门和劳动部门；重大死亡事故报至国务院有关主管部门和劳动部门。发生死亡和重大死亡事故的企业应当保护事故现场，并迅速采取必要措施抢救人员和财产，防止事故扩大。因抢救人员和财产，防止事故扩大而需要移动现场部分物品时，必须做出标志，绘制事故现场图，摄影或者录像并详细说明。

3. 伤亡事故的调查

对于轻伤、重伤事故，由企业负责人或其指定人员组织生产、技术、安全等有关人员以及工会成员参加的事故调查组，进行调查。对死亡事故，由企业主管部门会同企业所在地设区市（或者相当于设区的市一级）劳动部门、安全部门、工会组成事故调查组，并邀请人民检察院、其他有关部门的人员和有关专家参加事故调查。对重大死亡事故，按照企业的隶属关系由省、自治区、直辖市企业主管部门或者国务院有关主管部门会同同级劳动部门、公安部门、监察部门、工会组成事故调查组，并邀请人民检察院、其他部门人员和有关专家参加事故调查。事故调查组有权向发生事故的企业和有关单位、人员了解有关情况和索取有关资料，被调查的企业、单位和个人不得拒绝。任何单位和个人不得阻挠、干涉事故调查组的正常工作。调查完毕后，应填写事故调查报告书，并按规定的程序上报企业主管部门、劳动部门和参加事故调查的单位。

4. 伤亡事故的处理

事故调查结束后，发生事故的企业及其主管部门根据事故调查组提出的处理意见和防范措施建议，对有关责任者视不同情况做出处理。因忽视安全生产、违章指挥、违章作业、玩忽职守或者发生事故隐患、危害情况而不采取有效措施以致造成伤亡事故的，由企业主管部门或者企业按照国家有关规定，对企业负责人和直接责任人员给予行政处分；构成犯罪的，由司法机关依法追究刑事责任。在伤亡事故发生后隐瞒不报、谎报、故意迟延不报、故意破坏事故现场，或者无正当理由，拒绝接受调查以及拒绝提供有关情况和资料的，由有关部门按照国家有关规定，对有关单位负责人和直接责任人员给予行政处分；构成犯罪的，由司法机关依法追究刑事责任。在调查、处理伤亡事故中玩忽职守、徇私舞弊或者打击报复的，由其所在单位按照国家有关规定给予行政处分；构成犯罪的，由司法机关依法追究刑事责任。按照有关规定，伤亡事故处理工作应当在 90 日内结束，特殊情况不得超过 180 日。伤亡事故处理结案后，应当公开宣布处理结果。

三、用人单位在劳动安全卫生方面的义务

用人单位在劳动过程中，对劳动者的安全健康负有不可推卸的责任，其应当采取以下具体措施。

（一）建立、健全劳动安全卫生责任制度

劳动安全卫生责任制度是指企业各级领导、职能部门、有关工程技术人员和生产工人在生产过程中，对各自职务或业务范围内的安全卫生负责的制度。其内容要求：企业各级领导在负责生产的同时，必须搞好安全卫生工作，各职能部门在搞好生产工作时，要严格依照国家规定的劳动安全卫生制度，做好安全卫生工作，生产工人要遵守安全生产规章制度，完成生产工作。它要求从上到下，严格把关，做好安全卫生。这一制度是劳动安全卫生制度的核心，只有这样，才能做到保护劳动者的安全健康。

（二）建立安全卫生技术措施计划

安全卫生技术措施计划是指用人单位以改善劳动条件、加强防护措施、减少和消除事故和职业病的发生为目的而编制的计划制度。其制定要依据国家法

律、法规和本单位的实际情况，必须具有可行性，能保证得以顺利实现，同时应与生产放于同等地位。

（三）建立安全卫生教育制度

安全卫生教育制度是指对劳动者进行安全技术常识、安全技术法制观念的教育和培训、考核制度。从思想上重视劳动安全卫生，是为了防止和减少毒物损害和职业病的发生。安全卫生教育制度包括安全卫生知识教育和遵守安全卫生规章制度两方面。

四、劳动者在劳动安全卫生方面的权利义务

《劳动法》第五十六条规定："劳动者在劳动过程中必须严格遵守安全操作规程。劳动者对用人单位管理人员违章指挥、强令冒险作业，有权拒绝执行；对危害生命安全和身体健康的行为，有权提出批评、检举和控告。"劳动者在劳动过程中的权利义务包括：

（一）有权对用人单位执行国家劳动安全卫生法规的情况进行监督

为了保证国家劳动安全卫生法规的贯彻实施，劳动者有权对用人单位执行国家劳动安全卫生法规的情况进行监督，以保障劳动者在劳动过程中的安全和健康。这种监督是一种守法监督形式，是劳动法制的重要环节，它有利于增强用人单位的法制观念尤其是用工观念，有利于维护劳动力市场秩序，有利于避免和减少违反劳动安全卫生法规现象的发生，有利于进一步完善我国的劳动安全卫生制度。

（二）有权对用人单位管理人员违章指挥，强令冒险作业拒绝执行

劳动者是劳动过程的主要参加者，与劳动过程有着直接联系，如果用人单位管理人员违章指挥、强令冒险作业，危及劳动者安全和健康，劳动者有权拒绝。国家制定劳动安全卫生法规的目的主要是为了保护劳动者的安全和健康，同时也是为了加强社会主义现代化建设，为社会创造更多的财富。

（三）有权对危害生命和健康的行为，提出批评、检举和控告

劳动者是国家的主人，是社会财富的创造者也是承受者，因此，对危害劳动者生命安全和身体健康的行为，劳动者有批评、检举和控告的权利。对劳动者造成的经济上和精神上的损失，用人单位应给予必要的补偿。

（四）有权要求进行劳动安全卫生教育

劳动者在劳动过程中，经常会遇到一些对身体健康有害和有危险的物体，劳动者要尽量避免和减少与这些有害物的接触，减少不必要的人身安全损害。用人单位对劳动者进行劳动安全教育，如安全技术常识、安全技术法制观念及特殊工人的岗前培训等，是劳动者提高自我保护意识，加强劳动保护的重要途

径。劳动者有权要求用人单位进行这方面的教育。用人单位提高对劳动者劳动安全卫生知识的教育，对于减少和避免劳动安全卫生事故的发生，具有重要的意义。

（五）有义务在劳动过程中遵守安全操作规程

安全操作规程是人们经过长期的实践，科学地总结出来的一套安全、迅速的工作程序。劳动者遵守劳动安全操作规程，可以有效地减少和杜绝劳动安全卫生事故的发生，从而切实保障劳动者的身体健康和安全。

复习思考题

1. 建立劳动安全卫生法律制度的意义是什么？
2. 劳动安全卫生法律制度的内容有哪些？
3. 劳动安全设施标准包括哪些设施标准？
4. 劳动卫生设施标准包括哪些方面的标准？
5. 个人劳动防护用品包括哪些种类？
6. 劳动安全卫生管理制度包括哪些方面的管理制度？
7. 用人单位在劳动安全卫生方面负有哪些管理义务？
8. 劳动者在劳动安全卫生方面有哪些权利和义务？

第八章　女职工和未成年工的
特殊保护

学习目标

　1. 了解劳动法对女职工特殊保护的特征及意义，掌握劳动法对女职工特殊保护的主要内容。

　2. 了解劳动法对未成年工特殊保护的特征及意义，掌握劳动法对未成年工特殊保护的主要内容。

关键术语

　女职工　未成年工　特殊保护　女职工与未成年工特殊保护的主要内容

第一节　女职工的特殊保护

一、女职工特殊保护的概念

　女职工特殊保护有广义和狭义之分。广义上是指根据女职工的生理特点，在劳动保护方面所应享有的劳动权益保护，如男女同等就业，男女同工同酬，女工的"四期"保护，女工禁忌从事的职业范围等。狭义上是指根据女职工的生理特点，在劳动安全卫生方面采取的不同于男性的劳动保护。在《劳动法》中的"女职工特殊保护"指的是狭义上的特殊劳动保护。女职工的特殊保护，是基于劳动关系而产生的法律保障。未建立劳动关系的妇女（如家庭内妇女）的安全、健康未包括在女职工的特殊保护范围之内。女职工特殊保护是劳动保护的一部分，与一般的劳动保护相比，女职工特殊劳动保护具有以下特征：

（一）具有女性特殊需要性

　由于女性与男性身体结构和生理特点不同，导致女性在体力和耐力上差于男性。在骨骼结构、呼吸血液循环上的不同，使在同一劳动强度上，尤其在重劳动强度上，女性的负担要比男性的大。同时女性还担负着生育下一代的任务，这使其在月经期、妊娠期、哺乳期等方面工作强度上逊于男性，需要得到社会上的关怀和理解。因此女职工特殊劳动保护具有女性特殊需要的特征。

（二）具有有别于男性的特殊保护性

由于女性在身体结构和生理机能上不同于男性，在同等劳动强度下，女性体力所要承受的负担重于男性。根据劳动法保护劳动者合法权益的宗旨，对女职工要加强有别于男性的特殊保护，尤其女职工在月经期、妊娠期、哺乳期时，身体产生特殊变化，更应加强对她们的特殊劳动保护，如给予必要的休息，禁止从事某些工作等。

（三）具有保护下一代性

女性在同男性一样工作外，还担负着生育下一代的重任。这就更要求对女职工给予特殊的劳动保护，使其身心健康，这样她们才有能力完成生育下一代的任务，并保证下一代健康成长。

二、女职工特殊保护的意义

《劳动法》第五十八条规定："国家对女职工和未成年工实行特殊劳动保护。"这体现了国家对女职工的关怀，充分显示了社会主义制度的优越性。具体来说，对女职工的特殊保护具有以下重要意义。

（一）调动女职工的劳动积极性，促进社会主义现代化建设发展

社会生产、再生产，首先是劳动力。劳动力是决定社会生产的主导力量，而我国妇女占人口总数一半左右，是劳动力的一个重要来源，是建设社会主义现代化不可缺少的有生力量。通过对女职工的特殊劳动保护，激发她们对劳动工作的积极性，使她们从事一些与其体力特点相适应的劳动和工作，这样既可以促使妇女参加社会生产工作，提高她们的工作素质，又可以充分利用妇女资源。这对于充分利用和保护社会生产力，促进社会主义现代化建设事业的发展是十分有益的。

（二）保障女职工在劳动过程中的安全与健康

由于在生产过程中，经常存在着一些有害的、不安全的因素，如不采取预防、改善措施，势必导致伤亡事故及职业病和妇女病的发生，影响着女职工的安全和健康。根据劳动保护的立法宗旨，要采取各种措施，改善劳动条件，减少有害因素和不安全因素的威胁。同时由于女职工有其自己的生理特点，在劳动过程中，采取相应的特殊保护措施，有利于减少妇女病、职业病和伤亡事故的发生，保护女职工的劳动安全健康。

（三）有利于下一代身体健康和中华民族素质的提高

妇女担负着生育下一代的责任，她们的健康影响着下一代的健康。如不对她们进行特殊劳动保护，则下一代的健康势必受到影响，中华民族素质也不会提高，祖国的繁荣富强也将不会实现。因此，对女职工进行特殊劳动保护，具有十分重要的意义。

（四）体现了社会主义制度的优越性

在半封建半殖民地的旧中国，由于生产力水平比较低，劳动人民所受的剥削极为深重，女职工所遭受的剥削程度更深。新中国成立后，改善了女职工的劳动条件，对女职工采取了一系列特殊保护措施，切实维护了她们的合法权益，这充分表现了党和政府对女职工的关怀，体现了社会主义制度的优越性。

三、女职工特殊保护的主要内容

（一）在劳动就业方面保障妇女就业权，实行男女同工同酬

劳动就业权是劳动权利的核心部分，也是公民实行劳动权利的具体体现，关系到劳动者的生存权。我国宪法规定的男女平等，包括男女在劳动就业权方面享有平等权。《劳动法》第十三条明文规定："妇女享有与男子平等的就业权利。在录用职工时，除国家规定的不适合妇女的工种或者岗位外，不得以性别为由拒绝录用妇女或者提高对妇女的录用标准。"这就要求用人单位应依法提供妇女实现平等就业权利的条件，在招用职工时不得歧视女性公民，不得提高对女性公民的录用标准。但由于封建思想的余毒和旧观念的影响，不少企业和用人单位招用工人时，排斥和歧视女性公民，在能录用妇女的工作岗位也明文规定"不招用女工"，此种现象甚至发生在国家机关等单位，造成妇女就业难，再就业更难。失业、下岗、待业公民中大多数是妇女。有些企业在妇女的特殊生理期解除劳动合同，这是一种严重侵犯女职工合法权益的行为。因此，在实施有关保护妇女平等就业权法规方面，必须遵守"有法必依、执法必严、违法必究"的原则，使妇女的平等就业权付诸于劳动实际工作中。《劳动法》第四十六条规定："工资分配应当遵循按劳分配原则，实行同工同酬。"用工单位必须贯彻男女同工同酬原则。在职工定级、升级、工资调整、奖金发放等方面要实行男女平等，不得歧视妇女，侵犯女职工的合法权益。《女职工劳动保护规定》第四条规定："不得在女职工孕期、产期、哺乳期降低其基本工资。"法律为贯彻男女同工同酬的原则提供了依据，也为女职工在劳动方面同男职工享有平等报酬权提供了保障。

（二）在劳动生产过程中禁止安排女职工从事繁重体力劳动及有毒有害工作

繁重体力劳动、有毒有害物质、恶劣劳动环境、过度紧张工作，都会对女

职工身体造成损害。由于女职工的生理特点和担负养育后代的重任，用工单位必须依法对女职工进行特殊劳动保护。《女职工劳动保护规定》第五条规定："禁止安排女职工从事矿山、井下作业、国家规定《女职工劳动保护规定》的第四级体力强度的劳动和其他女职工禁忌从事的劳动。"依据《女职工禁忌劳动范围的规定》，女职工禁忌从事劳动的范围包括：（1）井下矿山作业；（2）森林伐木、归楞及流放作业；（3）《体力劳动强度分级》国家标准中第四级体力劳动强度的作业；（4）建筑业脚手架的组装和拆除作业，以及电力、电信行业的高处架线作业；（5）连续负重（指每小时负重次数在6次以上）每次负重超过20公斤、间断负重每次超过25公斤的作业。

（三）在女职工的特殊生理期间给予特殊保护

女职工的特殊生理期，包括经期、孕期、产期、哺乳期四个特殊时期，在此期间对她们进行特殊保护，不仅保护了女职工自身的身体健康和劳动安全，同时也保护了下一代的安全和健康。

1. 女职工的经期特殊保护

所在单位不得安排其从事高空、低温、冷水和国家规定的第三级体力劳动强度的劳动。具体来说，禁止在此期间从事下列工作：（1）食品冷库及冷水等低温工作；（2）《体力劳动强度分级》中的第三级体力劳动强度作业；（3）《高处作业分级》国家标准中的第二级（含第二级）以上的作业。关于具体的禁止范围，根据《劳动法条文说明》第五十一条的规定，《劳动法》第六十条中的"高处作业"是指二级高处作业，即凡在坠落高度基准面5米以上（含5米）有可能坠落的高处进行的作业。"低温作业"是指在劳动生产过程中，其工作地点平均气温等于或低于5℃的作业。"冷水作业"是指在劳动生产过程中，操作人员接触冷水温度等于或小于12℃的作业。

2. 女职工的孕期特殊保护

所在单位不得安排其从事国家规定的第三级体力劳动强度的劳动和孕期禁忌从事的劳动，不得在正常劳动日以外延长劳动时间。对不能胜任原劳动的，应根据医务部门的证明，予以减轻劳动量或者安排其他劳动。对怀孕7个月以上（含7个月）的女职工，一般不得安排其从事夜班劳动，在劳动时间内应当安排一定的休息时间。怀孕的女职工，在劳动时间内进行产前检查，应当算作劳动时间。严禁怀孕女职工从事下列范围的工作：（1）作业场所空气中铅及其化合物、汞及其化合物、苯、镉、铍、砷、氰化物、氮氧化物、一氧化碳、二硫化碳、氯、乙丙酰胺、氯丁二烯、氯乙烯、环氧乙烷、苯胺、甲醛等有毒物质浓度超过国家卫生标准的作业；（2）制药行业中从事抗癌药物及乙烯雌酚生产的作业；（3）作业场所放射性物质超过《放射性防护规定》中规定剂量的作业；（4）人力进行的土方和石方作业；（5）《体力劳动强度分级》国家标准中第三级体力劳动强度的作业；（6）伴有全身强烈振动的作业，如风钻、捣固机、锻造等作业，以及拖拉机驾驶等；（7）工作中需要频繁弯腰、攀高、下蹲的作业；（8）《高处作业分级》标准所规定的高处作业。

3. 女职工的产期特殊保护

产期保护是指女职工在生育期间的保护。法律规定女职工享受一定的生育期休假和生育期物质待遇。女职工的产假为 90 天，其中产前休假 15 天。难产者，增加产假 15 天。多胞胎生育的，每多生育 1 个婴儿，增加产假 15 天。女职工怀孕流产的，其所在单位应根据医务部门的证明，给予一定时间的产假。女职工产假期间工资照发。

4. 女职工的哺乳期特殊保护

女职工哺乳婴儿期间依法受到特殊保护。有不满 1 周岁的婴儿的女职工，其所在单位应在每班劳动时间内安排两次哺乳时间，每次 30 分钟（也可以合并使用）。多胞胎生育的，每多哺育一个婴儿，每次哺乳时间增加 30 分钟。哺乳时间和在本单位内哺乳往返途中的时间算作劳动时间。女职工在哺乳期内，所在单位不得安排其从事国家规定的第三级体力劳动强度的劳动和哺乳期禁止从事的劳动，不得安排夜班工作和延长工时。在哺乳期内禁忌女职工从事劳动的范围是：（1）作业场所空气中有毒物质浓度超过国家卫生标准的作业；（2）《体力劳动强度分级》标准中第三级体力劳动强度的作业；（3）作业场所空气中锰、溴、甲醇、有机磷化合物、有机氯化合物的浓度超过国家卫生标准的作业。

（四）对女职工特殊保护设施的规定

按照《女职工劳动保护规定》，女职工比较多的单位应当按照国家有关规定，以自办或者联办的形式逐步建立女职工卫生室、孕妇休息室、哺乳室、托儿所、幼儿园等设施，并妥善解决女职工在生理卫生、哺乳、照料婴儿方面的困难。

上述四个方面构成了我国对女职工特殊保护的主要内容。根据有关法律规定，在女职工劳动保护权益受到侵害时，有权向所在单位的主管部门或者当地劳动部门提出申诉。受理申诉的部门应当自收到申诉书之日起 30 日内做出处理决定。女职工本人对处理决定不服的，可以在收到处理决定书之日起 15 日内向人民法院起诉。

> **小提示**
>
> 女职工违反国家有关计划生育规定的，其劳动保护应当按照国家有关计划生育规定办理，不适用《女职工特殊保护规定》。

对违反《女职工劳动保护规定》，侵害女职工合法权益的单位负责人及其直接责任人员，其所在单位的主管部门，应当根据情节轻重，给予行政处分，并责令该单位给予被侵害女职工合理的经济补偿；构成犯罪的，由司法机关依法追究刑事责任。

第二节　未成年工的特殊保护

一、未成年工特殊保护的概念

未成年工在我国是指年满 16 周岁未满 18 周岁的劳动者。未成年工特殊保护是指根据未成年工的生长发育特点和其接受义务教育的需要，对其在劳动法律关系中所应享有的特殊权益的保护。主要包括限制就业年龄、限制工作时间、禁止从事某些作业、定期进行健康检查等特殊劳动保护。

未成年工的特殊劳动保护是劳动保护中的一部分，与一般的劳动保护相比，未成年工的特殊保护具有如下明显的特征。

（一）未成年工的劳动保护对象具有特殊性

它是对未成年工的保护。未成年工属于未成年人的范畴。童工也属于未成年人的范围。童工是指未满 16 周岁，与用人单位发生劳动关系，从事有报酬的劳动的少年。未成年工和童工不同，未成年工在劳动关系中享有与成年人不同的权益，受劳动法的特殊保护。而我国劳动法明文规定，禁止用人单位招用童工。

（二）未成年工的劳动保护内容具有特殊性

未成年工在劳动过程中，与用人单位依法形成权利义务关系。未成年工享有的权利很多，但未成年工享有的特殊劳动保护只限于限制就业年龄、限制工作时间、禁止从事某些职业、定期进行健康检查等内容，未成年工的特殊劳动保护内容不能任意扩大或者缩小。

（三）未成年工的劳动保护方法具有适应性

未成年工正处于身体发育时期，身体尚未发育成熟。根据未成年工的身体发育特点，采用适合未成年工使用的机器设备、工具和劳动保护用品，缩短工作时间，禁止加班加点或从事夜班工作，禁止从事某些作业，定期进行健康检查，保证未成年工在劳动过程中的安全和健康。因此，我国劳动法对于未成年工的特殊保护适应了未成年工的身体发育需要。

二、未成年工特殊保护的意义

未成年工正处于身体发育时期，对未成年工进行特殊的劳动保护，对于保护未成年工的人格和身心健康，保障未成年工享受接受教育的权利，具有重要的意义。

（一）有利于保障未成年工的安全和健康

保障劳动者在劳动过程中的安全和健康，是我国劳动法的首要任务，对于未成年工也不例外。首先必须保障未成年工的身体健康和安全。对于未成年工的安全健康保护主要是通过安全生产教育，使其掌握安全生产知识。同时，作为用人单位应当提供适合未成年工工作的设备、条件和良好的工作环境，维护未成年工的安全健康。

（二）有利于保障未成年工的健康成长

未成年工正处于身体发育时期，身体容易受环境的影响。同时，未成年工也是未来的主要劳动者，未成年工的身体健康，直接关系到我国未来劳动者的素质。因此，对未成年工实行特殊的劳动保护措施，有利于保障未成年工的健康成长，从而为我国未来的劳动者队伍建设创造有利条件。

三、未成年工特殊保护的主要内容

（一）限制就业年龄

1979 年国家劳动总局发出的《关于招工实行全面考核的通知》中，规定招工对象的年龄一般为 16～25 周岁。1986 年国务院发布的《国营企业招用工人暂行规定》和 1988 年国务院发布的《私营企业暂行条例》，都明确规定招工对象必须年满 16 周岁。1991 年国务院发布的《禁止使用童工规定》，明确规定我国的最低就业年龄为 16 周岁。《劳动法》第五十八条第二款明文规定："未成年工是指年满 16 周岁未满 18 周岁的劳动者。"《未成年人保护法》第二十八条规定："任何组织和个人不得招用未满 16 周岁的未成年人，国家另有规定的除外。"上述法律法规的规定，明确了我国公民最低就业年龄为年满 16 周岁。招收不满 16 周岁的未成年人是违法的，但文艺、体育和特种工艺单位，确需招用未满 16 周岁的文艺工作者、运动员和艺徒时，须报经县级以上劳动行政部门批准。而且招用单位要保证未满 16 周岁的特种工作者接受当地规定年限的文化教育。

为了严禁使用童工，劳动部、国家教委、农业部、国家工商局和全国总工会于 1988 年 11 月 5 日联合发出《关于严禁使用童工的通知》强调：坚决制止使用 16 周岁以下的童工。对违反国家规定、擅自使用童工者，除责令其立即退回外，并予以重罚。每招用一名童工，罚款 3000～5000 元。对情节严重、屡教不改者，应责令其停业整顿，直至吊销其营业执照。私营企业和个体工商户招用工人，必须报经劳动争议仲裁机构鉴证，以防止招用童工。工商行政管理机关对招用未按当地规定年限接受完成义务教育的以及 16 周岁以下的未成年人的个体工商户，不得发放个体营业执照。

（二）限制工作时间的延长

为保证未成年工身体健康成长，并有富余时间继续学习文化科技知识，一般情况下，对未成年工实行缩短工作时间，禁止安排未成年工从事夜班工作和加班加点工作。

（三）限制工作种类

《未成年工特殊保护规定》规定用人单位不得安排未成年工从事下列范围的工作：（1）《生产性粉尘作业危害程度分级》国家标准中第一级以上的接尘作业；（2）《有毒作业分级》国家标准中第一级以上的有毒作业；（3）《高处作业分级》国家标准中第二级以上的高处作业；（4）《冷水作业分级》国家标准中第二级以上的冷水作业；（5）《高温作业分级》国家标准中第三级以上的高温作业；（6）《低温作业分级》国家标准中第三级以上的低温作业；（7）《体力劳动强度分级》国家标准中第四级体力劳动强度的作业；（8）矿山井下及矿山地面采石作业；（9）森林业中的伐木、流放及守林作业；（10）工作场所接触放射性物质的作业；（11）易燃易爆、化学性烧伤和热烧伤等危险性大的作业；（12）地质勘探和资源勘探的野外作业；（13）潜水、涵洞、涵道作业和海拔 3000 米以上的高原作业（不包括世居高原者）；（14）连续负重每小时在 6 次以上并每次超过 20 公斤，间断负重每次超过 25 公斤的作业；（15）使用凿岩机、捣固机、气镐、气铲、铆钉机、电锤的作业；（16）工作中需要长时间保持低头、弯腰、上举、下蹲等强迫体位和动作频率每分钟大于 50 次的流水线作业；（17）锅炉司炉。

对患有某种疾病或具有某些生理缺陷（非残疾型）的未成年工，用人单位不得安排他们从事以下范围的劳动：（1）《高处作业分级》国家标准中第一级以上的高处作业；（2）《低温作业分级》国家标准中第二级以上的低温作业；（3）《高温作业分级》国家标准中第二级以上的高温作业；（4）《体力劳动强度分级》国家标准中第三级以上的体力劳动强度的作业；（5）接触铅、苯、汞、甲醛、二硫化碳等易引起过敏反应的作业。《未成年工特殊保护规定》对"患有某种疾病或具有某些生理缺陷"的名称一一做了列举。

（四）进行定期身体健康检查

按照《未成年工特殊保护规定》，用人单位对未成年工应进行定期健康检查，具体时间是安排工作岗位之前、工作满 1 年、年满 18 周岁距前一次的体检时间已超过半年。用人单位要根据未成年工的健康检查结果安排其从事适合的劳动。经医务部门证明不能胜任原工作的，单位应减轻劳动量或安排其他劳动。

（五）采用各种证卡制度

依据《未成年工特殊保护规定》，招用未成年工实行《未成年工健康检查表》《未成年工登记表》《未成年工登记证》制度，未成年工必须持劳动行政部门核发的《未成年工登记证》上岗工作。未成年工上岗前，用人单位应对其进行有关职业安全卫生教育和培训。未成年工体检和登记，由用人单位统一办理和承担费用。

复习思考题

1. 劳动法对女职工和未成年工特殊保护的意义是什么？
2. 劳动法对女职工的特殊保护措施有哪些？
3. 劳动法对未成年工的特殊保护措施有哪些？

第九章　职业培训

学习目标

1. 了解职业培训的对象、职业培训与普通教育的区别、实行职业培训制度的意义、理解实行职业培训制度的原则。

2. 了解就业前培训的主要形式、了解在职培训的一般规定。

3. 掌握职业资格证书的核发和管理、了解职业技能鉴定制度的主要内容。

关键术语

职业培训　就业前培训　学徒培训　就业训练中心培训　学校培训　在职培训　在岗业余培训　职业资格证书制度　职业技能标准　职业技能鉴定

第一节　职业培训概述

一、职业培训概念

职业培训，是指为了培养和提高要求就业和在职劳动者的技术业务知识和实际操作技能而进行的教育和训练工作。职业培训包括就业前培训、在职培训和转业培训三大类，它们分别承担着对社会劳动力、企业劳动力以及介于两者之间的流动劳动力进行培训的任务。

从职业培训的定义可以看出：（1）它是一种以劳动力为特定对象的劳动资源开发活动；（2）它是以培养和提高求职者和在职人员的职业能力为目的的定向培训；（3）它通常是按照国家职业分

> **小链接**
>
> **职业形象的重要性**
>
> 职业形象包括多种因素，如外表形象、知识结构、品德修养、沟通能力等。如果把职业形象比作一个大厦的话，外表形象好比在大厦外表上的马赛克一样，知识结构就是地基，品德修养是大厦的钢筋骨架，沟通能力则是连接大厦内部以及大厦与外界的通道。

153

类和职业技能标准进行的规范化培训。

职业培训是按照社会的需要，对劳动者在不同水平的普通教育的基础上，给予不同水平的专业知识和技能培训，通过开发劳动者智力及培养人的职业兴趣和训练职业能力等社会活动，培养能够掌握特定劳动部门的基础知识、实用知识和技能技巧型人才的一种教育方式。普通教育也称学校教育，它从事的是一般性的文化教育，其对象主要是进入社会职业之前的人群，是职业培训的基础和前提。

职业培训与普通教育既有联系，又有区别。它们都是从事智力开发活动的，都是为了提高人力资源的质量，都担负着将劳动力资源转化为社会生产力的繁重任务。但职业培训与普通教育的区别也是显而易见的，其主要表现是：（1）培养对象不同。普通教育以非社会劳动力为培养对象；职业培训则是以社会劳动力为主要培养对象。（2）教育性质不同。普通教育是常规教育，侧重于基础教育，侧重于知识水平的提高；职业培训则是普通教育的延伸和专门化，侧重于职业技术教育，侧重于职业技能的提高。（3）培养方式不同。普通教育的形式是正规的学校教育；职业培训的形式则多种多样，对将要就业的人员通过上职业高中、技工学校、就业训练班等培训方式进行培训；对已就业的人员通过脱产、半脱产的长期或短期的离岗专门培训和在岗业余培训；对待业人员、富余人员和下岗工人进行转业、转岗培训。

二、实行职业培训制度的意义

党的十五大报告指出："科学技术是第一生产力，科技进步是经济发展的决定性因素。要充分估量未来科学技术特别是高技术发展对综合国力、社会经济结构和人民生活的巨大影响，把加速科技进步放在经济社会发展的关键地位，使经济建设真正转到依靠科技进步和提高劳动者素质的轨道上来。"《劳动法》第六十六条规定："国家通过各种途径，采取各种措施，发展职业培训事业，开发劳动者的职业技能，提高劳动者素质，增强劳动者的就业能力和工作能力。"可见，职业培训作为提高劳动力素质的一种重要手段，在我国社会主义经济建设中具有十分重要的意义。

（一）加强职业培训有助于实现现代化大生产

现代化大生产要求劳动力质量要与所使用的生产资料相适应。要保持劳动力与生产资料的最佳结合，就必须不断培训出适应新的生产技术要求的劳动者。随着科学技术的迅速发展，设备和知识更新的速度不断加快，其更新周期小于劳动者的生命周期；同时，有些专业和职业消失了，新的专业和职业诞生了，这就要求不断培养出适应新的专业知识和职业所需要的劳动者，要求劳动者能够掌握和运用新的科学技术以及科学的管理方法，实现高效益。这是现代化大生产的决定性条件。

在科学技术日新月异发展的今天，随着计算机技术和微电子技术在生产、经济领域的普及运用，单纯的劳动力数量已失去优势，需要大批掌握现代科学技术和现代管理水平的熟练劳动者。而我国目前职工队伍的素质普遍偏低，与现代化大生产的要求有很大差距。这种状况不仅直接导致我国工业生产领域产量低、质量差、消耗大、成本高、事故多等严重后果，而且制约着将来经济的发展。因此，大力加强职业培训，造就具有先进技术水平和熟练程度的劳动者，是实现现代化大生产的当务之急。

（二）加强职业培训有助于增强我国在国际市场上的竞争力

随着我国市场经济体制的逐步建立和完善，我国经济将会更加开放，与国际经济的交流会更频繁、密切，竞争也会更加激烈。产品的竞争就是质量和价格的竞争，而这一切归根结底又都是劳动力质量即劳动者智力的竞争。任何产品都可能因知识投入量的不同而形成商品质量的差异，从而导致企业在竞争中优胜劣汰。因此，只有通过职业培训，提高劳动者的技术熟练程度，才能用较少的劳动消耗生产较多的产品，从而提高劳动生产率。同时劳动者的生产技能的提高，又能不断改善产品质量，降低生产成本，增加企业利润。这样就可以增强我国企业在国际市场上的竞争力。

（三）加强职业培训有助于提高劳动者的素质

劳动者的素质，包括思想品德（政治思想和职业道德）和职业能力两个基本方面。

劳动者素质的培养和提高是一个持续过程。对于已经进入劳动年龄的社会成员来说，一般均已结束普通教育阶段。随着科学技术的不断发展，产业结构的不断变化，劳动者在校所学知识日渐陈旧，任何一个劳动者都需不断更新自己的知识结构，提高劳动技能，而这些主要是在后续教育和实践中获得的。因此，职业培训便成为劳动者继续提高的主要途径。

（四）加强职业培训有助于劳动就业和再就业，实现公民的劳动权

职业能力是劳动者实现劳动权的客观基础。因此，职业培训的主要任务便是帮助其获得必要的职业能力，为其进入就业准备条件；同时通过职业培训帮助劳动者全面发展，实现劳动者一专多能，从而使劳动者具有较强的就业应变能力，适应复杂多变的劳务市场需求，保障其劳动权的真正实现。

三、中国职业培训概况

中国劳动力资源数量极大，长期"供过于求"，而在质量上却表现为高素质的劳动力"供不应求"。因此只有通过大力开发劳动力资源，努力提高劳动力素质，才能不断提高劳动生产率，保持国民经济快速和稳定的发展。目前，新的职业培训体系已经建立，职业培训的法规和政策正逐步完善。具体表现在：

> **小知识**
>
> **提高劳动者素质的途径**
>
> 我国政府通过多种途径，积极发展各类教育与培训事业，实行学历证书和职业资格证书并重的制度，全面提高劳动者的就业能力、创业能力和适应职业变化的能力。

（一）职业培训已发展到相当规模

目前，我国就业前的各类职业技能培训机构比较完备。各类职业学校、技工学校、就业训练中心为我国市场经济的发展培养了大批人才。在职培训通过业余学习、脱产轮训或采取脱产、半脱产相结合等形式对企业职工进行培训，适应性或岗位培训，以使职工适应生产发展的需要。总之，我国已初步建立起一个多方办学、多种培训形式、多种职业等级相结合的职业培训体系。

（二）职业技能鉴定制度初步建立并得到普遍推广

目前我国完整的职业分类已完成，《工种分类目录》《中华人民共和国分类大典》的完成，为进一步促进我国职业分类工作和职业技能开发事业的发展起了重大作用。技术等级标准的修订，《工人考核条例》《职业技能鉴定规定》《职业资格证书规定》的颁布，使我国职业技能鉴定制度、职业资格证书制度已初步建立并开始全面推行，与此相应的国家职业分类、职业标准和职业资格考核制度的制定，以及社会化职业技能鉴定网络的组织都在迅速发展中。

我国在职业技能开发过程中，虽然取得了较大成绩，但仍存在不少困难和问题。第一，社会上存在着轻视技术工人，轻视职业技能培训和重学历文凭轻职业证书的传统观念，阻碍着职业培训事业的发展。第二，我国教育的发展与生产力水平和城乡经济建设的现实需求脱节，政策偏向学历教育，不注重发展培养应用型人才，特别是忽视一线劳动者的技术业务教育和培训。第三，国家对各级各类教育的投入不尽合理，对职业教育和培训，特别是对培养生产一线产业技术大军的技工培训投入过少。这种状况与经济发展对技术工人的迫切需要极不适应，严重地影响了职业教育与培训事业的发展。我国社会劳动力总量供过于求，而经济发展需要的各种专门技术劳动者严重缺乏的现象仍没有得到明显改善。第四，职业教育受传统普通教育的影响，还存在着注重理论，轻视操作；注重知识，轻视技能；注重学历文凭，轻视工作经验的现象，导致教育培训在一定程度上脱离经济、脱离生产，造成教育资源的浪费。同时职业教育培训的师资建设、教材开发、教法改革、技术装备更新都存在一定问题，不能完全满足劳动市场对应用性和创造性人才的迫切需要。第五，职业培训的服务对象主要集中在城市和国有经济，忽视了农村和非国有经济对职业教育培训的需要。当前农村经济迅速发展，非国有经济迅速崛起，职业教育要把自己的工作向农村、乡镇和非国有经济领域延伸，使职业教育直接与非国有经济部门的就业和农村劳动力的转移紧密结合起来。

四、实行职业培训制度的原则

《劳动法》第六十七条规定："各级人民政府应当把发展职业培训纳入社会经济发展的规划，鼓励和支持有条件的企业、事业组织、社会团体和个人进行各种形式的职业培训。"职业培训的目的是为了提高人的科学技术和文化水平。职业培训具有不同于普通教育的特点，它是一种定向性教育，以直接培养和提高人的职业能力和熟练程度为目的。随着社会主义市场经济的不断发展，社会对人的素质要求也越来越高，因此我国职业培训工作的指导思想也应当适应新形势发展的客观需要。根据有关法律、法规的规定，我国职业培训工作应贯彻以下原则。

（一）实行"先培训，后就业；先培训，后上岗"原则

我国劳动力的总体技术素质偏低，由此带来劳动效率低下的问题，严重影响着社会经济和生产的发展。针对这一问题，《劳动法》第六十八条明确规定："从事技术工种的劳动者，上岗前必须经过培训"。1995年6月，劳动部确定了首批实行《从事技术工种上岗前必须培训的规定》的50个技术工种的目录。"先培训，后就业"的要求是对就业双方提出来的，一方面是用人部门必须从经过职业培训合格的人员中招工；另一方面是申请就业人员必须在就业前接受职业培训，掌握必要的技能，获得必要的职业资格证书。

"先培训，后上岗"是企业内部为保证在岗人员素质，把住上岗质量关的一项重要制度。其培训对象都是在职职工，其目的是使即将上岗的人员能熟悉所从事工作的性质、任务，掌握必要的专业技能知识和操作方法，以便能适应本岗位对人员素质的基本要求，保证在岗人员的整体素质水平处于良好状态。

（二）实行职业资格证书制度的原则

1994年2月，劳动部和人事部为了适应社会主义市场经济体制的需要，加强劳动人事科学化管理，维护正常职业秩序，共同制定了《职业资格证书规定》。劳动部门对所有技能岗位人员的上岗提出要求，即实行职业技能的鉴定。一方面要求各类职业训练机构的毕（结）业生全部实行"双证制"（毕业证、结业证和技术等级证）考核；另一方面对所有劳动者实行职业技能鉴定的社会化管理，即无论劳动者目前所从事的专业如何，政府向所有申请应考者提供职业技能方面的评估。建立职业资格证书制度是我国劳动人事管理工作的一项重

要改革举措，这一原则的建立为劳动者自由地进入劳动力市场和合理流动创造了条件，有利于加强政府对劳动力市场的监督管理和社会服务。

（三）在对培训实体的管理上实行自主办学的原则

1994年12月，劳动部颁布了《职业培训实体管理规定》，逐步改变了计划经济体制下职业培训实体的办学方向和办学形式，进一步扩大了职业培训实体的办学自主权。如技工学校可以自行组织招生和考试，可以到农村招收部分专业的学生。就业训练中心可以根据本地社会经济发展需要确定培训的方向和内容，采取灵活多样的培训方式。职业中学也相应地采取了更加灵活的办学形式，以适应社会的需要。

（四）实行"培训、考核与待遇"相结合的原则

为调动劳动者参加培训的积极性，我国政府曾提出将"培训、考核、使用和待遇"相结合的原则。这一政策的提出，对当时培训工作确实起到了很好的作用，但是落实企业用人自主权、分配自主权以后，简单地将培训、考核、使用和待遇联系在一起显然已经不能适应这种变化。过去那种一切靠行政手段进行管理的方法已难奏效，必须建立新的培训机制，使劳动者和用人单位真正将培训作为自己的需求，主动地根据需要进行培训，才能使培训事业得到健康、持续的发展。因此应实行"培训、考核与待遇"相结合的原则，即学了就可以用，只有将学到的技术能真正用在工作中，并获得经济效益后，才有可能取得相应的待遇。

第二节　就业前培训

一、就业前培训的概念

就业前培训是指对新成长起来的、尚未进入职业领域的求职者所进行的就业技能的教育和训练。它是我国职业培训的一个重要方面。通过就业前培训，求职者可以学到某种基本职业技能，从而为其正式就业创造必要的条件。

在我国，就业前培训的形式主要有学徒培训、就业训练中心培训和学校培训等。

二、学徒培训

（一）学徒培训的概念

学徒培训，是指由用人单位招收青年当学徒，在具备一定技术水平和教学能力的师傅的直接教导下，通过实际生产劳动使其掌握生产技术的一种培训制

度。学徒培训是我国在生产中培训新技术工人的传统制度。

（二）学徒培训的主要内容

1. 学徒招收的条件和方式

应招学徒应具备的条件是：思想品德端正，具备初中以上文化程度，身体健康，16～22周岁的未婚男女青年。招收的方式应坚持公开招收，在德、智、体全面考核的前提下侧重文化考核，择优录用。

2. 学习期限

学习期限一般为3年。技术比较简单的工种，可以适当缩短，但不得少于2年。技术特别复杂的工种，也可以适当延长。

3. 培训目标

主要是培训初级技术工人，学习期满，使其具有能胜任初级技术岗位要求的技术理论知识、较熟练地掌握相应的操作技能、良好的职业道德、健康的体魄。

4. 考核与录用

学习期满，要按规定的培养目标和《工人技术等级标准》的要求对学徒进行全面考核，考核及格者转为正式工人，考核不及格者，要延长学习期限，并进行补考；补考仍不及格的，可以辞退。

5. 学徒期间待遇

学徒由单位按月发给生活费，并享受劳动保护方面的基本待遇，也可适用某些一次性的奖励。在劳动保险方面，如学徒因工死亡，可发给一次性抚恤费。

（三）学徒（招收）培训合同

学徒（招收）培训合同是指学徒与用人单位之间，为培训技术工人，明确相互权利义务关系的书面协议。它确立的是用人单位与学徒的一种（预备）劳动关系。企事业单位招收学徒应当与应招者签订学徒培训合同。其内容包括：具体的培训目标、培训期限、培训方式和方法、指导师傅、双方具体的权利和义务等。

（四）师徒合同

师徒合同是指师傅与学徒之间，为传授与学习技艺，明确相互权利义务关系的书面协议。它确立的是师傅与徒弟的教学关系。师徒合同是学徒（招收）培训合同的从合同，它的订立以学徒（招收）培训合同的存在为前提，因此师徒合同的内容为学徒培训合同的主要内容，并小于培训合同的内容范围。其内容包括：具体教学内容、学习期限、包教保学的条件、出徒时间及出徒标准等。

在经济体制改革的进程中，随着劳动用工制度的改革，我国传统的学徒制度也发生了重大变化。当前，一些地方把学徒进厂后的培训改为进厂前的培训，把招学徒工改为招培训生。由劳动服务公司按企业计划招工人数，在社会上公开进行差额招收。被录取的培训生与培训单位签订培训合同。培训生在学习期间不按企业职工对待，培训期内由培训单位发给生活补助。培训期满，对全面考核合格者发给结业证书，由培训单位优先录用。

三、就业训练中心培训

（一）就业训练中心培训的概念

就业训练中心培训是指劳动行政部门通过就业训练中心对城镇待业人员和其他求职人员进行教育和训练，使其成为具有初级技术业务水平的工人和其他专业人才的培训方式。

就业训练中心（以下简称"培训中心"）是指劳动行政部门及有关社会组织为城镇待业人员和其他求职人员提高职业技能、增强就业能力而举办的职业技术教学实体。包括劳动行政部门举办的职业技术学校和职业技术培训中心。

全国第一个就业培训中心于 1981 年 6 月建成，由于在培训对象、工种专业设置、学习期间培训内容、培训方式和机构设置等方面具备很大的灵活性和适应性，因此，国家肯定并提倡此种形式。随后，培训中心便扩展到全国各地。为加强就业培训中心管理，规范和推动就业训练中心培训工作，劳动部于 1991 年 2 月、1992 年 1 月、1994 年 12 月先后颁发了《就业训练中心管理规定》《就业训练中心评估检查标准》《就业训练规定》等，对培训中心的若干重要问题做出了明确规定。

（二）关于培训中心若干法律规定

1. 培训中心的任务

培训中心以城镇待业青年为主要招收对象，以培训初级后备劳动力为主，兼顾招收转业培训对象。其主要任务是培训初级技工和非等级的初步职业知识和技能。

2. 培训中心的专业设置和培训期限

培训中心应根据当地经济建设和社会发展需要以及社会用工的需求，灵活地设置工种（专业），并确定相应的培训期限。培训期限应根据工种（专业）的技术复杂程度和岗位要求确定：简单劳动岗位的熟练工一般不少于 3 个月；一般技术岗位的熟练工不少于 6 个月；技术性较强的生产岗位的技工在 1 年或 1 年以上。

3. 培训中心的教学与学员的考核及发证

培训中心的教学必须坚持理论联系实际，以操作技能训练为主，组织好生产实习教学。对训练期满的学员进行专业技术知识和操作技能的考核，考核分为结业考核和职业资格鉴定。对考核合格者，发给《就业训练结业证书》。同时，组织训练结业的学员参加职业资格鉴定。对考试合格者，发给职业资格证书。

4. 学员的招收和就业

培训中心招收学员，实行面向社会、公开招生、自愿报名、自选专业、自费就学原则。培训中心为用人单位进行定向训练或委托训练，应与用人单位签订培训合同，规定双方的权利和义务。学员结业后不包分配，由用人单位择优录用。

四、学校培训

学校培训是指采用规范的教学实体形态、统一的教学大纲和教材，按既定学制，以规范的教学活动所进行的培训教育。当前对预备劳动力的学校培训主要有技工学校培训和职业中学培训。

（一）技工学校培训

技工学校培训是指通过国家、社会和企事业单位举办的专门学校对青年学生或新工人进行的中等职业教育培训。它属于高中阶段的职业技术教育。

> **小提示**
>
> **积极发展远程培训**
>
> 中国政府利用信息网络技术和卫星数据传输技术，大力发展远程培训。国家加快远程职业培训总体规划的制定和实施，逐步形成社会化、开放式的培训网络。

技工学校在完成培养中级技术工人任务的前提下，可以承担多种培训任务，包括在职工人（含班组长）的提高培训、转业培训、待业人员的就业培训、学徒的技术培训等。

技工学校最大的特点是理论联系实际，学生能学到较全面的操作技能和必要的理论、文化知识。技工学校一般均具备各项必要的办学条件，既有合格的教师和其他工作人员，又有同办学规模、工种（专业）设置相适应的实习实验场所等各项设备。技工学校的教学，在看重操作技能训练的同时，紧密围绕培养目标，安排必要的文化与技术理论基础课程。这样实际操作训练与技术理论知识并重，使学生毕业进入工作岗位后，一般经过短期锻炼，大都可以成为生产骨干。

1. 技校的任务和培养目标

技校的任务是把学生培养成合格的中级技术工人。同时还要根据需要和可能，积极承担多种培训任务，包括在职工人的提高培训、转业培训、待业青年的转业培训、学徒的技术培训等。

对培养中级技术工人的具体要求是：（1）具有较高的思想觉悟、良好的职业道德；（2）掌握本工种（专业）中级技术所需要的文化、技术理论基础知识，具有一定的分析和解决问题的能力；（3）熟练地掌握本工种（专业）的基本操作技能，完成本工种（专业）中级技术水平的作业；（4）身体健康。

2. 技校的学制和专业设置

学制应根据培养目标、招生对象的不同分别确定。培养中级技术工人，主要招收初中毕业生，学制为3年；个别工种（专业）需要招收高中毕业生的，学制为2年。

技校的专业设置要根据经济建设和社会发展的需要。在设置专业时应当注意以下几点：（1）操作技术比较复杂，技术理论知识要求较高，适合社会经济建设需要；（2）生产急需的门类、短线工种或专业；（3）新技术、新工种、新产业对人才的需求。

3. 技校的教学、考试与录用

技校的教学应根据统一的教学计划和教学大纲进行，文化、技术理论课应各占1/2。生产（业务）实习教学的内容，应包括基本功训练和综合课题训练。专业技术理论课的教学应同本工种（专业）操作技能训练密切结合。

学生学完全部课程经考试合格，准予毕业，发给毕业证书。参加技术等级考核成绩合格的，颁发技术等级证书。

学生毕业后不包分配，由用人单位择优录用。毕业生当工人后实行劳动合同制度，与用人单位签订劳动合同。

4. 技校的培训关系

技校的培训涉及多方主体，它们各自具有不同的权利和义务：（1）举办（或主办）单位应制订开办计划，负责办理审批和备案手续，提供办学所需的条件、经费和人员；它有权安排受培人员和优先录用培成人员，有权对学校的总体活动进行监督。（2）技校为办学单位，接受举办单位的委托开展培训教学活动，有权获得主办单位的各种必要支持，享有办学自主权；有义务完成既定的培训任务，并接受主办单位的指导和监督。（3）由举办单位安排、实行公费培训的受培人员在培训结束后回原单位工作；其他自费就培人员，培成后通过市场就业。（4）非举办单位需从技校录用培成人员的，技校实行有偿输送，按规定或由双方商定收取培训费用。

（二）职业中学培训

职业中学培训是普通教育与职业教育相结合的培训形式，属于高中阶段的职业教育。职业中学培训包括职业高中和职业学校两种基本形式。职业高中大都是教育部门在教育体制改革中，在普通高中的基础上改办的，有些是普通高中里附设的职业班。这类学校主要招收初中毕业生，学制 2～3 年，学习内容以文化和专业理论知识为主，并进行一定的实习。学生学费自理，毕业后学校不包分配，由学校推荐就业。职业学校是由各部门、各地区或社会团体及个人举办的，主要是为了培养社会急需的初级技术人员和初级业务人员。其招生对象不限于初中毕业生，初中文化程度以下的劳动者也可以自愿报名入学。入学费用由学生自己交纳，毕业后学校不包分配，可由职业介绍机构推荐，用人单位择优录用。

第三节 在职培训

一、在职培训的概念

在职培训，也称职业教育，是针对在岗职工进行的专业技能提高的再教育。

当今世界处于一个知识大爆炸、技术飞速发展的时代。对于每一个人来说，不可能在一段时间将所需要的知识和技能都学完。随着科技的不断发展，产业结构的不断变化，任何一个劳动者都需要不断地学习，不断地更新自己的知识结构，提高自己的劳动技能。在职培训就是为顺应这一形势而开办的继续教育活动。

在职培训具有以下特点：（1）它所培训的是使用中的劳动力，因而培训费用应由用人单位承担，而受培者则应以具有劳动关系为前提，即使是离岗培训，其劳动关系仍然存续；（2）它是提高教育，因而培训的起点较高，专业性较强；（3）它投资少，见效快，所学内容针对性强，所学知识能较快转化为生产力；（4）学习形式灵活多样。

二、在职培训的一般规定

（一）在岗业余培训

在岗业余培训是指在培训对象基本上不脱离工作岗位的情况下进行的培训，即边工作、边培训，是实现企业全员培训的基本形式。这种培训方式不影响单位的工作开展，使企事业单位在既不缺员又不增人的条件下达到提高劳动力质量的目的，而且具有不受年龄和人数严格限制的特点，因而是进行在职培训的基本形式。在岗业余培训一般采用岗位训练（俗称"岗位练兵"）、各种短期培训班、系列讲座、各类培训中心以及电大、业大、夜大、函大、高等教育自学考试等形式。

（二）离岗专门培训

离岗专门培训（即脱产学习）是指培训对象暂时离开工作岗位，进入院校或研究机关，专门从事系统的理论学习和技能训练。这种培训方式投资较大，但因是对培训对象进行的专门而系统的教育，与在岗培训相比，能获得更好的培训效果。离岗专门培训的具体形式，通常有各类职工中学和职工大学，或委托大专院校、科研机构进行代培等形式。

（三）在职培训毕业生的待遇

按规定职工读完中等专科或高等专科学校的课程，经考试合格，国家承认其学历，与全日制院校同类专业的毕业生享受同等待遇。

（四）在职培训的管理机构

国家设专门管理机构对职工教育工作进行管理，最高管理机关是全国职工教育管理委员会；中央各部委、工会系统、教育系统、劳动人事系统等各侧重管理本系统的职工教育；各省、市、自治区设省级职工教育管理委员会，基层则由单位行政管理本单位的职工教育。

三、在职培训的专项规定

（一）关于高等教育自学考试的规定

1988年3月国务院发布了《高等教育自学考试暂行条例》，该条例所称的"高等教育自学考试"，是指对自学者（可以是在职职工，也可以是非在职人员）以学历考试为主的高等教育国家考试，凡全日制在校学生不得报考。它是一种个人自学、社会助学和国家考试相结合的高等教育形式。该条例的主要内容有以下几个方面。

1. 关于考试机构的设置

全国高等教育自学考试指导委员会（简称"全国考委"），在国家教委领导下，负责全国高等教育自学考试工作；省、市、自治区及其所辖地区设立相应的省考委和地区考委，负责本地区的自学考试工作。

2. 关于开考专业

凡属新开考专业，应由省考委组织论证，提经全国考委审批，并规定新开考专业的必备条件，要求新开考专业应于首次开考前半年向社会公布。

3. 关于考试及证书

考试命题由全国考委统筹安排。每门课程实行一次性考试，考生可自行选择考试专业。对考试合格者发给毕业证书，国家承认其学历。该类证书具有正规高校所颁发证书同等效力，可作为录用或聘任的依据。

4. 关于奖惩

参加自学考试的人员，从事自学考试的工作人员以及社会助学方面，凡成绩显著者，均给予奖励；同时对上述人员的违纪、舞弊行为，根据情节轻重，分别给予纪律处分或追究法律责任。

（二）关于成人高等学校的规定

成人高等学校是以在职在业人员为主要培养对象的高等学校，包括成人教育学院、管理干部学院、职工高等学校、农民高等学校、职工业余大学、广播电视大学、函授学院等。由于成人高等教育能够直接有效地提高劳动者的素质，可以直接提高经济效益和工作效率，所以国家十分重视成人高等教育工作。当前，国家对成人高等教育的基本规定包括以下几方面：

1. 成人高等学校的设置和培养目标

成人高等学校应根据经济和社会发展的实际需要设置并达到一定规模，要求在校学生人数达 800 人以上，专业设置 3 个以上。

成人高等学校的培养目标是：（1）对在职在业而达不到高等文化程度和专业水平的人员进行相应的文化、专业教育；（2）对具有大专以上学历或中级以上技术职务的在职人员进行继续教育。通过培训，使受培人员能适应社会、经济发展需要，胜任本职工作。

2. 成人高等学校的教学与发证

成人高等学校主要是进行学历教育。在教育结构上，以专科教育为主，开展第二专业教育，具备条件的，可开设本科教育；培养在职的学士、硕士、博士生。成人高等学校适用普通高等院校的正规考试制度以及职业技能考核鉴定制度，经考试、考核合格的颁发学历文凭与职业资格证书。

除前述就业前培训、在职培训以外，还有一类转业培训。转业培训的目的是帮助已就业或失业而需要转业的职工改变技能结构单一的状况，创造新的就业条件，以便获得新的工作岗位。转业培训的对象一般是失业人员，这些失业人员包括仍滞留在企业内部的优化组合富余人员和已进入社会的失业人员。前者的培训由所在单位提供条件并组织进行，后者由就业服务机构或有关管理机构组织进行，培训费用由组织培训的单位给予可能的资助。

第四节　职业资格证书制度

一、职业资格证书制度的概念

职业资格证书制度是指对劳动者从事某一职业所必需的学识、技术和能力进行认证的制度。它是国家对劳动者职业资格认证的一项重要法律制度。国家实行职业资格证书制度是《劳动法》的一项重要规定。原劳动部和原人事部于1994年2月颁发的《职业资格证书规定》第二条规定："职业资格是对从事某一职业所必备的学识、技术和能力的基本要求。职业资格包括从业资格和执业资格。从业资格是指从事某一专业（工种）学识、技术和能力的起点标准。执业资格是指政府对某些责任较大，社会通用性强，关系公共利益的专业（工种）实行准入控制，是依法独立开业或从事某一特定专业（工种）知识、技术和能力的必备标准。"职业资格证书是联结职业教育和培训与生产经济活动的主要纽带，是政府对劳动力质量进行认证和监控的主要工具，也是劳动者个人增强就业竞争能力，增加就业选择机会，提高工资收入和福利保险待遇的主要依据。因此，国家职业资格证书对调动劳动者和职业教育培训机构两个方面的积极性具有重大意义。

职业资格分别由国务院劳动、人事行政部门依据法定的条件和程序进行考评，对合格者授予国家职业资格证书。职业资格证书是职业标准在社会劳动者身上的体现和定位，是对劳动者具有和达到某一职业要求的知识和技能标准的认证，是劳动者进入就业的凭证。职业资格证书对劳动者注重的是特定职业所要求的资格，而不是劳动者的基本学识或其他专业水平，因此它的性质和用途都不同于学历文凭，只具有客观证明的效力，即证书所载只表明持证人所具有的技术等级，供使用方参考。它不涉及证书对持证人使用和待遇的效力，即不具有权利凭证的性质。

我国对后备劳动人员实行"双证制度"，即培训结束，经考试、考核合格，获得《毕业（结业）证书》，经技术等级鉴定，获得《技术等级证书》，双证齐备者获得优先录用资格。同时，对技术岗位和管理岗位推行凭证上岗或凭证任职制度，凡明文规定需凭证就任的职位和特种作业岗位，无特定证件的不得就任，否则其就任无效，并追究有关人员的责任。

职业资格证书制度是职业培训的中心环节。实行职业资格证书制度的意义是：（1）它科学地反映劳动者的职业能力，克服我国长期以来以学历文凭为主的资格证书的弊端；（2）它客观公正地评价专业（工种）技术人才的职业能力，量才使用劳动者；（3）它促进人才的合理流动。职业资格证书是国家对申请专业（工种）知识、技术、能力的认可，是求职、任职、独立开业和单位录用的主要依据，有利于持有职业资格证书的劳动者选择用人单位，也便于用人单位根据职业资格证书录用劳动者，促进人才流动。

二、职业资格证书的核发和管理

1994年2月，国家颁布了《职业资格证书规定》，对职业资格证书的授予和管理作了明确规定。

（一）申请

凡在法定劳动年龄内，具有劳动能力的中国公民，获准在我国境内就业的其他国籍或无国籍人员，均可按照自愿、费用自理的原则，依据国家有关政策规定和程序申请相应的职业资格。

（二）考评

职业资格分别由国务院劳动、人事行政部门通过学历认定、资格考试、专家评定、职业技能鉴定等方式进行考评，对合格者授予相应的《技术等级证书》《技师合格证书》或《高级技师合格证书》，上列证书由劳动部统一印制。

（三）核发与管理

职业资格证书实行政府指导下的管理体制，由国务院劳动、人事行政部门综合管理，劳动部负责以技能为主的职业资格鉴定和证书的核发与管理；人事部负责专业技术人员的职业资格评价和证书的核发与管理。

三、职业分类的职业技能标准

职业技能标准是国家根据法定的职业分类目录，对规定的职业所需的基本技能和较高技能进行分解，制订明细的职业技能标准，用以考核检测从事或将要从事该职业的劳动者的技术水平的标准体系。

职业分类是制订技能标准，进行考核、鉴定的基础和前提。所谓职业分类是指运用一定的科学手段，对全社会就业人员按所从事工作的种类和性质进行归类。

职业技能标准是衡量从业人员技能水平和工作能力的尺度，是进行技能培训、技能鉴定、企业用人以及开展国际劳务合作交流的基本依据。职业技能标准具有以下法律特征：（1）它以法定的职业分类为前提，只有在职业分类目录中的职业工种，才由国家依法制订技能标准；没有列入职业分类，但在实践中也确实存在的那些职业，不存在技能标准的制订问题。（2）职业技能标准必须由国家制订或认可。未经国家批准的机构或个人制订的职业技能标准不具有法律效力。

职业技能考核依据的标准有：《国家职业技能标准》《工人技术等级标准》《技师考评条件》，还有企业内部的岗位规范。这里着重介绍《工人技术等级标准》的有关内容。

（一）技术等级标准的概念和法律效力

技术等级标准是国务院各产业部门依法制订的用以衡量技术工人技术业务水平和工作能力并据以确定其技术等级的统一尺度。它根据各工种的技术复杂程度、劳动繁重程度和责任大小，规定技术等级的数目以及各个等级具体的技术要求。

依法制订、颁布的技术等级标准具有法律约束力，其效力表现在：（1）它是确定培训目标、评估培训成效的主要依据；（2）它是工人录用、上岗、转岗、晋升考核的法定依据；（3）它是确定工人工资、福利待遇的有效依据；（4）它是制订岗位规范的法律依据并构成岗位规范的主要内容；（5）经公证的技术鉴定证书是劳务输出、公民境外就业的有效证件。

（二）技术等级标准的内容

技术等级标准一般包括下列三大项内容：（1）职业理论知识要求。要求具有能胜任本工种、本等级工作所需的知识结构和知识水平。（2）职业技术操作要求。要求具有能胜任本工种、本等级工作所需要的实际技术业务能力结构和能力水平。（3）工作实例。在理论知识、业务技能考核的基础上，根据实际情况设置能体现本工种、本等级能力水平的典型工件或工作项目进行综合考核。

技术标准的内容必须符合劳动法律、法规和政策的规定，不能与其相悖。

（三）制定技术等级标准的类别和等级

工人技术等级标准是一个独立的标准序列，依其适用范围的不同，可分为通用技术标准和专用技术标准；依技术标准的等级不同，分为国家职业技能标准、行业技术标准和企业技术标准。

技术等级的划分，一般根据工种的技术复杂程度不同确定，工种技术复杂，层次比较分明的，设较多的等级数目；技术复杂程度较低的，所设等级数目相应较少。

我国技术等级划分，在 20 世纪 80 年代中后期以前实行八级等级制，通过改革，至 90 年代初，逐步改为新的技术等级制度，即技术复杂的工种设初级、中级、高级三个等级；技术复杂程度较低或层次区别较弱的，可设初、中两级或中、高两级。目前仍实行八级制的，可将一、二、三级归入初级；四、五、六级归入中级；七至八级归入高级。

在高级技术工人中实行技师、高级技师聘任制。

（四）制定技术等级标准的权限和原则

国家标准由中央劳动行政部门主持制订发布或由国家主席发布，各个产业部门也可制订行业标准，各企业、公司等用人单位也能制订本单位标准。但后两个标准必须以国家标准为前提，不得低于国家标准，可以高于国家标准。

技术等级标准的制订应遵行先进合理原则和国际化原则。（1）先进合理原则要求以目前企业技术装备和劳动管理水平为基础，同时也反映出未来一定时期内的技术进步、设备更新、工艺变革、产品换代以及管理改善的发展趋势，使大多数工人经过一定时期的努力都能达到期望的技术等级目标。一般地说，初级标准应达到基本上独立上岗操作水平，中级标准应达到熟练掌握本工种的技术业务水平，高级标准应达到精通本工种的技术业务，并掌握相关工种（岗位）的基本技术，且有一定的生产经营组织能力。（2）国际化原则要求技术标准的修订，要着眼于我国改革开放的总格局和世界经济交流日益加强的总趋势，使我国的职业分类、工种划分及技术等级的设定与国际标准一致。

四、职业技能鉴定

（一）职业技能鉴定的概念和意义

职业技能鉴定是指职业技能鉴定机构依据职业技能标准对劳动者技能水平和工作能力做出的评价与认定活动。它是对劳动者进行技术等级的考核和技师、高级技师资格的考评。

《工人考核条例》规定了6种考核形式：录用考核、转正定级考核、上岗转岗考核、本等级考核、升级或超级考核和任职资格考评。考核的内容是思想政治表现、生产工作业绩、技术业务水平等三方面。这种考核属于企业内部管理的范畴，不是全国统一的制度。

职业技能考核鉴定制度比《工人考核条例》前进了一步。国家实行职业技能鉴定有着积极的意义：（1）实行职业技能鉴定制度，可以激发劳动者为获得职业资格证书而努力学习的积极性。（2）实行职业技能鉴定制度，可以促使培训者努力提高教学质量以使更多的受培者通过相应的职业技能鉴定。（3）职业技能标准是考核鉴定受培者职业技能的尺度，受培者只有达到某一职业技能标准才能获得相应等级的职业资格证书，这就可以保证培训质量，为用人单位培养合格的技术工人，全面提高工人队伍素质。

（二）职业技能鉴定制度的主要内容

1. 职业技能鉴定实行社会化管理

职业技能鉴定实行政府（通过其劳动职能部门）指导下的社会化管理体

制，将考核发证工作从培训体制中分离出来，建立独立鉴定机构，承担此项任务。具体包括以下内容：一是国家按职业（工种）的性质、特征和对国计民生的影响程度，规定部分职业（工种）实行国家职业技能鉴定，按行政区划进行管理；行业特有的职业（工种）以授权的方式，实行行业职业技能鉴定，由国务院行业主管部门进行管理；其他职业（工种）的职业技能鉴定经劳动部门审核实行考核许可证制度，即按不同情况，实行政府指导下的分类管理方式。二是国家职业技能鉴定机构批准成立的职业技能鉴定指导中心和鉴定站（所）负责，组织经过专门培训后并取得相应资格的考试专业人员，按国家职业技能鉴定规范规定的程序、手段和方法，采用统一编制的试题库对被鉴定对象实施职业资格考试，即国家职业技能鉴定的统一组织实施形式。职业技能鉴定社会化管理可保证国家职业技能鉴定的可信度和权威性。

2. 规定鉴定机构和考评员资格条件

职业技术鉴定分两个层次设置专门的事业性考核鉴定机构，即设职业技术鉴定指导中心（由劳动部和省级劳动行政部门设置），分别负责全国的或本地区本行业的职业技术鉴定工作；设职业技能鉴定站或所，具体承担各类人员的技能鉴定工作。技能鉴定机构享有独立进行技能鉴定的权利，有权拒绝任何组织和个人更改鉴定结果的不正当要求。

职业技能鉴定站设职业技能鉴定考评员。鉴定考评员应由获得相应技术职称的专业技术人员担任。技能等级鉴定的考评员要求必须具有高级工或技师、中级专业技术职务以上的资格；鉴定技师资格的考评员必须具有高级技师、高级专业技术职务的资格。考评员实行鉴定回避制度，即与申请鉴定人有利害关系的人不能被聘为鉴定人。

3. 申请鉴定人的资格

申请鉴定人应当是具有一定技术能力的在职职工、职业培训单位毕业或结业的学员。

4. 申请和鉴定的程序

首先由申请人向鉴定机构提出书面申请，鉴定机构核准申请后，即选聘召集鉴定人，并通知申请人。申请人对鉴定考评员提出回避申请的，由鉴定机构的鉴定委员会审查决定。申请人对鉴定结果有异议，可以申请再次鉴定，由鉴定机构重新组织鉴定委员会鉴定，或由上一级鉴定机构组织鉴定。

5. 法律责任

申请人或考评员、鉴定机构的工作人员如弄虚作假、徇私舞弊，由鉴定机构或其上一级视情节轻重给予行政处分；触犯刑律的，由司法机关追究刑事责任。

复习思考题

1. 我国实行职业培训制度的意义是什么?
2. 实行职业培训制度的原则是什么?
3. 就业前培训的形式有哪些?
4. 在职培训的形式有哪些?
5. 实行职业资格证书制度的意义是什么?
6. 职业资格证书的核发与管理应符合什么要求?

第十章　社会保险和福利

学习目标

　　1. 了解社会保险的特征及建立社会保险制度的作用、理解建立社会保险制度的基本原则、理解社会保险与社会保障、社会救济、社会福利的关系。

　　2. 掌握劳动者享受养老保险、医疗保险、失业保险、工伤保险和生育保险的条件及具体的保险待遇。

　　3. 理解劳动者享受劳动保险待遇的基本依据，了解社会保险基金的管理制度。

关键术语

　　社会保险　养老保险　医疗保险　失业保险　工伤保险　生育保险
社会保险制度　社会保险基金　职工福利

第一节　社会保险概述

一、社会保险的概念与特征

　　保险具有丰富的内涵，世界各国对其定义也不尽相同。广义上，保险是由多数成员缴费建立专门用途的基金，用于对少数遭受危险、事故并造成人身或财产损失的成员进行经济补偿。狭义上，保险指投保人根据合同约定的可能发生的事故依其发生所造成的损失承担赔偿保险金责任，或者当被保险人死亡、伤残、疾病或者达到合同约定的年龄、期限时承担给付保险金责任的商业保险行为。

　　社会保险是指国家通过立法建立起的一种社会保障制度，其目的是使劳动者在由于生、老、病、死、伤、残等原因丧失劳动能力和失业中断劳动，本人和家庭失去生活收入时，从社会获得必要的物质帮助。《宪法》第四十五条规定："中华人民共和国公民在年老、疾病或者丧失劳动能力的情况下，有从国

172

家和社会获得物质帮助的权利。国家发展为公民享受这些权利所需要的社会保险、社会救济和医疗卫生事业。"《宪法》赋予中国公民的这一基本权利，就劳动者而言，主要通过社会保险实现。《劳动法》规定，国家发展社会保险事业，建立社会保险制度，设立社会保险基金，使劳动者在年老、患病、工伤、失业、生育等情况下获得帮助和补偿。2010年10月28日第十一届全国人民代表大会常务委员会第十七次会议于通过了《中华人民共和国社会保险法》（以下简称《社会保险法》），自2011年7月1日起施行。《社会保险法》对于规范社会保险关系，维护公民参加社会保险和享受社会保险待遇的合法权益，使公民共享发展成果，促进社会和谐稳定，发挥着重要的作用。

社会保险作为国家社会政策的一部分，具有以下四个特点。

（一）社会性

社会保险的社会性主要表现在三个方面：（1）保险范围的社会性。享受社会保险的对象包括社会上不同层次、不同行业、不同所有制形式和不同身份的各种劳动者。《劳动法》将社会保险的范围扩大到中华人民共和国境内所有的企业、事业单位、国家机关、社会团体、个体经济组织的劳动者。（2）保险目的的社会性。建立并实施社会保险制度，既反映了社会的政治进步，也促进了社会的经济发展。（3）保险组织和管理的社会性。社会保险主要是一种政府保险制度，它由国家通过立法确认和规定，并在保险资金的筹集、发放、调剂、管理等方面，由政府组织实施。

（二）互济性

社会保险是政府为其社会成员提供的一系列基本生活保障。由于年老、失业、疾病、伤残等人员在社会上分布不均，各地区和各单位承受的压力情况是不相同的。社会保障实行互济原则，集中资金在大范围内分散风险，保障劳动者在失去生活来源时能够获得物质帮助，维持基本的生活水平。

（三）强制性

社会保险由国家立法加以确认，并强制实施。法律规定范围内的用人单位和职工都必须参加社会保险。社会保险费的缴纳和社会保险的管理、社会保险待遇等都必须严格按照法律规定办理。《劳动法》第七十二条规定："用人单位和劳动者必须依法参加社会保险，缴纳社会保险费。"

（四）补偿性

社会保险费用虽然主要由用人单位和政府直接负担，但来自社会总产品中应当分配给劳动者的消费品，只不过在分配给劳动者工资时已被扣除下来预存而已。社会保险就是将劳动者应得消费品的预存部分集中起来以保险形式分配给劳动者。在此意义上可以认为，社会保险仍是对劳动者所作劳动的一种补偿。

社会保险的这些特点，表现出它与商业保险的区别：（1）保险的性质不同。社会保险是国家为保证劳动者基本生活需要而建立的一项社会保障制度，以实现国家社会政策为宗旨，通过国家立法强制执行的。同时作为一种社会福利事业，它还具有非盈利的性质。商业保险则是营业性保险，由保险者与被保险者双方按自愿原则签订契约来实现，是否投保，纯属自愿。商业保险作为一种金融事业，具有以营利为目的的性质。（2）保险对象不同。社会保险以社会劳动者为保险对象，在经济条件和管理水平具备的条件下，可以扩大到社会成员，其保险对象是国家法律强制规定的。商业保险的保险对象可以是自然人，也可以是特定物，由保险双方自行约定。（3）权利义务关系不同。社会保险的保险费通过国民收入再分配来实现，通常由国家、单位和个人共同负担，形成社会保险基金后，统一调剂使用，使所有需要保险的劳动者均能得到保障，并有利于低收入者，即保险权利与保险义务的关系并不完全对等。商业保险的权利义务关系则完全建立在契约的基础上，保险金完全由投保人承担，保险人对被保险人实行"多投多保、少投少保"的原则，权利义务关系完全对等。（4）给付标准不同。社会保险从保障劳动者基本生活出发，考虑劳动者原有生活水平、社会平均消费水平、物价水平、财政承受能力等多种因素确定待遇水平，给付标准不完全取决于缴费多少，而主要取决于保障需要。商业保险则按投保人所缴保费的多少确定赔偿数额。（5）管理体制不同。社会保险一般由国家设立专门的社会保险机构统一管理，国家统一立法规定保险项目、费率和给付标准等。国家对社会保险基金不征税。商业保险是由自主经营的保险公司自行经营、独立核算、自负盈亏。它属于金融性企业，国家对其经营收入征税。

二、社会保险的作用

世界各国尤其是西方发达国家建立和发展社会保险制度已有相当长的历史，社会保险涉及社会经济生活的方方面面，对各国社会经济的和谐发展起着重要作用。

（一）保障劳动者基本生活，维护社会安定

在现代工业社会，劳动风险比以往更大，年老、患病、失业乃至正常的生育等情况，都会造成永久或暂时丧失劳动能力，失去生活来源。社会保险对那些因各种原因造成生活困难的劳动者给予物质帮助，保障其基本生活需要，起到了稳定人心，维护社会安定的作用。

（二）调节经济运行

社会保险制度在一定程度上调节了供给和需求。在经济衰退时，投资下降，职工收入减少，失业增加，社会保险开支则增加，会起到刺激社会有效需求，缓解经济衰退的作用。相反，当经济高涨，失业下降，职工收入增加时，社会保险支出会自动下降，从而起到抑制社会总需求的作用，缓解由经济过热而引起的通货膨胀。

（三）实现社会财富再分配，分配有利于低收入者

社会保险费由国家、单位和个人三方分担。国家通过税收和财政预算拨款，单位按照职工工资总额缴费，个人按照工资收入缴费，形成社会保险基金，统一调剂使用。由于各地区、各单位以及各个社会成员遭受年老、失业、病残等情况不同，社会保险通过征收保险费和给付保险金两个方面，实行收入再分配，使所有需要保险的劳动者都能得到保障，并且更有利于低收入者。

（四）促进就业

社会保险制度的建立和发展，要相应地建立管理机构和社会服务网，如老年社会服务、医疗保健、职业培训等，以及与此相关的生产和经营部门，无疑能起到提高劳动者素质、改善就业环境、增加就业机会和调整产业结构等作用。

（五）促进投资和经济发展

社会保险机构利用保险费收取到保险金给付的时间差，可以将处于备用状态的保险基金用于投资，从总量上为社会再生产提供了巨大的资金。从国外一些国家的经验来看，社会保险基金是长期投资的稳定资金来源，对经济发展起着重要作用。

此外，社会保险还有利用转变封闭的家庭自我保障方式，把社会成员联结起来，形成一种互相联系的社会机制，大大加强了社会抵御各种风险的能力。

三、社会保险的基本原则

（一）社会保险水平与社会生产力发展水平相适应原则

社会保险水平，通常指社会保险费用支出占国内生产总值的比重。它直接与社会生产力的发展水平和国民经济的增长水平相联系，同时还直接影响投资、储蓄、失业率等经济活动。社会保障作为对人们生活进行调节和互济的一种制度，是由一定的生产力决定的。社会生产力发展为社会保险的产生提供了可能，创造了条件。（1）从社会条件看，只有当社会生产力发展到由农业经济转变为工业经济、手工业为机器工业所代替、工厂工业代替家庭工业的高度时，人们的生产和生活方式日益社会化，各种工业风险对人们的威胁越来越严

重时，社会保险才应运而生。（2）从物资条件看，社会保险费除了企事业单位、被保险人缴纳外，国家还需负担一部分。国家的这一部分财力来源于政府税收。只有当生产力发展到一定水平，社会财富较为丰富，国家集中起来的税收财富在保证国家机器正常运转外，才有能力支付巨额的社会保险费。可见，社会生产力的发展水平是社会保险产生的前提，也必然制约着社会保险的水平。如果社会保险水平不适度，过高或过低都会阻碍社会生产力的发展。社会保险水平过高，政府和企业在经济上都难以承受；保险水平过低，人们的基本生活难以保证，会导致社会动荡和不稳定。

（二）社会保险权利与社会保险义务相统一的原则

社会保险通过国家立法强制实行，国家法律、法规规定单位和个人有缴纳社会保险费的义务，劳动者在履行规定义务的前提下，有享受社会保险待遇的权利。我国长期以来社会保险义务主要由国家和企业承担。从今后的发展趋势看，社会保险费由国家负担的部分将逐渐减少，企业负担的部分将成为保险基金的主要来源，个人负担的部分也将逐步增加。只有坚持权利和义务相统一的原则，才能打破职工完全依赖国家和企业的传统观念，增强自我保障意识，推动社会保险事业的发展。

（三）公平与效率、保障功能与激励机制相结合的原则

社会保险作为国民收入的再分配，是调节收入差距，实现社会公平的重要手段。因此单位之间的社会保险负担应大体平衡，各劳动者的保险待遇差别也应小于初次分配的差别，以保障劳动者的基本生活，充分发挥社会保险的互助互济功能。但在我国目前的发展阶段上，在体现平等的同时，又要尽量考虑效率，体现激励机制，让对社会贡献大的劳动者，享受较高水平的社会保险待遇，以激励所有社会成员勤奋工作，提高劳动生产率和经济效益。

体现社会保险的效率与激励机制，一是表现在养老保险应将社会统筹和个人账户很好地结合起来，在养老保险待遇上适当拉开档次；二是失业保险应将失业救济与促进就业结合起来；三是医疗保险要将社会统筹和个人账户相结合，并与医疗费用工资化、货币化的趋势相结合，建立有效遏制医疗费用恶性膨胀的机制；工伤保险应建立工伤预防的有效机制。

（四）政事分开，服务社会化的原则

社会保险行政管理和社会保险基金经营要分开。前者主要是管政策、管制度、管标准；而基金的收缴、拨付、运营等业务则由相对独立的事业机构承担。并建立由政府部门和社会公众代表参加的社会保险基金监督组织，监督社会保险基金的收支和管理。社会化的管理和服务是社会保险自身的客观要求，要将目前各部门、各单位分散管理逐步转为统一的社会化管理，将企业目前承

担的社会保险方面的事务性工作转为社会化服务，逐步健全社区服务组织。

（五）统一性和多样性相结合的原则

组织社会保险是政府管理社会的基本职责之一，社会保险的基本政策制度要统一，由国家集中决策，管理法制化，建立社会保险的各项法律法规，强化执法监督检查，使社会保险的运作有法可依。现阶段，我国地区之间、城乡之间在经济发展水平、就业结构、收入水平等方面存在着很大差异，社会保险不能搞"一刀切"。在国家统一的政策指导下，各个地区允许有不同形式和不同待遇标准的社会保险。国家机关、事业单位和企业要有所区别。农村在近期尚不具备建立全国统一的社会保险的条件，农民的社会保险应因地因时制宜。

四、社会保险与社会保障、社会救济、社会福利的关系

（一）社会保险与社会保障

社会保障原意是社会安全，它是国家通过立法，采取强制手段对国民收入进行再分配，形成社会消费基金，对由于年老、疾病、伤残、失业及其他灾难发生而使生存发生困难的社会成员，给予物质上的帮助，以保障其基本生活需求的一系列有组织的措施、制度和事业的总称。社会保障包括社会保险、社会救济、社会福利、社会服务和医疗卫生事业等内容。

社会保障与社会保险并不是同一个概念，两者有联系，也有区别。社会保障包括社会保险，而社会保险是社会保障的核心内容。从它们的产生看，社会保险的概念比社会保障的概念要早些。社会保险的概念产生于19世纪70年代的德国，社会保险的对象是雇佣劳动者，参加保险的人要交纳保费。社会保障的概念创始于1935年美国的《社会保障法》，社会保障面向全体社会成员。由于社会保险是社会保障的核心内容，有些国家常常将二者概念通用，但实际上它们是不同的两个概念，社会保障的外延比社会保险的外延大。

（二）社会保险与社会救济

社会救济是指国家和社会对因自然、社会经济、个人生理等各种原因，不能维持最低生活水平的公民给予物质帮助，以维持其基本生活的一种社会保障制度。

从社会救济的含义，可以看出它与社会保险有些近似的地方，主要表现在二者都是社会保障制度的主要内容，具有较强的政策性，均受国家制定的法律和政策调控，其根本目的都是为了保障人民的基本生活，稳定社会秩序，发展社会生产，起到"社会稳定器"与"安全网"的作用。

但是，社会救济与社会保险又是具有不同性质与特征的两种保障形式，它们之间的差别性多于同一性。社会保险的对象是在法律规定实施范围内的劳动者；

享受条件是暂时或永久丧失劳动能力或失业；其作用是保障劳动者在生、老、病、死、伤残和失业时获得物质帮助；其经费来自单位、国家和个人。社会救济的对象是全体公民；享受条件是老、弱、病、残者，以及没有固定收入或无依无靠无法生活者，或有固定收入但不能维持最低生活的城乡居民；其作用是保障全体城乡居民的最低生活需要；其经费来自国家、地方财政预算和社会群体或个人的捐助。社会救济一般由人民政府的民政部门举办或由慈善机构举办。

（三）社会保险与社会福利

社会福利是指国家和社会根据需要和可能，通过一定形式向公民提供的物质利益。它包括用于改善和提高人们物质、文化生活水平的各种措施（如教育、科学、文化、医疗卫生、孤儿院、养老院等），以及给公民减少生活开支、增加实际收入的各种措施。

社会福利同社会保险和社会救济一样，都是国家社会政策和经济政策的重要组成部分，共同构成社会保障制度的主体，其目的都是为了保证人民的基本生活条件，提高人民的生活水平，维持社会的稳定。但从社会福利的内涵来看，它与社会保险也有不同：社会保险主要以法律规定范围内的劳动者为保障对象；社会福利的保障对象是全体社会成员。社会保险基金来源于国家、单位和职工个人三方；社会福利资金一般来源于政府税收、社会捐助和企事业单位自筹资金。社会保险待遇的享受以缴纳保险费为前提，主要是保证被保险人的基本生活需要；社会福利待遇的分配不考虑享受者对社会福利事业的贡献，一般是人人均等地享受待遇。其目的已不仅仅停留在保证生活基本需要上，而是为了提高人们的消费水平和生活质量，满足人们发展和享受的需要。社会保险主要以提供资金帮助为主；社会福利则是以提供各种社会服务和设施为主。

第二节　基本养老保险法律制度

一、基本养老保险的概念

基本养老保险，是指国家通过立法强制建立养老保险基金，参加基本养老保险的劳动者达到法定的退休年龄并退出劳动岗位时，可以从养老保险基金中领取养老金，以保障其基本生活的一种社会保险制度。基本养老保险制度由三个部分组成：职工基本养老保险制度、新型农村社会养老保险制度、城镇居民社会养老保险制度。与其他社会保险制度相比较，基本养老保险具有如下特点：（1）基本养老保险制度的范围，通常以劳动关系的存在为基础。这就是养老保险制度同劳动者就业时间长短，以前收入的多少，参加保险的时间和缴纳保险基金等具有密切联系的根本原因。（2）享受保险待遇的必然性。人们参加其他类别的社会保险项目不一定都能享受其相应的待遇。然而自然规律所导致的养老问题是每个人都必须面临的，人人都需要相应的养老保障。因而参加养老保险的人群一旦进入老年，必然能享受养老保险待遇。（3）保障水平的适度性。养老保险的基本功能是保障劳动者在年老时的基本生活，这就决定其保障水平要适度，既不能过低，也不能过高。其待遇水平基本稳定，通常是逐步提高的，而不会下降。同时要求养老保障水平与经济发展相协调，进而保障老年基本生活质量。（4）享受期限的长期性。参加养老保险的人员一旦达到享受待遇的条件或取得享受待遇的资格，就可以长期享受待遇直至死亡。

二、基本养老保险制度的覆盖范围

《社会保险法》第十条规定，职工应当参加基本养老保险，由用人单位和职工共同缴纳基本养老保险费。无雇工的个体工商户、未在用人单位参加基本养老保险的非全日制从业人员以及其他灵活就业人员可以参加基本养老保险，由个人缴纳基本养老保险费。公务员和参照公务员法管理的工作人员养老保险的办法由国务院规定。

我国基本养老保险制度的覆盖范围主要是就业人群，也就是与用人单位建立劳动关系的个人，都应当参加职工基本养老保险。无雇工的个体工商户和非全日制从业人员等灵活就业人员也是就业人群，由于其收入不固定，根据《社会保险法》的规定，可以根据其收入状况和能力，自愿参加职工基本养老保险，国家不强制其必须参加基本养老保险。事业单位工作人员的基本养老保险问题，目前正在改革过程中，改革的方向是按照职工基本养老保险的模式，建立单独的事业单位基本养老保险制度。目前，已有一些事业单位给部分新聘用职工缴纳了基本养老保险，将其纳入职工基本养老保险范围。公务员的基本养老保险问题，目前国家没有出台政策，还是实行退休养老制度。

（一）企业职工

改革开放前，我国企业实行的是退休养老制度，个人不缴费，由国家、企业负担退休养老费用。1991年6月，国务院发布了《关于企业职工养老保险制度改革的决定》。其主要内容：一是建立多层次的养老保险体系。主要包括国家强制性基本养老保险，企业补充养老保险，个人储蓄性养老保险。二是形成多渠道的费用筹集机制。养老保险费用由国家、单位和个人共同合理负担，实行了个人缴纳养老保险费。三是改变养老保险费现收现付的做法。确定了以支定收、略有结余、留有部分积累的原则。1995年3月，国务院发布《关于深化企业职工养老保险制度改革的通知》，规定企业职工养老保险实行社会统筹与个人账户相结合的原则。2005年国务院制定了《关于完善企业职工基本养老保险制度的决定》，进一步完善企业养老保险制度。目前，企业职工是参加基本养老保险的主要群体。此外，还有一些与机关、事业单位签订劳动合同或者聘用合同的个人，也按照规定参加了职工基本养老保险。

（二）灵活就业人员

灵活就业人员是指以非全日制、临时性、季节性、弹性工作等灵活多样的形式实现就业的人员，包括无雇工的个体工商户、非全日制从业人员以及律师、会计师、自由撰稿人、演员等自由职业者等，由于这些灵活就业人员也为社会提供了劳动，有劳动收入，可以将他们纳入职工基本养老保险覆盖范围。将灵活就业人员纳入职工基本养老保险覆盖范围，有利于扩大基本养老保险的覆盖面，保护灵活就业人员的社会保险权益。由于灵活就业人员收入情况不同，其参加基本养老保险完全由个人缴费，不能强制。所以，《社会保险法》规定，灵活就业人员可以自愿参加职工基本养老保险。

（三）事业单位职工

目前，事业单位工作人员实行的是退休养老制度，费用由国家或者单位负担，个人不缴费，养老金标准以本人工资为基数，按照工龄长短计发。2008年2月，国务院通过了《事业单位工作人员养老保险制度改革试点方案》，事业单位工作人员养老保险制度改革与事业单位分类改革配套推行，承担行政职能的事业单位执行公务员的养老保险制度，从事生产经营的事业单位执行企业职工养老保险制度，公益性事业单位实行单独的事业单位养老保险制度，制度模式与企业职工养老保险一样，实行社会统筹和个人账户相结合，由单位和个人缴费，缴费水平、基本养老金计发办法与企业职工基本养老保险完全一致，基本养老保险基金单独管理，个人账户逐步做实。目前这项改革正在进行中。

（四）公务员和参照公务员法管理的工作人员

目前，我国公务员和参照公务员法管理的工作人员实行的是退休养老制度，费用由国家负担，个人不缴费，养老金标准以本人工资为基数，按工龄长短计发。目前，事业单位养老保险制度改革正在推进，公务员和参照公务员法管理的工作人员的养老保险制度改革正在研究中，但尚无具体的政策。所以《社会保险法》规定，公务员和参照公务员法管理的工作人员养老保险的办法由国务院规定。

三、基本养老保险费的筹集和管理

（一）基本养老保险账户

根据《社会保险法》的规定，基本养老保险实行社会统筹与个人账户相结合。基本养老保险基金由用人单位和个人缴费以及政府补贴等组成。用人单位应当按照国家规定的本单位职工工资总额的比例缴纳基本养老保险费，计入基本养老保险统筹基金。职工应当按照国家规定的本人工资的比例缴纳基本养老保险费，计入个人账户。无雇工的个体工商户、未在用人单位参加基本养老保险的非全日制从业人员，以及其他灵活就业人员参加基本养老保险的，应当按照国家规定缴纳基本养老保险费，分别记入基本养老保险统筹基金和个人账户。目前，企业缴纳的基本养老保险费比例，一般不得超过企业工资总额的20%，具体比例由省、自治区、直辖市人民政府确定。个人缴纳基本养老保险费的比例为本人缴费工资比例的8%。无雇工的个体工商户、未在用人单位参加基本养老保险的非全日制从业人员，以及其他灵活就业人员参加基本养老保险的由自己缴费，缴费基数为当地上一年度在岗职工平均工资，缴费比例为20%。国有企业、事业单位职工参加基本养老保险前，视同缴费年限期间应当缴纳的基本养老保险费由政府承担。基本养老保险基金出现支付不足时，政府给予补贴。个人账户不得提前支取，记账利率不得低于银行定期存款利率，免征利息税。个人死亡的，个人账户余额可以继承。

（二）基本养老金的领取

基本养老金由统筹养老金和个人账户养老金组成。基本养老金根据个人累计缴费年限、缴费工资、当地职工平均工资、个人账户金额、城镇人口平均预期寿命等因素确定。参加基本养老保险的个人，达到法定退休年龄时累计缴费满15年的，按月领取基本养老金。参加基本养老保险的个人，达到法定退休年龄时累计缴费不足15年的，可以缴费至满15年，按月领取基本养老金；也可以转入新型农村社会养老保险或者城镇居民社会养老保险，按照国务院规定享受相应的养老保险待遇。参加基本养老保险的个人，因病或者非因工死亡的，其遗属可以领取丧葬补助金和抚恤金；在未达到法定退休年龄时因病或者非因工致残完全丧失劳动能力的，可以领取病残津贴。所需资金从基本养老保险基金中支付。

（三）基本养老金的调整

国家建立基本养老金正常调整机制。根据职工平均工资增长、物价上涨情况，适时提高基本养老保险待遇水平。个人跨统筹地区就业的，其基本养老保险关系随本人转移，缴费年限累计计算。个人达到法定退休年龄时，基本养老金分段计算、统一支付。具体办法由国务院规定。

四、新型农村社会养老保险制度

目前，我国城镇职工和农村居民实行不同的养老保险制度。《社会保险法》规定，国家建立和完善新型农村社会养老保险制度。新型农村社会养老保险实行个人缴费、集体补助和政府补贴相结合。新型农村社会养老保险待遇由基础养老金和个人账户养老金组成。参加新型农村社会养老保险的农村居民，符合国家规定条件的，按月领取新型农村社会养老保险待遇。国家建立和完善城镇居民社会养老保险制度。省、自治区、直辖市人民政府根据实际情况，可以将城镇居民社会养老保险和新型农村社会养老保险合并实施。

第三节　基本医疗保险法律制度

一、基本医疗保险的概念

基本医疗保险，是指按照国家规定缴纳一定比例的医疗保险费，在参保人因患病和意外伤害而发生医疗费用后，由医疗保险基金支付其医疗保险待遇的社会保险制度。基本医疗保险制度由三个部分组成：职工基本医疗保险制度、新型农村合作医疗制度、城镇居民基本医疗保险制度。与其他社会保险制度相比较，基本医疗保险具有下列特征：（1）医疗保险待遇支付形式为实物补偿。医疗保险的作用是在参保人员患病时提供经济上的帮助，使之尽快恢复身体健康和劳动能力。尽管医疗保险是通过支付费用，补偿参保人员的经济损失，但参保人员最终获得的是医疗服务，而非现金。（2）医疗保险待遇补偿方式为非定额补偿。由于病情不同，每个患者获得的经济补偿额不相等。因此，医疗保险对每个患者一般依据疾病的实际情况确定补偿金额，不采用定额补偿。（3）疾病风险具有较强的不可避免性、随机性和不可预知性。由于种种原因，人们很难对疾病的发生时间、类型、严重程度进行准确判断，加大了疾病风险的危害。因此，在法律规定范围内的群体，无论患病与否，必须一律参加医疗保险，以有效分担不可预期的疾病风险，提高全社会的医疗保障能力。（4）医疗保险具有各方关系十分复杂的特征。实行医疗保险必须处理好医、患、保、药等方面的关系。患病时每个人的实际医疗费用无法事先确定，支出多少不仅取决于伤病的实际情况，也取决于所采用的医疗处置手段和医药服务提供者的行为。

二、职工基本医疗保险的覆盖范围和缴费

（一）职工基本医疗保险的覆盖范围

《社会保险法》第二十三条规定，职工应当参加职工基本医疗保险，由用人单位和职工按照国家规定共同缴纳基本医疗保险费。无雇工的个体工商户、

未在用人单位参加职工基本医疗保险的非全日制从业人员以及其他灵活就业人员可以参加职工基本医疗保险，由个人按照国家规定缴纳基本医疗保险费。职工基本医疗保险是针对城镇所有用人单位和职工，以强制参保为原则的一项基本医疗保险制度。这一制度建立于20世纪90年代。1993年，党的十四届三中全会提出了在20世纪末建立起社会主义市场经济体制基本框架的目标，确定在城镇建立社会统筹与个人账户相结合的职工医疗保险制度。国务院于1998年12月发布了《关于建立城镇职工基本医疗制度的决定》，决定在全国范围内进行城镇职工医疗保险制度改革。目前，城镇职工基本医疗保险制度已经在全国普遍建立，覆盖范围包括国家机关、企业事业单位职工和退休人员，并逐步扩大到灵活就业人员。

（二）职工基本医疗保险的缴费

基本医疗保险费由用人单位和职工双方共同负担。用人单位缴费率控制在职工工资总额6%左右，职工缴费率一般为本人工资收入的2%。具体缴费比例由各统筹地区根据实际情况确定。基本医疗保险基金由统筹基金和个人账户构成。职工个人缴纳的基本医疗保险费，全部记入个人账户。用人单位缴纳的基本医疗保险费分为两部分：一部分用于建立统筹基金，一部分划入个人账户。划入个人账户的比例一般为用人单位缴费的30%左右。

（三）灵活就业人员参加基本医疗保险的缴费

灵活就业人员参加职工基本医疗保险实行自愿原则，这部分人员可以根据个人意愿决定是否参加基本医疗保险，这一点与用人单位的职工参加基本医疗保险的强制原则是不同的。原劳动和社会保障部于2003年出台了《关于城镇灵活就业人员参加基本医疗保险的指导意见》，规定灵活就业人员参加基本医疗保险要坚持权利和义务相对应、缴费水平与待遇水平相挂钩的原则。在参保政策和管理办法上既要与城镇职工基本医疗保险制度相衔接，又要适应灵活就业人员的特点。已与用人单位建立明确劳动关系的灵活就业人员，要按照用人单位参加基本医疗保险的方法缴费参保。其他灵活就业人员，要以个人身份缴费参保。灵活就业人员参加基本医疗保险的缴费率原则上按照当地的缴费率确定。缴费基数可参照当地上一年职工年平均工资核定。灵活就业人员缴纳的医疗保险费纳入统筹地区基本医疗保险基金统一管理。

三、新型农村合作医疗制度

新型农村合作医疗制度是由政府组织、引导、支持，农民自愿参加，个人、集体和政府多方筹资，以大病统筹为主的农民医疗互助共济制度。《社会保险法》第二十四条规定，国家建立和完善新型农村合作医疗制度。新型农村合作医疗的管理办法，由国务院规定。2002 年 10 月，《中共中央、国务院关于进一步加强农村卫生工作的决定》明确指出：要逐步建立完善以大病统筹为主的新型农村合作医疗制度。到 2010 年，新型农村合作医疗制度要基本覆盖农村居民，使之成为覆盖全体农村居民的社会医疗保险制度。

新型农村合作医疗制度的主要内容包括：（1）基本原则。一是自愿参加，多方筹资；二是以收定支，保障适度。新型农村合作医疗制度要坚持以收定支、收支平衡的原则，既保证这项制度持续有效运行，又使农民能够享有最基本的医疗服务。（2）组织管理。新型农村合作医疗制度一般采取以县（市）为单位进行统筹。条件不具备的地方，在起步阶段也可采取以乡（镇）为单位进行统筹，逐步向县（市）统筹过渡。（3）筹资标准。新型农村合作医疗制度实行个人缴费、集体扶持和政府资助相结合的筹资机制。目前，新型农村合作医疗的筹资水平约为年人均 55 元，原则上农民个人每年的缴费标准不低于 10 元，经济条件好的地区可相应提高缴费标准。（4）政府补贴。政府对所有参加新型合作医疗的农民给予不低于 40 元的补贴，其中中央财政对中西部除市区以外参加新型农村合作医疗的农民每年每人补贴 20 元，地方财政的资助额要不低于 20 元。（5）资金管理。农村合作医疗基金是由农民自愿缴纳、集体扶持、政府资助的民办公助社会性资金，按照以收定支、收支平衡和公开、公平、公正的原则进行管理，专款专用，专户储存，不得挤占挪用。

四、城镇居民基本医疗保险制度

城镇居民基本医疗保险制度是以大病统筹为主，针对城镇非从业居民的一项基本医疗保险制度。《社会保险法》第二十五条规定，国家建立和完善城镇居民基本医疗保险制度。城镇居民基本医疗保险实行个人缴费和政府补贴相结合。享受最低生活保障的人、丧失劳动能力的残疾人、低收入家庭六十周岁以上的老年人和未成年人等所需个人缴费部分，由政府给予补贴。2007 年 7 月 10 日，国务院发布了《关于开展城镇居民基本医疗保险试点的指导意见》，决定为实现基本建立覆盖城乡全体居民的医疗保障体系的目标，从 2007 年起开展城镇居民基本医疗保险试点，争取 2009 年试点城市达到 80% 以上，2010 年在全国全面推开，逐步覆盖全体城镇非从业居民。2010 年 6 月 1 日，原人力资源和社会保障部又颁布了《关于做好 2010 年城镇居民基本医疗保险工作的通知》，要求各地要在全面建立城镇居民医疗保险制度的基础上，巩固和扩大覆盖面，提高参保率，城镇居民医疗保险参保率要达到 80%，有条件的地方要力争达到 90%，并将在校大学生全部纳入城镇居民医疗保险。

城镇居民基本医疗保险的主要内容包括：（1）基本原则。开展城镇居民基本医疗保险试点工作的原则：一是坚持低水平起步，根据经济发展水平和各方面承受能力，合理确定筹资水平和保障标准，重点保障城镇非从业居民的大病医疗需求，逐步提高保障水平；二是坚持自愿原则，充分尊重群众意愿，不搞强制，通过政策引导群众参保。（2）参保范围。城镇中不属于城镇职工基本医疗保险制度覆盖范围的中小学阶段的学生（包括职业高中、中专、技校学生）、少年儿童和其他非从业城镇居民都可自愿参加城镇居民基本医疗保险。2008年，国务院办公厅发布了《关于将大学生纳入城镇居民基本医疗保险试点范围的指导意见》，决定将各类全日制普通高等学校（包括民办学校）、科研院所中接受普通高等学历教育的全日制本专科生、全日制研究生纳入城镇居民基本医疗保险试点范围，按照属地原则参加学校所在地城镇居民基本医疗保险。（3）筹资水平。城镇居民基本医疗保险以个人缴费为主，政府给予适当补贴。试点城市根据当地的经济发展水平以及成年人和未成年人等不同人群的基本医疗消费需求，并考虑当地居民家庭和财政的负担能力，恰当确定筹资水平；探索建立筹资水平、缴费年限和待遇水平相挂钩的机制。从许多地区实践和测算的平均数值看，要保证基金支付比例在50%以上，筹资水平大体在城镇居民家庭人均可支配收入的2%左右。（4）管理制度。原则上与职工基本医疗保险的规定一致，由人力资源和社会保障部门所属的医疗保险经办机构统一管理，居民参保实行属地管理。

五、职工基本医疗保险、新型农村合作医疗和城镇居民基本医疗保险的待遇标准

（一）职工基本医疗保险的待遇标准

根据国家现行的规定，职工基本医疗保险的统筹基金和个人账户要划定各自的支付范围，分别核算，不得互相挤占。个人账户主要支付门诊费用、住院费用中个人自付部分以及在定点药店购药费用。个人账户归个人使用，可以结转和继承。统筹基金用于支付住院医疗和部分门诊大病费用。统筹基金支付有起付标准和最高支付限额，起付标准原则上控制在当地职工年平均工资的10%左右，最高支付限额原则上控制在当地职工年平均工资的4倍左右。起付标准以下的医疗费用，从个人账户中支付或由个人自付。起付标准以上、最高支付限额以下的医疗费用，主要从统筹基金中支付，其支付比例目前全国平均为80%左右。统筹基金的具体起付标准、最高支付限额以及在起付标准以上和最高支付限额以下医疗费用的个人负担比例，由统筹地区根据以收定支、收支平衡的原则确定。

（二）新型农村合作医疗的待遇标准

根据国务院办公厅于2003年、2004年分别转发的卫生部等部门制定的

《关于建立新型农村合作医疗制度的意见》等文件的规定，新型农村合作医疗主要补助参合农民的大额医疗费用或者住院医疗费用。其中，住院费用的支付水平均为35%。有条件的地方，可实行大额医疗费用补助与小额医疗费用补助结合的办法，既提高抗风险能力又兼顾农民受益面。对参加新型农村合作医疗的农民，年内没有动用农村合作医疗基金的，安排进行一次常规性体检。农村合作医疗报销基本药物目录由各省、自治区、直辖市制订。各县（市）根据筹资总额，结合当地实际，科学合理地确定农村合作医疗基金的支付范围、支付标准和额度，确定常规性体检的具体检查项目和方式，防止农村合作医疗基金超支或过多结余。同时，鼓励参合农民充分利用乡镇以下医疗机构的服务。

（三）城镇居民基本医疗保险的待遇标准

根据2007年7月国务院发布的《关于开展城镇居民基本医疗保险试点的指导意见》，城镇居民基本医疗保险基金重点用于参保居民的住院和门诊大病医疗支出，有条件的地区可以逐步试行门诊医疗费用统筹。在支付政策上，城镇居民基本医疗保险只建立统筹基金，不建立个人账户，基金主要用于支付住院医疗和部分门诊大病费用。基金支付比例原则上低于职工基本医疗保险，但高于新型农村合作医疗，一般可以达到50%~60%左右。有条件的地方可以探索门诊普通疾病医疗费用统筹的保障办法，划出部分资金，专项用于支付一般门诊费用。2010年，为进一步减轻大病重病患者的医药费用负担，按照原人力资源和社会保障部颁布的《关于做好2010年城镇居民基本医院保险工作的通知》的要求，基金最高支付限额要提高到居民可支配收入的6倍以上。同时要逐步提高住院医疗费用基金支付比例，原则上参保人员住院政策范围内医疗费用基金支付比例要达到60%。

六、退休人员的基本医疗保险待遇

（一）退休人员享受基本医疗保险待遇的条件

《社会保险法》第二十七条规定，参加职工基本医疗保险的个人，达到法定退休年龄时累计缴费达到国家规定年限的，退休后不再缴纳基本医疗保险费，按照国家规定享受基本医疗保险待遇；未达到国家规定年限的，可以缴费至国家规定年限。由上述立法可以看出，退休人员按照国家规定享受基本医疗保险待遇，需要满足三个条件：参加职工基本医疗保险、达到法定退休年龄、累计缴费达到国家规定年限。其中，累计缴费达到国家规定年限，这里所说的"累计缴费"，是指缴纳职工基本医疗保险费累计达到国家规定年限，但不包括城镇居民基本医疗保险制度和新型农村合作医疗制度的缴费年限。关于《国务院关于建立城镇职工基本医疗保险制度的决定》中的"国家规定年限"，没有规定退休人员需要缴费达到一定年限才可以享受基本医疗保险待遇。实践中，由于退休人员不缴纳基本医疗保险费，其个人账户资金从统筹基金划拨，其医疗待遇由统筹基金支付，为了做到统筹基金收支平衡，切实保障退休人员医疗保障待遇水平，各统筹地区都对退休人员享受医疗保险待遇的最低缴费年限做了相关规定，一般为 20 ~ 30 年不等。因此，国家对于具体的累计缴费年限不做统一规定，由各统筹地区具体规定。"国家规定年限"，既包括职工实际缴纳基本医疗保险费的年限，也包括职工参加基本医疗保险前的"视同缴费年限"。未达到国家规定年限的，可以缴费至国家规定年限。

（二）退休人员享受基本医疗保险待遇的主要内容

根据《国务院关于建立城镇职工基本医疗保险制度的决定》规定，退休人员参加基本医疗保险，个人不缴纳基本医疗保险费。对退休人员个人账户的计入金额和个人负担医疗费的比例给予适当照顾。这表明，退休人员享有比在职职工更优惠的基本医疗保险待遇。对退休人员的优惠体现在三个方面：一是退休人员个人不缴纳基本医疗保险费，按照国家规定享受基本医疗保险待遇。二是为退休人员建立基本医疗保险个人账户。建立退休人员个人账户的资金从统筹基金中划拨，且总的个人账户记入水平不得低于职工个人账户的水平。三是对退休人员个人负担医疗费用的比例给予照顾。一般来说，基本医疗保险基金的起付标准退休人员要低于在职职工，对于在起付标准以上和最高支付限额以下的医疗费用，退休人员的自付比例也低于在职职工。

七、基本医疗保险基金支付范围

《社会保险法》第二十八条规定，符合基本医疗保险药品目录、诊疗项目、医疗服务设施标准以及急诊、抢救的医疗费用，按照国家规定从基本医疗保险基金中支付。《国务院关于建立城镇职工基本医疗保险制度的决定》规定，确定基本医疗保险的服务范围和标准。劳动保障部会同卫生部、财政部等有关部门制定基本医疗服务的范围、标准和医药费用结算办法，制定国家基本医疗保险药品目录、诊疗项目、医疗服务设施标准及相应的管理办法。各省、自治区、直辖市劳动保障行政管理部门根据国家规定，会同有关部门制定本地区相应的实施标准和办法。

（一）基本医疗保险药品目录

为了贯彻落实《国务院关于建立城镇职工基本医疗保险制度的决定》，保障职工基本医疗用药，合理控制药品费用，规范基本医疗保险用药范围管理，基本医疗保险用药范围通过制定《基本医疗保险药品目录》进行管理。纳入

《药品目录》的药品，应是临床必需、安全有效、价格合理、使用方便、市场能够保证供应的药品，包括西药、中成药（含民族药）、中药饮片（含民族药）三部分，由国家在全国范围内组织临床医学、药学专家评审制定。

（二）基本医疗保险诊疗项目范围

诊疗项目，一是指医疗技术劳务项目，如体现医疗劳务的诊疗费、手术费、麻醉费、化验费等，体现护理人员劳务的护理费、注射费等，但不包括一些非医疗技术劳务，如护工、餐饮等生活服务。二是指采用医疗仪器、设备和医用材料进行的诊断、治疗项目。基本医疗保险诊疗项目通过制定基本医疗保险诊疗项目范围和目录进行管理。基本医疗保险不予支付费用的诊疗项目，主要是一些非临床诊疗必需、效果不确定的诊疗项目以及属于特需医疗服务的诊疗项目。基本医疗保险支付部分费用的诊疗项目，主要是一些临床诊疗必需、效果确定但容易滥用或费用昂贵的诊疗项目。各省（自治区、直辖市）劳动保障行政部门要根据国家基本医疗保险诊疗项目范围的规定，组织制定本省的基本医疗保险诊疗项目目录。对于国家基本医疗保险诊疗项目范围规定的基本医疗保险不予支付费用的诊疗项目，各省可适当增补，但不得删减。

（三）基本医疗保险医疗服务设施标准

基本医疗保险医疗服务设施是指由定点医疗机构提供的，参保人员在接受诊断、治疗和护理过程中必需的生活服务设施。患者在门（急）诊和住院治疗期间，不仅需要用药、诊疗等医疗技术服务，也需要一些与诊断、治疗和护理密切相关的生活服务设施，如住院期间使用的病床等。劳动保障部、国家发展计划委员会、财政部、卫生部和国家中医药管理局联合制定的《关于确定城镇职工基本医疗保险医疗服务设施范围和支付标准的意见》规定，基本医疗保险医疗服务设施费用主要包括住院床位费及门（急）诊留观床位费。根据各省（市、区）物价部门的规定，住院床位费和门（急）诊留观床位费主要包括三类费用：一是属病房基本配置的日常生活用品，如床、床垫、床头柜、椅、蚊帐、被套、床单、热水瓶、洗脸盆（桶）等的费用。二是院内运输用品，如担架、推车等的费用。三是水、电等费用。对这些费用，基本医疗保险基金不另行支付，定点医疗机构也不得再向参保人员单独收费。基本医疗保险基金不予支付的生活服务项目和服务设施费用，主要包括五大类：（1）就（转）诊交通费、急救车费；（2）空调费、电视费、电话费、婴儿保温箱费、食品保温箱费、电炉费、电冰箱费及损坏公物赔偿费；（3）陪护费、护工费、洗理费、门诊煎药费；（4）膳食费；（5）文娱活动费以及其他特需生活服务费用。由于各地生活环境差异很大，有的医疗服务设施项目在某些地方可能不是必要的，但在另一些地方则是必要的，如取暖费在北方的寒冷地区就属必要。对这类医疗服务设施项目是否纳入基本医疗保险基金支付范围，各省（区、市）劳动保障行政部门可以结合本地经济发展水平和基本医疗保险基金承受能力自行规定。

基本医疗保险住院床位费支付标准，由各统筹地区劳动保障行政部门按照本省物价部门规定的普通住院病房床位费标准确定。基本医疗保险门（急）诊留观床位费支付标准按本省物价部门规定的收费标准确定，但不得超过基本医疗保险住院床位费支付标准。参保人员的实际床位费标准低于基本医疗保险住院床位费支付标准的，以实际床位费标准按基本医疗保险的规定支付；高于基本医疗保险住院床位费支付标准的，在支付标准以内的费用，按基本医疗保险的规定支付，超出部分由参保人员自付。

（四）急诊、抢救的医疗费用

急诊，是指医疗机构为急性病患者进行紧急治疗的门诊。抢救，是指在紧急危险情况下的迅速救护。和一般治疗相比，急诊、抢救的特点是变化急骤、时间性强、随机性大、病谱广泛、多科交叉、涉及面广，而且急危重病人的诊治风险大、社会责任重。在定点医疗机构发生的符合基本医疗保险药品目录、诊疗项目、医疗服务设施标准的急诊、抢救的医疗费用，应当由基本医疗保险基金按照国家规定支付。

八、基本医疗保险费用结算管理

（一）基本医疗保险费用结算方法

《社会保险法》第二十九条规定，参保人员医疗费用中应当由基本医疗保险基金支付的部分，由社会保险经办机构与医疗机构、药品经营单位直接结算。社会保险行政部门和卫生行政部门应当建立异地就医医疗费用结算制度，方便参保人员享受基本医疗保险待遇。根据《国务院关于建立城镇职工基本医疗保险制度的决定》规定，建立基本医疗保险统筹基金和个人账户，基本医疗保险基金由统筹基金和个人账户构成。根据本法以及国务院有关规定，应当由基本医疗保险统筹基金支付的医疗费用，需要满足三个条件：一是参保人员在定点医疗机构就医的住院（大病）医疗费用；二是符合基本医疗保险药品目录、诊疗项目、医疗服务设施标准以及急诊、抢救的医疗费用；三是统筹基金起付标准以上、最高支付限额以下的医疗费用，按照规定比例从基本医疗保险统筹基金中支付。参保人员医疗费用中应当由基本医疗保险基金支付的部分，由社会保险经办机构与医疗机构、药品经营单位直接结算。有利于减轻参保人员垫付医疗费用的负担，方便群众就医结算。

（二）异地就医结算方法

异地就医，是指参保人在其参保的统筹地区以外发生的就医行为。由于目前医疗保险统筹层次较低，统筹地区数量众多，各省市之间、省内各地市之间、各统筹地区之间都存在跨地区之间的人员流动。随着市场经济的不断完善，户籍管理控制的逐步放松，异地定居更为便利，异地就医的区域和人员分布十分广泛。异地就医所产生的问题主要是就医结算问题日益突出。因此，《社会保险法》要求社会保险行政部门和卫生行政部门建立异地就医医疗费用结算制度。

2009年12月，原人力资源社会保障部、财政部联合发布《关于基本医疗保险异地就医结算服务工作的意见》，要求加强和改进以异地安置退休人员为重点的基本医疗保险异地就医结算服务，方便必须异地就医参保人员的医疗费用结算，减少个人垫付医疗费，并逐步实现参保人员就地就医、持卡结算。并分不同人群情况做了原则规定：一是参保人员短期出差、学习培训或度假等期间，在异地发生疾病并就地紧急诊治发生的医疗费用，一般由参保地按参保地规定报销。二是参保人员因当地医疗条件所限需异地转诊的，医疗费用结算按照参保地有关规定执行，参保地负责审核、报销医疗费用。三是异地长期居住的退休人员在居住地就医，常驻异地工作的人员在工作地就医，原则上执行参保地政策。参保地经办机构可采用邮寄报销、在参保人员较集中的地区设立代办点、委托就医地基本医疗保险经办机构代管报销等方式。四是对经国家组织动员支援边疆等地建设，按国家有关规定办理退休手续后，已按户籍管理规定异地安置的参保退休人员，要探索与当地医疗保障体系相衔接的办法，具体办法由参保地与安置地协商确定、稳妥实施。

九、基本医疗保险基金支付范围

根据《社会保险法》的规定，以下医疗费用不纳入基本医疗保险基金支付范围。

（一）应当从工伤保险基金中支付的

工伤保险基金是社会保险基金的一个组成部分，是国家为实施工伤保险制度，通过法定程序，建立起来用于特定目的的资金，由用人单位缴纳的工伤保险费、工伤保险基金的利息和依法纳入工伤保险基金的其他资金构成，用于《工伤保险条例》规定的工伤保险待遇、劳动能力鉴定以及法律、法规规定的用于工伤保险的其他费用的支付。根据《社会保险法》第六十四条的规定，各项社会保险基金按照社会保险险种分别建账，分账核算。应当从工伤保险基金中支付的医疗费用不能纳入基本医疗保险基金的支付范围。

（二）应当由第三人负担的

按照《民法通则》和《侵权责任法》的规定，参保人员由于第三人的原因发生人身伤害而产生的医疗费用，应当由第三人承担。如果由基本医疗保险基金支付，那么，就相当于由全体参保人员承担了本应由侵权人负担的责任，损害了全体参保人员的合法权益。特别是对于故意伤害等犯罪行为，更不能由基本医疗保险基金代其承担责任。因此，根据民法规定的原则，在总结实践经验的基础上，明确规定了应当由第三人负担的医疗费用，不纳入基本医疗保险基金的支付范围。这样规定，有利于明确责任，保护基金安全。

（三）应当由公共卫生负担的

2009年3月，《中共中央、国务院关于深化医药卫生体制改革的意见》提出：公共卫生服务主要通过政府筹资，向城乡居民均等化提供。基本医疗服务由政府、社会和个人三方合理分担费用。根据中央医改文件精神，《卫生部、财政部、国家人口和计划生育委员会关于促进基本公共卫生服务逐步均等化的意见》进一步明确了重大公共卫生服务项目的范围，要求各级政府要根据实现基本公共卫生服务逐步均等化的目标，完善政府对公共卫生的投入机制，逐步增加公共卫生投入。基本公共卫生服务按项目为城乡居民免费提供，经费标准按单位服务综合成本核定，所需经费由政府预算安排。

（四）在境外就医的

为保证有限的基本医疗保险基金发挥最大的效用，必须加强对医疗服务的管理，明确基本医疗保险基金支出的范围和标准，基本医疗保险基金只能支付住院和门（急）诊治疗过程中必要的医疗费用。同国内医疗服务相比，发达国家和地区的医疗费用一般会比国内高很多，而且国内的社会保险经办机构无法掌握境外医疗机构的治疗手段和费用支出，因此，在境外就医的医疗费用一般不纳入基本医疗保险基金的支付范围。实践中，在境外就医的医疗费用一般是通过商业保险的途径予以解决，即由商业保险公司按照保险合同的规定支付，或者由个人支付。

医疗费用依法应当由第三人负担，第三人不支付或者无法确定第三人的，由基本医疗保险基金先行支付。基本医疗保险基金先行支付后，有权向第三人追偿。

第四节　工伤保险法律制度

一、工伤保险的概念

工伤保险是指国家通过立法建立的，以社会统筹方式建立基金，对在工作过程中遭受事故伤害，或因从事有损健康的工作患职业病而丧失劳动能力的职工，以及对因工死亡的职工遗属提供物质帮助的制度。工伤保险是世界上最早产生以及最早进行国家立法、也是最成熟的社会保险险种。工伤保险是社会保险制度中的重要组成部分。

新中国成立初期，原政务院颁布的《劳动保险条例》建立了企业职工工伤保险制度，对职工因工伤残后的补偿和休养康复等做出了规定。1994 年颁布的《劳动法》对工伤保险做了原则规定。1996 年，原劳动部在总结各地试点经验的基础上，发布了《企业职工工伤保险试行办法》，对沿用了四十多年的以企业自我保障为主的工伤福利制度进行了改革。2003 年，国务院颁布了《工伤保险条例》，进一步改革了工伤保险制度，对现行工伤保险制度做出全面规定，丰富和完善了相关政策。国务院于 2010 年 12 月 8 日对《工伤保险条例》做了修正，自 2011 年 1 月 1 日起施行，使之更加趋于科学。《社会保险法》对工伤保险制度做出了更进一步的规定。

二、工伤保险的缴费义务人

《社会保险法》第三十三条规定，职工应当参加工伤保险，由用人单位缴纳工伤保险费，职工不缴纳工伤保险费。由上述立法可以看出，工伤保险的缴费义务人是用人单位，用人单位应当按照社会保险经办机构确定的费率缴纳工伤保险费。职工应当参加工伤保险，但不缴纳工伤保险费。在用人单位守法缴费的情况下，发生工伤事故后的补偿由工伤保险基金承担，这是工伤保险与养老、医疗、失业保险的主要区别之处。这一特点是工伤保险产生历史过程所决定的。国际上最早的工伤保险制度是从雇主无过错赔偿责任制度演化而来的。在雇主无过错赔偿的工伤补偿制度中，雇员在工作过程中受到伤害，无论雇主有否过错，都应对雇员进行补偿，雇员不用承担责任。

三、工伤保险的适用范围

职工应当参加工伤保险，职工的范围应执行《工伤保险条例》的规定。按照《工伤保险条例》的规定，我国工伤保险的适用范围有三类：一是各类企业。指在我国境内注册的各种形式的企业，按照所有制形式划分，有国有企业、集体所有制企业、私营企业、外资企业等。二是有雇工的个体工商户。指雇用学徒或帮工的个体工商户。三是事业单位、社会团体和民办非企业单位。《工伤保险条例》实施后，此类单位参加工伤保险的实施办法已由国务院有关部门共同制定，并经国务院批准后实施。除依照公务员制度管理的事业单位外，其他事业单位都要参加工伤保险。《工伤保险条例》第六十五条规定，公务员和参照公务员法管理的事业单位、社会团体的工作人员因工作遭受事故伤害或者患职业病的，由所在单位支付费用。具体办法由国务院社会保险行政部门会同国务院财政部门规定。

四、用人单位缴纳工伤保险的费率

《社会保险法》第三十四条规定，国家根据不同行业的工伤风险程度确定行业的差别费率，并根据使用工伤保险基金、工伤发生率等情况在每个行业内确定费率档次。行业差别费率和行业内费率档次由国务院社会保险行政部门制定，报国务院批准后公布施行。社会保险经办机构根据用人单位使用工伤保险基金、工伤发生率和所属行业费率档次等情况，确定用人单位缴费费率。

用人单位缴纳工伤保险费不实行统一的费率，而是实行行业差别费率和用人单位浮动费率相结合的工伤保险费率。不同的行业，工伤风险有很大差别，工伤保险费率在实现社会共济的同时，与用人单位所属行业挂钩，形成行业差别费率，使工伤保险缴费更为公平。在实行行业差别费率的基础上，建立单位缴费浮动机制。也就是说，国家根据不同行业的工伤风险程度，确定行业的差别费率，并根据本行业内企业间工伤保险费使用、工伤发生的差异程度等情况确定若干费率档次。

目前执行的工伤保险费率是 2003 年由原劳动保障部会同财政部、卫生部、安全生产监督管理局共同发布的《关于工伤保险费率问题的通知》确定的。该通知将国民经济行业划分为三类，根据三类行业的风险差别，分别确定不同的费率，每类行业都设有一个基准费率，但平均缴费率原则上控制在职工工资总额的1%左右。一类行业属于风险较小行业，如金融保险、商业、餐饮业、邮电、广播等，基准费率为0.5%左右；二类行业为中等风险行业，如农林水利、一般制造业等，基准费率为1%；三类行业为风险较大行业，如石油开采加工、矿山开采加工等，基准费率为2%左右。

用人单位具体缴费费率的确定，是在行业差别费率及费率档次制定后，根据每个用人单位上一费率确定周期使用工伤保险基金、工伤发生率等情况，由统筹地区的社会保险经办机构确定其在所属行业的不同费率档次中适用哪一个档次的费率。用人单位应当按照本单位职工工资总额，根据社会保险经办机构确定的费率缴纳工伤保险费。

五、职工享受工伤保险待遇的条件

《社会保险法》第三十六条规定，职工因工作原因受到事故伤害或者患职业病，且经工伤认定的，享受工伤保险待遇；其中，经劳动能力鉴定丧失劳动能力的，享受伤残待遇。工伤认定和劳动能力鉴定应当简捷、方便。

（一）工伤的范围

《工伤保险条例》第十四条规定，职工有下列情形之一的，应当认定为工伤：（1）在工作时间和工作场所内，因工作原因受到事故伤害的；（2）工作时间前后在工作场所内，从事与工作有关的预备性或者收尾性工作受到事故伤害的；（3）在工作时间和工作场所内，因履行工作职责受到暴力等意外伤害的；（4）患职业病的；（5）因工外出期间，由于工作原因受到伤害或者发生事故下落不明的；（6）在上下班途中，受到非本人主要责任的交通事故或者城市轨道交通、客运轮渡、火车事故伤害的；（7）法律、行政法规规定应当认定为工伤的其他情形。由上述立法可以看出，职工因工作原因受到的伤害以及事故伤害和职业病，属于工伤的范围。由于工作直接或间接引起的伤害都是工伤。对于"因工作原因"可以从三个方面理解：一是职工在工作过程中，直接因从事工作受到伤害；二是职工虽未工作，但由于用人单位的设施和设备不完善、劳动条件或劳动环境不良、管理不善等原因，造成职工伤害；三是职工受用人单位指派，外出期间受到伤害。我国关于工伤范围的立法，既总结了多年实践的经验，也参考了国际上的通常做法，"工作原因"是确认工伤的核心因素之一。事故伤害是指由于工作原因直接或间接造成的伤害和急性中毒事故。按照伤害程度划分，可分为轻伤事故、重伤事故和死亡事故。职业病是指职工在职业活动中，因接触粉尘、放射性物质和其他有毒、有害物质等因素而引起的疾病。其特征是在有毒有害的环境下工作所患的疾病。按照原卫生部、劳动和社会保障部2002年发布的《职业病目录》的规定，职业病包括尘肺、职业性放射性疾病、职业中毒、物理因素所致职业病等10类。职业病诊断必须由省级以上人民政府卫生行政部门批准的医疗卫生机构承担。

（二）工伤认定的程序

《工伤保险条例》第十七条规定，职工发生事故伤害或者按照职业病防治法规定被诊断、鉴定为职业病，所在单位应当自事故伤害发生之日或者被诊断、鉴定为职业病之日起30日内，向统筹地区社会保险行政部门提出工伤认定申请。遇有特殊情况，经报社会保险行政部门同意，申请时限可以适当延长。用人单位未按前款规定提出工伤认定申请的，工伤职工或者其近亲属、工会组织在事故伤害发生之日或者被诊断、鉴定为职业病之日起1年内，可以直接向用人单位所在地统筹地区社会保险行政部门提出工伤认定申请。按照本条第一款规定应当由省级社会保险行政部门进行工伤认定的事项，根据属地原则由用人单位所在地的设区的市级社会保险行政部门办理。用人单位未在本条第一款规定的时限内提交工伤认定申请，在此期间发生符合本条例规定的工伤待遇等有关费用由该用人单位负担。

（三）申请工伤应当提交的材料

提出工伤认定申请应当提交下列材料：（1）工伤认定申请表；（2）与用人单位存在劳动关系（包括事实劳动关系）的证明材料；（3）医疗诊断证明或者职业病诊断证明书（或者职业病诊断鉴定书）。工伤认定申请表应当包括事故发生的时间、地点、原因以及职工伤害程度等基本情况。工伤认定申请人提供材料不完整的，社会保险行政部门应当一次性书面告知工伤认定申请人需要补正的全部材料。申请人按照书面告知要求补正材料后，社会保险行政部门应当受理。

（四）工伤认定的主体及时限

社会保险行政部门应当自受理工伤认定申请之日起 60 日内做出工伤认定的决定，并书面通知申请工伤认定的职工或者其近亲属和该职工所在单位。社会保险行政部门对受理的事实清楚、权利义务明确的工伤认定申请，应当在 15 日内做出工伤认定的决定。做出工伤认定决定需要以司法机关或者有关行政主管部门的结论为依据的，在司法机关或者有关行政主管部门尚未做出结论期间，做出工伤认定决定的时限中止。社会保险行政部门工作人员与工伤认定申请人有利害关系的，应当回避。

（五）工伤保险待遇

工伤保险待遇是指职工受到事故伤害或者患职业病后，获得医疗救治和经济补偿的一种保障。经工伤认定的工伤职工，享受工伤保险待遇。工伤职工享受工伤保险待遇的项目包括以下内容。

1. 工伤医疗待遇

工伤医疗待遇是指工伤职工进行治疗所享受的医疗待遇，是工伤职工的一项基本待遇。主要包括四项：一是治疗工伤所需的挂号费、医疗康复费、药费、住院费等费用，如符合工伤保险诊疗项目目录、工伤保险药品目录、工伤保险住院服务标准，从工伤保险基金中支付。二是工伤职工治疗工伤需要住院的，由工伤保险基金中支付一定标准的住院伙食补助费。三是到统筹地区以外就医的交通食宿费。经医疗机构出具证明，报社会保险经办机构同意，工伤职工到统筹地区以外就医治疗的，所需交通、食宿费用从工伤保险基金中支出。四是工伤职工需要停止工作接受治疗的，享受由用人单位支付的工资福利。

2. 辅助器具配置待遇

工伤职工伤残后因日常生活或者就业需要，经劳动能力鉴定委员会确认需要配置辅助器具的，可以安装假肢、矫形器、假眼、假牙或配置轮椅等辅助器具，所需费用按照国家规定的标准从工伤保险基金中支付。伤残辅助器具应当按照国内普及性标准报销费用。

3. 生活护理费

生活不能自理的工伤职工在停工留薪期需要护理的，由所在单位负责。工伤职工已经评定伤残等级并经劳动能力鉴定委员会确认需要生活护理的，从工伤保险基金按月支付生活护理费。生活护理费按照生活完全不能自理、生活大部分不能自理或者生活部分不能自理三个不同等级支付，其标准分别为统筹地区上年度职工月平均工资的50%、40%或30%。

4. 伤残待遇

经劳动能力鉴定丧失劳动能力的工伤职工，享受伤残待遇。其待遇标准按照伤残鉴定等级（一至十级）的不同而有所区别。

5. 工亡待遇

职工因工死亡的，其遗属可享受从工伤保险基金中支付的三项待遇：一是丧葬补助金。丧葬补助金为6个月的统筹地区上年度职工月平均工资。二是供养亲属抚恤金。供养亲属抚恤金按照职工本人工资的一定比例发给由因工死亡职工生前提供主要生活来源、无劳动能力的亲属。标准为：配偶每月40%，其他亲属每人每月30%，孤寡老人或者孤儿每人每月在上述标准的基础上增加10%。核定的各供养亲属的抚恤金之和不应高于因工死亡职工生前的工资。供养亲属的具体范围由国务院社会保险行政部门规定。三是因工死亡补助金。一次性工亡补助金标准为上一年度全国城镇居民人均可支配收入的20倍。

6. 工伤康复

工伤职工由按照签订服务协议的医疗机构建议，并经劳动鉴定委员会批准，到签订服务协议的康复医疗机构进行康复治疗期间，或安排工伤职工进行康复训练期间，应享受工伤医疗待遇和停工留薪期待遇。工伤职工进行康复性治疗的有关费用，也应按照国家规定从工伤保险基金中支付。

六、不属于工伤的情形

《社会保险法》第三十七条规定，职工因下列情形之一导致本人在工作中伤亡的，不认定为工伤：（1）故意犯罪；（2）醉酒或者吸毒；（3）自残或者自杀；（4）法律、行政法规规定的其他情形。

七、工伤保险先行支付制度

（一）用人单位不支付工伤保险待遇的先行支付制度

《社会保险法》第四十一条规定，职工所在用人单位未依法缴纳工伤保险费，发生工伤事故的，由用人单位支付工伤保险待遇。用人单位不支付的，从工伤保险基金中先行支付。从工伤保险基金中先行支付的工伤保险待遇应当由用人单位偿还。用人单位不偿还的，社会保险经办机构可以依照本法第六十三条的规定追偿。用人单位缴纳工伤保险费，是国家以法律的形式规定的，具有强制性。凡是纳入工伤保险范围的用人单位应当按照规定按时、足额缴纳工伤保险费，以保证基金的支付能力，保障工伤职工及时获得医疗救治和经济补偿。用人单位必须按照法律的规定履行缴费义务，否则就是一种违法行为，要依法承担相应的法律责任。

根据《工伤保险条例》的规定，用人单位应当参加工伤保险而未参加的，其职工发生工伤后，由该用人单位按照国家规定的工伤保险待遇项目和标准支付费用。如果用人单位不支付工伤保险待遇，工伤职工就难于得到及时医疗救治和经济补偿。《社会保险法》第四十一条规定的工伤保险先行支付制度，是指在工伤事故发生后，未缴纳工伤保险费的用人单位不向工伤职工支付工伤保险待遇时，由工伤保险基金先行支付。工伤保险基金的先行支付属于垫付性质，用人单位应当偿还，否则社会保险经办机构有权向用人单位追偿。

从保护工伤职工利益出发，用人单位未依法缴纳工伤保险费，该单位职工的工伤保险权益并不受影响，如果发生工伤事故，用人单位不支付工伤保险待遇的，可从工伤保险基金中先行支付。但由工伤保险基金先行支付工伤保险待遇，不意味着工伤保险责任的转移，仍要由用人单位偿还。用人单位不偿还工伤保险基金先行支付的工伤保险待遇的，社会保险经办机构有权追偿，具体方式可以按照《社会保险法》第六十三条的规定执行。

（二）第三人原因的工伤保险先行支付制度

《社会保险法》第四十二条规定，由于第三人的原因造成工伤，第三人不支付工伤医疗费用或者无法确定第三人的，由工伤保险基金先行支付。工伤保险基金先行支付后，有权向第三人追偿。在这里所指的第三人，是指除工伤职工本人、用人单位以外的其他人。《侵权责任法》第三十七条第二款规定，因第三人的行为造成他人损害的，由第三人承担侵权责任。《最高人民法院关于审理人身损害赔偿案件适用法律若干问题的解释》第十二条规定，因用人单位以外的第三人侵权造成劳动者人身损害，赔偿权利人请求第三人承担民事赔偿责任的，人民法院应予支持。因此，第三人侵权造成工伤的，侵权人应当依法承担赔偿责任。由于第三人的原因造成工伤后，工伤职工的工伤医疗费用应当由第三人支付。工伤医疗费用包括因就医治疗支出的各项费用，以及因康复护理、继续治疗实际发生的必要的康复费、护理费、后续治疗费，第三人也应当予以赔偿。具体在工伤保险制度下，则是指工伤职工治疗工伤所花费的诊疗、用药、住院服务费用，且应当符合工伤保险诊疗项目目录、工伤保险药品目录、工伤保险住院服务标准。在第三人已经依法支付了工伤医疗费用的情况下，工伤保险基金不应当再次支付工伤医疗费用。

由于第三人原因造成工伤，工伤保险基金不应当承担工伤医疗费用。但为了确保工伤职工能够及时得到救治，在两种情形下，需由工伤保险基金先行支付工伤医疗费用：一是造成工伤的第三人不支付工伤医疗费用。所谓不支付，是指工伤职工受到伤害后急需治疗，第三人拒绝支付或者没有经济能力支付工伤医疗费用。二是非用人单位原因造成职工工伤，造成工伤的责任主体不能确定，或者是否由第三人原因造成工伤尚未确认，无法明确工伤医疗费用的承担者。在上述两种情况下，即因第三人的原因造成工伤，是在第三人拒绝支付工伤医疗费用或者第三人无法确定的前提条件下，由工伤保险基金先行支付工伤医疗费用。工伤保险基金先行支付工伤医疗费用，不意味着工伤医疗费用支付主体的改变，该义务的法定履行主体仍是第三人。工伤保险基金的先行支付属于垫付性质，应当依法向第三人追偿。

第五节　失业保险法律制度

一、失业保险的概念

失业是指在劳动年龄内，有就业能力，并有求职要求的劳动者未能找到或者丧失工作岗位情况。失业是与就业相对应而存在的概念，就业是指在国家规定的劳动年龄内，有劳动能力的人从事一定的社会劳动并取得劳动报酬或经营收入。失业保险是对劳动年龄内，有就业能力并有就业愿望的人由于非本人原因而失去工作，无法获得维持生活所需的工资收入，在一定期间内由国家和社会为其提供基本生活保障的社会保险制度。失业保险是社会保险的重要组成部分。享受失业保险待遇者要依法参加失业保险，且履行法定义务并符合法定条件。建立失业保险的目的是保障失业人员失业期间的基本生活，促进其再就业。保障失业人员失业期间的基本生活，是指失业人员按规定领取失业保险金对其基本生活的保障。保障失业人员基本生活的水平应低于当地职工最低工资，高于当地城市居民最低生活保障水平。保障水平是根据我国目前的经济发展水平和各方面的承受能力确定的。为了规范失业保险工作，国务院于1999年1月发布了《失业保险条例》，正式确立了我国的失业保险法律制度，为保障失业人员失业期间的基本生活，促进其再就业，提供了必要的法律保障。《社会保险法》设专章对失业保险做了规定，为失业保险的长远发展提供了科学的法律保障。

二、失业保险的覆盖范围

失业保险制度的覆盖范围也就是通过立法界定依法享受失业保险待遇的对象，同时界定有义务履行缴纳失业保险费的组织和个人。我国的失业保险的覆盖范围是根据现阶段经济发展状况和保障能力来确定。《社会保险法》第四十四条规定，职工应当参加失业保险，由用人单位和职工按照国家规定共同缴纳失业保险费。《失业保险条例》第二条规定，城镇企业事业单位、城镇企业事业单位职工依照本条例的规定，缴纳失业保险费。城镇企业事业单位失业人员依照本条例的规定，享受失业保险待遇。本条所称的城镇企业，是指国有企业、城镇集体企业、外商投资企业、城镇私营企业，以及其他城镇企业。上述这些企业事业单位都在《失业保险条例》的适用范围之内，这些单位及其职工都应按照《失业保险条例》的规定缴纳失业保险费。这些单位的职工一旦失业，只要符合享受失业保险待遇的条件，就可以按规定的标准和期限享受失业保险待遇。《失业保险条例》第三十二条规定：省、自治区、直辖市人民政府根据当地实际情况，可以规定本条例使用与本行政区域的社会团体及其专职人员、民办非企业单位及其职工、有雇工的城镇个体工商户及其雇工。根据《失业保险条例》的规定，社会团体及其专职人员、民办非企业单位及其职工、城镇有雇工的个体工商户及其雇工是否纳入失业保险范围，由省级人民政府确定。如果省级人民政府按照这一规定将上述单位及其职工纳入了失业保险的范围，这些单位和人员就应按《失业保险条例》的规定参加失业保险。

三、失业保险的缴费义务人

失业保险基金是开展失业保险的物质基础。根据《失业保险条例》第五条规定，失业保险基金由下列各项构成：城镇企业事业单位、城镇企业事业单位职工缴纳的失业保险费；失业保险基金的利息；财政补贴；依法纳入失业保险基金的其他资金。其中，参保单位和个人的缴费是失业保险基金的主要来源。

失业保险由用人单位和职工按照国家规定共同缴纳失业保险费。用人单位和职工在缴纳失业保险费时，涉及失业保险费的缴费基数和费率。《社会保险法》未对失业保险费的缴费基数和费率做具体规定；"国家规定"主要是指《失业保险条例》的规定。《失业保险条例》第六条规定，城镇企业事业单位按照本单位工资总额的2%缴纳失业保险费，城镇企业事业单位职工按照本人工资的1%缴纳失业保险费。城镇企业事业单位招用的农民合同工本人不缴纳失业保险费。此外，《失业保险条例》还规定，省、自治区、直辖市人民政府根据本行政区域失业人员数量和失业保险基金数额，报经国务院批准，可以适当调整本行政区域失业保险费的费率。

四、失业保险金的领取条件

根据《社会保险法》的规定，失业人员符合下列条件的，从失业保险基金中领取失业保险金。

（一）失业前用人单位和本人已经缴纳失业保险费满一年的

失业人员领取失业保险金，除了参加失业保险外，其所在单位及其本人还必须按照规定缴纳了失业保险费，且缴费时间满1年。如果缴纳时间不满1年，失业后，不能领取失业保险金。如果是未参加过工作的失业者，或参加工作已1年以上，但用人单位和个人没有参加失业保险，由于其没有履行过缴费义务，即使处于失业状态，也不符合享受失业保险待遇的条件，不能领取失业保险金。

（二）非因本人意愿中断就业的

所谓非因本人意愿中断就业的，即非自愿失业，这种失业现象的发生责任不在失业者本人，而是与失业者本人无关的原因造成的，例如，企业因经营不善而破产，致使企业全体职工失业；劳动合同到期，用人单位不再与之订立新的劳动合同，劳动者又未找到新的工作等。对于这种失业人员，国家应当为其提供失业保险待遇，失业者也有权利享受失业保险待遇。自愿失业，责任在就业者本人，国家没有必要给他们提供失业保险的待遇，他们也没有获得这种待遇的权利。按照原劳动保障部《失业保险金申领发放办法》第四条的规定，非因本人意愿中断就业的是指下列人员：（1）终止劳动合同的；（2）被用人单位解除劳动合同的；（3）被用人单位开除、除名和辞退的；（4）根据《劳动法》第三十二条第二、第三项与用人单位解除劳动合同的；（5）法律、行政法规另有规定的。

（三）已经进行失业登记，并有求职要求的

失业人员失业后，领取失业保险金，除了符合上述条件，还应持有关材料到当地经办失业保险事务的社会保险经办机构办理失业登记。办理失业登记是失业人员领取失业保险金的必经程序，目的是为了掌握失业人员的基本情况，确认其资格，失业登记是失业人员进入申领失业保险待遇程序的重要标志。社会保险经办机构应对其报送的有关材料进行审核，看其是否具备领取失业保险金的条件。具备领取条件的，应给失业人员发放领取失业保险金证明卡，失业人员按规定的时间到经办失业保险事务的社会保险经办机构领取失业保险金。

失业人员享受失业保险待遇，还应当有求职要求。这是考虑到失业保险的

一个重要功能是促进失业人员再就业。实现这一目的，一方面需要加快经济发展，创造更多的就业岗位，同时，发展和完善就业服务事业，为失业人员实现再就业提供服务；另一方面也要求失业人员积极主动地利用各种就业机会和就业服务设施，不断提高自身素质，增强竞争就业的能力。可以说，这是享受失业保险待遇的一个前提，也是失业人员应尽的义务。要求申领失业保险金的失业人员积极寻找工作，可以使其在得到基本生活保障的同时，获得必要的就业服务，争取尽快实现再就业，从根本上解决失业问题。在认定失业人员是否有求职要求时，应以其是否在职业介绍机构登记求职，并参加就业培训等活动为衡量的标准。

五、失业人员领取失业保险金的期限

失业人员领取失业保险金的期限与其缴纳失业保险费的年限挂钩，是国际上大多数国家的通行做法。因此，《社会保险法》第四十六条规定，失业人员失业前用人单位和本人累计缴费满 1 年不足 5 年的，领取失业保险金的期限最长为 12 个月；累计缴费满 5 年不足 10 年的，领取失业保险金的期限最长为 18 个月；累计缴费 10 年以上的，领取失业保险金的期限最长为 24 个月。重新就业后，再次失业的，缴费时间重新计算，领取失业保险金的期限与前次失业应当领取而尚未领取的失业保险金的期限合并计算，最长不超过 24 个月。领取失业保险金的最长期限的规定，不能理解为缴费时间达到上述要求的失业人员都能领取最长期限的失业保险金。在具体操作中，各地可以在同一档次内，根据失业人员缴费时间的长短，相应拉开其领取失业保险金期限的差距。失业保险金的标准，由省、自治区、直辖市人民政府确定，不得低于城市居民最低生活保障标准。

六、失业人员的其他失业待遇

根据《社会保险法》的规定，失业人员在领取失业保险金期间，参加职工基本医疗保险，享受基本医疗保险待遇。失业人员应当缴纳的基本医疗保险费从失业保险基金中支付，个人不缴纳基本医疗保险费。失业人员在领取失业保险金期间死亡的，参照当地对在职职工死亡的规定，向其遗属发给一次性丧葬补助金和抚恤金。所需资金从失业保险基金中支付。个人死亡同时符合领取基本养老保险丧葬补助金、工伤保险丧葬补助金和失业保险丧葬补助金条件的，其遗属只能选择领取其中的一项。

七、失业人员申领失业保险金的程序

用人单位应当及时为失业人员出具终止或者解除劳动关系的证明，并将失业人员的名单自终止或者解除劳动关系之日起 15 日内告知社会保险经办机构。失业人员应当持本单位为其出具的终止或者解除劳动关系的证明，及时到指定的公共就业服务机构办理失业登记。失业人员凭失业登记证明和个人身份证明，到社会保险经办机构办理领取失业保险金的手续。失业保险金领取期限自办理失业登记之日起计算。

八、失业人员停止领取失业保险金的条件

根据《社会保险法》的规定，失业人员在领取失业保险金期间有下列情形之一的，停止领取失业保险金，并同时停止享受其他失业保险待遇。

（一）重新就业的

失业保险待遇是用来保障失业人员失业期间的基本生活的，领取失业保险金的失业人员一旦重新就业，就不再属于失业人员，应当停止其失业保险待遇。

（二）应征服兵役的

根据《兵役法》的规定，"中华人民共和国公民，不分民族、种族、职业、家庭出身、宗教信仰和教育程度，都有义务依照本法的规定服兵役。"失业人员只要按照《兵役法》规定的条件、程序应征入伍，就成为一个军人，将根据《兵役法》和有关军事条令的规定享受权利、承担义务。与此同时，服兵役人员的生活将纳入《兵役法》予以保障。所以，失业人员应征入伍后，不再享受失业人员的待遇。

（三）移居境外的

根据《公民出境入境管理法》及其实施细则的规定，公民移居境外的，一般在境外具有一定的经济基础，而且，如果失业人员移居境外，其在境外的就业、生活等情况社会保险经办机构也难以掌握。从技术上讲，移居境外的失业人员也难以继续享受各种失业保险待遇。此处所指的移居境外，是指失业人员到境外定居，不包括那些因私短期出境探亲、访友的情形。

（四）享受基本养老保险待遇的

按照《社会保险法》的规定，享受基本养老保险待遇的人员，已经是办理了退休手续的人员，但他们所处的状态并不是失业的状态，而且可以享受基本养老保险待遇，生活是能够得到保障的，所以不得再享受失业保险待遇。

（五）无正当理由，拒不接受当地人民政府指定部门或者机构介绍的适当工作或者提供的培训的

扩大就业途径、创造就业机会，尽可能地降低失业率，是各级人民政府面临的重要任务。我国各级人民政府都指定一些专门的职业介绍机构和职业培训

机构，帮助失业人员尽快解决就业问题。如果失业人员没有正当的理由，拒不接受这些机构介绍的工作或者提供的培训，则表明，这些失业人员并不是没有机会就业，而是在有机会的情况下放弃了就业。鉴于此，就不应当让其继续享受失业保险待遇，否则，就会有悖于失业保险制度关于"促进再就业"的宗旨。

第六节　生育保险法律制度

一、生育保险的概念

生育保险是通过国家立法规定，在劳动者因生育子女而导致劳动力暂时中断时，由国家和社会及时给予物质帮助的一项社会保险制度。我国生育保险待遇主要包括两项：一是生育津贴；二是生育医疗待遇。其宗旨在于通过向职业妇女提供生育津贴、医疗服务和产假，帮助他们恢复劳动能力，重返工作岗位。从而体现国家和社会对妇女在这一特殊时期给予的支持和爱护。同时，通过将妇女生育负担由用人单位责任转化为全社会责任，平衡企业之间的负担，减轻用人单位招用妇女的成本，帮助妇女就业。

1988 年，国务院颁布了《女职工劳动保护规定》，将生育待遇的覆盖范围扩大到我国境内的一切国家机关、人民团体、企业和事业单位，将产假延长到 90 天，并明确不得在女职工怀孕期、产期、哺乳期降低其基本工资或者解除劳动合同，将保障期限从生育期扩大到婴儿哺乳期，再次提高了生育保险待遇。1994 年 12 月，原劳动部颁布《企业职工生育保险试行办法》，将原有的用人单位负责管理的生育保险制度转变为实行生育保险社会统筹。

二、生育保险的覆盖范围

我国生育保险的现状是实行传统生育保险和生育保险社会统筹两种制度并存。

（一）传统生育保险制度

传统生育保险制度的立法依据是国务院 1988 年颁布的《女职工劳动保护规定》，覆盖范围包括国家机关、人民团体、企业和事业单位。具体待遇标准，按照《劳动部关于女职工生育待遇若干问题的通知》执行，即职工生育后，由所在单位负担职工的生育产假工资、报销生育医疗费，生育保险的管理由职工所在单位负责。女职工怀孕期间的检查费、接生费、手术费、住院费和药费由所在单位负担。产假期间工资照发。传统生育保险制度的特点是生育保险有关待遇由财政或者用人单位负担，具体管理由用人单位负责。

（二）生育保险社会统筹制度

根据原劳动部《企业职工生育保险试行办法》规定，生育保险的覆盖范围包括城镇企业及其职工，参加生育保险社会统筹的用人单位，应向当地社会保险经办机构缴纳生育保险费，职工个人不缴费。参保单位女职工生育或流产后，其生育津贴和生育医疗费由生育保险基金支付。实践中，全国有的地方规定将机关、事业单位、社会团体、民办非企业、个体工商户等单位纳入了生育保险覆盖范围。

三、生育保险缴费义务人

《社会保险法》第五十三条规定，职工应当参加生育保险，由用人单位按照国家规定缴纳生育保险费，职工不缴纳生育保险费。生育保险基金是整个社会保险基金中的一个组成部分，是依据国家法律规定专门为生育职工支付有关待遇而筹集的款项。其主要作用是为生育而暂时离开工作岗位的女职工支付医疗费用和生育津贴。根据《企业职工生育保险试行办法》规定，生育保险按照"以支定收、收支基本平衡"的原则筹集资金。主要考虑是生育保险享受人数和计划生育政策相联系，预计性强，风险不大，不必留有结余。结余过多会加重企业负担，影响生育保险事业的健康发展，因此，生育保险基金以够用为目标。参加统筹的用人单位按照比例缴纳生育保险费，职工个人不缴纳生育保险费。考虑到全国地区间经济情况差异很大，生育费用支付不平衡的因素，规定具体筹资比例由当地人民政府确定，但最高比例不超过职工工资总额的1%。

四、生育保险待遇享受条件、待遇项目和支出渠道

《社会保险法》第五十四条规定，用人单位已经缴纳生育保险费的，其职工享受生育保险待遇；职工未就业配偶按照国家规定享受生育医疗费用待遇。所需资金从生育保险基金中支付。生育保险待遇包括生育医疗费用和生育津贴。

（一）生育保险待遇的享受条件

生育保险待遇同其他险种待遇的享受一样，需要具备一定的条件。本法规定了两个条件：（1）用人单位已经缴纳生育保险费。权利与义务相对应，是社会保险制度赖以存在的前提条件。只有履行了法定的义务之后，才能享受各项社会保险待遇，生育保险也是如此，只有用人单位依法缴纳了生育保险费，其职工才能享受生育保险待遇。（2）是用人单位的职工。用人单位缴纳生育

保险费，那么，理所当然地该单位职工享受生育保险待遇

（二）生育保险待遇的项目和支出渠道

根据《社会保险法》的规定，生育保险待遇包括生育医疗费用和生育津贴，生育保险待遇所需资金从生育保险基金中支付。生育保险待遇包括生育医疗费用和生育津贴。其中，生育医疗费用包括女职工因怀孕、生育发生的检查费、接生费、手术费、住院费、药费和计划生育手术费。生育津贴是指根据国家法律、法规规定对职业妇女因生育休产假而离开工作岗位期间，给予的生活费用，是对工资收入的替代。因此，在实行生育保险社会统筹的地区，由生育保险基金按本单位上年度职工月平均工资的标准支付，支付期限一般与产假期限相一致，期限不少于 90 天。同时，实行生育保险基金社会统筹的方式，体现了全社会共担风险的原则，有利于在市场经济体制下均衡不同单位和行业之间的生育成本，充分发挥对妇女劳动者的保护功能。因此，明确生育保险待遇所需资金从生育保险基金中支付具有十分重要的意义。

职工未就业的配偶按照国家规定享受生育医疗费用待遇。这里所说的生育医疗费用待遇，主要是指未就业妇女因生育发生的医疗费用。其中的"国家规定"，主要政策有：（1）参加城镇居民基本医疗保险的未就业妇女，其生育医疗费用可以按照规定从城镇居民基本医疗保险基金中支付。（2）参加新型农村合作医疗的农村妇女，其生育医疗费用可以按照规定从新型农村合作医疗基金中支付。（3）中西部地区分娩补助计划。2009 年，卫生部、财政部印发了《关于进一步加强农村孕产妇住院分娩工作的指导意见》，规定实施农村孕产妇住院分娩补助政策，对农村孕产妇住院分娩所需费用予以财政补助。参加新型农村合作医疗的农村孕产妇在财政补助之外的住院分娩费用，可按当地新型农村合作医疗制度的规定给予补偿。对个人负担较重的贫困孕产妇，可由农村医疗救助制度按规定给予救助。

五、生育医疗费用

根据《社会保险法》的规定，生育医疗费用包括下列各项内容。

（一）生育的医疗费用

生育的医疗费用有以下特点：首先，生育保险待遇从生育之前的孕期就开始给付，事先保障和事后保障相结合。其次，医疗服务范围的确定性。生育行为本身是人类自然的生理现象，正常生产的产妇不需要特殊的医疗技术和服务，生育保险的检查项目、治疗手段大都是基础性服务项目，医疗服务项目相对比较固定、费用也比较低廉。最后，生育保险医疗服务保障水平高于医疗保险。考虑到孕产妇及下一代的身体健康和安全，在生育保险制度设计上，医疗

费用报销比例一般高于医疗保险，在医疗保险药品目录、诊疗项目目录等规定的范围内，基本可以全部报销。没有规定起付线和封顶线，在门诊进行的产前检查、住院分娩或者出现高危情况下的医疗费用都可以由生育保险基金支付。

生育的医疗费用，按照《女职工劳动保护规定》的规定，包括女职工生育期间的检查费、接生费、手术费、住院费、药费等。女职工生育出院后，因生育引起的疾病的医疗费也由生育保险基金支付；其他疾病的医疗费，按照基本医疗保险待遇的规定办理。

（二）计划生育的医疗费用

职工计划生育手术费用是指职工因实行计划生育需要，实施放置（取出）宫内节育器、流产术、引产术、绝育及复通手术所发生的医疗费用。已经建立地方企业职工生育保险的地区，参保单位职工的计划生育手术费用可列入生育保险基金支付范围。没有建立企业职工生育保险的地区，在建立城镇职工基本医疗保险制度时，可以将符合基本医疗保险有关规定的参保单位职工计划生育手术费用纳入基本医疗保险统筹基金支付范围。没有参加生育保险和基本医疗保险的单位，职工计划生育手术费用仍由原渠道解决。从而解决了职工实行计划生育手术的费用。

（三）法律、法规规定的其他项目费用

随着社会的进步和社会保障立法的发展，今后可能会出现新的项目费用。这里所称法规，包括国务院制定的行政法规和地方人大常委会制定的地方性法规，即给地方规定生育医疗费用留出了空间。我国幅员辽阔，不同地区经济社会发展水平、人口结构差别较大，在符合国家统一规定的前提下，各地可以依据本地区经济、社会、资源、环境实际情况以及人口发展状况确定生育保险基金的具体支付范围。为了使生育医疗费用的规定更科学、更合理，充分考虑到当前经济社会发展的实际情况和群众的现实利益，《社会保险法》规定了"法律、法规规定的其他项目费用"。

六、生育津贴

生育津贴是指根据国家法律、法规规定对职业妇女因生育而离开工作岗位期间，给予的生活费用。女职工在生育期间离开工作岗位，不能正常工作，生育津贴是对女职工基本生活的保障。在我国，目前生育津贴的支付方式和支付标准分两种情况：一是在实行生育保险社会统筹的地区，由生育保险基金按本单位上年度职工月平均工资的标准支付，支付期限一般与产假期限相一致，期限不少于90天。二是在没有开展生育保险社会统筹的地区，生育津贴由本单位支付，标准为女职工生育之前的基本工资，期限一般不少于90天。根据

《社会保险法》的规定，职工有下列情形之一的，可以按照国家规定享受生育津贴：

（一）女职工生育享受产假

产假是指在职妇女产期前后的休假待遇，享受产假的主要是女职工。国家和社会有必要通过制度安排，使生育女职工从开始怀孕就得到生活、身体等方面的照顾，这对于保护妇女及婴儿的身体健康具有十分重要的意义。1988 年 7 月，国务院颁布《女职工劳动保护规定》，将正常产假由原来的 56 天延长到 90 天，其中产前假 15 天，难产的增加产假 15 天；多胞胎生育的，每多生育一个婴儿，增加产假 15 天。同年，原劳动部发布了《关于女职工生育待遇若干问题的通知》，规定女职工怀孕不满 4 个月流产的，产假为 15 ~ 30 天；怀孕满 4 个月以上流产的，产假为 42 天，产假期间工资照发。1994 年颁布的《劳动法》第六十二条也规定：女职工生育享受不少于 90 天的产假。

按照 1982 年《中共中央、国务院关于进一步做好计划生育工作的指示》的规定，按法定结婚年龄推迟 3 年以上结婚为晚婚；妇女 24 周岁以上生育的为晚育。晚育，就是适当地推迟婚后初育的年龄，即妇女 24 周岁以上生育子女的。《人口与计划生育法》第二十五条规定，公民晚婚晚育，可以获得延长婚假、生育假的奖励或者其他福利待遇。这里说的"生育假"实质上就是产假。目前，在《劳动法》规定的女职工享受不少于 90 天的法定产假基础上，全国有许多省、自治区、直辖市对晚育的妇女规定了晚育假，即在法定产假的基础上给予适当延长产假的奖励，各省奖励的时间差距较大。多数地方规定晚育假 10 ~ 30 天；有些地方规定增加 45 ~ 90 天。

（二）享受计划生育手术休假

计划生育手术主要是指公民为实行计划生育而采取的避孕、节育和补救措施。公民在进行这些手术时，理应得到国家的经济奖励和补偿。因此，《计划生育法》第二十六条规定，公民实行计划生育手术，享受国家规定的休假；地方人民政府可以给予奖励。关于公民实行计划生育手术所享受的国家规定的休假，目前国家并没有一个正式的关于计划生育手术术后休假的强制性规定。原卫生部和国家计划生育委员会提出了对各种节育手术术后休假的建议。

（三）法律、法规规定的其他情形

随着社会的进步和社会保障立法的发展，除了女职工生育享受产假、职工享受计划生育手术休假两种情形外，今后可能会出现新的享受生育津贴的情形。同时，我国幅员辽阔，不同地区经济社会发展水平、人口结构差别较大，在符合国家统一规定的前提下，各地可以依据本地区经济、社会、资源、环境实际情况以及人口发展状况确定生育津贴的具体支付范围。为了使生育津贴的规定更科学、更合理，充分考虑到当前经济社会发展的实际情况和群众的现实利益，《社会保险法》规定了"法律、法规规定的其他情形"。

关于生育津贴的支付标准，原劳动部在《企业职工生育保险试行办法》中规定，女职工产假期间的生育津贴按照本企业上年度职工月平均工资计发，由生育保险基金支付。《社会保险法》在总结实践经验的基础上，规定生育津贴按照职工所在用人单位上年度职工月平均工资计发。

第七节　社会保险费的征缴法律制度

一、用人单位办理社会保险登记

（一）社会保险登记的概念

社会保险登记，是指参加社会保险的用人单位按照规定的期限到社会保险经办机构注册有关信息，以便于社会保险经办机构的管理和备查。登记是管理方对管理相对人进行管理的有效方法，也是国际上惯用的一种管理方式。所有依法应当参加社会保险的用人单位和劳动者都应当按照法律规定缴纳社会保险费，社会保险的管理机关和执行机构只有通过社会保险登记才能确切、真实地掌握应当参加社会保险的用人单位的数量、单位名称、住所、法定代表人、银行账号等基本情况。同时，社会保险费是社会保险制度得以正常维持的最主要的资金来源。进行社会保险登记，了解、掌握社会保险费的缴费情况，是政府对社会保险资金源头的管理和控制。总之，进行社会保险登记是对参加社会保险的用人单位进行管理的主要手段，是正常开展社会保险工作的重要基础。

（二）社会保险登记的时间

用人单位应当自成立之日起 30 日内凭营业执照、登记证书或者单位印章，向当地社会保险经办机构申请办理社会保险登记。社会保险经办机构应当自收到申请之日起 15 日内予以审核，发给社会保险登记证件。用人单位的社会保险登记事项发生变更或者用人单位依法终止的，应当自变更或者终止之日起 30 日内，到社会保险经办机构办理变更或者注销社会保险登记。工商行政管理部门、民政部门和机构编制管理机关应当及时向社会保险经办机构通报用人单位的成立、终止情况，公安机关应当及时向社会保险经办机构通报个人的出生、死亡以及户口登记、迁移、注销等情况。

（三）社会保险登记的程序

用人单位申请办理社会保险登记，应当如实填写社会保险登记表，并提供其营业执照、登记证书或者单位印章，社会保险经办机构可以留存该用人单位的营业执照、登记证书的复印件。社会保险经办机构应当及时受理，并应当自收到用人单位申请办理社会保险登记之日起 15 日内予以审核。对于符合规定的，予以登记，发给该用人单位社会保险登记证件；对于不符合规定的，应当在接受用人单位申请时尽快告知用人单位依法提供相关材料。社会保险经办机构审核的内容为：一是填写的社会保险登记表是否真实、完整、准确；二是出示的有关证件和资料是否真实、完整、准确；三是社会保险登记事项是否真实、完整、准确；四是办理社会保险登记的程序是否合法、正确。

社会保险登记证件不得伪造和变造。社会保险登记证件是社会保险经办机构依法发给用人单位参加社会保险的重要证件和证据，一旦伪造或者变造，将对社会保险管理工作造成损害，并且常常对参加社会保险的其他用人单位和劳动者产生不利后果，因此，《社会保险费征缴暂行条例》明确规定不能伪造或者变造社会保险登记证件。所谓伪造社会保险登记证件，是指非依法定授权制作和发放社会保险登记证件的机构自行制作和发放社会保险登记证件；所谓变造社会保险登记证件，是指任何单位和个人对依法取得的社会保险登记证件进行涂改和改造等。社会保险登记证件作为社会保险管理的重要凭证，为了管理的便利，应当实行全国统一的标准，因此，社会保险登记证件的样式由国务院社会保险行政部门制定。

（四）社会保险登记的事项

根据《社会保险登记管理暂行办法》，社会保险的登记包括以下事项：（1）单位名称，是指用人单位在工商行政管理部门、机构编制管理机关或者民政部门登记的名号名称。（2）住所或者地址，是指用人单位生产经营或者从事公益性服务工作的具体地址。（3）法定代表人或者负责人，是指法人单位的法定代表人，或者独立的非法人单位的负责人。（4）单位类型，是指国家机关、事业单位、企业、社会团体、民办非企业单位、个体工商户等。（5）组织机构统一代码，是指国家技术质量监督部门颁发的组织机构统一代码。（6）主管部门，是指用人单位的上级开办单位，包括出资人和管理人。（7）隶属关系，是指与上级单位之间的关系。（8）开户银行账号，一般来说是用人单位用以缴纳社会保险费的账号。（9）省、自治区、直辖市社会保险经办机构规定的其他事项。

（五）社会保险登记的变更和注销

1. 社会保险登记的变更

用人单位出现社会保险登记事项变更的情况，应当办理社会保险登记变更手续。社会保险登记是为了掌握用人单位的相关情况，社会保险登记事项发生变化时，如果不及时办理社会保险登记变更手续，社会保险经办机构就不能准确、及时地掌握用人单位的情况，从而影响社会保险工作的开展，严重的还会产生不必要的麻烦，甚至出现社会保险争议案件。因此，当出现某一项或者几项社会保险登记事项发生变更时，用人单位就应当主动、及时地按照规定到当地社会保险经办机构办理变更登记手续。

变更社会保险登记手续应当在变更情形出现之日起 30 日内办理。变更情形出现之日，是指变更事项产生法律效力之日。具体来说，在工商行政管理部门进行工商登记的企业和个体工商户等用人单位，应当自工商行政管理部门办理变更登记之日起 30 日内到原社会保险经办机构办理变更社会保险登记；事业单位应当自机构编制管理机关变更登记之日起 30 日内办理变更社会保险登记；社会团体、民办非企业单位等应当自民政部门办理变更登记之日起 30 日内办理变更社会保险登记；机关单位应当自批准成立的机关批准其变更之日起 30 日内办理变更社会保险登记。用人单位变更社会保险登记应当持下列证件和资料：一是变更社会保险登记申请书；二是工商变更登记表和工商执照或者有关机关批准或者宣布变更证明；三是社会保险登记证；四是省、自治区、直辖市社会保险经办机构规定的其他资料。

2. 社会保险登记的注销

用人单位终止，就是用人单位主体资格的消灭，意味着用人单位缴纳社会保险费义务的终结，即用人单位及其职工终止了与社会保险经办机构的缴费关系。因此，用人单位依法终止后，应当按照规定办理社会保险登记注销手续。用人单位终止的情形比较多，如用人单位被依法宣告破产，用人单位被吊销营业执照、被责令关闭、被撤销或者用人单位决定解散，用人单位与其他单位合并、分立，用人单位歇业、自行停业一年以上、因行政处分或者因法院裁决而终止经营等。用人单位出现上述情况之一的，应当依法注销社会保险登记。

注销社会保险登记手续，应当在用人单位终止之日起 30 日内办理。企业和个体工商户等在工商行政管理部门进行登记的主体，应当自工商行政管理部门注销工商登记之日起 30 日内，向原社会保险登记机构申请办理注销社会保险登记；事业单位应当自机构编制管理机关注销之日起 30 日内办理社会保险注销登记；社会团体、民办非企业单位等应当自民政部门注销登记之日起 30 日内办理注销社会保险登记；机关单位应当自批准成立的机关批准其撤销之日起 30 日内办理注销社会保险登记。用人单位办理注销社会保险登记，应当提交注销社会保险登记的申请、法律文书或者其他有关注销文件。

二、用人单位为职工办理社会保险登记

（一）用人单位为职工办理社会保险登记的种类

用人单位为职工办理社会保险登记主要有两种情况：一是用人单位到社会保险经办机构申请办理本单位的社会保险登记的同时，要为其职工申请办理社会保险登记。时间要求是自用人单位用工之日起 30 日内申请办理。二是用人单位已经存在了一定时间，并为其原有职工申请办理了社会保险登记，在其招收录用新的职工后应当自其招录之日起在 30 日内为新招录的职工到当地社会保险经办机构申请办理社会保险登记。用人单位没有依法申请办理社会保险登记的，该用人单位应当缴纳的社会保险费数额由社会保险经办机构直接核定。

（二）劳动者办理社会保险登记

无雇工的个体工商户、未在用人单位参加基本养老保险的非全日制从业人员以及其他灵活就业人员可以参加基本养老保险，由个人缴纳基本养老保险费。无雇工的个体工商户、未在用人单位参加职工基本医疗保险的非全日制从业人员以及其他灵活就业人员可以参加职工基本医疗保险，由个人按照国家规定缴纳基本医疗保险费。上述三类人员是否参加基本养老保险和基本医疗保险遵循自愿原则，即这部分人员是否参加由自己决定，而不是由法律强制规定必须参加。

上述人员如果参加社会保险，就应当在自己做出参加决定的基础上，由本人直接向社会保险经办机构申请办理社会保险登记。这样就明确了无雇工的个体工商户、未在用人单位参加社会保险的非全日制从业人员以及其他灵活就业人员申请办理社会保险登记的主体。

三、社会保障号码

社会保障号码是公民参加社会保险、享受社会保险待遇的标志性凭证。从某种意义上说，社会保障号码是公民社会保障权益的体现之一。国际上各国公民参加社会保障制度，通常为每个人都建立相应的社会保障号码，作为公民的社会保障识别码。我国《社会保险法》制定之前，《失业保险条例》《社会保险费征缴暂行条例》《工伤保险条例》等行政法规一直没有明确参加社会保险的劳动者是否应当拥有自己的社会保险或者社会保障号码。为了保障公民的社会保障权益，便于社会保障制度的管理与监督，《社会保险法》规定，国家建立全国统一的个人社会保障号码。个人社会保障号码为公民身份号码。采用公民身份号码作为社会保障号码，便于个人记忆和使用，成本低、效果好。

四、社会保险费的缴纳

（一）用人单位缴纳社会保险费

1. 自行申报

用人单位在申请办理好社会保险费登记之后，应当在每月 5 日前自行向社会保险经办机构申报应当缴纳的社会保险费数额。包括向社会保险经办机构报送社会保险申报表、代扣代缴明细表以及社会保险经办机构规定的其他资料。具体的申报方式有以下三种：一是用人单位每月直接派员到当地的社会保险经办机构办理社会保险费申报工作，这主要是方便到社会保险经办机构的用人单位采取的申报方式；二是用人单位每月通过向当地社会保险经办机构邮寄有关申报材料的方式进行社会保险费的申报；三是用人单位通过网络向当地社会保险经办机构发送有关申报材料的方式进行社会保险费的申报。

申报的主要内容是用人单位的工资总额、职工人数以及每位职工的缴费基数、应缴纳社会保险费数额等。社会保险经办机构据此核定用人单位的缴费基数、应当缴纳的社会保险费数额等。

在社会保险经办机构核定用人单位申报社会保险费数额过程中，对用人单位申报资料齐全、缴费基数和费率符合规定、填报数量关系一致的申报，社会保险经办机构应当及时签章核准；对不符合规定的申报表，社会保险经办机构应当及时提出审核意见，并退用人单位进行修改，用人单位依法修改后重新报送，社会保险经办机构再次审核；对不能即时审核的社会保险费申报表，社会保险经办机构应当在收到用人单位申报表和有关资料 2 日内审核完毕。

2. 按时足额缴纳社会保险费

用人单位完成社会保险费申报工作后，应当按照社会保险经办机构核定的应当缴纳社会保险费的数额，按时足额向社会保险费征收机构缴纳社会保险费，即用人单位应当在被核定缴纳社会保险费数额后 3 日内缴纳社会保险费。职工应当缴纳的社会保险费由用人单位代扣代缴，职工本人无须亲自到社会保险费征收机构缴纳社会保险费。

用人单位具体缴纳社会保险费的方式为：一是用人单位通知其开户银行划款缴纳；二是用人单位到社会保险费征收机构以支票或者现金方式缴纳；三是社会保险费征收机构到用人单位收取社会保险费。实际工作中，以第一种方式为主要方式，第二种方式次之，第三种方式常常属于上门催缴。社会保险费的缴纳应当以货币形式进行，不得以实物进行抵押。

3. 非因不可抗力等法定事由，用人单位不得缓缴、减免社会保险费

用人单位应缴纳社会保险费，如果没有出现不可抗力等法定事由，不得缓

缴，也不得减免。第一，社会保险实行缴纳社会保险费与享受社会保险待遇相对应的原则。依法缴纳社会保险费是用人单位及其职工个人应尽的法律义务，更是劳动者享受社会保险待遇的先决条件。如果用人单位不履行缴纳社会保险费的义务，用人单位的职工就不能享受社会保险待遇。如果没有法定事由缓缴或者减免了社会保险费，就会影响劳动者享受社会保险待遇的资格和条件，这本身是参加社会保险的广大职工所不认可的。第二，当期收缴的社会保险费大部分用于支付当期的社会保险待遇。在这种情况下，如果随意延期缴费或者减免社会保险费，势必会减少社会保险费收入，将直接影响社会保险待遇的按时足额发放。因此，没有不可抗力等法定事由，用人单位延期缴费或者社会保险经办机构减免社会保险费的做法都是违法的，应当依法承担相应的责任。

《社会保险法》规定，用人单位未按规定申报应当缴纳的社会保险费数额的，按照该单位上月缴费额的110%确定应当缴纳数额；缴费单位补办申报手续后，由社会保险费征收机构按照规定结算。用人单位未按时足额缴纳社会保险费的，由社会保险费征收机构责令其限期缴纳或者补足。用人单位逾期仍未缴纳或者补足社会保险费的，社会保险费征收机构可以向银行和其他金融机构查询其存款账户；并可以申请县级以上有关行政部门做出划拨社会保险费的决定，书面通知其开户银行或者其他金融机构划拨社会保险费。用人单位账户余额少于应当缴纳的社会保险费的，社会保险费征收机构可以要求该用人单位提供担保，签订延期缴费协议。

用人单位未足额缴纳社会保险费且未提供担保的，社会保险费征收机构可以申请人民法院扣押、查封、拍卖其价值相当于应当缴纳社会保险费的财产，以拍卖所得抵缴社会保险费。

（二）灵活就业人员缴纳社会保险费

无雇工的个体工商户、未在用人单位参加社会保险的非全日制从业人员以及其他灵活就业人员，不需要通过用人单位，可以直接向社会保险费征收机构缴纳有关的社会保险费。

五、社会保险费征收机构征收社会保险费义务的规定

《社会保险法》第六十一条规定，社会保险费征收机构应当依法按时足额征收社会保险费，并将缴费情况定期告知用人单位和个人。上述立法明确了社会保险费征收机构在征收社会保险费方面的义务。社会保险费的征收不仅涉及用人单位和劳动者，而且涉及社会保险费征收机构，《社会保险法》第一次提出社会保险费征收机构，即社会保险经办机构或者税务机关，同样有义务依法按时足额征收社会保险费。从法律上规定了不仅用人单位和劳动者有履行缴纳

社会保险费的义务，而且社会保险费征收机构也有履行按时足额征收社会保险费的义务，从而从管理与被管理两个方面对征收社会保险费做了明确规定。

社会保险费征收机构除了应当履行按时征收社会保险费的义务之外，还应当履行将缴费情况定期告知用人单位和个人的义务。对于定期告知用人单位和个人的期限具体是多长，立法没有明确规定，应按各级人民政府的规定执行。

第八节　职工福利

一、职工福利的概念和特征

职工福利又称集体福利，是用人单位通过举办集体福利设施、设立各种补贴、提供服务等形式为本单位职工改善生活条件的物质帮助制度。

职工福利是整个社会福利事业的一个组成部分。《劳动法》第七十六条规定："国家发展社会福利事业，兴建公共福利设施，为劳动者休息、休养和疗养提供条件。用人单位应当创造条件，改善集体福利，提高劳动者福利待遇。"这一规定表明，搞好职工福利是用人单位的一项义务和责任，享受职工福利待遇是职工的一项重要权利。在实践中，职工福利同工资、社会保险一样，对于满足职工物质文化生活需要，解除职工的后顾之忧，调动职工的劳动积极性，进而促进社会主义现代化建设事业的发展，具有十分重要的作用。

职工福利具有普遍性、集体性和补充性等特点。普遍性是指福利设备、设施、补贴都是对本单位所有职工无区别提供的，本单位的职工，除本人自愿放弃外，均有权享受，不受任何限制；集体性是指各种福利项目通常都是集体共同享用的，不可能分解或分割归个别职工享用；补充性是指对某些具有特殊困难的职工提供特殊帮助，补其不足，使之不至于过分低于单位内部职工的平均生活水平。

二、职工福利的内容

我国当前的职工福利，大致包括集体生活福利设施、文化娱乐设施、福利补贴三个部分。

（一）集体生活福利设施

集体生活福利设施，主要是为了减轻职工生活负担和家务劳动，解决职工物质生活方面普遍存在的需要和困难而建立的服务性设施。此类设施一般包括职工食堂、托儿所、幼儿园、小学及浴池、理发室、小卖部、饮食店、疗养设施等。

（二）文化娱乐设施

举办文化娱乐设施，主要是为活跃和丰富职工文化生活，满足职工精神生活需要而设立的各种文化福利设施，如文化宫、俱乐部、图书馆、娱乐中心、职业培训中心、体育场馆以及图书资料、文体器材等。

（三）福利补贴

福利补贴，是指为解决职工及其家属的特殊困难而设立的困难补助和其他补贴。福利补贴是针对某些影响职工生活的特殊因素所采取的调剂和补充措施，一般直接以货币支付。当前，我国的福利补贴项目包括：职工生活困难补助，粮价、副食品价格补贴，取暖、防暑降温补贴，假期工资及差旅补贴，上下班交通费补贴，书报费补贴等。

我国的福利补贴制度，是作为低工资制度的补充而建立起来的，在相当长的一段时间里，由于规范不力，补贴项目和数额缺乏统一的范围和标准，补贴总额逐年上升，所占比重过大，形成了一种不合理的低工资、高补贴现象。同时，企业在自我服务体系上搞"大而全""小而全"，重复投资，重复建设，造成不必要的资源浪费。这样不但导致企业负担过重，不利于企业在市场竞争中的生存和发展，也抑制了第三产业的发展。随着经济体制改革的深化和社会主义市场经济体制的建立，我国的福利补贴制度必将得到进一步地完善。

三、职工福利基金的来源和使用

根据国家有关规定，当前职工福利基金主要来自以下几个方面：（1）国家提供给各用人单位的基本建设费用，即国家对工矿企业的基建投资中就包括了对职工住宅、文化设施等非生产性建设投资资金。（2）用人单位根据规定专门设立的福利费。按照有关规定，企业每年按一定比例提取的企业基金、利润留成资金或税后留利中，都有一部分为职工福利基金。如《公司法》规定，公司分配当年税后利润时，应提取利润的 5%～10% 列入公司法定公益金。法定公益金用于本公司职工的集体福利。（3）工会经费中的一部分。按照《工会法》的规定，建立工会组织的全民所有制和集体所有制企业事业单位、机关按每月全部职工工资总额的 2% 向工会拨交经费。工会经费主要用于基层职工的教育和工会开展的其他活动，如业余文化补习和文体活动等。（4）从单位行政经费、企业管理费和事业单位的事业费中开支一部分。这部分主要用于职工的水电、取暖、交通、食堂等方面的补贴。（5）福利设施自身的营业收入。如俱乐部、体育场馆的收费等。

职工福利基金应用于如下方面：（1）职工及其供养的直系亲属的医疗费、职工因公负伤的就医路费、医务经费等；（2）职工浴池、理发室、托儿所、幼儿园等部门的工作人员工资和各项支出同各项收入相抵后的差额，以及食堂炊事用具的购置、修理费用等；（3）职工生活困难补助；（4）集体福利设施支出等。

复习思考题

1. 什么是社会保险？它具有哪些特点？
2. 我国社会保险的基本原则有哪些？
3. 我国社会保险有哪些种类？
4. 养老保险的概念？我国基本养老保险的特点是什么？
5. 我国基本养老保险的覆盖范围有哪些？
6. 我国基本养老保险的账户有哪些？
7. 基本医疗保险的概念及特点是什么？
8. 我国基本医疗保险的覆盖范围有哪些？
9. 我国工伤的范围有哪些？
10. 我国工伤的认定程序是什么？
11. 不属于工伤的情形有哪些？
12. 失业保险金的领取条件有哪些？
13. 失业人员停止领取失业保险金的条件有哪些？
14. 生育保险的支付项目有哪些？
15. 社会保险费的缴纳方式有哪些？

第十一章　工会与职工民主管理

学习目标

1. 了解工会作为一个群众性自治组织的发展过程，理解工会的性质和法律地位，掌握工会的权利与义务。

2. 了解职工民主管理的概念，实行职工民主管理的意义，掌握职工代表大会的性质和职权。

关键术语

工会　职工民主管理　职工代表大会制度

第一节　工会

一、工会的产生与发展

工会作为工人阶级的群众性自治组织，它的产生不是偶然的，是工人运动的必然产物。产业革命引起了无产阶级的产生，出现了劳资之间的对立。工人阶级在与资产阶级斗争的过程中，首先为了提高工资和改善劳动条件，开始自发地起来与资产阶级进行斗争。后来，在马克思主义关于工人运动科学理论的指导下，工人们逐步联合起来，组织工会，以适应斗争的需要。除了经济斗争外，工人们还强烈要求以立法的形式确认工人的利益和工会的合法地位，并为此进行了不懈的政治斗争。工会最初在资本主义制度下出现并不是依照法律产生的，而是作为一种社会事实而存在。随着工人运动的不断高涨，工人队伍的不断壮大，工会组织的逐渐发展，资产阶级迫于工人阶级的压力，也出于对其阶级利益和长远利益的考虑，对工会的态度也经历了一个禁止——限制——承认的过程，其途径是通过工会立法，逐渐赋予工会合法的地位。在主要的资本主义国家，关于工会的法律地位等问题的立法，大体经历了以下三个发展阶段。

（一）禁止阶段

在这一阶段，资产阶级政府由于害怕工会活动直接动摇其统治地位，采取立法的方法禁止成立工会。世界上最早的工会组织出现于18世纪末到19世纪初的英、法等国，这些国家的工人阶级在与雇主斗争中成立了工人阶级自己的群众组织——工会。由于工会旗帜鲜明地维护工人阶级的利益，资产阶级不仅通过武力镇压，而且通过制定法律，禁止工会的成立和工会的活动。例如，法国政府于1791年颁布了禁止工人结社的《夏勒利爱法案》，并在1810年的《法国刑法典》中规定严格禁止结社。英国政府1799年颁布的《劳工结社禁止法》规定，劳动者若以增加工资、缩短工时、减少工作量为目的而互相团结时，皆为非法，违者科以刑罚。其他欧洲国家也颁布了类似的法律，禁止工人阶级成立工会，宣布工会为非法组织。

（二）限制阶段

由于工人运动的不断高涨，资产阶级为了缓和与工人阶级的矛盾，巩固自己的统治地位，资产阶级政府逐渐取消了禁止成立工会的法律，代之以限制工会活动的法律。英国政府于1824年取消了《劳工结社禁止法》，并于第二年制定新的法律，原则上承认了劳动者的结社权，但予以严格限制，规定如工会活动有强暴胁迫行为，即给予处罚。法国在1864年修改刑法时，承认工人团结为合法，但规定须经官署认可，否则予以解散。在这一阶段，工人阶级虽然有了组建工会的权利，但是工会的职能和作用受到了很大的限制。

（三）承认阶段

工人运动的强大压力使得资产阶级政府对工会活动不得不采取放宽政策的办法，通过颁布工会法来承认工会为合法组织。英国于1871年通过了世界上第一个《工会法》，规定不得认为工会活动可能阻碍工商业发展而视其为非法组织。其他资本主义国家也颁布了工会法，从法律上承认了工会的合法地位，明确规定工会为法人，从法律上赋予了工会一系列的权利。工会的产生，是工人阶级长期斗争的结果。

总之，由于各国历史、传统等国情不同的原因，在对待工会的态度的转变上也有所不同，但基本上经历了以上三个发展阶段。19世纪下半叶，各国相继制定专门的工会法，使工会组织和工会的活动得到了法律的保障。在国际工人运动历史上，工会的产生具有重要的意义，它标志着工人阶级开始由分散、孤立走向团结，由自发斗争走向自觉斗争。进入20世纪，特别是第二次世界大战后，工会组织及其活动得到了更大的发展，工会组织的数量和参加工会组织的人数越来越多，工会在国家政治、经济生活中都发挥着重要的作用，工会已经发展成为一个具有一定政治性的重要的社会团体。

工会法是调整规范组织工会程序和原则，规定工会权利义务的法律规范的总称。它包括工会活动的宗旨及范围，成立工会的程序，工会的法律地位、组织原则和组织机构，工会的权利和职责，工会经费的征集与使用等。在我国，1950 年 6 月 29 日中央人民政府颁布了《中华人民共和国工会法》（以下简称《工会法》），确认了工会存在的合法地位。《工会法》的颁布和实施，极大地促进了工会在全国各地的发展。1992 年 4 月 3 日第七届全国人民代表大会第五次会议通过了新的《工会法》，进一步明确了工会的合法地位。该法于 2001 年 10 月 27 日经第九届全国人民代表大会常务委员会第二十四次会议做了修正。修正后的新《工会法》适应了建立社会主义市场经济体制发展的要求，有利于充分发挥工会作为党和政府联系职工群众的桥梁纽带作用，对建立稳定和谐的劳动关系、稳定大局，具有十分重要的意义。

二、工会的性质

工会是劳动者的群众组织，是劳动者为了争取政治、经济地位而组织的群众性社会团体。《工会法》第二条规定："工会是职工自愿结合的工人阶级的群众组织。"从这一规定可以看出，工会这一组织具有阶级性、群众性和独立性的特点。

（一）工会的阶级性

工会是工人阶级的组织，具有鲜明的阶级性。工会的阶级性主要表现在以下两个方面：首先，从工会的人员构成看，工会是工人阶级的群众组织，工会会员只能是工人阶级的成员。《工会法》第三条规定："在中国境内的企业、事业单位、机关中以工资收入为主要生活来源的体力劳动者和脑力劳动者，不分民族、种族、性别、职业、宗教信仰、教育程度，都有依法参加和组织工会的权利，任何组织和个人不得阻挠和限制。"工会的会员既包括体力劳动者，也包括脑力劳动者。其次，从工会的任务和作用来说，工会是整个工人阶级利益的代表者和维护者。工会从它诞生之日起就为捍卫工人阶级的经济利益进行了艰苦的斗争，随着工人运动的壮大和工人阶级政党的形成，工会不仅为了捍卫工人阶级的经济利益，而且为了消灭剥削制度，夺取国家政权进行了不屈不挠的斗争。在社会主义制度下，工会更能够有效地维护工人阶级的切身利益和根本利益。是否代表和维护工人阶级的利益，是区分工会阶级性的主要标志。

（二）工会的群众性

工会具有广泛的群众性，表现在以下几个方面：首先，工会会员的广泛性。这是工会群众性的重要标志，也是工会群众性的基础。《工会法》规定，只要是中国工人阶级的成员，都有参加和组织工会的权利。工会只有最大限度地、最广泛地团结和联合广大的工人群众，才能真正代表工人阶级的利益。其次，工会内部的民主性。在工会组织内部，各成员之间的地位和权利是平等的，而且实行会员办工会。《工会法》第九条规定："工会各级组织按照民主集中制原则建立。各级工会委员会由会员大会或者会员代表大会民主选举产生。企业主要负责人的近亲属不得作为本企业基层工会委员会成员的人选。"工会的一切活动都在群众的参与和监督之下。

阶级性和群众性是工会的两个本质属性，两者是紧密结合在一起的。工会的群众性是以阶级性为前提的，而工会的阶级性又是以群众性为基础的。只有当阶级性和群众性两者相互统一、紧密结合在一起时，才能真正体现出工会的性质。

（三）工会的独立性

工会从其产生之日起，就是一个具有独立性的组织。我国工会在政治上应当与中国共产党保持一致，要维护政府的权威和国家政治的统一，工会活动要坚持四项基本原则和坚持改革开放，这是保证工会活动健康发展的前提。但是，工会又不同于政党，不同于国家机关，工会不是党和国家的附属物。工会的独立自主的地位，来源于工会组织的群众性和自愿性，没有独立性，工会组织的群众性和自愿性就无法体现。工会具有自己的组织系统，从全国总工会到产业工会、地方工会、工会基层组织，工会有一套独立的组织系统。工会有自己的章程，有自己的经费，这些都从物质上保证了工会组织的独立性。

三、工会的法律地位

工会的法律地位是指工会作为工人阶级的群众组织在国家的政治体制中所处的位置，在社会政治、经济、文化生活中所处的地位。工会的法律地位包括两个方面的内容：一是工会存在的合法性，即法律是否承认工会存在的合法性。在现代社会，各国都制定了专门的工会法，从法律上承认工会存在的合法性。二是工会具有独立性。工会的独立性在各国法律上普遍得到确认。《工会法》第十四条规定："中华全国总工会、地方总工会、产业工会具有社会团体法人资格。基层工会组织具备《民法通则》规定的法人条件的，依法取得社会团体法人资格。"

《劳动法》第七条规定："劳动者有权依法参加和组织工会。工会代表和维护劳动者的合法权益，依法独立自主地开展活动。"在社会主义条件下，工会的法律地位概括地说，就是工会是社会主义国家政治体制的重要组成部分，是国家政治体制中不可缺少的重要团体，是劳动者合法权益的维护者和代言人。在社会主义政治体制中，中国共产党是无产阶级专政的领导核心，国家政权机关是无产阶级专政的执行机关。作为领导核心的中国共产党是由工人阶级的先进分子所组成的，中国共产党的政治核心领导，必须得到广大人民群众的支持和拥护，这就要求中国共产党必须始终同广大人民群众保持密切的联系。

工会产生的历史传统、性质特征、组织状况、工作内容、工作方法等，都决定了工会具有其他任何组织不可比拟的最能够联系广大人民群众的优越性。因此，在社会主义条件下，工会是联系党和广大人民群众最重要的桥梁和纽带。工会要自觉地接受中国共产党的领导，但工会又不同于党组织，也不同于国家政权组织。工会要按照自身的性质和特点依法独立自主地开展工作，它在社会主义条件下，具有相对独立自主的地位。

四、工会的权利和义务

我国工会是职工自愿组合的工人阶级的群众组织，工会的性质决定了工会权利和义务的广泛。

（一）工会的权利

1. 代表和组织职工参与国家社会事务管理和参加用人单位的民主管理

作为职工自愿结合的群众组织，工会有权代表和组织职工参与管理国家和社会事务，参加企事业单位的民主管理，这是发挥社会主义民主的一条重要途径。《工会法》第三十三条规定："国家机关在组织起草或者修改直接涉及职工切身利益的法律、法规、规章时，应当听取工会意见。县级以上各级人民政府制定国民经济和社会发展计划，对涉及职工利益的重大问题，应当听取同级工会的意见。县级以上各级人民政府及其有关部门在研究制定劳动就业、工资、劳动安全卫生、劳动保险等涉及职工切身利益的政策、措施时，应当吸收同级工会参加研究，听取工会意见。"《工会法》第三十四条规定："县级以上各级地方人民政府可以召开会议或者采取适当方式，向同级工会通报政府的重要的工作部署和与工会工作有关的行政措施，研究解决工会反映的职工群众的意见和要求。"

> 📑 **小资料**
>
> **工会经费**
>
> 　　工会经费，是指工会依法取得并开展正常活动所需的费用。按《工会法》的规定，工会经费的主要来源是工会会员缴纳的会费和按每月全部职工工资总额的2%向工会拨交的经费这两项，其中2%工会经费是经费的最主要来源。根据《工会法》第四十二条规定，工会经费的来源：（1）工会会员缴纳的会费；（2）建立工会组织的企业、事业单位、机关按每月全部职工工资总额的2%向工会拨缴的经费；（3）工会所属的企业、事业单位上交的收入；（4）行政的补助；（5）其他收入。
>
> 　　基层工会不仅有必要的满足活动需要的经费，而且由于是永久性组织，为开展活动要添置必要的设备，所以大多数基层工会还拥有一定的动产和不动产。

在参与企事业民主管理方面，按照《工会法》规定，全民所有制企业召开讨论有关工资、福利、安全生产以及劳动保护、劳动保险等涉及职工切身利益的会议，应当有工会代表参加。集体所有制企业的工会应当支持和组织职工参加民主管理和民主监督，维护职工选举和罢免管理人员、决定经营管理的重大问题的权力。中外合资经营企业和中外合作经营企业研究上述涉及职工切身利益的问题，应当听取工会的意见。外资企业的工会可以对有关职工切身利益的事项提出建议，同企业行政方面协商处理。

2. 维护职工的合法权益

职工的合法权益范围是相当广泛的。工会在维护职工合法权益方面发挥着重要的作用。《工会法》具体地规定了工会在维护职工合法权益方面所享有的权利。如企业、事业单位违反劳动法律、法规，侵犯职工合法权益，工会有权要求企业、事业单位行政方面和有关方面认真处理；企业、事业单位违反国家有关劳动时间的规定，任意加班加点，工会有权要求企业、事业单位行政方面予以纠正；企业、事业单位违反保护女职工特殊权益的法律、法规，工会及其女职工组织有权要求企业、事业单位行政方面予以纠正；工会有帮助、指导职工与企业、事业单位行政方面签订劳动合同的权利，工会有权代表职工与用人单位签订集体合同；企业辞退、开除职工，工会认为不适当的，有权提出意见；工会有权参与企业的劳动争议调解工作；企业侵犯职工劳动权益的，工会可以提出意见调解处理，职工向人民法院起诉的，工会应当给予支持和帮助；工会依照国家规定对新建、扩建企业和技术改造工程中的劳动条件和安全卫生设施有权提出意见，企业或者主管部门应当认真处理；工会发现企业行政方面违章指挥、强令工人冒险作业，或者生产过程中发现明显重大事故隐患和职业危害，有权提出解决的建议；当发现危及职工生命安全的情况时，有权向企业行政方面建议组织职工撤离危险现场，企业行政方面必须及时做出处理决定；工会有权参加伤亡事故和其他严重危害职工健康问题的调查，向有关部门提出处理意见，并有权要求追究直接负责的行政领导人和有关责任人员的责任。工会在维护职工合法权益方面的权利，我国《劳动法》也做出了一些基本的规定。

3. 代表和组织职工实施民主监督

根据《工会法》的规定，工会有权监督企事业单位贯彻劳动法规的情况；监督企事业单位行政落实职工代表大会决议情况；监督行政领导的工作作风、为政清廉的情况。工会在民主监督方面的权利，体现了现代生产力发展的客观需要。

（二）工会的义务

1. 协助政府开展工作，巩固人民民主专政的政权和支持企业行政的经营管理

《工会法》规定，工会协助人民政府开展工作，维护工人阶级领导的、以工农联盟为基础的人民民主专政的社会主义国家政权。在社会主义条件下，政府与工会在根本利益上是一致的，它们有着相同的阶级基础，肩负着相同的历史使命，但是，它们又是性质不同的两个组织，有着不可替代的作用。工会作为工人阶级的群众组织，要组织带领职工在国家政治、科学文化等方面的建设中，支持政府、协助政府开展工作。工会只有在政治上支持政府，才能真正维护和发展工人阶级的根本利益，工会才能成为政府坚强的社会支柱。

《工会法》规定，工会要支持企业行政工作，工会与企业行政双方应当互相支持，互相合作，共同为办好社会主义企业、提高劳动生产率和经济效益发挥各自的作用。工会只有支持企业行政工作，才能真正发挥广大职工群众的积极性和创造性，同时也是正确实行厂长（经理）负责制的一个有力保证。

2. 动员和组织职工参加经济建设

《工会法》规定，工会应当动员职工以主人翁的态度对待劳动，爱护国家和企业财产，遵守劳动纪律，发动和组织职工努力完成生产任务和工作任务；工会应当组织职工开展社会主义劳动竞赛，开展群众性的合理化建议、技术革新和技术协作活动，提高劳动生产率和经济效益，发展社会生产力；工会应当协助企事业单位行政方面办好职工集体福利事业，做好劳动工资、劳动保护和劳动保险工作。发展社会主义经济，提高劳动生产率是工会的重要职责。

3. 教育职工提高思想政治觉悟和文化技术素质

《工会法》规定，工会应当教育职工不断提高思想道德、技术业务和科学文化素质，建设有理想、有道德、有文化、有纪律的职工队伍。加强对职工的各种政治觉悟和文化技术素质教育，是加强工会自身建设、充分发挥工会职能的一个重要保证。

《工会法》第六条规定："维护职工合法权益是工会的基本职责。工会在维护全国人民总体利益的同时，代表和维护职工的合法权益。"在社会主义国家，全国人民的总体利益和职工群众的具体利益在根本上是一致的。但是，总体利益和具体利益之间也可能存在矛盾。广大职工群众需要通过工会表达和维护自己的具体利益，党和政府也需要工会经常反映广大职工群众的意见和要求，以便更好地改进工作。因此，工会应当在维护全国人民总体利益的前提下，努力维护广大职工群众的合法权益。

第二节　职工民主管理

一、职工民主管理的概念

职工民主管理是指企业职工通过职工代表大会或者其他形式，依法参与企业生产经营决策和管理，监督企业行政领导，维护职工合法权益的一项重要制度。《劳动法》第八条规定："劳动者依照法律规定，通过职工大会、职工代表大会或者其他形式，参与民主管理或者就保护劳动者合法权益与用人单位进行平等协商。"劳动法既规定了劳动者有依法参与民主管理、进行平等协商的权利，又规定了进行民主管理和平等协商的途径和方式。

二、实行职工民主管理的意义

在国有企业和集体企业中，实行民主管理具有重要的意义。在私营企业等非公有制企业中，同样应当吸收职工参与管理，尊重工会和职工的各项政治权利和经济权利。社会主义企业必须实行民主管理，这是社会主义国家生产力、生产关系和上层建筑的客观要求。我国生产力的发展，社会主义经济制度和政治制度的建立和完善，又为企业实行民主管理提供了可能性和条件。在我国，企业实行职工民主管理具有如下重大的现实意义。

（一）实行职工民主管理是现代生产力发展的客观需要

社会生产力由劳动者、劳动对象和劳动资料三个要素构成。在这三个要素中，人的要素，即劳动者占有特殊地位，是诸要素中最活跃、起决定作用的要素。劳动对象和劳动资料只有同劳动者结合起来才能形成现实的生产力。既然劳动者是最首要的生产力，调动劳动者积极性、创造性就是发展生产力的关键。而要发挥劳动者的积极性、创造性，就必须保证他们在生产中的主人翁地位和各项民主管理权利。社会生产力发展水平越高，越要求劳动者参加生产管理。只有发动广大职工参加民主管理，才能集中群众的智慧，共同办好社会主义企业。

（二）实行职工民主管理是正确实行厂长负责制的保证

厂长是企业的法定代表人，对企业的物质文明建设和精神文明建设负全面责任。实行职工民主管理能够起到对厂长行使权利的制约作用，防止厂长滥用权力或以权谋私等弊端，使厂长的决策建立在科学性、民主性的基础上，增强厂长决策的正确性。同时，在企业中实行职工民主管理，又能调动广大职工的生产积极性，保证厂长各项决策的顺利执行。

（三）实行职工民主管理是增强企业活力的客观需要

经济体制改革的中心环节是增强企业活力。要增强企业活力，必须扩大企业的经营自主权，使企业真正成为自主经营、自负盈亏的社会主义商品生产者和经营者。企业经营自主权的扩大，直接涉及职工的经济利益，在这种情况下，迫切要求企业加强职工民主管理，确立职工和企业的正确关系，保证劳动者在企业中的主人翁地位。经济体制改革的不断深入，不但决定了企业实行职工民主管理的必要性，也为企业实行职工民主管理提供了可能性。

三、职工代表大会制度

（一）职工代表大会的性质

《全民所有制工业企业法》（以下简称《企业法》）第五十一条规定："职工代表大会是企业实行民主管理的基本形式，是职工行使民主管理权力的机构。"我国社会主义企业的民主管理，是指企业职工依法参与企业的生产经营决策和管理，监督行政领导干部，以主人翁的态度共同办好企业。我国企业实行民主管理的基本形式是职工代表大会制度，同时包括企业管理委员会、车间和班组民主管理等形式。全民所有制企业的职工代表大会是职工行使民主管理权力的机构，它既不是企业的最高权力机构，也不属于企业的咨询机构。职工代表大会的性质是由企业的所有制形式和职工在企业中的地位所决定的。

（二）职工代表大会的职权

职工代表大会的性质，决定了职工代表大会的职权。依据《企业法》有关规定，职工代表大会的职权包括：

1. 审议企业生产经营决策

《企业法》规定，职工代表大会有权听取和审议厂长关于企业的经营方针、长远规划、年度计划、基本建设方案、重大技术改造方案、职工培训计划、留用资金分配和使用方案、承包和租赁经营责任制方案的报告，提出意见和建议。职工代表大会对企业重大生产经营决策的审议权，体现了职工在企业中的主人翁地位，有利于发挥职工的积极性和创造性，增强企业活力。同时，也能够集中集体的智慧，使企业重大决策更加科学，更加完善，更加切实可行。职工代表大会听取厂长关于企业生产经营决策的报告，对决策内容进行审议，并对其提出意见和建议，如果这些意见和建议是正确的、合理的，厂长就应予以采纳。

2. 审查企业重要规章制度

《企业法》规定，职工代表大会有权审查同意或否决企业的工资调整方案、奖金分配方案、劳动保护措施、奖惩办法以及其他重要的规章制度。审查企业的重要规章制度是企业民主管理的一项重要内容，是职工代表大会的一项重要职权。企业重要的规章制度直接涉及职工的切身利益，重要的规章制度要经过职工代表大会审查同意，有利于保护职工的合法权益，同时也有利于广大职工自觉地遵守各项规章制度，使各项规章制度在执行中得到广大职工的支持。

3. 审议决定企业职工福利问题

《企业法》规定，职工代表大会有权审议决定职工福利基金使用方案、职工住宅分配方案和其他有关职工生活福利的重大事项。对于企业职工生活福利方面的重大问题，职工代表大会有审议决定权，然后由企业行政贯彻实施。职工生活福利问题，是职工内部利益的分配，由职工代表大会决定企业职工生活福利问题，有利于处理好职工内部矛盾，协调好职工之间的利益关系。

4. 评议、监督企业行政领导干部

《企业法》规定，职工代表大会有权评议、监督企业各级行政领导干部，并提出奖惩和任免的建议。通过职工代表大会对企业领导干部的评议、监督、奖励、惩罚，来督促企业领导干部正确执行党和国家的政策、法律，全心全意为人民服务。同时也有助于密切领导干部和职工群众的关系，使领导与群众同心同德，共同办好企业。

5. 选举企业厂长

《企业法》规定，职工代表大会有权根据政府主管部门的决定选举厂长，报政府主管部门批准。民主选举厂长是我国企业民主管理工作的经验总结。民主选举厂长，有利于提高厂长的群众观念，促进领导作风的转变，同时，以民主方式选举的厂长具有广泛的群众基础，其工作更能够得到广大职工群众的支持。

复习思考题

1. 工会的产生原因有哪些？
2. 工会的产生和发展过程是什么？
3. 工会的性质和法律地位是什么？
4. 工会具有哪些权利？
5. 实行职工民主管理的重大现实意义有哪些？
6. 职工代表大会有哪些职权？

第十二章　劳动法执行的监督检查

第一节　劳动法执行监督检查的意义

一、劳动法执行的监督检查的概念

劳动法执行的监督检查，也称为劳动监督检查，是指国家授权的监督检查机关、政府有关部门、各级工会组织，为了实现行政管理职能和法律赋予的权利，维护正常的法律秩序，对被管理人执行劳动法的情况进行监督检查或惩戒的活动。

对劳动法执行的监督检查是我国法律监督体系的一个组成部分。根据劳动法律、法规的规定，我国劳动法律、法规执行的监督检查机构有三种：一是县级以上各级人民政府劳动行政部门；二是县级以上人民政府有关部门，主要是企业、事业单位的主管部门和相关部门；三是各级工会组织。这些监督机构在自己的职责和权限范围内，依照法律对用人单位即企业、个体经济组织和国家机

> **小知识**
>
> **劳动行政部门的劳动监察基本属性**
>
> 劳动行政部门的劳动监察具有下列基本属性：（1）专门性；（2）行政性；（3）法定性；（4）唯一性。

关、事业组织、社会团体遵守劳动法律、法规的情况进行监督、检查。具体包括对用人单位和有关人员在职工的招收、用工制度、职业培训、劳动报酬、社会保险、生活福利、劳动保护、休息休假制度、女职工和未成年工的特殊保

护、奖惩等方面遵守劳动法的情况进行监督检查。劳动监督检查机构依法独立开展活动，其他任何部门无权干涉，其监督检查是受法律保护的。

由于各种监督检查的职权不同，其监督检查工作的性质也有所不同。如各行政主管部门属于一般的行政监督机构，有权对所属单位执行劳动法的情况进行监督检查；劳动安全监察机构，属于专门的行政监督机构，享有对劳动安全卫生的监督检查权；工会等群众团体的监督活动则属于群众监督；人民检察院对重大责任事故所进行的检查活动则属于司法监督。除此之外，还有事前监督检查与事后监督检查；依职权的监督检查与依授权的监督检查；守法监督检查与执法监督检查；等等。

二、劳动法执行的监督检查的意义

对劳动法执行情况进行监督检查是劳动法的重要组成部分，也是确保劳动法律、法规得以贯彻实施，保障劳动关系当事人合法权益得以实现的重要措施。实践证明，健全劳动法制，加强劳动立法，做到有法可依，这是法制建设的先决条件。但有法律而无专门的监督管理机构促使其执行，及时制止、纠正违反劳动法律、法规的行为，做到有法必依，执法必严，违法必究，那么，法律、法规的规定就等于一纸空文。劳动法的监督检查制度，对保证各项劳动法律、法规的正确实施具有重要意义。

首先，加强劳动法执行的监督检查，有利于劳动者的合法权益，改善劳动者的生活福利，预防、减少工伤事故和职业疾病，保护劳动者在生产劳动中的生命安全和健康。这必然极大地调动广大劳动者的生产积极性，激发他们的劳动热情和创造精神，进而加速我国社会主义经济建设的发展。其次，加强劳动法执行的监督检查，有利于预防、减少劳动争议，加强企业的凝聚力，稳定职工的生活和生产秩序，建立和谐的劳动关系，促进企业生产经营活动的正常进行和经济效益的提高。再其次，加强劳动法执行的监督检查，有利于增强用人单位的劳动法制观念，认真贯彻执行劳动法律、法规，实现依法管理劳动关系，保障劳动者真正享有权利和履行义务。同时，通过监督检查，也可以促进行政领导人员、企业管理人员增强劳动法制观念，认真执法，避免和减少用人单位与企业职工的劳动纠纷和生产事故。最后，加强劳动法执行的监督检查，有利于促进和完善劳动立法工作。通过贯彻执行劳动法律、法规，结合实践中存在的新问题，调查研究，及时修正与社会主义市场经济不配套的劳动法律规定，不断总结新的劳动机制的成功经验，完善劳动立法，建立一套有中国特色的社会主义劳动法律体系。

三、我国劳动监督检查的立法概况

在我国，劳动监督检查立法一直是劳动立法的一个重要组成部分。1950年政务院财经委员会发布的《关于各省、市人民政府劳动局与当地国营企业工作关系的决定》中规定，劳动局有权监督、检查国营企业内有关劳动保护、劳动保险、工资待遇、集体合同、文化教育的劳动政策法令的执行。但在立法实践中，新中国成立后相当长的一段时间里，国家一直把重点放在劳动安全监察上，相继制定了《矿山安全监察条例》《锅炉压力容器安全监察暂行条例》及其实施细则等项法规，初步形成一套较完整的劳动安全监察制度，而其他方面的劳动监察立法则相对薄弱。自经济体制改革以来，其他方面的劳动监察立法取得了长足的发展。1993年劳动部制定了《劳动监察规定》，对劳动监察的一般规则和劳动安全监察以外其他方面的劳动监察的规则做了规定。1994年7月颁布的《劳动法》中，设有"监督检查"专章，对劳动监督检查的机构及其职权做了明确的规定。为了切实贯彻执行《劳动法》，劳动部又相继制定了《劳动监察员管理办法》等项法规。此外，全国总工会还就劳动监督制定了专项规章，如《工会劳动法律监督试行办法》。这表明，我国劳动法监督检查的内容已不限于劳动安全的范围，而是包括对劳动工资、工作时间、休息休假、劳动合同、职业培训、社会保险、职工奖惩等进行全面的监督检查。

第二节　劳动法执行的监督检察机构及其职权

一、劳动行政部门的监督检察

劳动行政部门是劳动工作的行政主管机关。县级以上各级劳动行政部门负责监督劳动法律和法规的实施，履行法律、法规赋予的监督检查职责。

劳动行政部门的监督检查是指劳动行政部门在政府有关部门以及群众组织的配合下，代表国家就劳动法的贯彻执行情况，对一切用人单位和个人进行监督检查的行政法律行为。《劳动法》第八十五条规定："县级以上各级人民政府劳动行政部门依法对用人单位遵守劳动法律、法规的情况进行监督检查，对违反劳动法律、法规的行为有权制止，并责令改正。"这一规定不仅为劳动行政部门对执行劳动法进行监督检查提供了法律依据，而且确立了各级劳动行政部门在对劳动法的执行实施监督检查中的重要地位，并明确地把劳动行政部门的这项重要的监督检查职能与政府有关部门、工会组织以及其他群众团体组织的监督检查区分开来。

劳动行政部门开展监督检查主要采用经常性的监督检查、集中力量突击性的监督检查和有针对性的监督检查三种方式。同时，把一般监督与专门监督、专门监督与群众监督、事前监督与事后监督有机地结合起来，逐步加强行政部门的间接宏观调控职能。

各级劳动行政部门监督检查劳动法律、法规遵守和执行情况的具体内容是：（1）监督社会劳务中介机构和社会培训机构遵守有关规定的情况；（2）监督劳动合同订立和履行情况；（3）监督用人单位招聘职工以及对职工安全教育和培训等行为；（4）监督检查用人单位的劳动条件和安全卫生状况；（5）监督企业遵守工资总额宏观调控规定的情况以及单位支付职工工资情况、国有企业经营者的收入情况；（6）监督单位和劳动者缴纳社会保险费以及社会保险金给付情况；（7）监督对特种设备的设计、制造、安装、使用、检验、修理、改造等职业技能考核的鉴定及对特种人员的资格的审查、发放证书的情况；（8）参加事故调查和处理；（9）法律、法规规定的其他监督事项。

劳动行政部门对于违反劳动法律、法规的行为有权制止，并责令改正或依法给予处罚。查处用人单位的违法行为的程序是：（1）登记立案。对发现的违法行为，经过审查核实，需要进一步调查并依法进行追究的，即可立案。（2）调查取证。对已登记立案的案件，及时调查取证。（3）处理。经调查核实，对应当追究法律责任的，依法做出处理决定或移交有关部门处理。（4）制作处理决定书。对已做出处理决定的，制作处理决定书。（5）送达。监督检查部门在做出处理决定之日起的一定期限内，将处理决定书送达当事人。处理决定自送达当事人之日起生效。对于情节轻微的违法行为，监督检查人员可以当场做出处理。当事人对当场处理有异议的可按上述监督程序处理。

二、政府有关部门的监督检察

政府有关部门作为代表国家对所属部门、行业行使管理、行政监督职权的监督机构，不但要认真贯彻执行劳动法的内容，同时还要监督检查用人单位及人员对劳动法执行的情况。政府有关部门的监督检查是我国劳动法监督检查体制中的重要内容之一。我国《劳动法》第八十七条规定："县级以上各级人民政府有关部门在各自职责范围内，对用人单位遵守劳动法律、法规的情况进行监督。"

（一）用人单位主管部门的监督检查

用人单位的行政主管部门作为行政领导机关，有条件、有义务指导、监督用人单位遵守劳动法律、法规。用人单位的主管部门要建立、健全监督检查制度，总结评比制度；深入企业检查劳动法的执行情况；监督用人单位的劳动条件和安全卫生状况；监督用人单位并组织负责对职工和有关人员的安全教育和培训工作；认真听取劳动部门、工会组织对所属用人单位在执行劳动法律、法规方面提出的问题，以及提出的意见或改进方案；对违法行为要坚决制止和纠正，对有关责任人员给予处分等。

（二）有关监督管理部门的监督检察

主要是指工商、税务、审计、银行、卫生、防疫等监督管理部门结合自己的业务范围，充分利用管理职权对劳动法的贯彻执行情况进行监督检查，对违反劳动法律、法规的行为，依法予以处理。如工商行政管理部门根据自己的权限范围，对企业有违法行为的依法吊销营业执照、责令停业整顿等。

三、工会组织的监督检查

工会是职工自愿结合的工人阶级的群众组织，是广大职工群众利益的集中代表。工会是企业职工代表大会的工作机构，参与对执行劳动法律、法规情况的监督检查。工会的监督检查属于群众性的监督检查，是依法维护职工权益的重要表现。

《劳动法》第八十八条第一款规定，"各级工会依法维护劳动者的合法权益，对用人单位遵守劳动法律、法规的情况进行监督。"除了劳动法的上述规定以外，我国工会法以及其他一些法律、法规，对工会维护劳动者合法权益，监督用人单位执行劳动法的情况，做了较为具体的规定。主要包括对劳动保护及安全卫生措施的采取，劳动合同和集体合同的签订和履行，劳动者的录用和辞退，劳动者的纪律处分，社会保障和福利待遇管理，劳动争议的处理等方面执行有关劳动法律、法规的情况的监督检查。

> **小提示**
>
> **工会在进行劳动法监督时依法享有的权利**
>
> 工会在进行劳动法监督的时候，依法享有的权利包括：（1）知情权；（2）独立调查权；（3）要求和建议权；（4）建议组织职工撤离危险现场权；（5）参与事故调查，并向有关部门提出处理意见权；（6）支持举报控告权；（7）舆论监督权。

我国法律赋予工会劳动监督检查权具有重要意义。通过工会的监督检查，可以促使行政部门自觉贯彻执行国家劳动法律、法规和政策，及时制止和纠正违法行为，预防和避免劳动争议的发生。工会参与劳动法的监督检查工作，不仅是职工切身利益的要求，而且是国家法律赋予工会的一项职责，所以，工会在监督检查劳动法的执行中处于很重要的地位。

四、国家司法机关的监督检察

国家司法机关在处理劳动争议，审理有关案件，发现违反劳动法律、法规的情况时，应及时依法予以处理。如检察机关和人民法院对严重违反劳动法构成犯罪的行为，可依法追究刑事责任。

《劳动法》第八十八条第二款规定，"任何组织和个人对于违反劳动法律、法规的行为有权检举和控告。"这既是劳动者的一种民主权利，又是劳动者对执行劳动法律、法规情况的一种监督权利。

五、劳动监察机构和劳动监察员

劳动监察机构是国家授权特定行政机关设立的专门监督劳动法执行的机构，它以国家名义并利用国家行政权力，对各种企业、事业单位、雇工的城镇个体工商户，以及与以上用人单位发生劳动关系的劳动者的劳动安全保护工作实行统一的监督。在我国，国家授权劳动行政部门行使国家劳动监察权。其任务是依法监督检查本行政区域内的一切企业、事业单位及其主管部门履行劳动安全保护职责的情况，督导他们遵守和执行劳动安全、卫生法律、法规，预防和纠正违法行为，受理劳动行政违法案件，执行行政制裁，以保障劳动法的正确实施。

根据我国《劳动法》以及原劳动部发布的《劳动监察规定》和《劳动监察员管理办法》的规定，我国的劳动监察机构分部、省、地（市）、县四级，分别负责监督本辖区的劳动安全保护工作。各级劳动监察机构，由同级劳动部门领导，业务上受上级劳动行政主管部门监督、指导。劳动监察机构的工作性质与职权范围与其他部门的劳动监督检查有很大的区别。劳动监察机构是国家法律、法规授权的专门监察机构，以国家的名义，采取多种形式和手段进行检查活动。工会是群众性自治组织，属于社会监督的性质；企、事业单位主管部门，是经济、生产管理机构，属于内部监督性质。国家劳动监察机构只有同二者密切结合，使法治手段和行政手段相结合，才能充分发挥其重要作用。

劳动监察机构的职责主要有：（1）宣传国家劳动方针政策和劳动法律、法规，督促用人单位和劳动者贯彻、执行；（2）依法拟定劳动标准、制定规章制度；（3）对用人单位和劳动者遵守劳动法律、法规情况进行监督检查，依法纠正和查处违反规定的行为；（4）审查安全工程设施，检查劳动安全卫生，参与安全事故调查处理；（5）对劳动监察人员进行培训和监督。

县级以上各级人民政府劳动行政主管部门根据工作需要配备专职劳动监察员和兼职劳动监察员。专职劳动监察员是劳动行政部门专门从事劳动监察工作的人员；兼职劳动监察员是劳动行政部门非专门从事劳动监察工作的人员，主要负责与其业务有关的单项监察。

凡担任劳动监察员者，必须具备法定任职条件。《劳动监察员管理办法》中规定劳动监察员应具备的任职条件是：（1）认真贯彻执行国家的法律、法规和政策；（2）熟悉劳动业务，熟练掌握和运用劳动法律、法规知识；（3）坚持原则，作风正派，勤政廉洁；（4）在劳动行政部门从事劳动行政业务工作3年以上，并经国务院劳动行政部门或者省级劳动行政部门劳动监察专业培训合格。对于特殊行业的劳动监察员，我国有关法规对其任职条件做了相应的特别规定。例如，《矿山安全监察员管理办法》中规定，矿山安全监察员的任职条件是：（1）熟悉矿山安全技术知识和矿山安全法律、法规及矿山安全规程、矿山安全技术规范；（2）身体健康，能胜任矿山井下检查工作；（3）具有中等以上采矿工程专业或者相关专业学历和2年以上矿山现场工作经历；（4）具备担任助理工程师以上的专业技术水平和条件，并有1年以上矿山安全监察工作经历。

劳动行政部门的专职、兼职劳动监察员任命程序严格，分别由劳动监察机构提出任命建议或由有关业务工作机构推荐人选，经同级人事管理机构等审核，报劳动行政部门领导批准。经批准任命的劳动监察员由劳动监察机构颁发中华人民共和国劳动监察证。劳动监察员实行每3年进行一次考核验证制度，未按规定考核验证或经考核不能胜任劳动监察工作的，注销其劳动监察证件。

劳动监察机构和劳动监察员在履行职责时，享有下列权利：（1）检查权。按照有关规定，劳动监察机构及劳动监察员有权根据工作需要随时进入有关单位进行检查，在必要时向用人单位或劳动者下达《劳动监察询问通知书》和《劳动监察指令书》，并要求其做出书面答复。（2）审查认证权。劳动监察机构有权对用人单位的劳动安全卫生条件和生产指挥、特种设备操作等人员，进行考核、考试、审查、鉴定，并对合格者颁发资格证件。（3）处置权。按照有关规定，劳动安全监察机构对事故隐患有权命令企业限期整改；对违章现象有权纠正、制止。（4）处罚权。按照有关规定，劳动监察机构有权对违反劳动法的监察相对人，依法分别给予警告、通报批评、罚款、吊销许可证、责令停产停业整顿的处罚；对违反其他行政法规的，有权建议给予行政处罚；对触犯刑法的，有权建议司法机关追究刑事责任。

劳动监察员在执行监察公务时必须出示证件，并有两名以上监察人员参加。劳动监察员在履行职责过程中，应遵守有关法律规定，秉公执法，不滥用职权，不徇私舞弊；进入劳动场所实地检查时应当遵守相关的纪律和规章制度；对于被检查单位的经济情报、技术资料等，应严格保密。对违反上述规定事项者，应依法追究其法律责任。

复习思考题

1. 劳动法执行的监督检查具有哪些意义？
2. 劳动行政部门对劳动法执行情况的监督检查包括哪些内容？
3. 劳动监察机构的职责是什么？
4. 劳动监察机构和劳动监察员在履行职责时享有哪些权利？

第十三章 法律责任

学习目标

　　1. 掌握用人单位违反劳动法的法律责任。

　　2. 掌握劳动者违反劳动法的法律责任。

关键术语

　　法律责任　用人单位　劳动者　违反劳动法

　　违反《劳动法》的法律责任，是指用人单位、劳动者或者其他机关、团体、个人违反劳动保障法律法规的规定所应承担的不利的法律后果。违反《劳动法》可能导致的责任形式主要有三种：行政责任、民事责任和刑事责任。

第一节 用人单位和劳动者违反劳动法的法律责任

一、用人单位违反劳动法的法律责任

　　用人单位违反劳动法的法律责任是指用人单位违反劳动法所导致的依法应当由用人单位及其责任人员承担的法律后果。在我国《劳动法》的法律责任一章中，主要规定了用人单位的法律责任，这是由用人单位在劳动关系中所处的特殊地位决定的。为了保证劳动法的贯彻实施，有效地制裁违反劳动法的行为，1994 年 12 月 26 日，我国劳动部发布了《违反〈中华人民共和国劳动法〉行政处罚办法》，其中对用人单位违反劳动法的法律责任做了更为具体的规定。根据上述有关规定，用人单位违反劳动法的法律责任主要包括以下几个方面：

（一）用人单位订立无效合同、故意拖延订立合同的法律责任

　　由于用人单位的原因致使订立的劳动合同无效，对劳动者造成损害的，用人单位应当承担赔偿责任。关于订立无效劳动合同的赔偿标准，根据《违反〈劳动法〉有关劳动合同规定的赔偿办法》（劳动部 1995 年 5 月 10 日发布）规定，造成劳动者工资收入损失的，除支付本人应得工资收入外，加付本人应

得工资收入 25% 的赔偿费用；造成劳动者工伤、医疗待遇损失的，除按国家规定提供工伤、医疗待遇外，还应支付相当于医疗费用 25% 的赔偿费用。

用人单位故意拖延订立劳动合同的，由劳动行政部门责令改正；给劳动者造成损害的，应当承担赔偿责任。用人单位招用劳动者后故意不按规定订立劳动合同，或者劳动合同到期后继续使用劳动者而故意不及时续订劳动合同的，如果劳动者符合法定的职工录用条件或者愿意续延劳动关系的，应当责令与劳动者补签劳动合同；逾期不补签的，应当予以通报批评；如果劳动者因用人单位故意拖延订立劳动合同而遭受损害，应当按照有关规定予以赔偿。

（二）用人单位制定的规章制度违反法律、法规的法律责任

用人单位制定的劳动规章制度违反法律、法规规定的，由劳动行政部门给予行政警告，责令限期改正；逾期不改的，应予通报批评。对劳动者造成损害的，用人单位应当承担赔偿责任。违法劳动规章属于无效劳动规章，自制定之日起就不能作为确定劳动者权利和义务的依据，在其实施过程中会侵害劳动者合法权益，劳动者由此遭受的损失，应当由用人单位赔偿。

（三）用人单位违法或违约解除劳动合同的法律责任

用人单位违反劳动法规定的条件解除劳动合同的，由劳动行政部门责令改正；给劳动者造成损害的，应当承担赔偿责任。用人单位的法律责任包括：应当按照劳动者的要求或者劳动行政部门责令予以改正，与劳动者恢复劳动关系；按照法定标准赔偿劳动者的工资收入、劳动保护待遇、工伤待遇、医疗待遇损失以及劳动合同约定的其他应予赔偿的损失；如果属于对劳动者打击报复，应追究直接责任者的行政责任和其他法律责任；以结婚、怀孕、产假、哺乳等为由辞退女职工的，可根据具体情况，对直接责任人员给予行政处分。

（四）违反工作时间规定的法律责任

用人单位未与工会和劳动者协商，强迫劳动者延长工作时间的，由劳动行政部门给予警告，责令改正，并可按每名劳动者每延长工作时间 1 小时罚款 100 元以下的标准处以罚款。

用人单位每日延长劳动者工作时间超过 3 小时或每月延长工作时间超过 36 小时的，由劳动行政部门给予警告，责令改正，并可按每名劳动者再超过工作时间 1 小时罚款 100 元以下的标准处以罚款。

（五）侵害劳动者经济权利的法律责任

用人单位克扣或者无故拖欠劳动者工资、拒不支付劳动者延长工作时间工资报酬、低于当地最低工资标准支付劳动者工资、解除劳动者合同后未按照规定给予劳动者经济补偿的，由劳动行政部门责令支付劳动者的工资报酬、经济补偿，并可责令按相当于支付劳动者工资报酬和经济补偿总和的 1~5 倍支付劳动者赔偿金。

(六) 违反劳动保护规定的法律责任

用人单位在这方面的法律责任主要有：（1）用人单位的劳动安全设施和劳动卫生条件不符合国家规定的，由劳动行政部门或者有关部门责令限期改正；逾期不改的，可处以 5 万元以下的罚款；情节严重的，提请县级以上人民政府决定责令停产整顿；对事故隐患不采取措施，致使事故发生，造成劳动者生命和财产损失的，对责任人员按《刑法》第一百三十五条关于厂矿失职事故罪追究刑事责任。（2）用人单位未向劳动者提供必要的劳动防护用品和劳动保护设施的，或未对从事有职业危害作业的劳动者定期检查身体的，由劳动行政部门或有关部门责令改正，并处以 5000 元以下罚款；情节严重的，提请县级以上人民政府决定责令停产整顿；对事故隐患不采取措施，致使发生重大事故，造成劳动者生命和财产损失的，对责任人员追究刑事责任。（3）用人单位违反规定造成职工急性中毒事故或伤亡事故的，由劳动行政部门和有关部门责令制定整改措施，并可按每中毒、重伤或死亡 1 名劳动者罚款 1 万元以下的标准处罚；情节严重的，提请同级人民政府决定停产整顿。（4）用人单位对发生的急性中毒事故或伤亡事故隐瞒、拖延不报或谎报的，以及故意破坏或伪造现场的，由劳动行政部门或有关部门责令改正，并可处以 2 万元以下的罚款。（5）用人单位新建、改建、扩建和技术改造项目的劳动安全卫生设施未能与主体工程同时设计、同时施工、同时投入使用，安全卫生设施不符合国家规定标准的，由劳动行政部门责令改正，并可处以 5 万元以下罚款。（6）用人单位锅炉、压力容器无使用证而运行的，或不进行定期检验的，由劳动行政部门责令停止运行或查封设备，并可处以 1 万元以下罚款。用人单位锅炉、压力容器有事故隐患的，由劳动行政部门责令限期改正；对逾期不改的，应责令停止运行，收回使用证，并可处以 1 万元以下罚款。（7）用人单位压力管道、起重机械、电梯、客运架空索道、厂内机动车辆等特种设备未进行定期检验或安全认证的，由劳动行政部门责令改正，并可处以 1 万元以下罚款。

(七) 违反女工和未成年工特殊保护规定的法律责任

在这方面用人单位应承担的法律责任主要有：（1）用人单位安排女工从事矿山、井下、国家规定的第四级体力劳动强度的劳动和其他禁忌从事的劳动；安排女工在经期从事高处、低温、冷水作业和国家规定的第三级体力劳动强度的劳动；安排女工在哺乳未满 1 周岁的婴儿期间从事国家规定的第三级以上体力劳动强度的劳动和哺乳期禁忌从事的其他劳动及安排其延长工作时间和夜班劳动的，由劳动行政部门责令改正，并按每侵害 1 名女工罚款 3000 元以下的标准处以罚款。（2）用人单位安排女工在怀孕期间从事国家规定的第三级以上体力劳动强度的劳动和孕期禁忌从事的劳动的；安排怀孕 7 个月以上的女工延长工作时间和从事夜班劳动的，由劳动行政部门责令改正，并按每侵害 1 名女工罚款 3000 元以下的标准处以罚款。（3）用人单位安排未成年工从事矿山、井下、有毒有害、国家规定的第四级体力劳动强度的劳动和其他禁忌从事的劳动的，由劳动行政部门责令改正，并按每侵害 1 名未成年工罚款 3000 元以下的标准处以罚款。（4）用人单位未按规定对未成年工进行健康检查的，由劳动行政部门责令限期改正；逾期不改的，按每侵害 1 名未成年工罚款 3000 元以下的标准处以罚款。

（八）违反招工规定的法律责任

用人单位在这方面的法律责任有：（1）用人单位非法招用未满 16 周岁的未成年人的，由劳动行政部门责令改正，并按财政部与劳动部联合发布的《使用童工罚款标准的规定》处以罚款；情节严重的，由工商行政部门吊销营业执照。（2）用人单位招用尚未解除劳动合同的劳动者，对原用人单位造成经济损失的，该用人单位应当依法承担连带赔偿责任。

（九）侵犯劳动者人身权利的法律责任

用人单位以暴力、威胁或者非法限制人身自由的手段强迫劳动，或侮辱、体罚、殴打、非法搜查和拘禁劳动者的，由公安机关对责任人员处以 15 日以下拘留、罚款或警告；构成犯罪的，对责任人员追究刑事责任。《刑法》第二百四十四条规定了强迫劳动罪。按照该条规定，用人单位违反劳动管理法规，以限制人身自由方法强迫职工劳动，情节严重的，对直接责任人员，处 3 年以下有期徒刑或者拘役，并处或者单处罚金。

（十）违反社会保险规定的法律责任

用人单位无故不缴纳社会保险费的，由劳动行政部门责令限期缴纳；逾期不缴的，除责令其补交所欠款额外，还可按每日加收所欠款额 2‰的滞纳金。

（十一）无理阻挠行政监督的法律责任

用人单位无理阻挠劳动行政部门、有关部门及其工作人员行使监督权，打击报复举报人员的，由劳动行政部门处以 1 万元以下罚款；构成犯罪的，对责任人员追究刑事责任。根据劳动部的有关规定，用人单位的下列行为属于"无理阻挠"：（1）阻止劳动监督检查人员进入用人单位内（包括进入劳动现场）进行监督检查；（2）隐瞒事实真相，出具伪证，或者隐匿、毁灭证据的；（3）拒绝提供有关资料的；（4）拒绝在规定的时间和地点就劳动行政部门所提出的问题做出解释和说明的；（5）法律、法规和规章规定的其他情况。

根据规定，对用人单位数种违法行为应分别处罚，合并执行；不能合并执行的可以从重处罚；对用人单位数次违法的可以加重处罚（可按原罚款标准的

2～5倍计算罚款金额）。用人单位对行政处罚不服的，可以依照规定申请复议或起诉；复议和起诉期间不影响行政处罚决定的执行。

二、劳动者违反劳动法的法律责任

这是指劳动者因违反劳动法所应承担的法律后果。《劳动法》第一百零二条规定："劳动者违反本法规定的条件解除劳动合同或者违反劳动合同中约定的保密事项，对用人单位造成损失的，应当依法承担赔偿责任。"我国劳动法关于劳动者违反劳动法的法律责任的规定仅此一条，这说明劳动立法是针对劳动关系当事人的不同情况来确定法律责任的。

劳动者违反劳动法的法律责任主要由劳动合同和作为其附件的内部劳动规则，以及集体合同规定。这种责任是一种民事责任，实行的是过错责任原则，即劳动者因违反劳动法而承担法律责任，必须以主观上有过错为要件。劳动者违反劳动法的法律责任具体包括以下几个方面：

（一）劳动者违法解除劳动合同的法律责任

劳动者违反法定或约定的劳动合同解除条件或程序，而单方解除劳动合同，违法辞职的，应根据不同情况或补办手续或继续履行合同；对用人单位造成损失的，应依法予以赔偿。

（二）劳动者违反约定保密条款的法律责任

劳动者违反劳动合同关于保守用人单位商业秘密的约定，在保密期内将自己在劳动过程中所掌握的商业秘密，披露给保密范围以外的人，在保密范围以外使用，以及允许保密范围以外的人使用的，对其行为应责令停止；给用人单位造成经济损失的，按《反不正当竞争法》第二十条的规定给予赔偿；构成侵犯商业秘密罪的，应当依据《刑法》第二百一十九条规定追究刑事责任。

（三）劳动者违反约定培训后工作期限条款的法律责任

劳动者接受用人单位出资培训后，未按约定在该用人单位工作，或者在该用人单位工作未满约定期限的，在一定条件下应当向该用人单位赔偿培训费用。

第二节 劳动行政部门及有关部门的工作人员违反劳动法的法律责任

一、劳动行政部门及有关部门的工作人员渎职行为的法律责任

按照《劳动法》规定，劳动行政部门或者有关部门的工作人员滥用职权、

玩忽职守、徇私舞弊的，给予行政处分；构成犯罪的，依法追究刑事责任。对上述人员的犯罪行为适用我国《刑法》第三百九十七条关于滥用职权罪和玩忽职守罪的规定。按照该条规定，国家机关工作人员滥用职权或者玩忽职守，致使公共财产、国家和人民利益遭受重大损失的，处 3 年以下有期徒刑或者拘役；情节特别严重的，处 3 年以上 7 年以下有期徒刑。国家机关工作人员徇私舞弊犯滥用职权罪和玩忽职守罪的，处 5 年以下有期徒刑或者拘役；情节特别严重的，处 5 年以上 10 年以下有期徒刑。

二、挪用社会保险基金的法律责任

我国社会保险基金是丧失劳动能力或者职业中断的劳动者的"活命钱"，必须做到专款专用，任何组织和个人都不得挪用。《劳动法》第一百零四条规定："国家工作人员和社会保险基金经办机构的工作人员挪用社会保险基金，构成犯罪的，依法追究刑事责任。"此类犯罪适用我国《刑法》第三百八十四条关于挪用公款罪的规定。按照该条规定，构成挪用公款罪的，处 5 年以下有期徒刑或者拘役；情节严重的，处 5 年以上有期徒刑。挪用公款数额巨大不退还的，处 10 年以上有期徒刑或者无期徒刑。

复习思考题

1. 用人单位违法解除劳动合同应如何承担法律责任？
2. 用人单位违反劳动保护规定的法律责任有哪些？
3. 用人单位违反女工和未成年工特殊保护规定的法律责任有哪些？
4. 劳动者违反劳动法的法律责任包括哪些方面？

第十四章 劳动争议的处理

学习目标

1. 了解劳动争议的概念和特征，掌握劳动争议的具体范围，理解劳动争议处理的原则。

2. 掌握劳动争议调解的含义、劳动争议调解的程序、劳动争议调解协议的履行。

3. 掌握劳动争议仲裁的含义、劳动争议仲裁的程序性规定。

4. 掌握劳动争议的诉讼解决程序。

关键术语

劳动争议　劳动争议的调解　劳动争议仲裁委员会　劳动争议的诉讼管辖

第一节 劳动争议的处理概述

一、劳动争议的概念和特征

劳动争议，也称"劳动纠纷""劳资争议"，是指劳动关系双方当事人在执行劳动法律、法规或履行劳动合同、集体合同过程中因劳动的权利、义务发生分歧而引起的争议。

劳动争议不同于一般的民事纠纷，它具有下列法律特征：（1）劳动争议必须是发生在劳动法律关系主体之间的争议。也就是说，劳动争议的双方必须是用人单位和与之形成劳动关系的劳动者之间产生的纠纷。至于企业、事业单位、社会团体相互之间产生的争议，因没有形成劳动关系，所以不属于劳动争议。（2）劳动争议的内容必须是因执行劳动法律、法规或履行劳动合同、集体合同过程中引起的有关劳动权利、劳动义务方面的冲突。（3）劳动争议的标的必须是劳动法律关系中权利和义务共同指向的对象，不包含主体双方以其他标的为内容的争议。例如，劳动者同用人单位因劳动时间、劳动报酬、安全卫生、劳动纪律、劳动保险等权利和义务方面发生争议，则属于劳动争议。否则，该争议即使发生在用人单位和劳动者之间，也不属于劳动争议。

劳动争议是劳动关系不协调的产物。由于劳动关系主体对劳动各方面的认识不同，以及劳动领域中存在的利益差别和各种因素的影响，特别是在市场经济条件下，劳动关系发生了很大变化，出现了许多新的特点，引发劳动争议是不可避免的。因此，加强劳动争议的法律调整，完善劳动争议处理制度，对于协调我国的劳动关系，保障社会安定以及促进经济建设都有着重要的作用。

为了正确审理劳动争议案件，根据《劳动法》和《民事诉讼法》等相关法律的规定，最高人民法院于 2001 年 4 月 22 日通过了《最高人民法院关于审理劳动争议案件适用法律若干问题的解释》（以下简称《解释》），并于 2001 年 4 月 30 日起施行；2006 年 7 月 10 日最高人民法院又通过了《最高人民法院关于审理劳动争议案件适用法律若干问题的解释（二）》（以下简称《解释（二）》），自 2006 年 10 月 1 日起施行。2007 年 12 月 29 日，在第十届全国人民代表大会常务委员会第三十一次会议上，《劳动争议调解仲裁法》获得通过。这部在劳动争议处理方面的最新立法，于 2008 年 5 月 1 日起施行。

📋 **小提示**

当前劳动争议的主要特点

当前劳动争议呈现出几大特点：一是劳动争议的数量逐年大幅度上升，涉及职工人数剧增；二是劳动争议日益复杂化，处理难度不断加大，劳动争议案件本身也日益复杂化，通过调解说教方式快速化解矛盾的可能性越来越小，案件处理难度不断加大；三是劳动争议的焦点具有很强的社会敏感性。大多数劳动争议都涉及劳动报酬、社会保险、劳动合同的变更、履行、终止、解除劳动合同等；四是集体争议高幅增长。尤其是近两年，集体争议的增长已高于同期劳动争议案件总量的增长率。

二、劳动争议的范围

根据《劳动法》和《企业劳动争议处理条例》规定，我国现阶段受理劳动争议的范围是境内企业与职工之间发生的下列争议：（1）因开除、除名、辞退违纪职工和职工辞职、自动离职发生的争议；（2）因执行国家有关工资、保险、福利、培训、劳动保护的规定发生的争议；（3）因履行劳动合同发生的争议；（4）因履行集体合同发生的争议；（5）法律、法规规定的其他劳动争议。此外，根据《解释》的规定，劳动者与用人单位之间没有订立书面劳动合同，但已形成劳动关系后发生的纠纷，以及劳动者退休后，与尚未参加社会保险统筹的原用人单位因追索养老金、医疗费、工伤保险待遇和其他社会保险费而发生的纠纷，也属于劳动争议。

《劳动争议调解仲裁法》进一步明确了劳动争议的范围包括：（1）因确认劳动关系发生的争议；（2）因订立、履行、变更、解除和终止劳动合同发生的争议；（3）因除名、辞退和辞职、离职发生的争议；（4）因工作时间、休息休假、社会保险、福利、培训以及劳动保护发生的争议；（5）因劳动报酬、工伤医疗费、经济补偿或者赔偿金等发生的争议；（6）法律、法规规定的其他劳动争议。与《劳动法》和《企业劳动争议处理条例》规定的劳动争议范围相比，《劳动争议仲裁法》增加了因确认劳动关系发生的争议，因工作时间、休息休假发生的争议，以及因劳动报酬、工伤医疗费、经济补偿或者赔偿金等发生的争议。

根据《解释（二）》的规定，下列纠纷不属于劳动争议：（1）劳动者请求社会保险经办机构发放社会保险金的纠纷；（2）劳动者与用人单位因住房制度改革产生的公有住房转让纠纷；（3）劳动者对劳动能力鉴定委员会的伤残等级鉴定结论或者对职业病诊断鉴定委员会的职业病诊断鉴定结论的异议纠纷；（4）家庭或者个人与家政服务人员之间的纠纷；（5）个体工匠与帮工、学徒之间的纠纷；（6）农村承包经营户与受雇人之间的纠纷。

📖 **小提示**

劳动争议产生的原因

（1）劳动关系利益化。市场经济的一个基本特征就是在经济活动中，经济决策由各个独立的经济主体自主进行。经济主体必须要追求自身的经济利益最大化，并对其决策结果承担经济责任。

（2）企业管理不规范。企业日常管理的不规范是目前经济生活中的一个普遍现象，直接导致了劳动争议案件的产生并增多。

（3）劳动关系双方法律意识和合同意识的淡漠。虽然多数企业已依法与职工签订了劳动合同，但企业或劳动者履约意识不强，任意违反劳动合同的约定条款，使劳动合同形同虚设，并引发争议。

（4）企业缺乏劳动关系的自我协调机制。这主要表现在三个方面，即：集体合同的作用不强、企业调解委员会机构不完备、工会组织的作用未有效发挥。这三个方面关系密切，互为因果。

三、劳动争议处理的基本原则

根据《劳动法》第七十八条规定，解决劳动争议，应当根据合法、公正、及时处理的原则，依法维护劳动争议双方当事人的合法权益。《劳动争议调解仲裁法》第三条规定，解决劳动争议，应当根据事实，遵循合法、公正、及时、着重调解的原则，依法保护当事人的合法权益。具体来说，劳动争议处理的原则主要有：

（一）依法处理原则

依法处理原则，即合法原则，是指劳动争议处理机构在处理劳动争议时所从事的活动，无论内容和程序都必须符合法律规定。劳动争议处理机构在处理劳动争议时，应当细致调查，分清是非，依据劳动法律、法规、规章以及劳动合同，明确责任，合理解决劳动争议。

（二）公正原则

公正原则是指当事人在适用法律上一律平等的原则。这一原则要求劳动争议调解人员、仲裁人员、审判人员在处理劳动争议时必须以事实为依据，以法律为准绳，公正执法，不偏袒任何一方。同时，对于劳动争议双方当事人，无论是企业一方还是职工一方，在处理劳动争议过程中法律地位一律平等，具有平等的权利和义务，任何一方都没有超越另一方的特权，这对于保证劳动争议获得公正解决也是十分必要的。

（三）及时处理原则

由于劳动争议发生后，直接损害一方当事人的合法权益，这不仅影响用人单位生产经营活动的正常进行，而且容易激化社会矛盾，因此，解决劳动争议必须做到及时处理，保证效率。劳动争议处理机构对于申请解决的劳动争议案件，应当依据法律、法规所规定的时限及时受理，抓紧审查和做出处理决定，按时结案，更好地维护用人单位和劳动者双方的合法权益。

（四）着重调解原则

调解，作为解决劳动争议的有效手段贯穿于劳动争议处理的全过程，其目的是在尊重当事人自愿的前提下，争取双方达成和解，结束争议。因此，除了劳动争议调解委员会处理劳动争议主要运用调解手段以外，劳动争议仲裁庭受理劳动争议案以及人民法院处理此类案件，均应遵循着重调解原则。

第二节 劳动争议的处理程序

一、劳动争议处理的概念

劳动争议处理，是指法律、法规授权的专门机构依法对劳动关系双方当事人之间发生的劳动争议进行调解、仲裁和审判的活动。依据《劳动法》和《劳动争议仲裁法》的有关规定，发生劳动争议，劳动者可以与用人单位协商，也可以请工会或者第三方共同与用人单位协商，达成和解协议。当事人不愿协商、协商不成或者达成和解协议后不履行的，可以向调解组织申请调解；不愿调解、调解不成或者达成调解协议后不履行的，可以向劳动争议仲裁委员会申请仲裁；对仲裁裁决不服的，除《劳动争议仲裁法》另有规定的外，可以向人民法院提起诉讼。

二、劳动争议的调解

劳动争议的调解是指通过劳动调解委员会对双方当事人疏导说服，促使双方相互谅解，自愿就争议事项依法达成协议，从而使劳动纠纷得到解决的方法。

（一）劳动争议调解机构

发生劳动争议，当事人可以到下列调解组织申请调解：

1. 企业劳动争议调解委员会

企业劳动争议调解委员会由职工代表和企业代表组成。职工代表由工会成员担任或者由全体职工推举产生，企业代表由企业负责人指定。企业劳动争议调解委员会主任由工会成员或者双方推举的人员担任。

2. 基层人民调解组织

基层人民调解组织主要有以下形式：（1）村（居）人民调解委员会；（2）乡镇、街道人民调解委员会；（3）企业事业单位根据需要设立的人民调解委员会；（4）区域性、行业性的人民调解委员会。

3. 在乡镇、街道设立的具有劳动争议调解职能的组织

劳动争议调解组织的调解员应当由公道正派、联系群众、热心调解工作，并具有一定法律知识、政策水平和文化水平的成年公民担任。

（二）劳动争议调解的程序

1. 当事人申请

当事人申请劳动争议调解可以书面申请，也可以口头申请。口头申请的，调解组织应当当场记录申请人基本情况、申请调解的争议事项、理由和时间。

2. 调解协议的达成

调解劳动争议，应当充分听取双方当事人对事实和理由的陈述，耐心疏导，帮助其达成协议。经调解达成协议的，应当制作调解协议书。调解协议书由双方当事人签名或者盖章，经调解员签名并加盖调解组织印章后生效，对双方当事人具有约束力，当事人应当履行。自劳动争议调解组织收到调解申请之日起 15 日内未达成调解协议的，当事人可以依法申请仲裁。

3. 调解协议的履行

达成调解协议后，一方当事人在协议约定期限内不履行调解协议的，另一方当事人可以依法申请仲裁。因支付拖欠劳动报酬、工伤医疗费、经济补偿或者赔偿金事项达成调解协议，用人单位在协议约定期限内不履行的，劳动者可以持调解协议书依法向人民法院申请支付令，人民法院应当依法发出支付令。

三、劳动争议的仲裁

劳动争议仲裁是指劳动争议仲裁委员会对劳动争议当事人双方争议的事项，依法做出裁决的活动。世界各国对于劳动争议的处理虽各不相同，但以仲裁方式来解决劳动争议，则为各个国家所普遍采用。我国对劳动争议的仲裁属于国家仲裁，即由国家授权的专门仲裁机构行使国家仲裁权，对当事人之间的争议依法进行的仲裁。

（一）劳动争议仲裁机构及其职责

1. 劳动争议仲裁机构

劳动争议仲裁机构是劳动争议仲裁委员会，劳动争议仲裁委员会是依法成立的，通过仲裁方式处理劳动争议的专门机构，它独立行使劳动争议仲裁权。根据《劳动争议调解仲裁法》的规定，劳动争议仲裁委员会按照统筹规划、合理布局和适应实际需要的原则设立。省、自治区人民政府可以决定在市、县设立；直辖市人民政府可以决定在区、县设立。直辖市、设区的市也可以设立一个或者若干个劳动争议仲裁委员会。劳动争议仲裁委员会不按行政区划层层设立。劳动争议仲裁委员会由劳动行政部门代表、工会代表和企业方面代表组成。劳动争议仲裁委员会组成人员应当是单数。

国务院劳动行政部门依照本法有关规定制定仲裁规则。省、自治区、直辖市人民政府劳动行政部门对本行政区域的劳动争议仲裁工作进行指导。

2. 劳动争议仲裁委员会的职责

劳动争议仲裁委员会依法履行下列职责：（1）聘任、解聘专职或者兼职仲裁员；（2）受理劳动争议案件；（3）讨论重大或者疑难的劳动争议案件；

（4）对仲裁活动进行监督。劳动争议仲裁委员会下设办事机构，负责办理劳动争议仲裁委员会的日常工作。

3. 劳动争议仲裁委员会仲裁员

劳动争议仲裁委员会应当设仲裁员名册。仲裁员应当公道正派并符合下列条件之一：（1）曾任审判员的；（2）从事法律研究、教学工作并具有中级以上职称的；（3）具有法律知识、从事人力资源管理或者工会等专业工作满5年的；（4）律师执业满3年的。

（二）劳动争议仲裁的管辖

劳动争议仲裁委员会负责管辖本区域内发生的劳动争议。劳动争议由劳动合同履行地或者用人单位所在地的劳动争议仲裁委员会管辖。双方当事人分别向劳动合同履行地和用人单位所在地的劳动争议仲裁委员会申请仲裁的，由劳动合同履行地的劳动争议仲裁委员会管辖。《劳动争议调解仲裁法》的上述规定，充分考虑了现实中的实际情况，赋予了劳动仲裁当事人更多选择权，既可以选择用人单位所在地也可以选择劳动合同履行地申请仲裁，不仅有利于劳动争议当事人权益的维护，也便于查清案件事实，有利于仲裁的审理。

（三）劳动争议仲裁程序

1. 劳动争议的当事人

发生劳动争议的劳动者和用人单位为劳动争议仲裁案件的双方当事人。劳务派遣单位或者用工单位与劳动者发生劳动争议的，劳务派遣单位和用工单位为共同当事人。与劳动争议案件的处理结果有利害关系的第三人，可以申请参加仲裁活动或者由劳动争议仲裁委员会通知其参加仲裁活动。

当事人可以委托代理人参加仲裁活动。委托他人参加仲裁活动，应当向劳动争议仲裁委员会提交有委托人签名或者盖章的委托书，委托书应当载明委托事项和权限。丧失或者部分丧失民事行为能力的劳动者，由其法定代理人代为参加仲裁活动；无法定代理人的，由劳动争议仲裁委员会为其指定代理人。劳动者死亡的，由其近亲属或者代理人参加仲裁活动。

2. 劳动争议申请仲裁的时效期间

《劳动法》将仲裁申请的期限限定为60日，其目的本是为了尽快解决劳动争议，但在实践中，却往往由于时效太短，一些劳动者因为超过时效期间丧失了获得法律救济的机会，并不利于保护劳动者权益。《劳动争议调解仲裁法》对劳动争议仲裁时效做了新的规定，更有利于劳动者维权。《劳动争议调解仲裁法》规定，劳动争议申请仲裁的时效期间为1年。仲裁时效期间从当事人知道或者应当知道其权利被侵害之日起计算。

因当事人一方向对方当事人主张权利，或者向有关部门请求权利救济，或者对方当事人同意履行义务而中断。从中断时起，仲裁时效期间重新计算。因不可抗力或者有其他正当理由，当事人不能在规定的仲裁时效期间申请仲裁的，仲裁时效中止。从中止时效的原因消除之日起，仲裁时效期间继续计算。劳动关系存续期间因拖欠劳动报酬发生争议的，劳动者申请仲裁不受上述规定的仲裁时效期间的限制；但是，劳动关系终止的，应当自劳动关系终止之日起1年内提出。即从2008年5月1日起，如果在双方的劳动关系存续期间因拖欠劳动报酬发生争议，从劳动者知道或者应当知道其权利被侵害之日起，即使超过了1年，劳动者仍然可以就追索劳动报酬申请劳动仲裁。不过，如果劳动者申请劳动仲裁时，双方的劳动关系在此前已经终止的，该申请应当自劳动关系终止之日起1年内提出。

3. 劳动争议仲裁的申请

申请人申请仲裁应当提交书面仲裁申请，并按照被申请人人数提交副本。仲裁申请书应当载明下列事项：（1）劳动者的姓名、性别、年龄、职业、工作单位和住所，用人单位的名称、住所和法定代表人或者主要负责人的姓名、职务；（2）仲裁请求和所根据的事实、理由；（3）证据和证据来源、证人姓名和住所。

书写仲裁申请确有困难的，可以口头申请，由劳动争议仲裁委员会记入笔录，并告知对方当事人。

另外，当事人申请劳动争议仲裁不再收取费用。根据《企业劳动争议处理条例》第三十四条规定，劳动争议当事人申请仲裁，应当按照国家有关规定交纳仲裁费；其中，仲裁费包括案件受理费和处理费。《劳动争议调解仲裁法》规定，劳动争议仲裁不收费，劳动争议仲裁委员会的经费由财政予以保障。该法实施后，劳动争议仲裁案件不再收取费用，《企业劳动争议处理条例》的上述规定也随之自然失效。劳动争议仲裁不再收取费用，从经济实质方面减轻了劳动争议当事人的负担，特别是对劳动者来说，更是大大降低了维权成本。

📋 **小知识**

如何填写劳动争议仲裁申诉书？

首先，填写劳动争议仲裁申诉书时，要用蓝、黑色钢笔或水笔填写，书写工整，不得涂改。其次，准确无误地填写当事人基本情况。具体要求：（1）"申诉人"姓名一栏，申诉人为劳动者的，应当以劳动者本人身份证上的姓名为准；申诉人为单位的，应当以单位营业执照上的名称为准；（2）"联系电话"必须填写能够随时联系的本人的电话号码，最好能留两个以上的电话，若自己无联系方式，可以留下能和你联系上的朋友的电话；（3）"住址"以目前现住址为准，而且要写详细；（4）"被诉人"的信息，应按工商登记资料或营业执照一字不差地填写"名称""法定代表人"，"联系电话"不宜写个人的电话，应当写单位电话。其次，还要填写明确、具体的仲裁请求。所谓"明确"就是必须有明确的请求事项，如"工资""经济补偿金""加班工资""押金"等，每项请求分开写。所谓"具体"就是必须提出具体的要求，逐条列清楚，写明具体金额，并且最后要将每一条的金额合计。如"具体金额""具体争议时间""具体的计算依据"。仲裁请求是劳动者申诉的主要内容，是双方争议的焦点问题，要写好这部分内容首先要知道法律法规的相关规定，才能够知道自己有哪些权利，才能够提出合理的仲裁请求。最后，注意要简明扼要地阐明事实理由（包括证据和证据来源，证人姓名和住址等情况）。

4. 劳动争议仲裁的受理

劳动争议仲裁委员会自收到仲裁申请之日起5日内，认为符合受理条件的，应当受理，并通知申请人；认为不符合受理条件的，应当书面通知申请人不予受理，并说明理由。对劳动争议仲裁委员会不予受理或者逾期未做出决定的，申请人可以就该劳动争议事项向人民法院提起诉讼。

劳动争议仲裁委员会受理仲裁申请后，应当在5日内将仲裁申请书副本送达被申请人。被申请人收到仲裁申请书副本后，应当在10日内向劳动争议仲裁委员会提交答辩书。劳动争议仲裁委员会收到答辩书后，应当在5日内将答辩书副本送达申请人。被申请人未提交答辩书的，不影响仲裁程序的进行。

5. 劳动争议仲裁的开庭和裁决

劳动争议仲裁委员会裁决劳动争议案件实行仲裁庭制。仲裁庭由3名仲裁员组成，设首席仲裁员。简单劳动争议案件可以由1名仲裁员独任仲裁。劳动争议仲裁委员会应当在受理仲裁申请之日起5日内将仲裁庭的组成情况书面通知当事人。仲裁员有下列情形之一，应当回避，当事人也有权以口头或者书面方式提出回避申请：（1）是本案当事人或者当事人、代理人的近亲属的；（2）与本案有利害关系的；（3）与本案当事人、代理人有其他关系，可能影响公正裁决的；（4）私自会见当事人、代理人，或者接受当事人、代理人的请客送礼的。劳动争议仲裁委员会对回避申请应当及时做出决定，并以口头或者书面方式通知当事人。

仲裁庭应当在开庭5日前，将开庭日期、地点书面通知双方当事人。当事人有正当理由的，可以在开庭3日前请求延期开庭。是否延期，由劳动争议仲裁委员会决定。申请人收到书面通知，无正当理由拒不到庭或者未经仲裁庭同意中途退庭的，可以视为撤回仲裁申请。被申请人收到书面通知，无正当理由拒不到庭或者未经仲裁庭同意中途退庭的，可以缺席裁决。

仲裁庭对专门性问题认为需要鉴定的，可以交由当事人约定的鉴定机构鉴定；当事人没有约定或者无法达成约定的，由仲裁庭指定的鉴定机构鉴定。根据当事人的请求或者仲裁庭的要求，鉴定机构应当派鉴定人参加开庭。当事人经仲裁庭许可，可以向鉴定人提问。

当事人在仲裁过程中有权进行质证和辩论。质证和辩论终结时，首席仲裁员或者独任仲裁员应当征询当事人的最后意见。发生劳动争议，当事人对自己提出的主张，有责任提供证据。当事人提供的证据经查证属实的，仲裁庭应当将其作为认定事实的根据。用人单位一方在劳动争议过程中，往往占据着信息和资源的优势，特别是掌握和管理着劳动者的档案、工资发放、社会保险费缴纳等情况和材料，劳动者一般无法取得，因此在劳动争议仲裁过程中，用人单位应当承担更多的举证责任。劳动者无法提供由用人单位掌握管理的与仲裁请求有关的证据，仲裁庭可以要求用人单位在指定期限内提供。用人单位在指定期限内不提供的，应当承担不利后果。让用人单位在某些方面承担更多举证责任，实际上是在更加合理地分配举证责任，从而真正体现了劳动争议处理的公平原则。

当事人申请劳动争议仲裁后，可以自行和解。达成和解协议的，可以撤回仲裁申请。仲裁庭在做出裁决前，应当先行调解。调解达成协议的，仲裁庭应当制作调解书。调解书应当写明仲裁请求和当事人协议的结果。调解书由仲裁员签名，加盖劳动争议仲裁委员会印章，送达双方当事人。调解书经双方当事人签收后，发生法律效力。调解不成或者调解书送达前，一方当事人反悔的，仲裁庭应当及时做出裁决。

《劳动法》规定，仲裁裁决一般应在收到仲裁申请的 60 日内做出。《劳动争议调解仲裁法》缩短了仲裁审理的期限。《劳动争议调解仲裁法》规定，仲裁庭裁决劳动争议案件，应当自劳动争议仲裁委员会受理仲裁申请之日起 45 日内结束。案情复杂需要延期的，经劳动争议仲裁委员会主任批准，可以延期并书面通知当事人，但是延长期限不得超过 15 日。逾期未做出仲裁裁决的，当事人可以就该劳动争议事项向人民法院提起诉讼。

尽管《劳动争议调解仲裁法》较之以前的有关立法明显缩短了仲裁审理期限，但为了最大限度地让劳动争议当事人的合法权益尽快得到维护和保障，《劳动争议调解仲裁法》做出了先行裁决的规定。另外，《劳动争议调解仲裁法》还设立了先予执行制度，仲裁庭对追索劳动报酬、工伤医疗费、经济补偿或者赔偿金的案件，根据当事人的申请，可以裁决先予执行，直接移送人民法院执行。《劳动争议调解仲裁法》规定，仲裁庭裁决劳动争议案件时，其中一部分事实已经清楚，可以就该部分先行裁决。仲裁庭对追索劳动报酬、工伤医疗费、经济补偿或者赔偿金的案件，根据当事人的申请，可以裁决先予执行，移送人民法院执行。仲裁庭裁决先予执行的，应当符合下列条件：（1）当事人之间权利义务关系明确；（2）不先予执行将严重影响申请人的生活。劳动者申请先予执行的，可以不提供担保。

裁决应当按照多数仲裁员的意见做出，少数仲裁员的不同意见应当记入笔录。仲裁庭不能形成多数意见时，裁决应当按照首席仲裁员的意见做出。裁决书应当载明仲裁请求、争议事实、裁决理由、裁决结果和裁决日期。裁决书由仲裁员签名，加盖劳动争议仲裁委员会印章。对裁决持不同意见的仲裁员，可以签名，也可以不签名。

6. 一裁终局的范围

《劳动法》规定的劳动争议处理体制通常被简称为"协商、调解、一裁、两审"，其中劳动争议仲裁审理案件的期限一般为两个月，人民法院一审的审理期限一般为 6 个月、二审的审理期限一般为 3 个月。劳动争议最长需要将近 1 年的时间才能达到最终的解决。实践中，一些用人单位为此进行恶意诉讼以拖延时间，使劳动者不能得到及时的法律救济。《劳动争议调解仲裁法》中关于部分劳动争议仲裁案件实行"一裁终局"的制度，这一状况将得到一定程度的改变。部分劳动争议案件实行的"一裁终局"制度，非常鲜明地体现了法律对劳动者的倾斜保护。对于"一裁终局"的仲裁结果，赋予了劳动者较大权利，而对于用人单位则有十分严格的条件。《劳动争议调解仲裁法》规定，下列劳动争议，除本法另有规定的外，仲裁裁决为终局裁决，裁决书自做出之日起发生法律效力：（1）追索劳动报酬、工伤医疗费、经济补偿或者赔偿金，不超过当地月最低工资标准 12 个月金额的争议；（2）因执行国家的劳动标准在工作时间、休息休假、社会保险等方面发生的争议。

劳动者对上述劳动争议的仲裁裁决不服的，可以自收到仲裁裁决书之日起 15 日内向人民法院提起诉讼。用人单位有证据证明上述劳动争议的仲裁裁决有下列情形之一，可以自收到仲裁裁决书之日起 30 日内向劳动争议仲裁委员会所在地的中级人民法院申请撤销裁决：（1）适用法律、法规确有错误的；（2）劳动争议仲裁委员会无管辖权的；（3）违反法定程序的；（4）裁决所根据的证据是伪造的；（5）对方当事人隐瞒了足以影响公正裁决的证据的；（6）仲裁员在仲裁该案时有索贿受贿、徇私舞弊、枉法裁决行为的。人民法院经组成合议庭审查核实裁决有前述情形之一的，应当裁定撤销。仲裁裁决被人民法院裁定撤销的，当事人可以自收到裁定书之日起 15 日内就该劳动争议事项向人民法院提起诉讼。当事人对其他劳动争议案件的仲裁裁决不服的，可以自收到仲裁裁决书之日起 15 日内向人民法院提起诉讼；期满不起诉的，裁决书发生法律效力。

7. 劳动争议调解和仲裁裁决的执行

当事人对发生法律效力的调解书、裁决书，应当依照规定的期限履行。一方当事人逾期不履行的，另一方当事人可以依照民事诉讼法的有关规定向人民法院申请执行，受理申请的人民法院应当依法执行。

📝 **小知识**

劳动争议中的哪些证据应当由劳动争议仲裁委员会收集

在劳动争议处理过程中，"证据"是劳动争议仲裁委员会认定争议事实的依据，是当事人取得劳动争议仲裁委员会支持的关键，是正确处理案件的基石。在劳动争议案件处理过程中，证据的来源主要来自两个方面，一是当事人举证；二是劳动争议仲裁委员会收集调查取证。在劳动争议仲裁过程中，应由劳动争议仲裁委员会收集调查的证据范围包括：

（1）劳动争议仲裁委员会认为需要鉴定、勘验的证据。

（2）对当事人提供的证据相互矛盾，无法认定的。

（3）劳动争议仲裁委员会认为应当由自己收集和当事人不能收集的，如涉及商业秘密、个人隐私等方面的证据。

（4）当事人及其委托代理人因客观原因不能自行收集的证据。包括有关部门所有的档案资料，涉及国家秘密、商业秘密的资料，医疗科学、民航部门的资料和成果记录材料。当事人因身体健康等条件限制，又无力委托代理人的，不能自行收集的证据。

四、劳动争议的诉讼

根据《劳动争议调解仲裁法》的规定，当事人对实行一裁终局以外的其他劳动争议案件的仲裁裁决不服的，可以自收到仲裁裁决书之日起 15 日内向人民法院提起诉讼。为了正确审理劳动争议案件，根据《劳动法》和《民事诉讼法》等相关法律的规定，就适用法律的若干问题，最高人民法院出台了相关的司法解释，以规范劳动争议的诉讼解决。

（一）劳动争议案件的管辖

人民法院对劳动争议案件的管辖是指人民法院之间受理第一审劳动争议案

件的具体分工。根据《解释》的规定，劳动争议案件由用人单位所在地或者劳动合同履行地的基层人民法院管辖。劳动合同履行地不明确的，由用人单位所在地的基层人民法院管辖。当事人双方就同一仲裁裁决分别向有管辖权的人民法院起诉的，后受理的人民法院应当将案件移送给先受理的人民法院。

（二）劳动争议案件的受理

根据《劳动法》和《劳动争议调解仲裁法》等规定，劳动争议实行仲裁前置程序。当事人申请劳动争议仲裁，对劳动争议仲裁委员会不予受理或者逾期未做出决定的，申请人可以就该劳动争议事项向人民法院提起诉讼；仲裁庭裁决劳动争议案件，逾期未做出仲裁裁决的，当事人可以就该劳动争议事项向人民法院提起诉讼；仲裁裁决被人民法院裁定撤销的，当事人可以自收到裁定书之日起 15 日内就该劳动争议事项向人民法院提起诉讼。

此外，根据司法实践中的一些具体问题，《解释》对劳动争议案件的受理进一步做了明确规定。其内容主要包括：（1）劳动争议仲裁委员会以当事人申请仲裁的事项不属于劳动争议为由，做出不予受理的裁决，当事人不服，依法向人民法院起诉的，如属于劳动争议案件的，应当受理；虽不属于劳动争议案件，但属于人民法院主管的其他案件，应当依法受理。（2）争议仲裁委员会以当事人的仲裁申请超过 60 日期限为由，做出不予受理的裁决，当事人不服，依法向人民法院起诉的，人民法院应当受理；对确已超过仲裁申请期限，又无不可抗力或者其他正当理由的，依法驳回其诉讼请求。（3）争议仲裁委员会以申请主体不适格为由，做出不予受理的裁决，当事人不服，依法向人民法院起诉的，经审查，确属主体不适格的，裁定不予受理或者驳回起诉。（4）劳动争议仲裁委员会为纠正原仲裁裁决错误重新做出裁决，当事人不服，依法向人民法院起诉的，人民法院应当受理。（5）劳动争议仲裁委员会仲裁的事项不属于人民法院受理的案件范围，当事人不服，依法向人民法院起诉的，裁定不予受理或者驳回起诉。

（三）劳动争议诉讼的当事人

同其他民事诉讼案件一样，劳动争议诉讼案件的当事人也可以分为原告和被告，其权利义务和法律地位与一般民事诉讼案件中原告和被告的基本相同。但是，由于劳动争议案件有其自身的特点，《解释》对此专门做了一些规定，具体包括：（1）当事人双方不服劳动争议仲裁委员会做出的同一仲裁裁决，均向同一人民法院起诉的，先起诉的一方当事人为原告，但对双方的诉讼请求，人民法院应当一并做出裁决。（2）用人单位与其他单位合并的，合并前发生的劳动争议，由合并后的单位为当事人；用人单位分立为若干单位的，其分立前发生的劳动争议，由分立后的实际用人单位为当事人。用人单位分立为若干单位后，对承受劳动权利义务的单位不明确的，分立后的单位均为当事人。（3）用人单位招用尚未解除劳动合同的劳动者，原用人单位与劳动者发生的劳动争议，可以列新的用人单位为第三人。原用人单位以新的用人单位侵权为由向人民法院起诉的，新的用人单位和劳动者列为共同被告。（4）劳动者在用人单位与其他平等主体之间的承包经营期间，与发包方和承包方或者一方发生劳动争议，依法向人民法院起诉的，应当将承包方和发包方作为当事人。劳动者与起有字号的个体工商户产生的劳动争议诉讼，人民法院应当以营业执照上登记的字号为当事人，但应同时注明该字号业主的自然情况。

（四）劳动争议案件的裁决

人民法院对劳动争议案件，经审理可根据不同情况做出裁决。对此，《解释》做了如下一些规定：

其一，劳动合同被确认无效后，用人单位对劳动者付出的劳动，一般可参照本单位同期、同工种、同岗位的工资标准支付劳动报酬。由于用人单位的原因订立的无效合同，给劳动者造成损害的，应当比照违反和解除劳动合同经济补偿的支付标准，赔偿劳动者因合同无效所造成的经济损失。

其二，用人单位有下列情形之一，迫使劳动者提出解除合同的，用人单位应当支付劳动者的劳动报酬和经济补偿，并可支付赔偿金：（1）以暴力、威胁或者非法限制人身自由的手段强迫劳动的；（2）未按照劳动合同约定支付劳动报酬或者提供劳动条件的；（3）克扣或者无故拖欠工资的；（4）拒不支付劳动者延长工作时间工资报酬的；（5）低于当地最低工资标准支付劳动者工资的。

其三，劳动合同期满后，劳动者仍在原用人单位工作，原用人单位未表示异议的，视为双方同意以原条件继续履行劳动合同。一方提出终止劳动关系的，人民法院应当支持。用人单位应当与劳动者签订无固定期限劳动合同而未签订的，人民法院可以视为双方之间存在无固定期限劳动合同关系，并以原劳动合同确定双方的权利义务关系。

其四，用人单位对劳动者做出的开除、除名、辞退等处理，或者因其他原因解除劳动合同确有错误的，人民法院可以依法判决予以撤销。对于追索劳动报酬、养老金、医疗费以及工伤保险待遇、经济补偿金、培训费及其他相关费用等案件，给付数额不当的，人民法院可以予以变更。

（五）对仲裁裁决的不予执行

根据《解释》的规定，当事人申请人民法院执行劳动争议仲裁机构做出的发生法律效力的裁决书、调解书，被申请人提出证据证明劳动争议仲裁裁决书、调解书有下列情形之一，并经审查核实的，人民法院可以根据《民事诉讼法》的有关规定，裁定不予执行：（1）裁决的事项不属于劳动争议仲裁范围，或者劳动争议仲裁机构无权仲裁的；（2）适用法律确有错误的；（3）仲裁员仲裁该案时，有徇私舞弊、枉法裁决行为的；（4）人民法院认定执行该劳动争议仲裁裁决违背社会公共利益的。人民法院在不予执行的裁定书中，应当告知当事人在收到裁定书之日起 30 日内，可以就该劳动争议事项向人民法院起诉。

在人民法院审理劳动争议案件中，因用人单位做出的开除、除名、辞退、解除劳动合同、减少劳动报酬、计算劳动者工作年限等决定而发生的劳动争议，用人单位负举证责任。

用人单位根据《劳动法》第四条的规定，通过民主程序制定的规章制度，不违反国家法律、行政法规及政策规定，并已向劳动者公示的，可以作为人民法院审理劳动争议案件的依据。用人单位制定的内部规章制度与集体合同或者劳动合同约定的内容不一致，劳动者请求优先适用合同约定的，人民法院应予支持。

劳动争议诉讼是劳动争议处理的最后程序，是人民法院对劳动争议行使的最终裁判权。人民法院审理劳动争议案件，遵循《中华人民共和国民事诉讼法》的基本原则，实行两审终审制。

五、集体劳动争议的处理

集体劳动争议是指争议当事人职工一方在 30 人以上，基于同一事实经过，具有共同申诉理由的争议。集体劳动争议主要是因签订集体合同和履行集体合同过程中引发的争议，这类争议影响巨大，既涉及企业职工的切身利益，也涉及企业的整个生产经营活动能否正常进行，若不及时处理势必危及社会的稳定大局，因此，在处理此类合同纠纷时，必然不同于一般的劳动争议处理程序。

依照《劳动法》的有关规定，根据集体争议的不同性质，分别采用不同的处理方式：因签订集体合同发生集体争议，争议双方首先应当协商解决，协商解决不成的，可以由当地人民政府劳动行政部门组织有关各方协调处理。因履行集体合同发生的争议，当事人也应当协商解决，协商解决不成，向劳动争议仲裁委员会申请仲裁；对仲裁裁决不服的，可以自收到仲裁裁决书之日起 15 日内向人民法院提起诉讼。

复习思考题

1. 劳动争议具有什么特征？

2. 劳动争议的范围包括哪些？

3. 哪些纠纷不属于劳动争议？

4. 劳动争议处理的基本原则有哪些？

5. 人民法院对仲裁裁决不予执行的情形有哪些？

附录一

中华人民共和国劳动法

（中华人民共和国第八届全国人民代表大会常务委员会第八次会议于
1994 年 7 月 5 日通过，自 1995 年 1 月 1 日起施行）

第一章　总　　则

第一条　为了保护劳动者的合法权益，调整劳动关系，建立和维护适应社
会主义市场经济的劳动制度，促进经济发展和社会进步，根据宪法，制定
本法。

第二条　在中华人民共和国境内的企业、个体经济组织（以下统称用人单
位）和与之形成劳动关系的劳动者，适用本法。

第三条　劳动者享有平等就业和选择职业的权利、取得劳动报酬的权利、
休息休假的权利、获得劳动安全卫生保护的权利、接受职业技能培训的权利、
享受社会保险和福利的权利、提请劳动争议处理的权利以及法律规定的其他劳
动权利。

劳动者应当完成劳动任务，提高职业技能，执行劳动安全卫生规程，遵守
劳动纪律和职业道德。

第四条　用人单位应当依法建立和完善规章制度，保障劳动者享有劳动权
利和履行劳动义务。

第五条　国家采取各种措施，促进劳动就业，发展职业教育，制定劳动标
准，调节社会收入，完善社会保险，协调劳动关系，逐步提高劳动者的生活
水平。

第六条　国家提倡劳动者参加社会主义义务劳动，开展劳动竞赛和合理化
建议活动，鼓励和保护劳动者进行科学研究、技术革新和发明创造，表彰和奖
励劳动模范和先进工作者。

第七条　劳动者有权依法参加和组织工会。

工会代表和维护劳动者的合法权益，依法独立自主地开展活动。

第八条　劳动者依照法律规定，通过职工大会、职工代表大会或者其他形
式，参与民主管理或者就保护劳动者合法权益与用人单位进行平等协商。

第九条 国务院劳动行政部门主管全国劳动工作。

县级以上地方人民政府劳动行政部门主管本行政区域内的劳动工作。

第二章 促 进 就 业

第十条 国家通过促进经济和社会发展，创造就业条件，扩大就业机会。

国家鼓励企业、事业组织、社会团体在法律、行政法规规定的范围内兴办产业或者拓展经营，增加就业。

国家支持劳动者自愿组织起来就业和从事个体经营实现就业。

第十一条 地方各级人民政府应当采取措施，发展多种类型的职业介绍机构，提供就业服务。

第十二条 劳动者就业，不因民族、种族、性别、宗教信仰不同而受歧视。

第十三条 妇女享有与男子平等的就业权利。在录用职工时，除国家规定的不适合妇女的工种或者岗位外，不得以性别为由拒绝录用妇女或者提高对妇女的录用标准。

第十四条 残疾人、少数民族人员、退出现役的军人的就业，法律、法规有特别规定的，从其规定。

第十五条 禁止用人单位招用未满十六岁的未成年人，必须依照国家有关规定，履行审批手续，并保障其接受义务教育的权利。

第三章 劳动合同和集体合同

第十六条 劳动合同是劳动者与用人单位确立劳动关系、明确双方权利和义务的协议。

建立劳动关系应当订立劳动合同。

第十七条 订立和变更劳动合同，应当遵循平等自愿、协商一致的原则，不得违反法律、行政法规的规定。

劳动合同依法订立即具有法律约束力，当事人必须履行劳动合同规定的义务。

第十八条 下列劳动合同无效：

（一）违反法律、行政法规的劳动合同；

（二）采取欺诈、威胁等手段订立的劳动合同。

无效的劳动合同，从订立的时候起，就没有法律约束力。确认劳动合同部分无效的，如果不影响其余部分的效力，其余部分仍然有效。

劳动合同的无效，由劳动争议仲裁委员会或者人民法院确认。

第十九条　劳动合同应当以书面形式订立，并具备以下条款：

（一）劳动合同期限；

（二）工作内容；

（三）劳动保护和劳动条件；

（四）劳动报酬；

（五）劳动纪律；

（六）劳动合同终止的条件；

（七）违反劳动合同的责任。

劳动合同除前款规定的必备条款外，当事人可以协商约定其他内容。

第二十条　劳动合同的期限分为有固定期限、无固定期限和以完成一定的工作为期限。

劳动者在同一用人单位连续工作满十年以上，当事人双方同意续延劳动合同的，如果劳动者提出订立无固定限期的劳动合同，应当订立无固定限期的劳动合同。

第二十一条　劳动合同可以约定试用期。试用期最长不得超过六个月。

第二十二条　劳动合同当事人可以在劳动合同中约定保守用人单位商业秘密的有关事项。

第二十三条　劳动合同期满或者当事人约定的劳动合同终止条件出现，劳动合同即行终止。

第二十四条　经劳动合同当事人协商一致，劳动合同可以解除。

第二十五条　劳动者有下列情形之一的，用人单位可以解除劳动合同：

（一）在试用期间被证明不符合录用条件的；

（二）严重违反劳动纪律或者用人单位规章制度的；

（三）严重失职、营私舞弊，对用人单位利益造成重大损害的；

（四）被依法追究刑事责任的。

第二十六条　有下列情形之一的，用人单位可以解除劳动合同，但是应当提前三十日以书面形式通知劳动者本人：

（一）劳动者患病或者非因工负伤，医疗期满后，不能从事原工作也不能从事由用人单位另行安排的工作的；

（二）劳动者不能胜任工作，经过培训或者调整工作岗位，仍不能胜任工作的；

（三）劳动合同订立时所依据的客观情况发生重大变化，致使原劳动合同无法履行，经当事人协商不能就变更劳动合同达成协议的。

第二十七条　用人单位濒临破产进行法定整顿期间或者生产经营状况发生

严重困难，确需裁减人员的，应当提前三十日向工会或者全体员工说明情况，听取工会或者职工的意见，经向劳动行政部门报告后，可以裁减人员。

用人单位依据本条规定裁减人员，在六个月内录用人员的，应当优先录用被裁减人员。

第二十八条 用人单位依据本法第二十四条、第二十六条、第二十七条的规定解除劳动合同的，应当依照国家有关规定给予经济补偿。

第二十九条 劳动者有下列情形之一的，用人单位不得依据本法第二十六条、第二十七条的规定解除劳动合同：

（一）患职业病或者因工负伤并被确认丧失或者部分丧失劳动能力的；

（二）患病或者负伤，在规定的医疗期内的；

（三）女职工在孕期、产期、哺乳期的；

（四）法律、行政法规规定的其他情形。

第三十条 用人单位解除劳动合同，工会认为不适当的，有权提出意见。如果用人单位违反法律、法规或者劳动合同，工会有权要求重新处理；劳动者申请仲裁或者提起诉讼的，工会应当依法给予支持和帮助。

第三十一条 劳动者解除劳动合同，应当提前三十日以书面形式通知用人单位。

第三十二条 有下列情形之一的，劳动者可以随时通知用人单位解除劳动合同：

（一）在试用期内的；

（二）用人单位以暴力、威胁或者非法限制人身自由的手段强迫劳动的；

（三）用人单位未按照劳动合同约定支付劳动报酬或者提供劳动条件的。

第三十三条 企业职工一方与企业可以就劳动报酬、工作时间、休息休假、劳动安全卫生、保险福利等事项，签订集体合同。集体合同草案应当提交职工代表大会或者全体职工讨论通过。

集体合同由工会代表职工与企业签订；没有建立工会的企业，由职工推举的代表与企业签订。

第三十四条 集体合同签订后应当报送劳动行政部门；劳动行政部门自收到集体合同文本之日起十五日内未提出异议的，集体合同即行生效。

第三十五条 依法签订的集体合同对企业和企业全体职工具有约束力。职工个人与企业订立的劳动合同中劳动条件和劳动报酬等标准不得低于集体合同的规定。

第四章 工作时间和休息休假

第三十六条 国家实行劳动者每日工作时间不超过八小时、平均每周工作时间不超过四十四小时的工时制度。

第三十七条　对实行计件工作的劳动者，用人单位应当根据本法第三十六条规定的工时制度合理确定其劳动定额和计件报酬标准。

第三十八条　用人单位应当保证劳动者每周至少休息一日。

第三十九条　企业因生产特点不能实行本法第三十六条、第三十八条规定的，经劳动行政部门批准，可以实行其他工作和休息办法。

第四十条　用人单位在下列节日期间应当依法安排劳动者休假：

（一）元旦；

（二）春节；

（三）国际劳动节；

（四）国庆节；

（五）法律、法规规定的其他休假节日。

第四十一条　用人单位由于生产经营需要，经与工会和劳动者协商后可以延长工作时间，一般每日不得超过一小时；因特殊原因需要延长工作时间的在保障劳动者身体健康的条件下延长工作时间每日不得超过三小时，但是每月不得超过三十六小时。

第四十二条　有下列情形之一的，延长工作时间不受本法第四十一条规定的限制：

（一）发生自然灾害、事故或者因其他原因，威胁劳动者生命健康和财产安全，需要紧急处理的；

（二）生产设备、交通运输线路、公共设施发生故障，影响生产和公众利益，必须及时抢修的；

（三）法律、行政法规规定的其他情形。

第四十三条　用人单位不得违反本法规定延长劳动者的工作时间。

第四十四条　有下列情形之一的，用人单位应当按照下列标准支付高于劳动者正常工作时间工资的工资报酬：

（一）安排劳动者延长时间的，支付不低于工资的百分之一百五十的工资报酬；

（二）休息日安排劳动者工作又不能安排补休的，支付不低于工资的百分之二百的工资报酬；

（三）法定休假日安排劳动者工作的，支付不低于工资的百分之三百的工资报酬。

第四十五条　国家实行带薪年休假制度。

劳动者连续工作一年以上的，享受带薪年休假。具体办法由国务院规定。

第五章　工　资

第四十六条　工资分配应当遵循按劳分配原则，实行同工同酬。

工资水平在经济发展的基础上逐步提高。国家对工资总量实行宏观调控。

第四十七条　用人单位根据本单位的生产经营特点和经济效益，依法自主确定本单位的工资分配方式和工资水平。

第四十八条　国家实行最低工资保障制度。最低工资的具体标准由省、自治区、直辖市人民政府规定，报国务院备案。

第四十九条　确定和调整最低工资标准应当综合参考下列因素：

（一）劳动者本人及平均赡养人口的最低生活费用；

（二）社会平均工资水平；

（三）劳动生产率；

（四）就业状况；

（五）地区之间经济发展水平的差异。

第五十条　工资应当以货币形式按月支付给劳动者本人。不得克扣或者无故拖欠劳动者的工资。

第五十一条　劳动者在法定休假日和婚丧假期间以及依法参加社会活动期间，用人单位应当依法支付工资。

第六章　劳动安全卫生

第五十二条　用人单位必须建立、健全劳动卫生制度，严格执行国家劳动安全卫生规程和标准，对劳动者进行劳动安全卫生教育，防止劳动过程中的事故，减少职业危害。

第五十三条　劳动安全卫生设施必须符合国家规定的标准。

新建、改建、扩建工程的劳动安全卫生设施必须与主题同时设计、同时施工、同时投入生产和使用。

第五十四条　用人单位必须为劳动者提供符合国家规定的劳动安全卫生条件和必要的劳动防护用品，对从事有职业危害作业的劳动者应当定期进行健康检查。

第五十五条　从事特种作业的劳动者必须经过专门培训并取得特种作业资格。

第五十六条　劳动者在劳动过程中必须严格遵守安全操作规程。

劳动者对用人单位管理人员违章指挥、强令冒险作业，有权拒绝执行；对危害生命安全和身体健康的行为，有权提出批评、检举和控告。

第五十七条　国家建立伤亡和职业病统计报告和处理制度。县级以上各级人民政府劳动行政部门、有关部门和用人单位应当依法对劳动者在劳动过程中发生的伤亡事故和劳动者的职业病状况，进行统计、报告和处理。

第七章　女职工和未成年工特殊保护

第五十八条　国家对女职工和未成年工实行特殊劳动保护。

未成年工是指年满十六周岁未满十八周岁的劳动者。

第五十九条　禁止安排女职工从事矿山井下、国家规定的第四级体力劳动强度的劳动和其他禁忌从事的劳动。

第六十条　不得安排女职工在经期从事高处、低温、冷水作业和国家规定的第三级体力劳动强度的劳动。

第六十一条　不得安排女职工在怀孕期间从事国家规定的第三级体力劳动强度的劳动和孕期禁忌从事的劳动。对怀孕七个月以上的女职工，不得安排其延长工作时间和夜班劳动。

第六十二条　女职工生育享受不少于九十天的产假。

第六十三条　不得安排女职工在哺乳未满一周岁的婴儿期间从事国家规定的第三级体力劳动强度的劳动和哺乳期禁忌从事的其他劳动，不得安排其延长工作时间和夜班劳动。

第六十四条　不得安排未成年工从事矿山井下、有毒有害、国家规定的第四级体力劳动强度的劳动和其他禁忌从事的劳动。

第六十五条　用人单位应当对未成年工定期进行健康检查。

第八章　职业培训

第六十六条　国家通过各种途径，采取各种措施，发展职业培训事业，开发劳动者的职业技能，提高劳动者素质，增强劳动者的就业能力和工作能力。

第六十七条　各级人民政府应当把发展职业培训纳入社会经济发展的规划，鼓励和支持有条件的企业、事业组织、社会团体和个人进行各种形式的职业培训。

第六十八条　用人单位应当建立职业培训制度，按照国家规定提取和使用职业培训经费，根据本单位实际，有计划地对劳动者进行职业培训。

从事技术工种的劳动者，上岗前必须经过培训。

第六十九条　国家确定职业分类，对规定的职业制定职业技能标准，实行职业资格证书制度，由经过政府批准的考核鉴定机构负责对劳动者实施职业技能考核鉴定。

第九章　社会保险和福利

第七十条　国家发展社会保险，建立社会保险制度，设立社会保险基金，使劳动者在年老、患病、工伤、失业、生育等情况下获得帮助和补偿。

第七十一条　社会保险水平应当与社会经济发展水平和社会承受能力相适应。

第七十二条　社会保险基金按照保险类型确定资金来源，逐步实行社会统筹。用人单位和劳动者必须依法参加社会保险，缴纳社会保险费。

第七十三条　劳动者在下列情形下，依法享受社会保险待遇：

（一）退休；

（二）患病；

（三）因工伤残或者患职业病；

（四）失业；

（五）生育。

劳动者死亡后，其遗属依法享受遗属津贴。

劳动者享受社会保险待遇的条件和标准由法律、法规规定。

劳动者享受的社会保险金必须按时足额支付。

第七十四条　社会保险基金经办机构依照法律规定收支、管理和运营社会保险基金，并负有使社会保险基金保值增值的责任。

社会保险基金监督机构依照法律规定，对社会保险基金的收支、管理和运营实施监督。

社会保险基金经办机构和社会保险基金监督机构的设立和职能由法律规定。

任何组织和个人不得挪用社会保险基金。

第七十五条　国家鼓励用人单位根据本单位实际情况为劳动者建立补充保险。

国家提倡劳动者个人进行储蓄性保险。

第七十六条　国家发展社会福利事业，兴建公共福利设施，为劳动者休息、休养和疗养提供条件。

用人单位应当创造条件，改善集体福利，提高劳动者的福利待遇。

第十章　劳动争议

第七十七条　用人单位与劳动者发生劳动争议，当事人可以依法申请调解、仲裁、提起诉讼，也可以协商解决。

调解原则适用于仲裁和诉讼程序。

第七十八条　解决劳动争议，应当根据合法、公正、及时处理的原则，依法维护劳动争议当事人的合法权益。

第七十九条　劳动争议发生后，当事人可以向本单位劳动争议调解委员会申请调解；调解不成，当事人一方要求仲裁的，可以向劳动争议仲裁委员会申请仲裁。当事人一方也可以直接向劳动争议仲裁委员会申请仲裁。对仲裁裁决不服的，可以向人民法院提出诉讼。

第八十条　在用人单位内，可以设立劳动争议调解委员会。劳动争议调解委员会由职工代表、用人单位代表和工会代表组成。劳动争议调解委员会主任由工会代表担任。

劳动争议经调解达成协议的，当事人应当履行。

第八十一条　劳动争议仲裁委员会由劳动行政部门代表、同级工会代表、用人单位代表方面的代表组成。劳动争议仲裁委员会主任由劳动行政部门代表担任。

第八十二条　提出仲裁要求的一方应当自劳动争议发生之日起六十日内向劳动争议仲裁委员会提出书面申请。仲裁裁决一般应在收到仲裁申请的六十日内作出。对仲裁裁决无异议的，当事人必须履行。

第八十三条　劳动争议当事人对仲裁裁决不服的，可以自收到仲裁裁决书之日起十五日内向人民法院提起诉讼。一方当事人在法定期限内不起诉又不履行仲裁裁决的，另一方当事人可以申请强制执行。

第八十四条　因签订集体合同发生争议，当事人协商解决不成的，当地人民政府劳动行政部门可以组织有关各方协调处理。

因履行集体合同发生争议，当事人协商解决不成的，可以向劳动争议仲裁委员会申请仲裁；对仲裁裁决不服的，可以自收到仲裁裁决书之日起十五日内向人民法院提出诉讼。

第十一章　监 督 检 查

第八十五条　县级以上各级人民政府劳动行政部门依法对用人单位遵守劳动法律、法规的情况进行监督检查，对违反劳动法律、法规的行为有权制止，并责令改正。

第八十六条　县级以上各级人民政府劳动行政部门监督检查人员执行公务，有权进入用人单位了解执行劳动法律、法规的情况，查阅必要的资料，并对劳动场所进行检查。

县级以上各级人民政府劳动行政部门监督检查人员执行公务，必须出示证件，秉公执法并遵守有关规定。

第八十七条　县级以上各级人民政府有关部门在各自职责范围内，对用人单位遵守劳动法律、法规的情况进行监督。

第八十八条　各级工会依法维护劳动者的合法权益，对用人单位遵守劳动法律、法规的情况进行监督。

任何组织和个人对于违反劳动法律、法规的行为有权检举和控告。

第十二章　法　律　责　任

第八十九条　用人单位制定的劳动规章制度违反法律、法规规定的，由劳动行政部门给予警告，责令改正；对劳动者造成损害的，应当承担赔偿责任。

第九十条　用人单位违反本法律规定，延长劳动者工作时间的，由劳动行政部门给予警告，责令改正，并可以处以罚款。

第九十一条　用人单位有下列侵害劳动者合法权益情形之一的，由劳动行政部门责令支付劳动者的工资报酬、经济补偿，并可以责令支付赔偿金：

（一）克扣或者无故拖欠劳动者工资的；

（二）拒不支付劳动者延长工作时间工资报酬的；

（三）低于当地最低工资标准支付劳动者工资的；

（四）解除劳动合同后，未依照本法规定给予劳动者经济补偿的。

第九十二条　用人单位的劳动安全设施和劳动卫生条件不符合国家规定或者未向劳动者提供必要的劳动防护用品和劳动保护设施的，由劳动行政部门或者有关部门责令改正，可以处以罚款；情节严重的，提请县级以上人民政府决定责令停产整顿；对事故隐患不采取措施，致使发生重大事故，造成劳动者生命和财产损失的，对责任人员比照刑法第一百八十七条的规定追究刑事责任。

第九十三条　用人单位强令劳动者违章冒险作业，发生重大伤亡事故，造成严重后果的，对责任人员依法追究刑事责任。

第九十四条　用人单位非法招用未满十六周岁的未成年人的，由劳动行政部门责令改正，处以罚款；情节严重的，由工商行政管理部门吊销营业执照。

第九十五条　用人单位违反本法对女职工和未成年工的保护规定，侵害其合法权益的，由劳动行政部门责令改正，处以罚款；对女职工或者未成年工造成损害的，应当承担赔偿责任。

第九十六条　用人单位有下列行为之一，由公安机关对责任人员处以十五日以下拘留、罚款或者警告；构成犯罪的，对责任人员依法追究刑事责任：

（一）以暴力、威胁或者非法限制人身自由的手段强迫劳动的；

（二）侮辱、体罚、殴打、非法搜查和拘禁劳动者的。

第九十七条 由于用人单位的原因订立的无效合同，对劳动者造成损害的，应当承担赔偿责任。

第九十八条 用人单位违反本法规定的条件解除劳动合同或者故意拖延不订立劳动合同的，由劳动行政部门责令改正；对劳动者造成损害的，应当承担赔偿责任。

第九十九条 用人单位招用尚未解除劳动合同的劳动者，对原用人单位造成经济损失的，该用人单位应当依法承担连带赔偿责任。

第一百条 用人单位无故不缴纳社会保险费的，由劳动行政部门责令其限期缴纳；逾期不缴的，可以加收滞纳金。

第一百零一条 用人单位无理阻挠劳动行政部门、有关部门及其工作人员行使监督检查权，打击报复举报人员的，由劳动行政部门或者有关部门处以罚款；构成犯罪的，对责任人员依法追究刑事责任。

第一百零二条 劳动者违反本法规定的条件解除劳动合同或者违反劳动合同中约定的保密事项，对用人单位造成经济损失的，应当依法承担赔偿责任。

第一百零三条 劳动行政部门或者有关部门的工作人员滥用职权、玩忽职守、徇私舞弊，构成犯罪的，依法追究刑事责任；不构成犯罪的，给予行政处分。

第一百零四条 国家工作人员和社会保险基金经办机构的工作人员挪用社会保险基金，构成犯罪的，依法追究刑事责任。

第一百零五条 违反本法规定侵害劳动者合法权益，其他法律、行政法规已规定处罚的，依照该法律、行政法规的规定处罚。

第十三章 附　则

第一百零六条 省、自治区、直辖市人民政府根据本法和本地区的实际情况，规定劳动合同制度的实施步骤，报国务院备案。

第一百零七条 本法自 1995 年 1 月 1 日起施行。

附录二

中华人民共和国劳动合同法

(2007 年 6 月 29 日第十届全国人民代表大会常务委员会第二十八次
会议通过，2012 年 12 月 28 日第十一届全国人民代表大会
常务委员会第三十次会议修订)

第一章　总　则

第一条　为了完善劳动合同制度，明确劳动合同双方当事人的权利和义务，保护劳动者的合法权益，构建和发展和谐稳定的劳动关系，制定本法。

第二条　中华人民共和国境内的企业、个体经济组织、民办非企业单位等组织（以下称用人单位）与劳动者建立劳动关系，订立、履行、变更、解除或者终止劳动合同，适用本法。

国家机关、事业单位、社会团体和与其建立劳动关系的劳动者，订立、履行、变更、解除或者终止劳动合同，依照本法执行。

第三条　订立劳动合同，应当遵循合法、公平、平等自愿、协商一致、诚实信用的原则。

依法订立的劳动合同具有约束力，用人单位与劳动者应当履行劳动合同约定的义务。

第四条　用人单位应当依法建立和完善劳动规章制度，保障劳动者享有劳动权利、履行劳动义务。

用人单位在制定、修改或者决定有关劳动报酬、工作时间、休息休假、劳动安全卫生、保险福利、职工培训、劳动纪律以及劳动定额管理等直接涉及劳动者切身利益的规章制度或者重大事项时，应当经职工代表大会或者全体职工讨论，提出方案和意见，与工会或者职工代表平等协商确定。

在规章制度和重大事项决定实施过程中，工会或者职工认为不适当的，有权向用人单位提出，通过协商予以修改完善。

用人单位应当将直接涉及劳动者切身利益的规章制度和重大事项决定公示，或者告知劳动者。

第五条　县级以上人民政府劳动行政部门会同工会和企业方面代表，建立健全协调劳动关系三方机制，共同研究解决有关劳动关系的重大问题。

第六条　工会应当帮助、指导劳动者与用人单位依法订立和履行劳动合同，并与用人单位建立集体协商机制，维护劳动者的合法权益。

第二章　劳动合同的订立

第七条　用人单位自用工之日起即与劳动者建立劳动关系。用人单位应当建立职工名册备查。

第八条　用人单位招用劳动者时，应当如实告知劳动者工作内容、工作条件、工作地点、职业危害、安全生产状况、劳动报酬，以及劳动者要求了解的其他情况；用人单位有权了解劳动者与劳动合同直接相关的基本情况，劳动者应当如实说明。

第九条　用人单位招用劳动者，不得扣押劳动者的居民身份证和其他证件，不得要求劳动者提供担保或者以其他名义向劳动者收取财物。

第十条　建立劳动关系，应当订立书面劳动合同。

已建立劳动关系，未同时订立书面劳动合同的，应当自用工之日起一个月内订立书面劳动合同。

用人单位与劳动者在用工前订立劳动合同的，劳动关系自用工之日起建立。

第十一条　用人单位未在用工的同时订立书面劳动合同，与劳动者约定的劳动报酬不明确的，新招用的劳动者的劳动报酬按照集体合同规定的标准执行；没有集体合同或者集体合同未规定的，实行同工同酬。

第十二条　劳动合同分为固定期限劳动合同、无固定期限劳动合同和以完成一定工作任务为期限的劳动合同。

第十三条　固定期限劳动合同，是指用人单位与劳动者约定合同终止时间的劳动合同。

用人单位与劳动者协商一致，可以订立固定期限劳动合同。

第十四条　无固定期限劳动合同，是指用人单位与劳动者约定无确定终止时间的劳动合同。

用人单位与劳动者协商一致，可以订立无固定期限劳动合同。有下列情形之一，劳动者提出或者同意续订、订立劳动合同的，除劳动者提出订立固定期限劳动合同外，应当订立无固定期限劳动合同：

（一）劳动者在该用人单位连续工作满十年的；

（二）用人单位初次实行劳动合同制度或者国有企业改制重新订立劳动合同时，劳动者在该用人单位连续工作满十年且距法定退休年龄不足十年的；

（三）连续订立二次固定期限劳动合同，且劳动者没有本法第三十九条和

第四十条第一项、第二项规定的情形，续订劳动合同的。

用人单位自用工之日起满一年不与劳动者订立书面劳动合同的，视为用人单位与劳动者已订立无固定期限劳动合同。

第十五条 以完成一定工作任务为期限的劳动合同，是指用人单位与劳动者约定以某项工作的完成为合同期限的劳动合同。

用人单位与劳动者协商一致，可以订立以完成一定工作任务为期限的劳动合同。

第十六条 劳动合同由用人单位与劳动者协商一致，并经用人单位与劳动者在劳动合同文本上签字或者盖章生效。

劳动合同文本由用人单位和劳动者各执一份。

第十七条 劳动合同应当具备以下条款：

（一）用人单位的名称、住所和法定代表人或者主要负责人；

（二）劳动者的姓名、住址和居民身份证或者其他有效身份证件号码；

（三）劳动合同期限；

（四）工作内容和工作地点；

（五）工作时间和休息休假；

（六）劳动报酬；

（七）社会保险；

（八）劳动保护、劳动条件和职业危害防护；

（九）法律、法规规定应当纳入劳动合同的其他事项。

劳动合同除前款规定的必备条款外，用人单位与劳动者可以约定试用期、培训、保守秘密、补充保险和福利待遇等其他事项。

第十八条 劳动合同对劳动报酬和劳动条件等标准约定不明确，引发争议的，用人单位与劳动者可以重新协商；协商不成的，适用集体合同规定；没有集体合同或者集体合同未规定劳动报酬的，实行同工同酬；没有集体合同或者集体合同未规定劳动条件等标准的，适用国家有关规定。

第十九条 劳动合同期限三个月以上不满一年的，试用期不得超过一个月；劳动合同期限一年以上不满三年的，试用期不得超过二个月；三年以上固定期限和无固定期限的劳动合同，试用期不得超过六个月。

同一用人单位与同一劳动者只能约定一次试用期。

以完成一定工作任务为期限的劳动合同或者劳动合同期限不满三个月的，不得约定试用期。

试用期包含在劳动合同期限内。劳动合同仅约定试用期的，试用期不成立，该期限为劳动合同期限。

第二十条 劳动者在试用期的工资不得低于本单位相同岗位最低档工资或者劳动合同约定工资的百分之八十，并不得低于用人单位所在地的最低工资标准。

第二十一条 在试用期中，除劳动者有本法第三十九条和第四十条第一项、第二项规定的情形外，用人单位不得解除劳动合同。用人单位在试用期解除劳动合同的，应当向劳动者说明理由。

第二十二条 用人单位为劳动者提供专项培训费用，对其进行专业技术培训的，可以与该劳动者订立协议，约定服务期。

劳动者违反服务期约定的，应当按照约定向用人单位支付违约金。违约金的数额不得超过用人单位提供的培训费用。用人单位要求劳动者支付的违约金不得超过服务期尚未履行部分所应分摊的培训费用。

用人单位与劳动者约定服务期的，不影响按照正常的工资调整机制提高劳动者在服务期期间的劳动报酬。

第二十三条 用人单位与劳动者可以在劳动合同中约定保守用人单位的商业秘密和与知识产权相关的保密事项。

对负有保密义务的劳动者，用人单位可以在劳动合同或者保密协议中与劳动者约定竞业限制条款，并约定在解除或者终止劳动合同后，在竞业限制期限内按月给予劳动者经济补偿。劳动者违反竞业限制约定的，应当按照约定向用人单位支付违约金。

第二十四条 竞业限制的人员限于用人单位的高级管理人员、高级技术人员和其他负有保密义务的人员。竞业限制的范围、地域、期限由用人单位与劳动者约定，竞业限制的约定不得违反法律、法规的规定。

在解除或者终止劳动合同后，前款规定的人员到与本单位生产或者经营同类产品、从事同类业务的有竞争关系的其他用人单位，或者自己开业生产或者经营同类产品、从事同类业务的竞业限制期限，不得超过二年。

第二十五条 除本法第二十二条和第二十三条规定的情形外，用人单位不得与劳动者约定由劳动者承担违约金。

第二十六条 下列劳动合同无效或者部分无效：

（一）以欺诈、胁迫的手段或者乘人之危，使对方在违背真实意思的情况下订立或者变更劳动合同的；

（二）用人单位免除自己的法定责任、排除劳动者权利的；

（三）违反法律、行政法规强制性规定的。

对劳动合同的无效或者部分无效有争议的，由劳动争议仲裁机构或者人民法院确认。

第二十七条 劳动合同部分无效，不影响其他部分效力的，其他部分仍然有效。

第二十八条 劳动合同被确认无效，劳动者已付出劳动的，用人单位应当向劳动者支付劳动报酬。劳动报酬的数额，参照本单位相同或者相近岗位劳动者的劳动报酬确定。

第三章　劳动合同的履行和变更

第二十九条 用人单位与劳动者应当按照劳动合同的约定，全面履行各自的义务。

第三十条 用人单位应当按照劳动合同约定和国家规定，向劳动者及时足额支付劳动报酬。

用人单位拖欠或者未足额支付劳动报酬的，劳动者可以依法向当地人民法院申请支付令，人民法院应当依法发出支付令。

第三十一条 用人单位应当严格执行劳动定额标准，不得强迫或者变相强迫劳动者加班。用人单位安排加班的，应当按照国家有关规定向劳动者支付加班费。

第三十二条 劳动者拒绝用人单位管理人员违章指挥、强令冒险作业的，不视为违反劳动合同。

劳动者对危害生命安全和身体健康的劳动条件，有权对用人单位提出批评、检举和控告。

第三十三条 用人单位变更名称、法定代表人、主要负责人或者投资人等事项，不影响劳动合同的履行。

第三十四条 用人单位发生合并或者分立等情况，原劳动合同继续有效，劳动合同由承继其权利和义务的用人单位继续履行。

第三十五条 用人单位与劳动者协商一致，可以变更劳动合同约定的内容。变更劳动合同，应当采用书面形式。

变更后的劳动合同文本由用人单位和劳动者各执一份。

第四章　劳动合同的解除和终止

第三十六条 用人单位与劳动者协商一致，可以解除劳动合同。

第三十七条 劳动者提前三十日以书面形式通知用人单位，可以解除劳动合同。劳动者在试用期内提前三日通知用人单位，可以解除劳动合同。

第三十八条 用人单位有下列情形之一的，劳动者可以解除劳动合同：

（一）未按照劳动合同约定提供劳动保护或者劳动条件的；

（二）未及时足额支付劳动报酬的；

（三）未依法为劳动者缴纳社会保险费的；

（四）用人单位的规章制度违反法律、法规的规定，损害劳动者权益的；

（五）因本法第二十六条第一款规定的情形致使劳动合同无效的；

（六）法律、行政法规规定劳动者可以解除劳动合同的其他情形。

用人单位以暴力、威胁或者非法限制人身自由的手段强迫劳动者劳动的，或者用人单位违章指挥、强令冒险作业危及劳动者人身安全的，劳动者可以立即解除劳动合同，不需事先告知用人单位。

第三十九条　劳动者有下列情形之一的，用人单位可以解除劳动合同：

（一）在试用期间被证明不符合录用条件的；

（二）严重违反用人单位的规章制度的；

（三）严重失职，营私舞弊，给用人单位造成重大损害的；

（四）劳动者同时与其他用人单位建立劳动关系，对完成本单位的工作任务造成严重影响，或者经用人单位提出，拒不改正的；

（五）因本法第二十六条第一款第一项规定的情形致使劳动合同无效的；

（六）被依法追究刑事责任的。

第四十条　有下列情形之一的，用人单位提前三十日以书面形式通知劳动者本人或者额外支付劳动者一个月工资后，可以解除劳动合同：

（一）劳动者患病或者非因工负伤，在规定的医疗期满后不能从事原工作，也不能从事由用人单位另行安排的工作的；

（二）劳动者不能胜任工作，经过培训或者调整工作岗位，仍不能胜任工作的；

（三）劳动合同订立时所依据的客观情况发生重大变化，致使劳动合同无法履行，经用人单位与劳动者协商，未能就变更劳动合同内容达成协议的。

第四十一条　有下列情形之一，需要裁减人员二十人以上或者裁减不足二十人但占企业职工总数百分之十以上的，用人单位提前三十日向工会或者全体职工说明情况，听取工会或者职工的意见后，裁减人员方案经向劳动行政部门报告，可以裁减人员：

（一）依照企业破产法规定进行重整的；

（二）生产经营发生严重困难的；

（三）企业转产、重大技术革新或者经营方式调整，经变更劳动合同后，仍需裁减人员的；

（四）其他因劳动合同订立时所依据的客观经济情况发生重大变化，致使劳动合同无法履行的。

裁减人员时，应当优先留用下列人员：

（一）与本单位订立较长期限的固定期限劳动合同的；

（二）与本单位订立无固定期限劳动合同的；

（三）家庭无其他就业人员，有需要扶养的老人或者未成年人的。

用人单位依照本条第一款规定裁减人员，在六个月内重新招用人员的，应当通知被裁减的人员，并在同等条件下优先招用被裁减的人员。

第四十二条 劳动者有下列情形之一的，用人单位不得依照本法第四十条、第四十一条的规定解除劳动合同：

（一）从事接触职业病危害作业的劳动者未进行离岗前职业健康检查，或者疑似职业病病人在诊断或者医学观察期间的；

（二）在本单位患职业病或者因工负伤并被确认丧失或者部分丧失劳动能力的；

（三）患病或者非因工负伤，在规定的医疗期内的；

（四）女职工在孕期、产期、哺乳期的；

（五）在本单位连续工作满十五年，且距法定退休年龄不足五年的；

（六）法律、行政法规规定的其他情形。

第四十三条 用人单位单方解除劳动合同，应当事先将理由通知工会。用人单位违反法律、行政法规规定或者劳动合同约定的，工会有权要求用人单位纠正。用人单位应当研究工会的意见，并将处理结果书面通知工会。

第四十四条 有下列情形之一的，劳动合同终止：

（一）劳动合同期满的；

（二）劳动者开始依法享受基本养老保险待遇的；

（三）劳动者死亡，或者被人民法院宣告死亡或者宣告失踪的；

（四）用人单位被依法宣告破产的；

（五）用人单位被吊销营业执照、责令关闭、撤销或者用人单位决定提前解散的；

（六）法律、行政法规规定的其他情形。

第四十五条 劳动合同期满，有本法第四十二条规定情形之一的，劳动合同应当续延至相应的情形消失时终止。但是，本法第四十二条第二项规定丧失或者部分丧失劳动能力劳动者的劳动合同的终止，按照国家有关工伤保险的规定执行。

第四十六条 有下列情形之一的，用人单位应当向劳动者支付经济补偿：

（一）劳动者依照本法第三十八条规定解除劳动合同的；

（二）用人单位依照本法第三十六条规定向劳动者提出解除劳动合同并与

劳动者协商一致解除劳动合同的；

（三）用人单位依照本法第四十条规定解除劳动合同的；

（四）用人单位依照本法第四十一条第一款规定解除劳动合同的；

（五）除用人单位维持或者提高劳动合同约定条件续订劳动合同，劳动者不同意续订的情形外，依照本法第四十四条第一项规定终止固定期限劳动合同的；

（六）依照本法第四十四条第四项、第五项规定终止劳动合同的；

（七）法律、行政法规规定的其他情形。

第四十七条 经济补偿按劳动者在本单位工作的年限，每满一年支付一个月工资的标准向劳动者支付。六个月以上不满一年的，按一年计算；不满六个月的，向劳动者支付半个月工资的经济补偿。

劳动者月工资高于用人单位所在直辖市、设区的市级人民政府公布的本地区上年度职工月平均工资三倍的，向其支付经济补偿的标准按职工月平均工资三倍的数额支付，向其支付经济补偿的年限最高不超过十二年。

本条所称月工资是指劳动者在劳动合同解除或者终止前十二个月的平均工资。

第四十八条 用人单位违反本法规定解除或者终止劳动合同，劳动者要求继续履行劳动合同的，用人单位应当继续履行；劳动者不要求继续履行劳动合同或者劳动合同已经不能继续履行的，用人单位应当依照本法第八十七条规定支付赔偿金。

第四十九条 国家采取措施，建立健全劳动者社会保险关系跨地区转移接续制度。

第五十条 用人单位应当在解除或者终止劳动合同时出具解除或者终止劳动合同的证明，并在十五日内为劳动者办理档案和社会保险关系转移手续。

劳动者应当按照双方约定，办理工作交接。用人单位依照本法有关规定应当向劳动者支付经济补偿的，在办结工作交接时支付。

用人单位对已经解除或者终止的劳动合同的文本，至少保存二年备查。

第五章 特别规定

第一节 集体合同

第五十一条 企业职工一方与用人单位通过平等协商，可以就劳动报酬、工作时间、休息休假、劳动安全卫生、保险福利等事项订立集体合同。集体合同草案应当提交职工代表大会或者全体职工讨论通过。

集体合同由工会代表企业职工一方与用人单位订立；尚未建立工会的用人

单位，由上级工会指导劳动者推举的代表与用人单位订立。

第五十二条 企业职工一方与用人单位可以订立劳动安全卫生、女职工权益保护、工资调整机制等专项集体合同。

第五十三条 在县级以下区域内，建筑业、采矿业、餐饮服务业等行业可以由工会与企业方面代表订立行业性集体合同，或者订立区域性集体合同。

第五十四条 集体合同订立后，应当报送劳动行政部门；劳动行政部门自收到集体合同文本之日起十五日内未提出异议的，集体合同即行生效。

依法订立的集体合同对用人单位和劳动者具有约束力。行业性、区域性集体合同对当地本行业、本区域的用人单位和劳动者具有约束力。

第五十五条 集体合同中劳动报酬和劳动条件等标准不得低于当地人民政府规定的最低标准；用人单位与劳动者订立的劳动合同中劳动报酬和劳动条件等标准不得低于集体合同规定的标准。

第五十六条 用人单位违反集体合同，侵犯职工劳动权益的，工会可以依法要求用人单位承担责任；因履行集体合同发生争议，经协商解决不成的，工会可以依法申请仲裁、提起诉讼。

第二节 劳务派遣

第五十七条 经营劳务派遣业务应当具备下列条件：

（一）注册资本不得少于人民币二百万元；

（二）有与开展业务相适应的固定的经营场所和设施；

（三）有符合法律、行政法规规定的劳务派遣管理制度；

（四）法律、行政法规规定的其他条件。

经营劳务派遣业务，应当向劳动行政部门依法申请行政许可；经许可的，依法办理相应的公司登记。未经许可，任何单位和个人不得经营劳务派遣业务。

第五十八条 劳务派遣单位是本法所称用人单位，应当履行用人单位对劳动者的义务。劳务派遣单位与被派遣劳动者订立的劳动合同，除应当载明本法第十七条规定的事项外，还应当载明被派遣劳动者的用工单位以及派遣期限、工作岗位等情况。

劳务派遣单位应当与被派遣劳动者订立二年以上的固定期限劳动合同，按月支付劳动报酬；被派遣劳动者在无工作期间，劳务派遣单位应当按照所在地人民政府规定的最低工资标准，向其按月支付报酬。

第五十九条 劳务派遣单位派遣劳动者应当与接受以劳务派遣形式用工的单位（以下称用工单位）订立劳务派遣协议。劳务派遣协议应当约定派遣岗位和人员数量、派遣期限、劳动报酬和社会保险费的数额与支付方式以及违反协议的责任。

用工单位应当根据工作岗位的实际需要与劳务派遣单位确定派遣期限，不得将连续用工期限分割订立数个短期劳务派遣协议。

第六十条 劳务派遣单位应当将劳务派遣协议的内容告知被派遣劳动者。

劳务派遣单位不得克扣用工单位按照劳务派遣协议支付给被派遣劳动者的劳动报酬。

劳务派遣单位和用工单位不得向被派遣劳动者收取费用。

第六十一条 劳务派遣单位跨地区派遣劳动者的，被派遣劳动者享有的劳动报酬和劳动条件，按照用工单位所在地的标准执行。

第六十二条 用工单位应当履行下列义务：

（一）执行国家劳动标准，提供相应的劳动条件和劳动保护；

（二）告知被派遣劳动者的工作要求和劳动报酬；

（三）支付加班费、绩效奖金，提供与工作岗位相关的福利待遇；

（四）对在岗被派遣劳动者进行工作岗位所必需的培训；

（五）连续用工的，实行正常的工资调整机制。

用工单位不得将被派遣劳动者再派遣到其他用人单位。

第六十三条 被派遣劳动者享有与用工单位的劳动者同工同酬的权利。用工单位应当按照同工同酬原则，对被派遣劳动者与本单位同类岗位的劳动者实行相同的劳动报酬分配办法。用工单位无同类岗位劳动者的，参照用工单位所在地相同或者相近岗位劳动者的劳动报酬确定。

劳务派遣单位与被派遣劳动者订立的劳动合同和与用工单位订立的劳务派遣协议，载明或者约定的向被派遣劳动者支付的劳动报酬应当符合前款规定。

第六十四条 被派遣劳动者有权在劳务派遣单位或者用工单位依法参加或者组织工会，维护自身的合法权益。

第六十五条 被派遣劳动者可以依照本法第三十六条、第三十八条的规定与劳务派遣单位解除劳动合同。

被派遣劳动者有本法第三十九条和第四十条第一项、第二项规定情形的，用工单位可以将劳动者退回劳务派遣单位，劳务派遣单位依照本法有关规定，可以与劳动者解除劳动合同。

第六十六条 劳动合同用工是我国的企业基本用工形式。劳务派遣用工是补充形式，只能在临时性、辅助性或者替代性的工作岗位上实施。

前款规定的临时性工作岗位是指存续时间不超过六个月的岗位；辅助性工作岗位是指为主营业务岗位提供服务的非主营业务岗位；替代性工作岗位是指用工单位的劳动者因脱产学习、休假等原因无法工作的一定期间内，可以由其他劳动者替代工作的岗位。

用工单位应当严格控制劳务派遣用工数量，不得超过其用工总量的一定比例，具体比例由国务院劳动行政部门规定。

第六十七条 用人单位不得设立劳务派遣单位向本单位或者所属单位派遣劳动者。

第三节　非全日制用工

第六十八条 非全日制用工，是指以小时计酬为主，劳动者在同一用人单位一般平均每日工作时间不超过四小时，每周工作时间累计不超过二十四小时的用工形式。

第六十九条 非全日制用工双方当事人可以订立口头协议。

从事非全日制用工的劳动者可以与一个或者一个以上用人单位订立劳动合同；但是，后订立的劳动合同不得影响先订立的劳动合同的履行。

第七十条 非全日制用工双方当事人不得约定试用期。

第七十一条 非全日制用工双方当事人任何一方都可以随时通知对方终止用工。终止用工，用人单位不向劳动者支付经济补偿。

第七十二条 非全日制用工小时计酬标准不得低于用人单位所在地人民政府规定的最低小时工资标准。

非全日制用工劳动报酬结算支付周期最长不得超过十五日。

第六章　监督检查

第七十三条 国务院劳动行政部门负责全国劳动合同制度实施的监督管理。

县级以上地方人民政府劳动行政部门负责本行政区域内劳动合同制度实施的监督管理。

县级以上各级人民政府劳动行政部门在劳动合同制度实施的监督管理工作中，应当听取工会、企业方面代表以及有关行业主管部门的意见。

第七十四条 县级以上地方人民政府劳动行政部门依法对下列实施劳动合同制度的情况进行监督检查：

（一）用人单位制定直接涉及劳动者切身利益的规章制度及其执行的情况；

（二）用人单位与劳动者订立和解除劳动合同的情况；

（三）劳务派遣单位和用工单位遵守劳务派遣有关规定的情况；

（四）用人单位遵守国家关于劳动者工作时间和休息休假规定的情况；

（五）用人单位支付劳动合同约定的劳动报酬和执行最低工资标准的

情况；

（六）用人单位参加各项社会保险和缴纳社会保险费的情况；

（七）法律、法规规定的其他劳动监察事项。

第七十五条　县级以上地方人民政府劳动行政部门实施监督检查时，有权查阅与劳动合同、集体合同有关的材料，有权对劳动场所进行实地检查，用人单位和劳动者都应当如实提供有关情况和材料。

劳动行政部门的工作人员进行监督检查，应当出示证件，依法行使职权，文明执法。

第七十六条　县级以上人民政府建设、卫生、安全生产监督管理等有关主管部门在各自职责范围内，对用人单位执行劳动合同制度的情况进行监督管理。

第七十七条　劳动者合法权益受到侵害的，有权要求有关部门依法处理，或者依法申请仲裁、提起诉讼。

第七十八条　工会依法维护劳动者的合法权益，对用人单位履行劳动合同、集体合同的情况进行监督。用人单位违反劳动法律、法规和劳动合同、集体合同的，工会有权提出意见或者要求纠正；劳动者申请仲裁、提起诉讼的，工会依法给予支持和帮助。

第七十九条　任何组织或者个人对违反本法的行为都有权举报，县级以上人民政府劳动行政部门应当及时核实、处理，并对举报有功人员给予奖励。

第七章　法律责任

第八十条　用人单位直接涉及劳动者切身利益的规章制度违反法律、法规规定的，由劳动行政部门责令改正，给予警告；给劳动者造成损害的，应当承担赔偿责任。

第八十一条　用人单位提供的劳动合同文本未载明本法规定的劳动合同必备条款或者用人单位未将劳动合同文本交付劳动者的，由劳动行政部门责令改正；给劳动者造成损害的，应当承担赔偿责任。

第八十二条　用人单位自用工之日起超过一个月不满一年未与劳动者订立书面劳动合同的，应当向劳动者每月支付二倍的工资。

用人单位违反本法规定不与劳动者订立无固定期限劳动合同的，自应当订立无固定期限劳动合同之日起向劳动者每月支付二倍的工资。

第八十三条　用人单位违反本法规定与劳动者约定试用期的，由劳动行政部门责令改正；违法约定的试用期已经履行的，由用人单位以劳动者试用期满月工资为标准，按已经履行的超过法定试用期的期间向劳动者支付赔偿金。

第八十四条 用人单位违反本法规定，扣押劳动者居民身份证等证件的，由劳动行政部门责令限期退还劳动者本人，并依照有关法律规定给予处罚。

用人单位违反本法规定，以担保或者其他名义向劳动者收取财物的，由劳动行政部门责令限期退还劳动者本人，并以每人五百元以上二千元以下的标准处以罚款；给劳动者造成损害的，应当承担赔偿责任。

劳动者依法解除或者终止劳动合同，用人单位扣押劳动者档案或者其他物品的，依照前款规定处罚。

第八十五条 用人单位有下列情形之一的，由劳动行政部门责令限期支付劳动报酬、加班费或者经济补偿；劳动报酬低于当地最低工资标准的，应当支付其差额部分；逾期不支付的，责令用人单位按应付金额百分之五十以上百分之一百以下的标准向劳动者加付赔偿金：

（一）未按照劳动合同的约定或者国家规定及时足额支付劳动者劳动报酬的；

（二）低于当地最低工资标准支付劳动者工资的；

（三）安排加班不支付加班费的；

（四）解除或者终止劳动合同，未依照本法规定向劳动者支付经济补偿的。

第八十六条 劳动合同依照本法第二十六条规定被确认无效，给对方造成损害的，有过错的一方应当承担赔偿责任。

第八十七条 用人单位违反本法规定解除或者终止劳动合同的，应当依照本法第四十七条规定的经济补偿标准的二倍向劳动者支付赔偿金。

第八十八条 用人单位有下列情形之一的，依法给予行政处罚；构成犯罪的，依法追究刑事责任；给劳动者造成损害的，应当承担赔偿责任：

（一）以暴力、威胁或者非法限制人身自由的手段强迫劳动的；

（二）违章指挥或者强令冒险作业危及劳动者人身安全的；

（三）侮辱、体罚、殴打、非法搜查或者拘禁劳动者的；

（四）劳动条件恶劣、环境污染严重，给劳动者身心健康造成严重损害的。

第八十九条 用人单位违反本法规定未向劳动者出具解除或者终止劳动合同的书面证明，由劳动行政部门责令改正；给劳动者造成损害的，应当承担赔偿责任。

第九十条 劳动者违反本法规定解除劳动合同，或者违反劳动合同中约定的保密义务或者竞业限制，给用人单位造成损失的，应当承担赔偿责任。

第九十一条 用人单位招用与其他用人单位尚未解除或者终止劳动合同的

劳动者，给其他用人单位造成损失的，应当承担连带赔偿责任。

第九十二条 违反本法规定，未经许可，擅自经营劳务派遣业务的，由劳动行政部门责令停止违法行为，没收违法所得，并处违法所得一倍以上五倍以下的罚款；没有违法所得的，可以处五万元以下的罚款。

劳务派遣单位、用工单位违反本法有关劳务派遣规定的，由劳动行政部门责令限期改正；逾期不改正的，以每人五千元以上一万元以下的标准处以罚款，对劳务派遣单位，吊销其劳务派遣业务经营许可证。用工单位给被派遣劳动者造成损害的，劳务派遣单位与用工单位承担连带赔偿责任。

第九十三条 对不具备合法经营资格的用人单位的违法犯罪行为，依法追究法律责任；劳动者已经付出劳动的，该单位或者其出资人应当依照本法有关规定向劳动者支付劳动报酬、经济补偿、赔偿金；给劳动者造成损害的，应当承担赔偿责任。

第九十四条 个人承包经营违反本法规定招用劳动者，给劳动者造成损害的，发包的组织与个人承包经营者承担连带赔偿责任。

第九十五条 劳动行政部门和其他有关主管部门及其工作人员玩忽职守、不履行法定职责，或者违法行使职权，给劳动者或者用人单位造成损害的，应当承担赔偿责任；对直接负责的主管人员和其他直接责任人员，依法给予行政处分；构成犯罪的，依法追究刑事责任。

第八章 附 则

第九十六条 事业单位与实行聘用制的工作人员订立、履行、变更、解除或者终止劳动合同，法律、行政法规或者国务院另有规定的，依照其规定；未作规定的，依照本法有关规定执行。

第九十七条 本法施行前已依法订立且在本法施行之日存续的劳动合同，继续履行；本法第十四条第二款第三项规定连续订立固定期限劳动合同的次数，自本法施行后续订固定期限劳动合同时开始计算。

本法施行前已建立劳动关系，尚未订立书面劳动合同的，应当自本法施行之日起一个月内订立。

本法施行之日存续的劳动合同在本法施行后解除或者终止，依照本法第四十六条规定应当支付经济补偿的，经济补偿年限自本法施行之日起计算；本法施行前按照当时有关规定，用人单位应当向劳动者支付经济补偿的，按照当时有关规定执行。

第九十八条 本法自 2013 年 7 月 1 日起施行。

附录三

中华人民共和国劳动争议调解仲裁法

（第十届全国人民代表大会常务委员会第三十一次会议于
2007 年 12 月 29 日通过，自 2008 年 5 月 1 日起施行）

第一章 总 则

第一条 为了公正及时解决劳动争议，保护当事人合法权益，促进劳动关系和谐稳定，制定本法。

第二条 中华人民共和国境内的用人单位与劳动者发生的下列劳动争议，适用本法：

（一）因确认劳动关系发生的争议；

（二）因订立、履行、变更、解除和终止劳动合同发生的争议；

（三）因除名、辞退和辞职、离职发生的争议；

（四）因工作时间、休息休假、社会保险、福利、培训以及劳动保护发生的争议；

（五）因劳动报酬、工伤医疗费、经济补偿或者赔偿金等发生的争议；

（六）法律、法规规定的其他劳动争议。

第三条 解决劳动争议，应当根据事实，遵循合法、公正、及时、着重调解的原则，依法保护当事人的合法权益。

第四条 发生劳动争议，劳动者可以与用人单位协商，也可以请工会或者第三方共同与用人单位协商，达成和解协议。

第五条 发生劳动争议，当事人不愿协商、协商不成或者达成和解协议后不履行的，可以向调解组织申请调解；不愿调解、调解不成或者达成调解协议后不履行的，可以向劳动争议仲裁委员会申请仲裁；对仲裁裁决不服的，除本法另有规定的外，可以向人民法院提起诉讼。

第六条 发生劳动争议，当事人对自己提出的主张，有责任提供证据。与争议事项有关的证据属于用人单位掌握管理的，用人单位应当提供；用人单位不提供的，应当承担不利后果。

第七条 发生劳动争议的劳动者一方在十人以上，并有共同请求的，可以推举代表参加调解、仲裁或者诉讼活动。

第八条 县级以上人民政府劳动行政部门会同工会和企业方面代表建立协调劳动关系三方机制，共同研究解决劳动争议的重大问题。

第九条 用人单位违反国家规定，拖欠或者未足额支付劳动报酬，或者拖欠工伤医疗费、经济补偿或者赔偿金的，劳动者可以向劳动行政部门投诉，劳动行政部门应当依法处理。

第二章 调 解

第十条 发生劳动争议，当事人可以到下列调解组织申请调解：

（一）企业劳动争议调解委员会；

（二）依法设立的基层人民调解组织；

（三）在乡镇、街道设立的具有劳动争议调解职能的组织。

企业劳动争议调解委员会由职工代表和企业代表组成。职工代表由工会成员担任或者由全体职工推举产生，企业代表由企业负责人指定。企业劳动争议调解委员会主任由工会成员或者双方推举的人员担任。

第十一条 劳动争议调解组织的调解员应当由公道正派、联系群众、热心调解工作，并具有一定法律知识、政策水平和文化水平的成年公民担任。

第十二条 当事人申请劳动争议调解可以书面申请，也可以口头申请。口头申请的，调解组织应当当场记录申请人基本情况、申请调解的争议事项、理由和时间。

第十三条 调解劳动争议，应当充分听取双方当事人对事实和理由的陈述，耐心疏导，帮助其达成协议。

第十四条 经调解达成协议的，应当制作调解协议书。

调解协议书由双方当事人签名或者盖章，经调解员签名并加盖调解组织印章后生效，对双方当事人具有约束力，当事人应当履行。

自劳动争议调解组织收到调解申请之日起十五日内未达成调解协议的，当事人可以依法申请仲裁。

第十五条 达成调解协议后，一方当事人在协议约定期限内不履行调解协议的，另一方当事人可以依法申请仲裁。

第十六条 因支付拖欠劳动报酬、工伤医疗费、经济补偿或者赔偿金事项达成调解协议，用人单位在协议约定期限内不履行的，劳动者可以持调解协议书依法向人民法院申请支付令。人民法院应当依法发出支付令。

第三章　仲　裁

第一节　一般规定

第十七条　劳动争议仲裁委员会按照统筹规划、合理布局和适应实际需要的原则设立。省、自治区人民政府可以决定在市、县设立；直辖市人民政府可以决定在区、县设立。直辖市、设区的市也可以设立一个或者若干个劳动争议仲裁委员会。劳动争议仲裁委员会不按行政区划层层设立。

第十八条　国务院劳动行政部门依照本法有关规定制定仲裁规则。省、自治区、直辖市人民政府劳动行政部门对本行政区域的劳动争议仲裁工作进行指导。

第十九条　劳动争议仲裁委员会由劳动行政部门代表、工会代表和企业方面代表组成。劳动争议仲裁委员会组成人员应当是单数。

劳动争议仲裁委员会依法履行下列职责：

（一）聘任、解聘专职或者兼职仲裁员；

（二）受理劳动争议案件；

（三）讨论重大或者疑难的劳动争议案件；

（四）对仲裁活动进行监督。

劳动争议仲裁委员会下设办事机构，负责办理劳动争议仲裁委员会的日常工作。

第二十条　劳动争议仲裁委员会应当设仲裁员名册。

仲裁员应当公道正派并符合下列条件之一：

（一）曾任审判员的；

（二）从事法律研究、教学工作并具有中级以上职称的；

（三）具有法律知识、从事人力资源管理或者工会等专业工作满五年的；

（四）律师执业满三年的。

第二十一条　劳动争议仲裁委员会负责管辖本区域内发生的劳动争议。

劳动争议由劳动合同履行地或者用人单位所在地的劳动争议仲裁委员会管辖。双方当事人分别向劳动合同履行地和用人单位所在地的劳动争议仲裁委员会申请仲裁的，由劳动合同履行地的劳动争议仲裁委员会管辖。

第二十二条　发生劳动争议的劳动者和用人单位为劳动争议仲裁案件的双方当事人。

劳务派遣单位或者用工单位与劳动者发生劳动争议的，劳务派遣单位和用工单位为共同当事人。

第二十三条　与劳动争议案件的处理结果有利害关系的第三人，可以申请参加仲裁活动或者由劳动争议仲裁委员会通知其参加仲裁活动。

第二十四条 当事人可以委托代理人参加仲裁活动。委托他人参加仲裁活动，应当向劳动争议仲裁委员会提交有委托人签名或者盖章的委托书，委托书应当载明委托事项和权限。

第二十五条 丧失或者部分丧失民事行为能力的劳动者，由其法定代理人代为参加仲裁活动；无法定代理人的，由劳动争议仲裁委员会为其指定代理人。劳动者死亡的，由其近亲属或者代理人参加仲裁活动。

第二十六条 劳动争议仲裁公开进行，但当事人协议不公开进行或者涉及国家秘密、商业秘密和个人隐私的除外。

第二节 申请和受理

第二十七条 劳动争议申请仲裁的时效期间为一年。仲裁时效期间从当事人知道或者应当知道其权利被侵害之日起计算。

前款规定的仲裁时效，因当事人一方向对方当事人主张权利，或者向有关部门请求权利救济，或者对方当事人同意履行义务而中断。从中断时起，仲裁时效期间重新计算。

因不可抗力或者有其他正当理由，当事人不能在本条第一款规定的仲裁时效期间申请仲裁的，仲裁时效中止。从中止时效的原因消除之日起，仲裁时效期间继续计算。

劳动关系存续期间因拖欠劳动报酬发生争议的，劳动者申请仲裁不受本条第一款规定的仲裁时效期间的限制；但是，劳动关系终止的，应当自劳动关系终止之日起一年内提出。

第二十八条 申请人申请仲裁应当提交书面仲裁申请，并按照被申请人人数提交副本。

仲裁申请书应当载明下列事项：

（一）劳动者的姓名、性别、年龄、职业、工作单位和住所，用人单位的名称、住所和法定代表人或者主要负责人的姓名、职务；

（二）仲裁请求和所根据的事实、理由；

（三）证据和证据来源、证人姓名和住所。

书写仲裁申请确有困难的，可以口头申请，由劳动争议仲裁委员会记入笔录，并告知对方当事人。

第二十九条 劳动争议仲裁委员会收到仲裁申请之日起五日内，认为符合受理条件的，应当受理，并通知申请人；认为不符合受理条件的，应当书面通知申请人不予受理，并说明理由。对劳动争议仲裁委员会不予受理或者逾期未做出决定的，申请人可以就该劳动争议事项向人民法院提起诉讼。

第三十条　劳动争议仲裁委员会受理仲裁申请后，应当在五日内将仲裁申请书副本送达被申请人。

被申请人收到仲裁申请书副本后，应当在十日内向劳动争议仲裁委员会提交答辩书。劳动争议仲裁委员会收到答辩书后，应当在五日内将答辩书副本送达申请人。被申请人未提交答辩书的，不影响仲裁程序的进行。

第三节　开庭和裁决

第三十一条　劳动争议仲裁委员会裁决劳动争议案件实行仲裁庭制。仲裁庭由三名仲裁员组成，设首席仲裁员。简单劳动争议案件可以由一名仲裁员独任仲裁。

第三十二条　劳动争议仲裁委员会应当在受理仲裁申请之日起五日内将仲裁庭的组成情况书面通知当事人。

第三十三条　仲裁员有下列情形之一，应当回避，当事人也有权以口头或者书面方式提出回避申请：

（一）是本案当事人或者当事人、代理人的近亲属的；

（二）与本案有利害关系的；

（三）与本案当事人、代理人有其他关系，可能影响公正裁决的；

（四）私自会见当事人、代理人，或者接受当事人、代理人的请客送礼的。

劳动争议仲裁委员会对回避申请应当及时做出决定，并以口头或者书面方式通知当事人。

第三十四条　仲裁员有本法第三十三条第四项规定情形，或者有索贿受贿、徇私舞弊、枉法裁决行为的，应当依法承担法律责任。劳动争议仲裁委员会应当将其解聘。

第三十五条　仲裁庭应当在开庭五日前，将开庭日期、地点书面通知双方当事人。当事人有正当理由的，可以在开庭三日前请求延期开庭。是否延期，由劳动争议仲裁委员会决定。

第三十六条　申请人收到书面通知，无正当理由拒不到庭或者未经仲裁庭同意中途退庭的，可以视为撤回仲裁申请。

被申请人收到书面通知，无正当理由拒不到庭或者未经仲裁庭同意中途退庭的，可以缺席裁决。

第三十七条　仲裁庭对专门性问题认为需要鉴定的，可以交由当事人约定的鉴定机构鉴定；当事人没有约定或者无法达成约定的，由仲裁庭指定的鉴定机构鉴定。

根据当事人的请求或者仲裁庭的要求，鉴定机构应当派鉴定人参加开庭。当事人经仲裁庭许可，可以向鉴定人提问。

第三十八条 当事人在仲裁过程中有权进行质证和辩论。质证和辩论终结时，首席仲裁员或者独任仲裁员应当征询当事人的最后意见。

第三十九条 当事人提供的证据经查证属实的，仲裁庭应当将其作为认定事实的根据。

劳动者无法提供由用人单位掌握管理的与仲裁请求有关的证据，仲裁庭可以要求用人单位在指定期限内提供。用人单位在指定期限内不提供的，应当承担不利后果。

第四十条 仲裁庭应当将开庭情况记入笔录。当事人和其他仲裁参加人认为对自己陈述的记录有遗漏或者差错的，有权申请补正。如果不予补正，应当记录该申请。

笔录由仲裁员、记录人员、当事人和其他仲裁参加人签名或者盖章。

第四十一条 当事人申请劳动争议仲裁后，可以自行和解。达成和解协议的，可以撤回仲裁申请。

第四十二条 仲裁庭在作出裁决前，应当先行调解。

调解达成协议的，仲裁庭应当制作调解书。

调解书应当写明仲裁请求和当事人协议的结果。调解书由仲裁员签名，加盖劳动争议仲裁委员会印章，送达双方当事人。调解书经双方当事人签收后，发生法律效力。

调解不成或者调解书送达前，一方当事人反悔的，仲裁庭应当及时作出裁决。

第四十三条 仲裁庭裁决劳动争议案件，应当自劳动争议仲裁委员会受理仲裁申请之日起四十五日内结束。案情复杂需要延期的，经劳动争议仲裁委员会主任批准，可以延期并书面通知当事人，但是延长期限不得超过十五日。逾期未作出仲裁裁决的，当事人可以就该劳动争议事项向人民法院提起诉讼。

仲裁庭裁决劳动争议案件时，其中一部分事实已经清楚，可以就该部分先行裁决。

第四十四条 仲裁庭对追索劳动报酬、工伤医疗费、经济补偿或者赔偿金的案件，根据当事人的申请，可以裁决先予执行，移送人民法院执行。

仲裁庭裁决先予执行的，应当符合下列条件：

（一）当事人之间权利义务关系明确；

（二）不先予执行将严重影响申请人的生活。

劳动者申请先予执行的，可以不提供担保。

第四十五条 裁决应当按照多数仲裁员的意见作出，少数仲裁员的不同意见应当记入笔录。仲裁庭不能形成多数意见时，裁决应当按照首席仲裁员的意见作出。

第四十六条　裁决书应当载明仲裁请求、争议事实、裁决理由、裁决结果和裁决日期。裁决书由仲裁员签名，加盖劳动争议仲裁委员会印章。对裁决持不同意见的仲裁员，可以签名，也可以不签名。

第四十七条　下列劳动争议，除本法另有规定的外，仲裁裁决为终局裁决，裁决书自作出之日起发生法律效力：

（一）追索劳动报酬、工伤医疗费、经济补偿或者赔偿金，不超过当地月最低工资标准十二个月金额的争议；

（二）因执行国家的劳动标准在工作时间、休息休假、社会保险等方面发生的争议。

第四十八条　劳动者对本法第四十七条规定的仲裁裁决不服的，可以自收到仲裁裁决书之日起十五日内向人民法院提起诉讼。

第四十九条　用人单位有证据证明本法第四十七条规定的仲裁裁决有下列情形之一，可以自收到仲裁裁决书之日起三十日内向劳动争议仲裁委员会所在地的中级人民法院申请撤销裁决：

（一）适用法律、法规确有错误的；

（二）劳动争议仲裁委员会无管辖权的；

（三）违反法定程序的；

（四）裁决所根据的证据是伪造的；

（五）对方当事人隐瞒了足以影响公正裁决的证据的；

（六）仲裁员在仲裁该案时有索贿受贿、徇私舞弊、枉法裁决行为的。

人民法院经组成合议庭审查核实裁决有前款规定情形之一的，应当裁定撤销。

仲裁裁决被人民法院裁定撤销的，当事人可以自收到裁定书之日起十五日内就该劳动争议事项向人民法院提起诉讼。

第五十条　当事人对本法第四十七条规定以外的其他劳动争议案件的仲裁裁决不服的，可以自收到仲裁裁决书之日起十五日内向人民法院提起诉讼；期满不起诉的，裁决书发生法律效力。

第五十一条　当事人对发生法律效力的调解书、裁决书，应当依照规定的期限履行。一方当事人逾期不履行的，另一方当事人可以依照民事诉讼法的有关规定向人民法院申请执行。受理申请的人民法院应当依法执行。

第四章　附　则

第五十二条　事业单位实行聘用制的工作人员与本单位发生劳动争议的，

依照本法执行；法律、行政法规或者国务院另有规定的，依照其规定。

第五十三条　劳动争议仲裁不收费。劳动争议仲裁委员会的经费由财政予以保障。

第五十四条　本法自 2008 年 5 月 1 日起施行。

附录四

中华人民共和国社会保险法

(2010 年 10 月 28 日第十一届全国人民代表大会常务委员会
第十七次会议通过)

第一章 总 则

第一条 为了规范社会保险关系，维护公民参加社会保险和享受社会保险待遇的合法权益，使公民共享发展成果，促进社会和谐稳定，根据宪法，制定本法。

第二条 国家建立基本养老保险、基本医疗保险、工伤保险、失业保险、生育保险等社会保险制度，保障公民在年老、疾病、工伤、失业、生育等情况下依法从国家和社会获得物质帮助的权利。

第三条 社会保险制度坚持广覆盖、保基本、多层次、可持续的方针，社会保险水平应当与经济社会发展水平相适应。

第四条 中华人民共和国境内的用人单位和个人依法缴纳社会保险费，有权查询缴费记录、个人权益记录，要求社会保险经办机构提供社会保险咨询等相关服务。

个人依法享受社会保险待遇，有权监督本单位为其缴费情况。

第五条 县级以上人民政府将社会保险事业纳入国民经济和社会发展规划。

国家多渠道筹集社会保险资金。县级以上人民政府对社会保险事业给予必要的经费支持。

国家通过税收优惠政策支持社会保险事业。

第六条 国家对社会保险基金实行严格监管。

国务院和省、自治区、直辖市人民政府建立健全社会保险基金监督管理制度，保障社会保险基金安全、有效运行。

县级以上人民政府采取措施，鼓励和支持社会各方面参与社会保险基金的监督。

第七条 国务院社会保险行政部门负责全国的社会保险管理工作，国务院其他有关部门在各自的职责范围内负责有关的社会保险工作。

县级以上地方人民政府社会保险行政部门负责本行政区域的社会保险管理工作，县级以上地方人民政府其他有关部门在各自的职责范围内负责有关的社会保险工作。

第八条　社会保险经办机构提供社会保险服务，负责社会保险登记、个人权益记录、社会保险待遇支付等工作。

第九条　工会依法维护职工的合法权益，有权参与社会保险重大事项的研究，参加社会保险监督委员会，对与职工社会保险权益有关的事项进行监督。

第二章　基本养老保险

第十条　职工应当参加基本养老保险，由用人单位和职工共同缴纳基本养老保险费。

无雇工的个体工商户、未在用人单位参加基本养老保险的非全日制从业人员以及其他灵活就业人员可以参加基本养老保险，由个人缴纳基本养老保险费。

公务员和参照公务员法管理的工作人员养老保险的办法由国务院规定。

第十一条　基本养老保险实行社会统筹与个人账户相结合。

基本养老保险基金由用人单位和个人缴费以及政府补贴等组成。

第十二条　用人单位应当按照国家规定的本单位职工工资总额的比例缴纳基本养老保险费，计入基本养老保险统筹基金。

职工应当按照国家规定的本人工资的比例缴纳基本养老保险费，记入个人账户。

无雇工的个体工商户、未在用人单位参加基本养老保险的非全日制从业人员以及其他灵活就业人员参加基本养老保险的，应当按照国家规定缴纳基本养老保险费，分别记入基本养老保险统筹基金和个人账户。

第十三条　国有企业、事业单位职工参加基本养老保险前，视同缴费年限期间应当缴纳的基本养老保险费由政府承担。

基本养老保险基金出现支付不足时，政府给予补贴。

第十四条　个人账户不得提前支取，记账利率不得低于银行定期存款利率，免征利息税。个人死亡的，个人账户余额可以继承。

第十五条　基本养老金由统筹养老金和个人账户养老金组成。

基本养老金根据个人累计缴费年限、缴费工资、当地职工平均工资、个人账户金额、城镇人口平均预期寿命等因素确定。

第十六条　参加基本养老保险的个人，达到法定退休年龄时累计缴费满十五年的，按月领取基本养老金。

参加基本养老保险的个人，达到法定退休年龄时累计缴费不足十五年的，可以缴费至满十五年，按月领取基本养老金；也可以转入新型农村社会养老保险或者城镇居民社会养老保险，按照国务院规定享受相应的养老保险待遇。

第十七条 参加基本养老保险的个人，因病或者非因工死亡的，其遗属可以领取丧葬补助金和抚恤金；在未达到法定退休年龄时因病或者非因工致残完全丧失劳动能力的，可以领取病残津贴。所需资金从基本养老保险基金中支付。

第十八条 国家建立基本养老金正常调整机制。根据职工平均工资增长、物价上涨情况，适时提高基本养老保险待遇水平。

第十九条 个人跨统筹地区就业的，其基本养老保险关系随本人转移，缴费年限累计计算。个人达到法定退休年龄时，基本养老金分段计算、统一支付。具体办法由国务院规定。

第二十条 国家建立和完善新型农村社会养老保险制度。

新型农村社会养老保险实行个人缴费、集体补助和政府补贴相结合。

第二十一条 新型农村社会养老保险待遇由基础养老金和个人账户养老金组成。

参加新型农村社会养老保险的农村居民，符合国家规定条件的，按月领取新型农村社会养老保险待遇。

第二十二条 国家建立和完善城镇居民社会养老保险制度。

省、自治区、直辖市人民政府根据实际情况，可以将城镇居民社会养老保险和新型农村社会养老保险合并实施。

第三章　基本医疗保险

第二十三条 职工应当参加职工基本医疗保险，由用人单位和职工按照国家规定共同缴纳基本医疗保险费。

无雇工的个体工商户、未在用人单位参加职工基本医疗保险的非全日制从业人员以及其他灵活就业人员可以参加职工基本医疗保险，由个人按照国家规定缴纳基本医疗保险费。

第二十四条 国家建立和完善新型农村合作医疗制度。

新型农村合作医疗的管理办法，由国务院规定。

第二十五条 国家建立和完善城镇居民基本医疗保险制度。

城镇居民基本医疗保险实行个人缴费和政府补贴相结合。

享受最低生活保障的人、丧失劳动能力的残疾人、低收入家庭六十周岁以上的老年人和未成年人等所需个人缴费部分，由政府给予补贴。

第二十六条　职工基本医疗保险、新型农村合作医疗和城镇居民基本医疗保险的待遇标准按照国家规定执行。

第二十七条　参加职工基本医疗保险的个人，达到法定退休年龄时累计缴费达到国家规定年限的，退休后不再缴纳基本医疗保险费，按照国家规定享受基本医疗保险待遇；未达到国家规定年限的，可以缴费至国家规定年限。

第二十八条　符合基本医疗保险药品目录、诊疗项目、医疗服务设施标准以及急诊、抢救的医疗费用，按照国家规定从基本医疗保险基金中支付。

第二十九条　参保人员医疗费用中应当由基本医疗保险基金支付的部分，由社会保险经办机构与医疗机构、药品经营单位直接结算。

社会保险行政部门和卫生行政部门应当建立异地就医医疗费用结算制度，方便参保人员享受基本医疗保险待遇。

第三十条　下列医疗费用不纳入基本医疗保险基金支付范围：

（一）应当从工伤保险基金中支付的；

（二）应当由第三人负担的；

（三）应当由公共卫生负担的；

（四）在境外就医的。

医疗费用依法应当由第三人负担，第三人不支付或者无法确定第三人的，由基本医疗保险基金先行支付。基本医疗保险基金先行支付后，有权向第三人追偿。

第三十一条　社会保险经办机构根据管理服务的需要，可以与医疗机构、药品经营单位签订服务协议，规范医疗服务行为。

医疗机构应当为参保人员提供合理、必要的医疗服务。

第三十二条　个人跨统筹地区就业的，其基本医疗保险关系随本人转移，缴费年限累计计算。

第四章　工伤保险

第三十三条　职工应当参加工伤保险，由用人单位缴纳工伤保险费，职工不缴纳工伤保险费。

第三十四条　国家根据不同行业的工伤风险程度确定行业的差别费率，并根据使用工伤保险基金、工伤发生率等情况在每个行业内确定费率档次。行业差别费率和行业内费率档次由国务院社会保险行政部门制定，报国务院批准后公布施行。

社会保险经办机构根据用人单位使用工伤保险基金、工伤发生率和所属行业费率档次等情况，确定用人单位缴费费率。

第三十五条 用人单位应当按照本单位职工工资总额，根据社会保险经办机构确定的费率缴纳工伤保险费。

第三十六条 职工因工作原因受到事故伤害或者患职业病，且经工伤认定的，享受工伤保险待遇；其中，经劳动能力鉴定丧失劳动能力的，享受伤残待遇。

工伤认定和劳动能力鉴定应当简捷、方便。

第三十七条 职工因下列情形之一导致本人在工作中伤亡的，不认定为工伤：

（一）故意犯罪；

（二）醉酒或者吸毒；

（三）自残或者自杀；

（四）法律、行政法规规定的其他情形。

第三十八条 因工伤发生的下列费用，按照国家规定从工伤保险基金中支付：

（一）治疗工伤的医疗费用和康复费用；

（二）住院伙食补助费；

（三）到统筹地区以外就医的交通食宿费；

（四）安装配置伤残辅助器具所需费用；

（五）生活不能自理的，经劳动能力鉴定委员会确认的生活护理费；

（六）一次性伤残补助金和一至四级伤残职工按月领取的伤残津贴；

（七）终止或者解除劳动合同时，应当享受的一次性医疗补助金；

（八）因工死亡的，其遗属领取的丧葬补助金、供养亲属抚恤金和因工死亡补助金；

（九）劳动能力鉴定费。

第三十九条 因工伤发生的下列费用，按照国家规定由用人单位支付：

（一）治疗工伤期间的工资福利；

（二）五级、六级伤残职工按月领取的伤残津贴；

（三）终止或者解除劳动合同时，应当享受的一次性伤残就业补助金。

第四十条 工伤职工符合领取基本养老金条件的，停发伤残津贴，享受基本养老保险待遇。基本养老保险待遇低于伤残津贴的，从工伤保险基金中补足差额。

第四十一条 职工所在用人单位未依法缴纳工伤保险费，发生工伤事故的，由用人单位支付工伤保险待遇。用人单位不支付的，从工伤保险基金中先行支付。

从工伤保险基金中先行支付的工伤保险待遇应当由用人单位偿还。用人单位不偿还的，社会保险经办机构可以依照本法第六十三条的规定追偿。

第四十二条　由于第三人的原因造成工伤，第三人不支付工伤医疗费用或者无法确定第三人的，由工伤保险基金先行支付。工伤保险基金先行支付后，有权向第三人追偿。

第四十三条　工伤职工有下列情形之一的，停止享受工伤保险待遇：

（一）丧失享受待遇条件的；

（二）拒不接受劳动能力鉴定的；

（三）拒绝治疗的。

第五章　失业保险

第四十四条　职工应当参加失业保险，由用人单位和职工按照国家规定共同缴纳失业保险费。

第四十五条　失业人员符合下列条件的，从失业保险基金中领取失业保险金：

（一）失业前用人单位和本人已经缴纳失业保险费满一年的；

（二）非因本人意愿中断就业的；

（三）已经进行失业登记，并有求职要求的。

第四十六条　失业人员失业前用人单位和本人累计缴费满一年不足五年的，领取失业保险金的期限最长为十二个月；累计缴费满五年不足十年的，领取失业保险金的期限最长为十八个月；累计缴费十年以上的，领取失业保险金的期限最长为二十四个月。重新就业后，再次失业的，缴费时间重新计算，领取失业保险金的期限与前次失业应当领取而尚未领取的失业保险金的期限合并计算，最长不超过二十四个月。

第四十七条　失业保险金的标准，由省、自治区、直辖市人民政府确定，不得低于城市居民最低生活保障标准。

第四十八条　失业人员在领取失业保险金期间，参加职工基本医疗保险，享受基本医疗保险待遇。

失业人员应当缴纳的基本医疗保险费从失业保险基金中支付，个人不缴纳基本医疗保险费。

第四十九条　失业人员在领取失业保险金期间死亡的，参照当地对在职职工死亡的规定，向其遗属发给一次性丧葬补助金和抚恤金。所需资金从失业保险基金中支付。

个人死亡同时符合领取基本养老保险丧葬补助金、工伤保险丧葬补助金和失业保险丧葬补助金条件的，其遗属只能选择领取其中的一项。

第五十条 用人单位应当及时为失业人员出具终止或者解除劳动关系的证明，并将失业人员的名单自终止或者解除劳动关系之日起十五日内告知社会保险经办机构。

失业人员应当持本单位为其出具的终止或者解除劳动关系的证明，及时到指定的公共就业服务机构办理失业登记。

失业人员凭失业登记证明和个人身份证明，到社会保险经办机构办理领取失业保险金的手续。失业保险金领取期限自办理失业登记之日起计算。

第五十一条 失业人员在领取失业保险金期间有下列情形之一的，停止领取失业保险金，并同时停止享受其他失业保险待遇：

（一）重新就业的；

（二）应征服兵役的；

（三）移居境外的；

（四）享受基本养老保险待遇的；

（五）无正当理由，拒不接受当地人民政府指定部门或者机构介绍的适当工作或者提供的培训的。

第五十二条 职工跨统筹地区就业的，其失业保险关系随本人转移，缴费年限累计计算。

第六章　生育保险

第五十三条 职工应当参加生育保险，由用人单位按照国家规定缴纳生育保险费，职工不缴纳生育保险费。

第五十四条 用人单位已经缴纳生育保险费的，其职工享受生育保险待遇；职工未就业配偶按照国家规定享受生育医疗费用待遇。所需资金从生育保险基金中支付。

生育保险待遇包括生育医疗费用和生育津贴。

第五十五条 生育医疗费用包括下列各项：

（一）生育的医疗费用；

（二）计划生育的医疗费用；

（三）法律、法规规定的其他项目费用。

第五十六条 职工有下列情形之一的，可以按照国家规定享受生育津贴：

（一）女职工生育享受产假；

（二）享受计划生育手术休假；

（三）法律、法规规定的其他情形。

生育津贴按照职工所在用人单位上年度职工月平均工资计发。

第七章　社会保险费征缴

第五十七条　用人单位应当自成立之日起三十日内凭营业执照、登记证书或者单位印章，向当地社会保险经办机构申请办理社会保险登记。社会保险经办机构应当自收到申请之日起十五日内予以审核，发给社会保险登记证件。

用人单位的社会保险登记事项发生变更或者用人单位依法终止的，应当自变更或者终止之日起三十日内，到社会保险经办机构办理变更或者注销社会保险登记。

工商行政管理部门、民政部门和机构编制管理机关应当及时向社会保险经办机构通报用人单位的成立、终止情况，公安机关应当及时向社会保险经办机构通报个人的出生、死亡以及户口登记、迁移、注销等情况。

第五十八条　用人单位应当自用工之日起三十日内为其职工向社会保险经办机构申请办理社会保险登记。未办理社会保险登记的，由社会保险经办机构核定其应当缴纳的社会保险费。

自愿参加社会保险的无雇工的个体工商户、未在用人单位参加社会保险的非全日制从业人员以及其他灵活就业人员，应当向社会保险经办机构申请办理社会保险登记。

国家建立全国统一的个人社会保障号码。个人社会保障号码为公民身份号码。

第五十九条　县级以上人民政府加强社会保险费的征收工作。

社会保险费实行统一征收，实施步骤和具体办法由国务院规定。

第六十条　用人单位应当自行申报、按时足额缴纳社会保险费，非因不可抗力等法定事由不得缓缴、减免。职工应当缴纳的社会保险费由用人单位代扣代缴，用人单位应当按月将缴纳社会保险费的明细情况告知本人。

无雇工的个体工商户、未在用人单位参加社会保险的非全日制从业人员以及其他灵活就业人员，可以直接向社会保险费征收机构缴纳社会保险费。

第六十一条　社会保险费征收机构应当依法按时足额征收社会保险费，并将缴费情况定期告知用人单位和个人。

第六十二条　用人单位未按规定申报应当缴纳的社会保险费数额的，按照该单位上月缴费额的百分之一百一十确定应当缴纳数额；缴费单位补办申报手续后，由社会保险费征收机构按照规定结算。

第六十三条　用人单位未按时足额缴纳社会保险费的，由社会保险费征收机构责令其限期缴纳或者补足。

用人单位逾期仍未缴纳或者补足社会保险费的，社会保险费征收机构可以向银行和其他金融机构查询其存款账户；并可以申请县级以上有关行政部门作出划拨社会保险费的决定，书面通知其开户银行或者其他金融机构划拨社会保险费。用人单位账户余额少于应当缴纳的社会保险费的，社会保险费征收机构可以要求该用人单位提供担保，签订延期缴费协议。

用人单位未足额缴纳社会保险费且未提供担保的，社会保险费征收机构可以申请人民法院扣押、查封、拍卖其价值相当于应当缴纳社会保险费的财产，以拍卖所得抵缴社会保险费。

第八章 社会保险基金

第六十四条 社会保险基金包括基本养老保险基金、基本医疗保险基金、工伤保险基金、失业保险基金和生育保险基金。各项社会保险基金按照社会保险险种分别建账，分账核算，执行国家统一的会计制度。

社会保险基金专款专用，任何组织和个人不得侵占或者挪用。

基本养老保险基金逐步实行全国统筹，其他社会保险基金逐步实行省级统筹，具体时间、步骤由国务院规定。

第六十五条 社会保险基金通过预算实现收支平衡。

县级以上人民政府在社会保险基金出现支付不足时，给予补贴。

第六十六条 社会保险基金按照统筹层次设立预算。社会保险基金预算按照社会保险项目分别编制。

第六十七条 社会保险基金预算、决算草案的编制、审核和批准，依照法律和国务院规定执行。

第六十八条 社会保险基金存入财政专户，具体管理办法由国务院规定。

第六十九条 社会保险基金在保证安全的前提下，按照国务院规定投资运营实现保值增值。

社会保险基金不得违规投资运营，不得用于平衡其他政府预算，不得用于兴建、改建办公场所和支付人员经费、运行费用、管理费用，或者违反法律、行政法规规定挪作其他用途。

第七十条 社会保险经办机构应当定期向社会公布参加社会保险情况以及社会保险基金的收入、支出、结余和收益情况。

第七十一条 国家设立全国社会保障基金，由中央财政预算拨款以及国务院批准的其他方式筹集的资金构成，用于社会保障支出的补充、调剂。全国社会保障基金由全国社会保障基金管理运营机构负责管理运营，在保证安全的前提下实现保值增值。

全国社会保障基金应当定期向社会公布收支、管理和投资运营的情况。国务院财政部门、社会保险行政部门、审计机关对全国社会保障基金的收支、管理和投资运营情况实施监督。

第九章　社会保险经办

第七十二条　统筹地区设立社会保险经办机构。社会保险经办机构根据工作需要，经所在地的社会保险行政部门和机构编制管理机关批准，可以在本统筹地区设立分支机构和服务网点。

社会保险经办机构的人员经费和经办社会保险发生的基本运行费用、管理费用，由同级财政按照国家规定予以保障。

第七十三条　社会保险经办机构应当建立健全业务、财务、安全和风险管理制度。、

社会保险经办机构应当按时足额支付社会保险待遇。

第七十四条　社会保险经办机构通过业务经办、统计、调查获取社会保险工作所需的数据，有关单位和个人应当及时、如实提供。

社会保险经办机构应当及时为用人单位建立档案，完整、准确地记录参加社会保险的人员、缴费等社会保险数据，妥善保管登记、申报的原始凭证和支付结算的会计凭证。

社会保险经办机构应当及时、完整、准确地记录参加社会保险的个人缴费和用人单位为其缴费，以及享受社会保险待遇等个人权益记录，定期将个人权益记录单免费寄送本人。

用人单位和个人可以免费向社会保险经办机构查询、核对其缴费和享受社会保险待遇记录，要求社会保险经办机构提供社会保险咨询等相关服务。

第七十五条　全国社会保险信息系统按照国家统一规划，由县级以上人民政府按照分级负责的原则共同建设。

第十章　社会保险监督

第七十六条　各级人民代表大会常务委员会听取和审议本级人民政府对社会保险基金的收支、管理、投资运营以及监督检查情况的专项工作报告，组织对本法实施情况的执法检查等，依法行使监督职权。

第七十七条　县级以上人民政府社会保险行政部门应当加强对用人单位和个人遵守社会保险法律、法规情况的监督检查。

社会保险行政部门实施监督检查时，被检查的用人单位和个人应当如实提

供与社会保险有关的资料，不得拒绝检查或者谎报、瞒报。

第七十八条 财政部门、审计机关按照各自职责，对社会保险基金的收支、管理和投资运营情况实施监督。

第七十九条 社会保险行政部门对社会保险基金的收支、管理和投资运营情况进行监督检查，发现存在问题的，应当提出整改建议，依法作出处理决定或者向有关行政部门提出处理建议。社会保险基金检查结果应当定期向社会公布。

社会保险行政部门对社会保险基金实施监督检查，有权采取下列措施：

（一）查阅、记录、复制与社会保险基金收支、管理和投资运营相关的资料，对可能被转移、隐匿或者灭失的资料予以封存；

（二）询问与调查事项有关的单位和个人，要求其对与调查事项有关的问题作出说明、提供有关证明材料；

（三）对隐匿、转移、侵占、挪用社会保险基金的行为予以制止并责令改正。

第八十条 统筹地区人民政府成立由用人单位代表、参保人员代表，以及工会代表、专家等组成的社会保险监督委员会，掌握、分析社会保险基金的收支、管理和投资运营情况，对社会保险工作提出咨询意见和建议，实施社会监督。

社会保险经办机构应当定期向社会保险监督委员会汇报社会保险基金的收支、管理和投资运营情况。社会保险监督委员会可以聘请会计师事务所对社会保险基金的收支、管理和投资运营情况进行年度审计和专项审计。审计结果应当向社会公开。

社会保险监督委员会发现社会保险基金收支、管理和投资运营中存在问题的，有权提出改正建议；对社会保险经办机构及其工作人员的违法行为，有权向有关部门提出依法处理建议。

第八十一条 社会保险行政部门和其他有关行政部门、社会保险经办机构、社会保险费征收机构及其工作人员，应当依法为用人单位和个人的信息保密，不得以任何形式泄露。

第八十二条 任何组织或者个人有权对违反社会保险法律、法规的行为进行举报、投诉。

社会保险行政部门、卫生行政部门、社会保险经办机构、社会保险费征收机构和财政部门、审计机关对属于本部门、本机构职责范围的举报、投诉，应当依法处理；对不属于本部门、本机构职责范围的，应当书面通知并移交有权处理的部门、机构处理。有权处理的部门、机构应当及时处理，不得推诿。

第八十三条 用人单位或者个人认为社会保险费征收机构的行为侵害自己合法权益的，可以依法申请行政复议或者提起行政诉讼。

用人单位或者个人对社会保险经办机构不依法办理社会保险登记、核定社会保险费、支付社会保险待遇、办理社会保险转移接续手续或者侵害其他社会保险权益的行为，可以依法申请行政复议或者提起行政诉讼。

个人与所在用人单位发生社会保险争议的，可以依法申请调解、仲裁，提起诉讼。用人单位侵害个人社会保险权益的，个人也可以要求社会保险行政部门或者社会保险费征收机构依法处理。

第十一章 法律责任

第八十四条 用人单位不办理社会保险登记的，由社会保险行政部门责令限期改正；逾期不改正的，对用人单位处应缴社会保险费数额一倍以上三倍以下的罚款，对其直接负责的主管人员和其他直接责任人员处五百元以上三千元以下的罚款。

第八十五条 用人单位拒不出具终止或者解除劳动关系证明的，依照《中华人民共和国劳动合同法》的规定处理。

第八十六条 用人单位未按时足额缴纳社会保险费的，由社会保险费征收机构责令限期缴纳或者补足，并自欠缴之日起，按日加收万分之五的滞纳金；逾期仍不缴纳的，由有关行政部门处欠缴数额一倍以上三倍以下的罚款。

第八十七条 社会保险经办机构以及医疗机构、药品经营单位等社会保险服务机构以欺诈、伪造证明材料或者其他手段骗取社会保险基金支出的，由社会保险行政部门责令退回骗取的社会保险金，处骗取金额二倍以上五倍以下的罚款；属于社会保险服务机构的，解除服务协议；直接负责的主管人员和其他直接责任人员有执业资格的，依法吊销其执业资格。

第八十八条 以欺诈、伪造证明材料或者其他手段骗取社会保险待遇的，由社会保险行政部门责令退回骗取的社会保险金，处骗取金额二倍以上五倍以下的罚款。

第八十九条 社会保险经办机构及其工作人员有下列行为之一的，由社会保险行政部门责令改正；给社会保险基金、用人单位或者个人造成损失的，依法承担赔偿责任；对直接负责的主管人员和其他直接责任人员依法给予处分：

（一）未履行社会保险法定职责的；

（二）未将社会保险基金存入财政专户的；

（三）克扣或者拒不按时支付社会保险待遇的；

（四）丢失或者篡改缴费记录、享受社会保险待遇记录等社会保险数据、个人权益记录的；

（五）有违反社会保险法律、法规的其他行为的。

第九十条　社会保险费征收机构擅自更改社会保险费缴费基数、费率，导致少收或者多收社会保险费的，由有关行政部门责令其追缴应当缴纳的社会保险费或者退还不应当缴纳的社会保险费；对直接负责的主管人员和其他直接责任人员依法给予处分。

第九十一条　违反本法规定，隐匿、转移、侵占、挪用社会保险基金或者违规投资运营的，由社会保险行政部门、财政部门、审计机关责令追回；有违法所得的，没收违法所得；对直接负责的主管人员和其他直接责任人员依法给予处分。

第九十二条　社会保险行政部门和其他有关行政部门、社会保险经办机构、社会保险费征收机构及其工作人员泄露用人单位和个人信息的，对直接负责的主管人员和其他直接责任人员依法给予处分；给用人单位或者个人造成损失的，应当承担赔偿责任。

第九十三条　国家工作人员在社会保险管理、监督工作中滥用职权、玩忽职守、徇私舞弊的，依法给予处分。

第九十四条　违反本法规定，构成犯罪的，依法追究刑事责任。

第十二章　附　　则

第九十五条　进城务工的农村居民依照本法规定参加社会保险。

第九十六条　征收农村集体所有的土地，应当足额安排被征地农民的社会保险费，按照国务院规定将被征地农民纳入相应的社会保险制度。

第九十七条　外国人在中国境内就业的，参照本法规定参加社会保险。

第九十八条　本法自 2011 年 7 月 1 日起施行。

《劳动法(第二版)》
操作与习题手册

赵德淳 编

经济科学出版社

目　录

第一章　劳动法概述

一、练习题

（一）单项选择题

1. 在下列社会关系中，不属于《劳动法》调整对象的是（　　）。
   A. 劳动关系
   B. 处理劳动争议发生的关系
   C. 承揽关系
   D. 监督劳动法执行方面的关系

2. 在下列各项中，不适用《劳动法》的是（　　）。
   A. 中外合资企业的劳动者
   B. 国家机关中的公务员
   C. 事业单位中的工勤人员
   D. 民营企业中的劳动者

3. 为了保护（　　）的合法权益，制定了《劳动法》。
   A. 用人单位
   B. 劳动者
   C. 用人单位和劳动者
   D. 用人单位或者劳动者

4. 根据《劳动法》的规定，用人单位应当依法建立和完善（　　），保障劳动者享有劳动权利和履行劳动义务。
   A. 社会保险制度
   B. 规章制度
   C. 工会
   D. 劳动争议处理制度

5. 根据《劳动法》的规定，（　　）代表和维护劳动者的合法权益，依法独立自主地开展活动。
   A. 工会　　　　　　B. 企业　　　　　　C. 用人单位　　　　　　D. 行业协会

6. 下列关于《劳动法》调整对象的表述中，不正确的是（　　）。
   A. 所有的企业内部劳动关系都适用劳动法调整
   B. 国家机关与公务员之间的劳动关系适用劳动法调整
   C. 个体经济组织与其聘用的劳动者之间的劳动关系适用劳动法调整
   D. 乡镇企业内部的劳动关系适用劳动法调整

（二）多项选择题

1. 我国目前的《劳动法》体系包括（　　）。
   A. 劳动法律
   B. 劳动行政法规
   C. 劳动部门规章
   D. 司法解释

2. 我国《劳动法》的内容包括（　　）。
   A. 劳动者的劳动权利与义务
   B. 劳动就业的有关规定
   C. 劳动合同与集体合同制度
   D. 工作时间与休息时间制度

3. 《劳动法》调整的劳动关系具有的法律特征包括（　　）。

  A. 劳动关系的双方当事人，一方是劳动者，另一方是劳动者所在单位

  B. 劳动关系的一方当事人从属于另一方当事人

  C. 劳动关系是基于劳动而产生的一种特定社会关系

  D. 劳动关系的双方当事人法律地位不平等

4. 《劳动法》调整的与劳动关系有密切联系的其他社会关系包括（   ）。

  A. 处理劳动争议而发生的关系   B. 劳动管理方面的关系

  C. 社会保障方面的关系   D. 监督劳动法执行方面的关系

5. 下列各项中，适用《劳动法》的包括（   ）。

  A. 某股份有限公司   B. 某有限责任公司

  C. 某个人独资企业   D. 某合伙企业

6. 《劳动法》中的三方协调劳动关系原则中的三方包括（   ）。

  A. 政府   B. 工会组织   C. 企业组织代表   D. 妇联组织

7. 《劳动法》规定的劳动者权利包括（   ）。

  A. 劳动者享有平等就业和选择职业的权利   B. 取得劳动报酬的权利

  C. 休息休假的权利   D. 获得劳动安全卫生保护的权利

（三）案例分析题

  被诉人系某晚报的发行公司，负责销售和投递某晚报及其系列报刊。申诉人于1997年11月23日开始在被诉单位担任投递员，从事某晚报的征订、投递及其他物品配送工作。被诉人发给申诉人加盖有其公章的《工作证》。2002年11月13日，双方签订为期一年的《劳务责任协议书》，双方约定就相关工作达成"兼职劳务协议"。2004年8月28日，申诉人参加了被诉人组织的"公司基层骨干训练营"并经考核认定，申诉人初步掌握了业务开拓、客户服务、员工激励及基层管理的相关技能，被诉人发给申诉人结业证书。被诉人于2005年3月15日制定了《发行站投递员工作考评制度》，对包括申诉人在内的发行站投递员在工作纪律、服务质量、发行业绩、投递线路横向产品业绩等方面进行考评。

  2005年4月19日，双方再次签订《劳务责任协议书》，内容包括：被诉人委托申诉人提供的劳务是在某地区发行站担任报纸投递、收订报纸及送水、回收废报等；被诉人视工作岗位需要确定申诉人的工作时段，并在申诉人按要求完成工作任务后支付劳务费；被诉人为申诉人购买人身意外保险，申诉人如以自由职业者身份在户口所在地的劳动与社会保障部门缴纳基本养老保险后，可凭缴费收据向被诉人申领50元/月的社保补贴，申诉人不得以任何理由向被诉人提出有关社保方面的要求；协议有效期自2005年4月19日起至2006年4月19日止。

  被诉人要求投递员在每日13:30到发行站进行准备工作，待晚报印刷出厂并送到发行站后即按固定路线投递，投递员在投递时必须使用被诉人的工作服、工作证、自行车、包等工具；投递时不得从事非被诉人业务的工作；根据投递线路的不同，完成投递的时间为3~5个小时不等；被诉人对投递员在完成投递之外是否在其他用人单位从事兼职工作不做限制，但禁止投递员在从事非被诉人业务时以被诉人的名义，使用被诉人的工作服、工

作证、工具等。被诉人按月通过银行转账支付投递员的劳动报酬。在工作中，申诉人与被诉人发生争议，申诉人认为与被诉人之间存在劳动关系，要求被诉人为其缴纳各种社会保险。

被诉人认为，与申诉人曾签有《劳务责任协议书》，其中明确双方的法律关系是劳务关系。物流配送人员确实持有"工作证"，所谓"工作证"主要是为了物流配送人员取得客户信任，方便出入小区或者上门服务需要，"工作证"不能证明双方之间成立劳动关系。关于"培训证书"，被诉单位的证书是固定版式，其颁发对象是各基层业务管理人员（合同制员工），被诉人在定期为各基层骨干业务管理人员进行业务培训时，也会对部分完成劳务的物流配送人员（劳务工）进行培训，目的是为了使物流配送人员更好地履行劳务。关于申诉人提供的"工资表"，由于没有本人签名，被诉人不承认该证据的真实性。被诉人在财务账上管理人员为"工资账"，劳务人员为"劳务账"。就申诉人提供的银行存折上入账时是"工资"，是由于银行出账只有"工资""奖金"两个项目。"发行站投递员工作考评制度"明确指出本考评制度是为了规范发行站投递员劳务行为，指导劳务工更好地履行劳务。申诉人要求认定为其劳务关系为劳动关系，没有依据。

要求：根据上述情况，结合劳动法的有关规定，回答下列问题：

（1）申诉人要求确认申诉人与被诉人之间自 1997 年 11 月 23 日至今存在劳动关系是否合法？为什么？

（2）申诉人要求被诉人为申诉人补办 1997 年 11 月 23 日至今的养老、失业、医疗、工伤等社会保险的缴交手续是否合法？为什么？

申诉人：

陈某，某轻工集团总公司培训中心合同制培训教师

李某，某轻工集团总公司培训中心合同制培训教师

孙某，某轻工集团总公司培训中心合同制培训教师

被诉人：某轻工集团总公司

法定代表人：王某，某轻工集团总公司总经理

申诉人人于 2005 年 6 月 3 日发现，公司给予在某轻工集团总公司培训中心工作的男教师的工资均高于女教师 300 元，于是以公司实行男女歧视、同工不同酬为由，向当地劳动争议仲裁委员会申诉，要求同工同酬。

劳动争议仲裁委员会查明：某轻工集团总公司培训中心 2004 年 5 月成立，陈某、李某、孙某等 6 名具有中级职称的女性与 13 名具有中级职称的男性教师于 2004 年 4 月 8 日同时被总公司聘为培训中心合同制教师，聘用期均为 5 年，分别担任法律、英语、贸易、会计等专业任课教师，教学课时均为每周 38 小时（含自习课），并且都教 3 个班级，但是男教师月工资为 2950 元，女教师却只有 2650 元，奖金、福利及住房待遇均相同。2005 年 5 月 3 日培训中心在准备加薪征求众教师意见时，才知晓男教师工资都比女教师高 300 元。

要求：申诉人要求某轻工集团总公司培训中心补发工资，实行男女同工同酬合理吗？

二、习题答案

（一）单项选择题
1. C   2. B   3. B   4. B   5. A   6. B

（二）多项选择题
1. ABCD   2. ABCD   3. ABC   4. ABCD   5. ABCD
6. ABC   7. ABCD

（三）案例分析题

1. 答：（1）劳务关系是一般民事关系，属于民法调整的范畴，当事人只要具备相应的民事行为能力和权利能力即可，并按照意思自治原则自行约定双方的权利和义务。而劳动关系属于劳动法调整的范畴，劳动关系的当事人只能是具有劳动权利能力和行为能力的劳动者与用人单位。此外，劳动法对于劳动权利和义务有明确的规定，如社会保险、最低工资标准等，在法律规定的基础上，当事人可在平等自愿、协商一致的基础上约定额外的劳动权利和义务，作为法定权利和义务的补充。在本案中，申、被诉双方均为《劳动法》调整的劳动关系当事人，申诉人作为劳动者具有完全的劳动权利能力和行为能力，而被诉人是具有用人资格的企业。根据申、被诉双方签订的《劳务责任协议书》和实际的履行情况，申诉人作为被诉人的投递员，接受被诉人的劳动管理，从事的是被诉人安排的有报酬的劳动，且申诉人提供的劳动是被诉人业务的组成部分，申、被诉双方建立的是劳动关系而非劳务关系，双方签订的《劳务责任协议书》实为劳动合同。

（2）被诉单位投递员的工作任务为每日 13：30 开始按固定线路投递某晚报，至 18：00 结束，申诉人每日工作不超过 5 小时，且被诉人在《劳务责任协议书》中允许包括申诉人在内的投递员，在工作时间之外从事兼职工作，被诉人与申诉人建立的劳动关系，符合用人单位灵活用工、劳动者自主择业的非全日制用工模式。非全日制用工形式突破了传统的每日工作 8 小时、劳动者固定只为一个用人单位提供劳动的全日制用工形式，符合现实生活中用人单位节约用工成本、劳动者充分利用可工作时间获取报酬的双重需要。对此，劳动保障部在《关于非全日制用工若干问题的意见》（劳社部发〔2003〕12 号）中加以明确和规范，正式承认了非全日制用工模式，并纳入劳动法的调整范畴。被诉人对包括申诉人在内的投递员的劳动关系，应按非全日制用工模式进行管理，申、被诉双方均应承担《劳动法》规定的相应的劳动权利和义务。

根据《关于非全日制用工若干问题的意见》第三条的规定，非全日制工作的劳动者应当原则上参照个体工商户的参保办法参加基本养老保险，并以个人身份参加基本医疗保险，被诉人应当按照双方在《劳务责任协议书》中的约定，凭缴费收据向申诉人支付社保补贴 50 元/月。申诉人要求被诉人补办基本养老保险和医疗保险费的缴交手续，没有依据。被诉人应当按照国家有关规定为非全日制劳动者缴纳工伤保险费，申诉人要求被诉人补办工伤保险费缴交手续，应向社会保险经办机构申请解决，以行政方式处理被诉单位的违法行为。

2. 答：劳动争议仲裁委员会经过调解，调解结果：

（1）被诉人决定补发申诉人比男性教师少发的每月300元工资，总计2700元。

（2）培训中心保证加薪方案实行同工同酬。

处理依据：用人单位有权依法自主确定本单位的工资分配方式和工资水平，但是根据《劳动法》第四十六条规定："工资分配应当遵循按劳分配原则，实行同工同酬。"《中华人民共和国妇女权益保障法》第二十三条、第二十四条规定："实行男女同工同酬。在分配住房和享受福利待遇方面男女平等。""在晋职、晋级、评定专业技术职务等方面，应当坚持男女平等的原则，不得歧视妇女。"劳动部《关于〈劳动法〉若干条文的说明》规定："《劳动法》第四十六条中的'同工同酬'是指用人单位对从事相同工作，付出等量劳动且取得相同劳动成绩的劳动者，应支付同等的劳动报酬。"本案中申诉人虽为女性教师，但与单位男性教师相比，同等职称，同样教学课时任务，没有其他不同，仅仅因为性别不同而劳动报酬相差300元，确是男女同工不同酬，违反上述法律、法规规定，应当纠正。

（1）工资分配必须坚持同工同酬，即不分种族、年龄以及宗教信仰等差别，只要是在同一岗位工作，提供同样的劳动，就应得到同样的报酬，不得有任何的歧视。

（2）男女平等是我国宪法明文规定的基本原则。我国《劳动法》和《妇女权益保障法》均明确规定实行男女同工同酬的分配原则。实行男女同工同酬原则，是我国宪法确定按劳分配的社会主义分配原则在《劳动法》中的具体体现，用人单位不得在男女劳动者同等劳动条件下，按性别差异支付不同的劳动报酬。

第二章　国际劳动立法

一、练习题

（一）单项选择题

1. 《劳动法》成为一个独立的法律部门，是从（　　）分离出来的。
   A.《刑法》　　　　B.《民法》　　　　C.《行政法》　　　　D.《经济法》

2. 现代《劳动法》的开端是（　　）。
   A.《学徒健康和道德法》　　　　　　B.《工厂和作坊法》
   C.《普鲁士工厂矿山条例》　　　　　D.《劳工法规》

3. 采用国际立法的办法来改善各国工人劳动状况的思想，早在（　　）就已经在欧洲出现。
   A. 18 世纪初　　　B. 19 世纪初　　　C. 20 世纪初　　　D. 20 世纪末

4. 国际劳动法协会于 1900 年在（　　）正式成立。
   A. 柏林　　　　　B. 巴黎　　　　　C. 伦敦　　　　　D. 华盛顿

5. 国际劳动法协会于 1901 年在瑞士的巴塞尔召开第一次代表大会，讨论柏林会议的决议，特别注意禁止妇女做夜工和（　　）。
   A. 保护未成年工　　　　　　　　　B. 减少工作时间
   C. 取缔妨害健康的工作　　　　　　D. 增加就业机会

6. 国际劳动法协会 1902 年在德国科隆召开了第二次代表大会，讨论禁止使用白磷和（　　）的问题。
   A. 工业乙醇　　　　B. 白铅　　　　C. 高度酒精　　　　D. 有毒气体

7. 国际劳动法协会于 1912 年召开的第七次代表大会决定另外起草《关于禁止未成年工做夜工公约》和《关于女工和未成年工每日最多工作时间公约》，准备提交 1914 年国际会议批准，但是因为爆发（　　），这次会议未能举行。
   A. 经济危机　　　　　　　　　　　B. 通货膨胀
   C. 工人革命　　　　　　　　　　　D. 第一次世界大战

8. 国际劳工组织于（　　）正式宣告成立。
   A. 1919 年 6 月　　B. 1924 年 6 月　　C. 1925 年 6 月　　D. 1928 年 6 月

（二）多项选择题

1. 国际劳动法协会于 1900 年在巴黎正式成立。协会的宗旨包括（　　）。
   A. 联合一切相信国际劳动法是必要的人　　B. 组织国际劳动机关
   C. 提倡制定关于劳动状况的公约　　　　　D. 召开国际大会讨论劳动法

2. 国际劳动立法的形式主要包括（　　）。

A. 国际劳工公约　　B. 国际劳动法　　C. 国际劳动条约　　D. 建议书

3. 国际劳工局在制定《国际劳动法》时，首先要遵循制定《国际劳动法》的指导原则，同时也要考虑以下几个因素（　　）。

A. 新公约所影响的工人数量

B. 对低层次的劳动者及无组织和得不到保护的劳动者的重要性

C. 新公约对劳工世界的重要性

D. 该公约将使工人的基本权利提高的程度

4. 国际劳工大会任命一个三方性的委员会包括（　　）。

A. 政府　　　　　　B. 雇主　　　　　　C. 工人　　　　　　D. 消费者协会

5. 制定国际劳工公约和建议书的指导原则，在第二次世界大战以前，是1919年《国际劳动宪章》中提出的9项原则。其内容主要包括（　　）。

A. 工人和雇主都有自由结社权

B. 工人应获得足以维持生活的工资

C. 工人的工作时间以每日8小时或每周48小时为标准

D. 本籍工人与外籍工人待遇平等

6. 1944年国际劳工组织通过的费城宣言又重申和丰富了国际劳动立法的基本原则。费城宣言的原则包括（　　）。

A. 达到充分就业和提高生活标准

B. 提供充分的营养、住宅和文化娱乐设施

C. 保证教育和职业机会均等

D. 充分地保护各业工人的生命和健康

7. 在国际劳动立法中，基本权利公约包括（　　）。

A. 关于结社自由的公约　　　　　　B. 关于强迫劳动的公约

C. 关于就业歧视的公约和建议书　　D. 关于每周休息的公约

8. 国际劳工组织的组织机构包括（　　）。

A. 国际劳工大会　　B. 理事会　　C. 国际劳工局　　D. 国际劳动法院

二、习题答案

（一）单项选择题

1. B　　2. A　　3. B　　4. B　　5. C　　6. B　　7. D　　8. A

（二）多项选择题

1. ABCD　　2. AD　　3. ABCD　　4. ABC　　5. ABCD　　6. ABCD

7. ABC　　8. ABC

第三章　劳动就业

一、练习题

（一）单项选择题

1. 我国劳动就业的最低年龄是（　　）。
   A. 14 周岁 　　　　B. 15 周岁 　　　　C. 16 周岁 　　　　D. 18 周岁

2. 在下列法律中，对于促进就业、发展和谐劳动关系、推动经济发展，实现社会和谐稳定具有重要作用的法律是（　　）。
   A. 《劳动法》 　　　　　　　　　　B. 《劳动合同法》
   C. 《劳动争议调解仲裁法》 　　　　D. 《就业促进法》

3. 《劳动法》规定，妇女享有与男子平等的就业权利。在录用职工时，除国家规定的不适合妇女的工种或者岗位外，不得以性别为由拒绝录用妇女或者提高对妇女的录用标准。以上规定体现了劳动就业的（　　）。
   A. 公平就业的原则 　　　　　　　　B. 相互选择的原则
   C. 照顾特殊群体人员就业的原则 　　D. 妇女优先就业原则

4. 国家把扩大就业放在经济社会发展的突出位置，实施积极的就业政策，坚持劳动者自主择业、市场调节就业、（　　）的方针，多渠道扩大就业。
   A. 国家保障就业 　　B. 社会保障就业 　　C. 社会促进就业 　　D. 政府促进就业

5. 县级以上人民政府建立（　　），对可能出现的较大规模的失业，实施预防、调节和控制。
   A. 失业保险制度 　　B. 失业预警制度 　　C. 社会保障制度 　　D. 社会福利制度

6. 为了促进劳动者提高职业技能，增强就业能力和创业能力，国家依法（　　），鼓励开展职业培训。
   A. 发展高等教育 　　B. 发展职业教育 　　C. 发展中等教育 　　D. 发展全民教育

7. 农村劳动者进城就业享有与城镇劳动者平等的劳动权利，不得对农村劳动者进城就业设置（　　）。
   A. 法律限制 　　　　B. 歧视性限制 　　　　C. 经济限制 　　　　D. 社会限制

（二）多项选择题

1. 《劳动法》上所指的劳动就业具有以下特征（　　）。
   A. 劳动者必须有从事劳动就业的资格
   B. 劳动者本人要有进行劳动的愿望
   C. 劳动者从事的劳动必须是有报酬、有收入的劳动
   D. 劳动者从事的是合法劳动

2. 政府在促进劳动就业方面的职责包括（　　　）。

  A. 建立劳动就业工作目标责任制度

  B. 制定实施有利于就业的经济和社会政策

  C. 加强就业服务和管理

  D. 建立健全失业保险制度

3. 照顾特殊群体人员就业原则中所指的特殊群体人员是指（　　　）。

  A. 妇女　　　　　　　　　　　　B. 残疾人

  C. 少数民族人员　　　　　　　　D. 退出现役的军人

4. 从事职业中介活动，应当遵循（　　）的原则。

  A. 合法　　　　　B. 诚实信用　　　　C. 公平　　　　　D. 公开

5. 劳动者依法享有平等就业和自主择业的权利。劳动者就业，不因（　　　）等不同而受歧视。

  A. 民族　　　　　　B. 种族　　　　　　C. 性别　　　　　　D. 宗教信仰

二、习题答案

（一）单项选择题

1. C　　　2. D　　　3. A　　　4. D　　　5. B　　　6. B　　　7. B

（二）多项选择题

1. ABCD　　　2. ABCD　　　3. ABCD　　　4. ABCD　　　5. ABCD

第四章 劳动合同与集体合同

一、练习题

(一) 单项选择题

1. 《劳动合同法》规定，用人单位应当依法建立和完善（   ），保障劳动者享有劳动权利、履行劳动义务。

    A. 劳动规章制度   B. 劳动合同制度

    C. 劳动合同管理制度   D. 劳动合同聘用制度

2. 用人单位在制定、修改或者决定有关劳动报酬、工作时间、休息休假、劳动安全卫生、保险福利、职工培训、劳动纪律以及劳动定额管理等直接涉及劳动者切身利益的规章制度或者重大事项时，应当经职工代表大会或者（   ）讨论，提出方案和意见，与工会或者职工代表平等协商确定。

    A. 工会   B. 全体职工   C. 上级主管部门   D. 董事会

3. 县级以上人民政府劳动行政部门会同工会和企业方面代表，建立健全协调（   ），共同研究解决有关劳动关系的重大问题。

    A. 劳动合同制度   B. 重大劳动问题协商机制

    C. 人民代表大会制度   D. 劳动关系三方机制

4. 用人单位自（   ）即与劳动者建立劳动关系。用人单位应当建立职工名册备查。

    A. 签订劳动合同之日起   B. 劳动合同登记之日起

    C. 用工之日起   D. 集体合同签订之日起

5. 已建立劳动关系，未同时订立书面劳动合同的，应当自用工之日起（   ）个月内订立书面劳动合同。

    A. 1   B. 2   C. 3   D. 4

6. 用人单位自用工之日起满（   ）不与劳动者订立书面劳动合同的，视为用人单位与劳动者已订立无固定期限劳动合同。

    A. 6 个月   B. 1 年   C. 2 年   D. 3 年

7. 同一用人单位与同一劳动者只能约定（   ）次试用期。

    A. 1   B. 2   C. 3   D. 4

8. 以完成一定工作任务为期限的劳动合同或者劳动合同期限不满（   ）个月的，不得约定试用期。

    A. 3   B. 4   C. 5   D. 6

9. 劳动者在试用期内提前（   ）日通知用人单位，可以解除劳动合同。

    A. 1   B. 2   C. 3   D. 4

10. 劳务派遣单位应当依照《公司法》的有关规定设立，注册资本不得少于（   ）。

　　A. 20 万元　　　　　　B. 30 万元　　　　　　C. 40 万元　　　　　　D. 200 万元

11. 劳务派遣单位应当与被派遣劳动者订立（　　）年以上的固定期限劳动合同，按月支付劳动报酬。

　　A. 1　　　　　　　　　B. 2　　　　　　　　　C. 3　　　　　　　　　D. 4

12. 非全日制用工，是指以小时计酬为主，劳动者在同一用人单位一般平均每日工作时间不超过（　　）小时，每周工作时间累计不超过二十四小时的用工形式。

　　A. 2　　　　　　　　　B. 3　　　　　　　　　C. 4　　　　　　　　　D. 5

（二）多项选择题

1. 订立劳动合同，应当遵循的原则包括（　　）。

　　A. 合法原则　　　　　　B. 公平原则　　　　　　C. 平等自愿原则　　　　D. 协商一致原则

2. 劳动合同分为（　　）。

　　A. 固定期限劳动合同　　　　　　　　　　B. 无固定期限劳动合同

　　C. 以完成一定工作任务为期限的劳动合同　　D. 临时劳动合同

3. 劳动合同应当具备的条款包括（　　）。

　　A. 劳动合同期限　　　　　　　　　　　　B. 工作内容和工作地点

　　C. 工作时间和休息休假　　　　　　　　　D. 劳动报酬

4. 下列劳动合同无效或者部分无效的是（　　）。

　　A. 以欺诈、胁迫的手段或者乘人之危，使对方在违背真实意思的情况下订立或者变更劳动合同的

　　B. 用人单位免除自己的法定责任、排除劳动者权利的

　　C. 违反法律、行政法规强制性规定的

　　D. 违反地方性法规强制性规定的

5. 用人单位变更（　　）等事项，不影响劳动合同的履行。

　　A. 名称　　　　　　　B. 法定代表人　　　　C. 主要负责人　　　　　D. 投资人

6. 用人单位有下列情形之一的，劳动者可以解除劳动合同的是（　　）。

　　A. 未按照劳动合同约定提供劳动保护或者劳动条件的

　　B. 未及时足额支付劳动报酬的

　　C. 未依法为劳动者缴纳社会保险费的

　　D. 用人单位的规章制度违反法律、法规的规定，损害劳动者权益的

7. 劳动者有下列情形之一的，用人单位可以解除劳动合同的是（　　）。

　　A. 在试用期间被证明不符合录用条件的

　　B. 严重违反用人单位的规章制度的

　　C. 劳动者同时与其他用人单位建立劳动关系，对完成本单位的工作任务造成严重影响，或者经用人单位提出，拒不改正的

　　D. 被依法追究刑事责任的

8. 有下列情形之一的，劳动合同可以终止的是（　　）。

　　A. 劳动合同期满的

　　B. 劳动者开始依法享受基本养老保险待遇的

C. 劳动者死亡，或者被人民法院宣告死亡或者宣告失踪的

D. 用人单位被依法宣告破产的

9. 企业职工一方与用人单位通过平等协商，可以就劳动报酬和（　　）等事项订立集体合同。

    A. 工作时间　　　　　B. 休息休假　　　　C. 劳动安全卫生　　　　D. 保险福利

10. 在劳务派遣中，用工单位应当履行的义务包括（　　）。

    A. 执行国家劳动标准，提供相应的劳动条件和劳动保护

    B. 告知被派遣劳动者的工作要求和劳动报酬

    C. 支付加班费、绩效奖金，提供与工作岗位相关的福利待遇

    D. 连续用工的，实行正常的工资调整机制

11. 县级以上地方人民政府劳动行政部门依法对下列实施劳动合同制度的情况进行监督检查的是（　　）。

    A. 用人单位制定直接涉及劳动者切身利益的规章制度及其执行的情况

    B. 用人单位与劳动者订立和解除劳动合同的情况

    C. 劳务派遣单位和用工单位遵守劳务派遣有关规定的情况

    D. 用人单位遵守国家关于劳动者工作时间和休息休假规定的情况

（三）案例分析题

1. 2005 年 10 月，某有限责任公司为了扩大生产，在社会公开招用了一批生产工人，其中有两名来自农村的生产工人刚满 15 周岁。该有限责任公司在与劳动者签订的劳动合同中约定，生产工人入厂时，为了防止生产工人在工作中毁坏公司的生产设备，每人需要向公司缴纳 2000 元风险抵押金，合同期限届满后退还。如果毁坏了公司的生产设备，则以该抵押金予以赔偿；该公司与劳动者签订的劳动合同期限为 5 年，其中劳动合同的试用期为 6 个月，公司可根据劳动者的表现随时缩短或延长试用期；在履行劳动合同过程中，公司如果发现劳动者不能胜任工作，公司可随时解除劳动合同；如遇生产任务紧张，公司可以要求全体劳动者加班，并按工资的 150% 支付加班工资；每 1 个月发放一次工资；任何一方违约，都应承担 3000 元违约金。

要求：根据上述情况，结合《劳动法》的有关规定，回答下列问题：

（1）该公司招聘未满 16 周岁的劳动者是否合法？为什么？

（2）该公司收取每人 2000 元风险抵押金是否合法？为什么？

（3）该公司可根据劳动者表现随时缩短或延长试用期是否合法？为什么？

（4）在履行劳动合同过程中，该公司如果发现劳动者不能胜任工作，公司可随时解除劳动合同是否合法？为什么？

（5）如遇生产任务紧张，公司可以要求全体员工加班，并按工资的 150% 支付加班工资是否合法？为什么？

（6）劳动者违约应承担 3000 元违约金是否合法？为什么？

2. 2005 年 12 月 1 日，某中外合资企业为了稳定、协调劳动关系，与该中外合资企业的工会组织就职工的劳动报酬、工作时间、休息休假、各种福利待遇等事项签订了集体合同，该集体合同的期限为 2006 年 1 月 1 日至 2008 年 12 月 31 日。其中，集体合同规定职

工的月工资不低于1500元。2005年12月25日，双方将集体合同提交当地劳动行政部门审查。截至2006年3月25日，劳动行政部门仍未给予答复，该中外合资企业认为该集体合同没有被劳动行政部门批准，因此，该集体合同未生效。于是，该中外合资企业于2007年10月，分别同每个职工签订劳动合同，职工的月工资标准分为1200元至1400元不等。

要求：根据以上事实，结合《劳动法》和《劳动合同法》的有关规定，回答下列问题：

（1）工会代表职工签订集体合同的主体资格是否合法？为什么？

（2）该中外合资企业签订的集体合同是否已经生效？为什么？

（3）该中外合资企业与职工签订的劳动合同中关于工资报酬条款是否合法？为什么？

3. 公民张女士于2002年6月与某副食品加工厂签订了为期5年的劳动合同，工作岗位为糕点生产线操作工。2006年5月15日，张女士经县卫生防疫站检查确诊为患有乙型肝炎。厂方以张女士患有传染病不能从事食品加工生产为由，给其3个月医疗期，并通知其自行联系单位，调出副食品加工厂。期间，张女士提出自己已怀孕3个月，并提供了医院有关证明。2006年8月15日，厂方仍以张女士患有乙肝在医疗期内未治愈为由，提前解除了与张女士的劳动合同，并一次性发给生活困难补助费2000元。接到解除劳动合同通知书的第2天，张女士即流产。随后，张女士多次以家庭生活困难为由，希望与厂方继续履行劳动合同，要求厂方按照规定发给其病假期间的工资、报销怀孕和患病期间的医疗费，并享受产假待遇；提出如不能继续履行劳动合同，也应当发给解除劳动合同的经济补偿金。厂方认为，张女士患有传染病已不适宜在该行业工作，单位按劳动法律法规规定，提前通知并按程序与其解除劳动合同合理合法，现在企业面临市场竞争，效益低下，厂里已经在极度困难的情况下，从人道主义出发，发给张女士一次性困难补助，张女士的其他要求不能接受。张女士在多次要求没有结果的情况下，于2006年9月15日向当地劳动争议仲裁委员会申请仲裁（注：按照有关法律规定，张女士所患疾病确属不适宜在食品行业工作；女职工怀孕4个月以上流产时，给予42天产假，享有产假待遇）。

要求：根据上述情况，结合有关劳动法律制度的规定，回答下列问题：

（1）该厂提前与张女士解除劳动合同的做法是否符合劳动法的规定？为什么？

（2）张女士所提出的要求是否合法？为什么？

（3）本案应当如何处理？

4. 某高校毕业生王某到甲公司应聘，公司经理对王某进行了考察，听了王某的自我介绍以后，公司经理觉得王某非常符合公司的聘用条件，当即决定录用王某。一周后，王某与公司签订了劳动合同，劳动合同期限为3年，其中试用期为3个月，2008年2月1日至2008年4月30日。

2008年4月30日，是王某试用期的最后一天，公司专门组织了有关人员对王某进行了技术考核。2008年5月6日，经过考核组对王某考评后认为，王某不符合公司的录用条件。2008年5月7日，公司做出决定，由于王某不符合公司的录用条件，根据《劳动法》和《劳动合同法》关于试用期的有关规定，公司解除与王某的劳动合同。王某不服，依法申请劳动争议仲裁。

要求：根据上述事实，回答下列有关问题：

（1）《劳动合同法》关于劳动合同的试用期有哪些规定？

（2）在本案中，用人单位是否可以不必提前通知，单方面解除劳动合同？为什么？

（3）作为劳动者，在与用人单位签订劳动合同时，对试用期条款应注意哪些问题？

（4）如果劳动者在试用期内解除劳动合同，是否需要提前通知用人单位？为什么？

5. 张某伪造毕业证，与某公司签订了为期 5 年的劳动合同，劳动合同的期限为 2008 年 1 月 1 日至 2012 年 12 月 31 日。在劳动合同的履行过程中，公司发现张某工作经常出现失误，于是对张某的工作能力产生了怀疑，经过对张某的学习经历调查，发现张某的毕业证是伪造的。

要求：根据以上事实，结合《劳动合同法》的有关规定，回答下列问题：

（1）张某与公司签订的劳动合同是否有效？为什么？

（2）根据《劳动合同法》的规定，无效的劳动合同确认权属于哪个机构？

（3）如果劳动合同无效，无效劳动合同的起始时间应当如何计算？为什么？

（4）如果公司拖欠张某的工资，劳动合同被确认为无效后，张某是否有权要求公司支付工资？

二、习题答案

（一）单项选择题

1. A   2. B   3. D   4. C   5. A   6. B   7. A   8. A   9. C
10. D   11. B   12. C

（二）多项选择题

1. ABCD   2. ABC   3. ABCD   4. ABC   5. ABCD   6. ABCD
7. ABCD   8. ABCD   9. ABCD   10. ABCD   11. ABCD

（三）案例分析题

1. 答：（1）该公司招聘未满 16 周岁的劳动者不合法。根据《劳动法》的有关规定，用人单位不得招用未满 16 周岁的未成年人。我国劳动就业的最低年龄为 16 周岁。

（2）该公司每人收取 2000 元风险抵押金不合法。根据《劳动法》的有关规定，用人单位在与劳动者签订劳动合同时，不得收取任何抵押金或抵押物（证）。《劳动合同法》也规定，用人单位招用劳动者，不得扣押劳动者的居民身份证和其他证件，不得要求劳动者提供担保或者以其他名义向劳动者收取财物。

（3）该公司可根据劳动者的表现随时缩短或延长试用期不合法。根据《劳动法》的有关规定，订立和变更劳动合同，应当遵循平等自愿、协商一致的原则，不得违反法律、行政法规的规定。调整试用期限属于变更劳动合同的内容，需要双方协商，用人单位不得单方决定。《劳动合同法》规定，同一用人单位与同一劳动者只能约定一次试用期。

（4）在履行劳动合同过程中，该公司如果发现劳动者不能胜任工作，公司可随时解除劳动合同不合法。根据《劳动合同法》的规定，劳动者不能胜任工作，经过培训或者调整工作岗位，仍不能胜任工作的，用人单位提前 30 日以书面形式通知劳动者本人或者额外支付劳动者 1 个月工资后，可以解除劳动合同。

（5）如遇生产任务紧张，公司可以要求全体员工加班，并按工资的 150% 支付加班工资不合法。根据《劳动法》的有关规定，企业安排劳动者加班，需要履行一定的审批程序，不得强求劳动者加班，并不得超过规定的加班时间。同时，要按照不同的情况支付劳动者加班工资：安排劳动者延长工作时间的，支付不低于工资的 150% 的工资报酬；休息日安排劳动者工作又不能安排补休的，支付不低于工资的 200% 的工资报酬；法定休假日安排劳动者工作的，支付不低于工资的 300% 的工资报酬。

（6）劳动者违约应承担 3000 元违约金不合法。根据《劳动合同法》的规定，在劳动合同中，只有两种情况才可以约定劳动者违反劳动合同并向用人单位支付违约金，第一种是用人单位为劳动者提供专项培训费用，对其进行专业技术培训的，可以与该劳动者订立协议，约定服务期。劳动者违反服务期约定的，应当按照约定向用人单位支付违约金。第二种是对负有保密义务的劳动者，用人单位可以在劳动合同或者保密协议中与劳动者约定竞业限制条款，并约定在解除或者终止劳动合同后，在竞业限制期限内按月给予劳动者经济补偿。劳动者违反竞业限制约定的，应当按照约定向用人单位支付违约金。除上述两种情形外，用人单位不得与劳动者约定由劳动者承担违约金。

2. 答：（1）工会代表职工签订集体合同的主体资格合法。根据《劳动法》的规定，集体合同由工会代表职工与企业签订，没有建立工会的企业，由职工推举的代表与企业签订。可见，集体合同的主体特定为一方是能够依法代表职工的工会组织或职工推举的代表，另一方面是与之相对应的企业。因此，在本案中，该中外合资企业的工会代表职工与企业签订集体合同的主体资格合法。《劳动合同法》规定，企业职工一方与用人单位通过平等协商，可以就劳动报酬、工作时间、休息休假、劳动安全卫生、保险福利等事项订立集体合同。集体合同草案应当提交职工代表大会或者全体职工讨论通过。

（2）该中外合资企业签订的集体合同已经生效。根据《劳动法》的规定，劳动行政部门对集体合同或专项集体合同有异议的，应当自收到文本之日起 15 日内将《审查意见书》送达双方协商代表。劳动行政部门自收到文本之日起 15 日内未提出异议的，集体合同或专项集体合同即行生效。在本案中，2005 年 12 月 25 日，双方将集体合同提交当地劳动行政部门审查。截至 2006 年 3 月 25 日，劳动行政部门仍未给予答复，该集体合同即行生效。劳动合同法规定，集体合同订立后，应当报送劳动行政部门；劳动行政部门自收到集体合同文本之日起 15 日内未提出异议的，集体合同即行生效。

（3）该中外合资企业与职工签订的劳动合同中关于工资报酬条款不合法。根据《劳动法》的规定，集体合同的效力高于劳动合同，集体合同适用于企业全体职工；劳动合同仅对劳动者个人有约束力。集体合同规定了本企业的最低劳动标准，劳动合同规定的各项劳动标准不得低于集体合同的规定，否则无效。在本案中，职工的月工资标准分为 1200 元至 1400 元不等，低于已经生效的集体合同规定的工资标准，因此，劳动合同中约定的工资标准无效。

3. 答：（1）厂方提前解除劳动合同的做法不符合劳动法的规定。根据《劳动法》的有关规定，张女士享有 3 个月的医疗期。同时，《劳动法》规定，医疗期满后不能从事原工作也不能从事由用人单位另行安排的工作的，可以解除劳动合同，但应当提前 30 天通知劳动者。劳动合同法规定，劳动者患病或者非因工负伤，在规定的医疗期满后不能从事原工作，也不能从事由用人单位另行安排的工作的，用人单位提前 30 日以书面形式通知劳动者本人或者额外支付劳动者1个月工资后，可以解除劳动合同。在本案中，厂方在医疗期间就提出要与张女士提前解除劳动合同，不合法。

（2）张女士的要求合法。根据《劳动法》的有关规定，困难补助金不能代替病假工资。张女士有权报销医疗费，享有42天的产假待遇。同时，有权获得经济补偿金。

（3）本案应当做出如下处理：双方解除劳动合同，厂方应当支付张女士相当于5个月工资的经济补偿金，并按规定支付医疗补助金；厂方应支付张女士42天的产假工资；厂方应该支付张女士病假期间工资，报销医疗费。

4. 答：（1）《劳动合同法》关于劳动合同试用期有下列规定：第一，劳动合同期限3个月以上不满1年的，试用期不得超过1个月；劳动合同期限1年以上不满3年的，试用期不得超过两个月；3年以上固定期限和无固定期限的劳动合同，试用期不得超过6个月；第二，同一用人单位与同一劳动者只能约定一次试用期；第三，以完成一定工作任务为期限的劳动合同或者劳动合同期限不满3个月的，不得约定试用期；第四，试用期包含在劳动合同期限内。劳动合同仅约定试用期的，试用期不成立，该期限为劳动合同期限；第五，劳动者在试用期的工资不得低于本单位相同岗位最低档工资或者劳动合同约定工资的80%，并不得低于用人单位所在地的最低工资标准；第六，在试用期中，除劳动者有《劳动合同法》第三十九条和第四十条第一项、第二项规定的情形外，用人单位不得解除劳动合同。用人单位在试用期解除劳动合同的，应当向劳动者说明理由。

（2）本案中，用人单位不得解除劳动合同。根据《劳动法》的规定，劳动者在试用期内被证明不符合录用条件的，用人单位可以随时解除劳动合同。在本案中，用人单位已经超过试用期才证明王某不符合录用条件，不是在试用期内。

（3）试用期不是劳动合同的必备条款；必须对录用条件做出明确的规定；试用期有期限限制；续订劳动合同时，如果没有改变工作岗位，不得约定试用期。同一用人单位与同一劳动者只能约定一次试用期。试用期内有工资的最低标准限制。

（4）根据《劳动合同法》的规定，劳动者在试用期内提前3日通知用人单位，可以解除劳动合同。

5. 答：（1）劳动合同无效。根据《劳动合同法》的规定，以欺诈、胁迫的手段或者乘人之危，使对方在违背真实意思的情况下订立或者变更劳动合同的，劳动合同无效。在本案中，张某伪造毕业证，签订劳动合同，属于欺诈行为。因此劳动合同无效。

（2）根据《劳动法》和《劳动合同法》的规定，对劳动合同的无效或者部分无效有争议的，由劳动争议仲裁机构或者人民法院确认。

（3）劳动合同无效从订立时起无效。根据《劳动法》的规定，无效劳动合同从订立时起无效。

（4）有权。根据《劳动合同法》的规定，劳动合同被确认无效，劳动者已付出劳动的，用人单位应当向劳动者支付劳动报酬。劳动报酬的数额，参照本单位相同或者相近岗位劳动者的劳动报酬确定。

第五章 工作时间和休息休假

一、练习题

（一）单项选择题

1. 国家实行劳动者每日工作时间不超过（　　）小时的工时制度。
   A. 6 　　　　　　　B. 7 　　　　　　　C. 8 　　　　　　　D. 9

2. 目前，我国实行劳动者平均每周工作时间不超过（　　）小时的工时制度。
   A. 36 　　　　　　B. 40 　　　　　　C. 44 　　　　　　D. 48

3. 用人单位由于生产经营需要，经与工会和劳动者协商后可以延长工作时间，一般每日不得超过（　　）小时。
   A. 1 　　　　　　　B. 2 　　　　　　　C. 3 　　　　　　　D. 4

4. 因特殊原因需要延长工作时间的在保障劳动者身体健康的条件下延长工作时间每日不得超过（　　）小时。
   A. 1 　　　　　　　B. 2 　　　　　　　C. 3 　　　　　　　D. 4

5. 因特殊原因需要延长工作时间的在保障劳动者身体健康的条件下延长工作时间每日不得超过 3 小时，但是每月不得超过（　　）小时。
   A. 18 　　　　　　B. 24 　　　　　　C. 32 　　　　　　D. 36

6. 用人单位由于生产经营需要，经与工会和（　　）协商后可以延长工作时间。
   A. 劳动者 　　　　　　　　　　　　B. 职工代表大会
   C. 全体职工 　　　　　　　　　　　D. 用人单位上级主管部门

7. 劳动者连续工作（　　）年以上的，享受带薪年休假。
   A. 1 　　　　　　　B. 2 　　　　　　　C. 3 　　　　　　　D. 4

8. 劳动者在一昼夜内的工作时间称为（　　）。
   A. 工作日 　　　　B. 工作周 　　　　C. 工作时 　　　　D. 弹性工作时间

9. 由法律规定的，在正常情况下普遍实行的工作日称为（　　）工作日。
   A. 缩短 　　　　　B. 不定时 　　　　C. 综合计算 　　　　D. 标准

10. 工作日内的间歇时间一般不少于（　　）。
    A. 半小时 　　　　B. 40 分钟 　　　　C. 45 分钟 　　　　D. 1 小时

（二）多项选择题

1. 用人单位在下列节日期间应当依法安排劳动者休假的包括（　　）。
   A. 元旦 　　　　　B. 春节 　　　　　C. 国际劳动节 　　　　D. 国庆节

2. 在下列情形中，用人单位延长工作时间不受劳动法有关规定限制的包括（　　）。
   A. 发生自然灾害、事故或者因其他原因，威胁劳动者生命健康和财产安全，需要紧

　　急处理的

  B. 生产设备、交通运输线路、公共设施发生故障，影响生产和公众利益，必须及时抢修的

  C. 用人单位生产任务紧张的

  D. 用人单位临时安排的生产任务的

3. 下列有关问题的表述中，正确的有（　　　）。

  A. 安排劳动者延长时间的，支付不低于工资的150%的工资报酬

  B. 休息日安排劳动者工作又不能安排补休的，支付不低于工资的200%的工资报酬

  C. 法定休假日安排劳动者工作的，支付不低于工资的300%的工资报酬

  D. 国家实行带薪年休假制度

4. 工作时间包括以下含义（　　　）。

  A. 工作时间是劳动关系中劳动者为用人单位履行劳动义务而从事劳动或工作的时间

  B. 工作时间的长度由法律直接规定

  C. 劳动者不遵守工作时间要承担法律责任

  D. 法律规定的工作时间是最短工作时间

5. 工作日的种类包括（　　　）。

  A. 标准工作日　　　　　　　　　B. 缩短工作日

  C. 不定时工作日　　　　　　　　D. 综合计算工作日

6. 休息休假的种类包括（　　　）。

  A. 工作日内的间歇时间　　　　　B. 两个工作日之间的休息时间

  C. 公休假日　　　　　　　　　　D. 法定节假日

7. 以下各项中，属于全体公民放假的节日包括（　　　）。

  A. 新年　　　　B. 清明节　　　　C. 端午节　　　　D. 中秋节

8. 以下各项中，属于部分公民放假的节日及纪念日包括（　　　）。

  A. 妇女节　　　　　　　　　　　B. 青年节

  C. 儿童节　　　　　　　　　　　D. 中国人民解放军建军纪念日

9. 在下列节日中，不放假的节日包括（　　　）。

  A. 教师节　　　　B. 护士节　　　　C. 记者节　　　　D. 植树节

（三）案例分析题

用人单位强迫劳动者延长工作时间案

申诉人：王某，某公司职工

　　　　李某，某公司职工

　　　　刘某，某公司职工

被诉人：某公司

　　2005年8月7日，申诉人以不服被申诉人因他们不加班而做出辞退他们的决定为由，向当地劳动争议仲裁委员会申诉。

经调查查明：申诉人系某公司来料加工厂职工。2005年8月1日，来料加工厂根据总公司来电要求，在未征得工会和职工同意的情况下，决定今后全体职工每星期六无偿加班。为此，王某等人到厂部申诉，厂方以生产紧张为由不批，职工离厂达三个多小时。回厂后，双方又发生严重冲突，厂方以职工严重违反劳动纪律、擅自离厂为由，辞退王某等人。

要求：根据上述情况，结合劳动法的有关规定，分析本案纠纷应当如何处理？为什么？

二、习题答案

（一）单项选择题
1. C　2. B　3. A　4. C　5. D　6. A　7. A　8. A　9. D　10. A

（二）多项选择题
1. ABCD　2. AB　3. ABCD　4. ABC　5. ABCD　6. ABCD　7. ABCD
8. ABCD　9. ABCD

（三）案例分析题
本案表面上看好似职工不遵守劳动纪律，违反公司的正常工作秩序，但其根本原因是员工不同意加班引起的。《劳动法》及其相应的法律、行政法规对用人单位延长工作时间做了明确的规定，《劳动法》规定：用人单位由于生产经营需要，经与工会和劳动者协商后可以延长工作时间，一般每日不得超过1小时，因特殊原因需要延长工作时间的，在保障劳动者身体健康的条件下延长工作时间每日不得超过3小时，但是每月不得超过36小时。原劳动部《关于贯彻〈国务院关于职工工作时间的规定〉的实施办法》规定：任何单位和个人不得擅自延长工作时间。企业由于生产经营的需要而延长职工工时的，应按《劳动法》第四十一条的规定执行。《劳动法》规定：用人单位由于生产经营需要，经与工会和劳动者协商后可以延长工作时间。

原劳动部关于印发《关于贯彻执行〈中华人民共和国劳动法〉若干问题的意见》的通知规定：协商是企业决定延长工作时间的程序（《劳动法》第四十二条和《劳动部贯彻〈国务院关于职工工作时间的规定〉的实施办法》第七条规定除外），企业确因生产经营需要，必须延长工作时间时，应与工会和劳动者协商。协商后，企业可以在劳动法限定的延长工作时数内决定延长工作时间。对企业违反法律、法规强迫劳动者延长工作时间的，劳动者有权拒绝。若由此发生劳动争议，可以提请劳动争议处理机构予以处理。被诉人不经过法定的加班协商程序，单方做出加班的决定，违反了法律的规定，因此：
（1）撤销被诉人辞退申诉人的决定。
（2）补发在此期间申诉人的工资和相关福利待遇。
（3）撤销全体职工在每个星期六加班的决定。
（4）仲裁费用由被申诉人负担。

第六章　工　资

一、练习题

（一）单项选择题

1. 工资分配应当遵循按劳分配原则，实行（　　）。
   - A. 同工同酬
   - B. 逐渐提高工资
   - C. 稳步提高工资
   - D. 大幅度提高工资

2. 工资水平在经济发展的基础上逐步提高。国家对工资总量实行（　　）。
   - A. 微观调控
   - B. 宏观调控
   - C. 市场调节
   - D. 直接调节

3. 最低工资的具体标准由省、自治区、直辖市人民政府规定，报（　　）。
   - A. 国务院备案
   - B. 国务院批准
   - C. 全国人大常委会备案
   - D. 全国人大常委会批准

4. 按照职工技术熟练程度、劳动繁重程度和工作时间的长短支付工资的一种形式是（　　）工资。
   - A. 计时
   - B. 计件
   - C. 平均
   - D. 小时

5. 按照劳动者生产合格产品的数量或合乎质量要求的作业量，以预先规定的计价单价为标准来计算工资的一种工资形式是（　　）工资。
   - A. 计时
   - B. 计件
   - C. 平均
   - D. 小时

6. 补偿职工额外和特殊劳动消耗，或者保证职工的工资水平不受特殊条件影响而支付的一种工资形式是（　　）。
   - A. 岗位工资
   - B. 津贴
   - C. 特殊工资
   - D. 补发工资

7. 劳动者在法定工作时间内提供了正常劳动，其用人单位应支付的法定的最低限度的劳动报酬是（　　）工资。
   - A. 基本
   - B. 最低
   - C. 定额
   - D. 法定

8. 工资至少（　　）支付一次。
   - A. 每月
   - B. 每季
   - C. 每半年
   - D. 每半月

9. 由于劳动者本人原因给用人单位造成经济损失而应当支付的赔偿金，可以从劳动者本人的工资中扣除，但每月扣除的部分不得超过劳动者当月工资的（　　）%。
   - A. 10
   - B. 15
   - C. 20
   - D. 25

（二）多项选择题

1. 确定和调整最低工资标准应当综合参考的因素包括（　　）。
   - A. 劳动者本人及平均赡养人口的最低生活费用
   - B. 社会平均工资水平

  C. 劳动生产率

  D. 地区之间经济发展水平的差异

2. 劳动法上的工资含义包括（　　）。

  A. 工资是劳动者基于劳动关系所取得的劳动报酬

  B. 工资是劳动者履行劳动义务后而应得的物质补偿

  C. 工资额的确定应以劳动者提供的劳动数量和质量为依据

  D. 工资的支付应依法进行

3. 工资形式主要有（　　）。

  A. 计时工资　　　B. 计件工资　　　C. 奖金　　　D. 津贴

4. 计时工资可分为（　　）。

  A. 小时工资制　　B. 日工资制　　　C. 月工资制　　D. 季工资制

5. 津贴的种类包括（　　）。

  A. 野外津贴　　　B. 高温津贴　　　C. 科研津贴　　D. 工龄津贴

6. 我国工资分配主要遵循的原则包括（　　）。

  A. 按劳分配原则

  B. 在经济发展的基础上逐步提高职工工资水平的原则

  C. 用人单位自主分配原则

  D. 工资总量宏观调控原则

7. 企业在内部工资分配上主要享有的自主权包括（　　）。

  A. 依法自主确立工资分配方式和工资水平

  B. 依法自主确立企业工资制度

  C. 依法自主确定工资形式和奖金分配方案

  D. 依法自主确定职工工资的调升

8. 劳动者在法定工作时间内依法参加社会活动，用人单位应视其提供了正常劳动而支付工资。其社会活动的范围包括（　　）。

  A. 依法行使选举权或被选举权

  B. 当选为代表出席乡（镇）、区以上政府、党派、工会、青年团、妇女联合会等组织召开的会议

  C. 出任人民法庭证明人

  D. 出席劳动模范、先进工作者大会

9. 特殊情况下的工资种类包括（　　）。

  A. 劳动者依法参加社会活动期间的工资支付

  B. 劳动者休假期间的工资支付

  C. 加班加点的工资支付

  D. 用人单位停工、停产时的工资支付

10. 下列各项工资保障措施的表述中，正确的是（　　）。

  A. 工资应当以法定货币支付

  B. 用人单位应将工资支付给劳动者本人

  C. 用人单位在支付工资时应向劳动者提供一份其个人的工资清单

  D. 工资必须在用人单位与劳动者约定的日期支付

11. 允许扣除工资的情形包括（　　　）。

  A. 代扣代缴个人所得税

  B. 代扣代缴应由劳动者个人负担的各项社会保险费用

  C. 法院判决、裁定中要求代扣的抚养费

  D. 法院判决、裁定中要求代扣的赡养费

（三）案例分析题

申诉人：周某，某五金交电公司售货员

被诉人：某五金交电公司

被诉人以"盗窃货款"为由，于 2006 年 6 月 7 日做出了处罚申诉人 2000 元的经济处罚决定。申诉人不服。于 2006 年 6 月 23 日向当地劳动争议仲裁委员会提出仲裁申请，要求撤销被诉人的处罚决定并补发工资。

经调查查明：2006 年 5 月，公司的售货员朱某向门市经理反映，曾看到申诉人两次在清点完货款后不知去向，怀疑其偷钱。2006 年 6 月 2 日，当经理发现同一现象时，追出店门并要求申诉人将工作服的口袋翻出，结果发现 57 元钱。申诉人再三说明钱是自己的，经理不信，告知公司保卫科。公司以"盗窃货款"为由，于 2006 年 6 月 7 日做出了处罚申诉人 2000 元的经济处罚决定。申诉人不服，于 2006 年 6 月 23 日向当地劳动争议仲裁委员会提出仲裁申请，要求撤销被诉人的处罚决定并补发工资。根据公司的规章制度，工作服中不得装钱；凡盗窃货款 100 元以下者，罚款 2000 元。

要求：根据上述情况，结合劳动法的有关规定，分析本案纠纷应当如何处理？为什么？

申诉人：严某，某酒店服务员

被诉人：某酒店

2007 年 6 月 5 日，申诉人以被诉人已 3 个月未按劳动合同支付工资，只发给一些食物或物品，要求被诉人补发工资遭拒绝为由，向当地劳动仲裁委员会申诉，要求被诉人按劳动合同支付工资及赔偿金。

经调查查明：2004 年 10 月，申诉人与被诉人签订劳动合同，合同规定月薪 800 元，每月 3 日发放工资，劳动合同期限为 5 年。2007 年以来，因为酒店经营发生困难，特别是 2007 年 3 月以来，酒店经营严重亏损，未能按时发放工资，酒店一直只发给申诉人一些副食品、毛巾等小物品，价值计 400 元左右，3 个月未发放现金。申诉人追问，被诉人借口酒店经营困难，酒店发给的实物就充抵工资。申诉人要求被诉人补发工资遭拒绝，遂向当地劳动仲裁委员会申诉，要求被诉人按劳动合同支付工资及赔偿金。

要求：根据上述情况，结合劳动法的有关规定，分析用人单位以实物代发工资是否合法？为什么？

二、习题答案

（一）单项选择题
1. A　　2. B　　3. A　　4. A　　5. B　　6. B　　7. B　　8. A　　9. C

（二）多项选择题
1. ABCD　　2. ABCD　　3. ABCD　　4. ABC　　5. ABCD　　6. ABCD
7. ABCD　　8. ABCD　　9. ABCD　　10. ABCD　　11. ABCD

（三）案例分析题
1. 答：处理结果及依据：被诉人以"盗窃货款"为由，对申诉人进行处罚证据不足，处理不当。根据国务院颁布的《企业职工奖惩条例》规定，对职工罚款的金额由企业决定，一般不要超过本人月标准工资的20%。企业在给予违纪职工行政处分的同时，可以同时给予其一次性罚款，最多不得超过违纪职工标准工资的20%。申诉人月工资为2650元，根据上述规定对其一次性处罚的数额只能是530元。仲裁结果：

（1）撤销被诉人关于处罚申诉人的决定。

（2）被诉人应立即退还扣发申诉人的工资。

（3）仲裁费用由被申诉人负担。

2. 答：用人单位以实物代发工资不合法，劳动者的工资必须以货币的形式发放。根据《劳动法》的规定，劳动者有取得劳动报酬的权利。工资必须以货币形式按月支付给劳动者本人。不得克扣或者无故拖欠劳动者工资。《工资支付暂行规定》规定，不得以实物及有价证券代替货币支付。劳动者有按劳取酬、按劳动合同规定标准获取劳动报酬的权利。只要劳动者按劳动合同约定完成了劳动任务，用人单位不得无理拖欠或克扣工资。同时用人单位支付工资应当采取法定货币形式支付，不得以实物或有价证券充抵或代替。被诉人在劳动者严某提供了正常的劳动之后，用人单位仅以经营亏损为由不按合同约定以人民币支付劳动报酬，仅以400元实物充抵工资，是违法的，应当纠正，工资应当补发。而且应当按照《劳动法》规定：用人单位克扣或者无故拖欠劳动者工资的，由劳动行政部门责令支付劳动者工资报酬、经济补偿，并可以责令支付赔偿金。

第七章　劳动安全卫生

一、练习题

（一）单项选择题

1. 劳动安全卫生是指直接保护劳动者在劳动过程中的安全和健康的各种法律措施，它通常也称为（　　）。
   A. 劳动保护　　　　　B. 劳动保障　　　　C. 劳动保险　　　　　D. 社会保险

2. 用人单位必须建立、健全劳动卫生制度，严格执行国家劳动安全卫生规程和标准，对劳动者进行劳动安全卫生教育，防止劳动过程中的事故，减少（　　）。
   A. 劳动争议　　　B. 劳动侵权　　　C. 工伤发生　　　　D. 职业危害

3. 劳动安全卫生设施必须符合（　　）的标准。
   A. 用人单位规定　　　　　　　　B. 国家规定
   C. 工会规定　　　　　　　　　　D. 用人单位与劳动者约定

4. 用人单位必须为劳动者提供符合国家规定的劳动安全卫生条件和必要的劳动防护用品，对从事有职业危害作业的劳动者应当（　　）。
   A. 随时进行健康检查　　　　　　B. 及时进行健康检查
   C. 定期进行健康检查　　　　　　D. 事后进行健康检查

5. 为防止劳动者在生产过程中遭受意外伤害（伤亡事故），保证劳动者的生命健康安全和生产设备免遭破坏，国家制定了（　　）。
   A. 统一安全设施技术标准　　　　B. 统一安全管理标准
   C. 统一安全条例标准　　　　　　D. 统一安全制度标准

6. 国家为保护职工在生产和工作过程中的身体健康，防止、消除职业病和职业中毒而规定的各种卫生设施标准是（　　）。
   A. 统一安全设施技术标准　　　　B. 统一安全管理标准
   C. 统一劳动卫生设施标准　　　　D. 统一安全制度标准

7. 厂矿企业等生产单位，为了保护劳动者在劳动生产过程中的健康与安全，在组织劳动和科学管理方面制定的各项规章制度是（　　）。
   A. 劳动管理制度　　　　　　　　B. 劳动安全卫生管理制度
   C. 劳动安全制度　　　　　　　　D. 劳动防护制度

8. 对厂矿企业贯彻执行各项劳动安全卫生法规进行监督检查的制度是（　　）。
   A. 劳动安全卫生监察制度　　　　B. 企业安全保护制度
   C. 劳动管理制度　　　　　　　　D. 劳动监察制度

9. 发生伤亡事故时，负伤者或者事故现场有关人员应当立即直接或者逐级报告（　　）。
   A. 工会　　　B. 职工代表大会　　　C. 工会主席　　　　D. 企业负责人

（二）多项选择题

1. 劳动安全卫生包括的含义是（　　　）。
    A. 劳动安全卫生保护的对象只能是劳动者，而不是用人单位
    B. 劳动安全卫生是保护劳动者安全和健康的重要措施
    C. 劳动安全卫生仅限于在劳动过程中对劳动者的安全、健康予以保护
    D. 用人单位的劳动安全卫生义务通过劳动合同约定

2. 我国劳动安全卫生制度的内容包括（　　　）。
    A. 劳动安全设施规定
    B. 劳动卫生设施规定
    C. 劳动安全卫生管理制度
    D. 违反劳动安全卫生法规的责任

3. 劳动安全设施标准包括（　　　）。
    A. 机器设备的安全设施
    B. 电器设备的安全设施
    C. 动力锅炉和压力容器的安全设施
    D. 工作场所的安全设施

4. 劳动卫生设施标准包括（　　　）。
    A. 防止粉尘危害的规定
    B. 防止有毒有害物质危害的规定
    C. 防暑降温和防冻取暖的规定
    D. 防止噪声和强光的规定

5. 个人劳动防护用品品种包括（　　　）。
    A. 防尘用品
    B. 防毒用品
    C. 防微波和激光辐射用品
    D. 防冲击用品

6. 劳动安全卫生管理制度包括（　　　）。
    A. 安全生产责任制
    B. 编制安全技术措施计划管理制度
    C. 安全生产教育制度
    D. 劳动安全卫生监察制度

7. 劳动者在劳动安全卫生方面的权利义务包括（　　　）。
    A. 有权对用人单位执行国家劳动安全卫生法规的情况进行监督
    B. 有权对用人单位管理人员违章指挥，强令冒险作业拒绝执行
    C. 有权对危害生命和健康的行为，提出批评、检举和控告
    D. 有义务在劳动过程中遵守安全操作规程

二、习题答案

（一）单项选择题

1. A　　2. D　　3. B　　4. C　　5. A　　6. C　　7. B　　8. A　　9. D

（二）多项选择题

1. ABC　　2. ABCD　　3. ABCD　　4. ABCD　　5. ABCD　　6. ABCD

7. ABCD

第八章　女职工和未成年工的特殊保护

一、练习题

(一) 单项选择题

1. 国家对女职工和未成年工实行 (　　) 保护。
   A. 重点　　　　　　B. 基本　　　　　　C. 平等　　　　　　D. 特殊劳动

2. 在我国，未成年工是指 (　　) 的劳动者。
   A. 年满 14 周岁未满 16 周岁　　　　　　B. 年满 14 周岁未满 18 周岁
   C. 年满 15 周岁未满 18 周岁　　　　　　D. 年满 16 周岁未满 18 周岁

3. 禁止安排女职工从事矿山井下、国家规定 (　　) 体力劳动强度的劳动和其他禁忌从事的劳动。
   A. 第一级　　　　　B. 第二级　　　　　C. 第三级　　　　　D. 第四级

4. 不得安排女职工在经期从事高处、低温、冷水作业和国家规定的 (　　) 体力劳动强度的劳动。
   A. 第一级　　　　　B. 第二级　　　　　C. 第三级　　　　　D. 第四级

5. 不得安排女职工在怀孕期间从事国家规定的 (　　) 体力劳动强度的劳动和孕期禁忌从事的劳动。
   A. 第一级　　　　　B. 第二级　　　　　C. 第三级　　　　　D. 第四级

6. 对怀孕 (　　) 个月以上的女职工，不得安排其延长工作时间和夜班劳动。
   A. 3　　　　　　　B. 5　　　　　　　C. 6　　　　　　　D. 7

7. 女职工生育享受不少于 (　　) 天的产假。
   A. 60　　　　　　　B. 90　　　　　　　C. 120　　　　　　D. 150

8. 不得安排女职工在哺乳未满 1 周岁的婴儿期间从事国家规定的 (　　) 体力劳动强度的劳动和哺乳期禁忌从事的其他劳动，不得安排其延长工作时间和夜班劳动。
   A. 第一级　　　　　B. 第二级　　　　　C. 第三级　　　　　D. 第四级

9. 不得安排未成年工从事矿山井下、有毒有害、国家规定的 (　　) 体力劳动强度的劳动和其他禁忌从事的劳动。
   A. 第一级　　　　　B. 第二级　　　　　C. 第三级　　　　　D. 第四级

10. 用人单位应当对 (　　) 定期进行健康检查。
    A. 女职工　　　　　B. 未成年工　　　　C. 老年工　　　　　D. 少年工

(二) 多项选择题

1. 国家对 (　　) 实行特殊劳动保护。
   A. 女职工　　　　　B. 未成年工　　　　C. 老年工　　　　　D. 体弱的职工

2. 不得安排女职工在经期从事（　　　）作业和国家规定的第三级体力劳动强度的劳动。

  A. 高处   B. 低温   C. 冷水   D. 低处

3. 对怀孕 7 个月以上的女职工，不得安排其（　　　）。

  A. 延长工作时间 B. 夜班劳动 C. 体力劳动   D. 较长时间劳动

4. 不得安排女职工在哺乳未满 1 周岁的婴儿期间（　　　）。

  A. 延长工作时间 B. 夜班劳动 C. 体力劳动   D. 较长时间劳动

5. 不得安排未成年工从事（　　　）的劳动和其他禁忌从事的劳动。

  A. 矿山井下   B. 有毒有害

  C. 国家规定的第四级体力劳动强度 D. 压力较大的劳动

6. 未成年工特殊保护的主要内容包括（　　　）。

  A. 限制就业年龄   B. 限制工作时间的延长

  C. 限制工作种类   D. 进行定期身体健康检查

7. 女职工特殊劳动保护具有以下特征（　　　）。

  A. 具有女性特殊需要性   B. 具有有别于男性的特殊保护性

  C. 具有保护下一代性   D. 年龄保护的差异性

8. 国家对女职工实行特殊劳动保护，女职工特殊保护的意义是（　　　）。

  A. 调动女职工的劳动积极性，促进社会主义现代化建设发展

  B. 保障女职工在劳动过程中的安全与健康

  C. 有利于下一代身体健康和中华民族素质的提高

  D. 体现了社会主义制度的优越性

9. 女职工特殊保护的主要内容包括（　　　）。

  A. 在劳动就业方面保障妇女就业权，实行男女同工同酬

  B. 在劳动生产过程中禁止安排女职工从事繁重体力劳动及有毒有害工作

  C. 在女职工的特殊生理期间给予特殊保护

  D. 对女职工特殊保护设施的规定

10. 在女职工的特殊生理期间给予特殊保护的内容包括（　　　）。

  A. 女职工的经期特殊保护   B. 女职工的孕期特殊保护

  C. 女职工的产期特殊保护   D. 女职工的哺乳期特殊保护

11. 未成年工的特殊劳动保护是劳动保护中的一部分，与一般的劳动保护相比，未成年工的特殊保护具有如下明显的特征（　　　）。

  A. 未成年工的劳动保护对象具有特殊性

  B. 未成年工的劳动保护内容具有特殊性

  C. 未成年工的劳动保护方法具有适应性

  D. 不同地区的未成年工保护的差异性

（三）案例分析题

张某系某外商独资企业女职工，2007 年 6 月，张某因多次违反工作纪律，给单位造成

损失，被单位解除劳动合同。张某不服，认为自己在此期间已怀孕2个月，根据国家有关女职工劳动保护规定，企业不得在女职工孕期、产期、哺乳期解除合同，企业的行为是违反国家劳动法律的行为。于是，张某向当地劳动行政部门举报，要求纠正企业的违法行为，保护其合法权益。劳动行政部门接到举报后，经过认真调查取证，认为张某被辞退时确已怀孕，但其在单位多次违反纪律，企业按照双方在劳动合同中关于："如连续违纪并给企业造成损失的，企业可将其辞退"的规定解除了与其的劳动关系。据此，劳动行政部门认定企业解除合同的行为没有违法，可以解除张某的劳动合同。

要求：根据上述情况，结合劳动法的有关规定，分析本案中企业解除劳动合同的行为是否合法？为什么？

申诉人：李某，某实业有限责任公司女职工

被诉人：某实业有限责任公司

申诉人不服被诉人停发其产假期间的工资，拒付其医疗费，并予以辞退，向当地劳动争议仲裁委员会提出申诉，提出如下申诉：（1）要求用人单位补发产假期间工资6300元；（2）用人单位报销医疗费1365元；（3）用人单位按25%赔偿其损失；（4）用人单位撤销辞退决定。

经调查查明：2006年8月5日，申诉人从报纸上看到某实业有限责任公司的招聘广告，次日应聘，被录用担任文秘工作，约定月薪1400元。2007年9月1日至2008年1月15日，申诉人休产假。在此期间，该公司停发了申诉人产假期间的工资，也拒付其医疗费，并辞退了申诉人。申诉人不服，向当地劳动争议仲裁委员会申诉，请求补发产假期间工资6300元，报销医疗费1365元，并按25%赔偿其损失，恢复其工作。而被诉人辩称，申诉人被公司招用，但未签订劳动合同，属于临时工，不能享受公司有关福利待遇。

要求：根据上述情况，结合劳动法的有关规定，分析本案纠纷应当如何处理？为什么？

二、习题答案

（一）单项选择题
1. D　　2. D　　3. D　　4. C　　5. C　　6. D　　7. B　　8. C
9. D　　10. B

（二）多项选择题
1. AB　　2. ABC　　3. AB　　4. AB　　5. ABC　　6. ABCD　　7. ABC
8. ABCD　　9. ABCD　　10. ABCD　　11. ABC

（三）案例分析题
1. 答：本案为什么认定企业的行为没有违法，可以解除张某的劳动合同呢？关键在于如何正确地理解和运用国家有关对女职工的特殊劳动保护规定。为保护女职工的合法权益，国家先后出台了一系列的女职工特殊保护的法律法规和政策。国务院发布的《女职工劳动保护规定》规定：不得在女职工孕期、产期、哺乳期降低其基本工资或者解除劳动合同。《中华人民共和国妇女权益保护法》规定：任何单位不得以结婚、怀孕、产假、哺乳为由，辞退女职工或单方解除合同。《劳动法》明确规定了女职工在孕期、产期、哺乳期内用人单位不得解除劳动合同的有关规定。这些规定，对女职工享有特殊劳动保护权益提供了充分的法律保障。但是，对法律法规关于女工权益保护的规定应当正确全面理解。《劳动法》第 29 条规定，女职工在孕期、产期、哺乳期内，用人单位不得依据《劳动法》第 26 条、第 27 条的规定解除劳动合同。因此，根据《劳动法》第 25 条规定，对严重违反劳动纪律或用人单位规章制度的女职工，用人单位可以与其解除劳动合同。此外，原劳动部办公厅《对〈关于外商独资企业女职工在孕期、产期、哺乳期间解除、终止劳动合同问题的请示〉的复函》中也明确规定：《女职工劳动保护规定》第四条"不得在女职工孕期、产期、哺乳期解除劳动合同的规定"，指企业不得以女职工怀孕、生育和哺乳为由解除劳动合同，至于女职工在"三期"内违纪，按照有关规定和劳动合同应予辞退的，可以辞退。据此，虽然此案中张某是在孕期被企业解除劳动合同的，但是企业解除劳动合同是因为其多次严重违反劳动纪律给企业带来损失，按合同的约定解除的。

2. 答：被诉人招聘申诉人，虽未与其签订书面劳动合同，但依然存在着事实劳动关系，不论劳动者与用人单位是否订立劳动合同，只要存在劳动关系，劳动者的合法权益即应当受《劳动法》的保护。在本案中，被诉人有意拖延不与申诉人订立劳动合同是违法的，应予纠正，并承担全部责任。在劳动关系存续期间，被申诉人停发了申诉人产假期间的工资，拒付医疗费，并解除劳动关系，违反了《劳动法》的有关规定。

根据《劳动法》的规定，女职工生育享受不少于 90 天的产假。《女职工劳动保护规定》规定，女职工产假为 90 天，其中产前休假 15 天。难产的，增加产假 15 天。多胞胎生育的，每多生育一个婴儿，增加产假 15 天。被诉人的行为违反了《劳动法》的规定。劳动争议仲裁委员会应当做出如下裁决：

（1）撤销被诉人对申诉人的辞退决定，恢复申诉人工作，并与申诉人签订劳动合同，其合同期限不得少于申诉人哺乳期限。

（2）被诉人补发申诉人产假期间的工资 6300 元，并支付 25% 的经济补偿金 1575 元。

（3）被诉人支付申诉人产假期间的医疗费 1365 元，并支付 25% 的经济补偿金 341.25 元。

第九章 职业培训

一、练习题

(一) 单项选择题

1. 国家通过各种途径，采取各种措施，发展职业培训事业，开发劳动者的职业技能，提高劳动者素质，增强劳动者的就业能力和 （ ）。
    A. 就业机会　　　　B. 工作机会　　　　C. 工作能力　　　　D. 招聘机会

2. 各级人民政府应当把发展职业培训纳入社会经济发展的规划，鼓励和支持有条件的企业、事业组织、社会团体和个人进行各种形式的 （ ）。
    A. 职业培训　　　　B. 上岗培训　　　　C. 岗前培训　　　　D. 在岗培训

3. 用人单位应当建立职业培训制度，按照国家规定提取和使用职业培训经费，根据本单位实际，有计划地对劳动者进行 （ ）。
    A. 职业培训　　　　B. 上岗培训　　　　C. 岗前培训　　　　D. 在岗培训

4. 从事 （ ） 的劳动者，上岗前必须经过培训。
    A. 复杂工种　　　　B. 技术工种　　　　C. 劳动强度大的工种　　　D. 劳动密集工种

5. 国家确定职业分类，对规定的职业制度职业技能标准，实行 （ ），由经过政府批准的考核鉴定机构负责对劳动者实施职业技能考核鉴定。
    A. 就业前培训制度　　　　　　　　　　B. 岗前培训制度
    C. 终身培训制度　　　　　　　　　　　D. 职业资格证书制度

(二) 多项选择题

1. 职业培训的含义包括 （ ）。
    A. 它是一种以劳动力为特定对象的劳动资源开发活动
    B. 它是以培养和提高求职者和在职人员的职业能力为目的的定向培训
    C. 它通常是按照国家职业分类和职业技能标准进行的规范化培训
    D. 职业培训的对象是失业的劳动者

2. 职业培训与普通教育的区别是 （ ）。
    A. 培养对象不同　　B. 教育性质不同　　C. 培养方式不同　　　D. 培养期限不同

3. 职业培训的意义包括 （ ）。
    A. 加强职业培训有助于实现现代化大生产
    B. 加强职业培训有助于增强我国在国际市场上的竞争力
    C. 加强职业培训有助于提高劳动者的素质
    D. 加强职业培训有助于劳动就业和再就业，实现公民的劳动权

4. 实行职业培训应当遵循的原则包括 （ ）。

A. 实行"先培训，后就业；先培训，后上岗"原则

B. 实行职业资格证书制度的原则

C. 在对培训实体的管理上实行自主办学的原则

D. 实行"培训、考核与待遇"相结合的原则

5. 在我国，就业前培训的形式主要有（　　　）。

A. 学徒培训　　　　　　　　B. 就业训练中心培训

C. 学校培训　　　　　　　　D. 长期培训

二、习题答案

（一）单项选择题

1. C　　2. A　　3. A　　4. B　　5. D

（二）多项选择题

1. ABC　　2. ABC　　3. ABC　　4. ABCD　　5. ABC

第十章 社会保险和福利

一、练习题

(一) 单项选择题

1. 国家发展社会保险，建立社会保险制度，设立（　　），使劳动者在年老、患病、工伤、失业、生育等情况下获得帮助和补偿。

    A. 政府基金　　　　B. 社会保险基金　　C. 民间基金　　　　　D. 商业保险基金

2. 社会保险水平应当与社会经济发展水平和（　　）相适应。

    A. 社会需求情况　　　　　　　　　B. 保险支付能力

    C. 社会保险基金的数量　　　　　　D. 社会承受能力

3. 社会保险基金按照保险类型确定资金来源，逐步实行（　　）。用人单位和劳动者必须依法参加社会保险，缴纳社会保险费。

    A. 行业统筹　　　　B. 社会统筹　　　　C. 企业自筹　　　　D. 个人自理

4. 社会保险基金经办机构依照法律规定收支、管理和运营社会保险基金，并负有使社会保险基金（　　）的责任。

    A. 保值增值　　　　B. 缴存　　　　　　C. 及时发放　　　　D. 保管

5. 社会保险基金监督机构依照法律规定，对社会保险基金的收支、管理和运营实施（　　）。

    A. 监督　　　　　　B. 管理　　　　　　C. 备案　　　　　　D. 委托

6. 国家鼓励用人单位根据本单位实际情况为劳动者建立（　　）。

    A. 社会保险　　　　B. 商业保险　　　　C. 个人保险　　　　D. 补充保险

7. 国家提倡劳动者个人进行（　　）。

    A. 社会保险　　　　B. 储蓄性保险　　　C. 积极参加社会保险　　D. 补充保险

8. 用人单位应当创造条件，改善集体福利，提高劳动者的（　　）。

    A. 工资待遇　　　　B. 社会保险待遇　　C. 福利待遇　　　　D. 物质待遇

(二) 多项选择题

1. 国家发展社会保险，建立社会保险制度，设立社会保险基金，使劳动者在（　　）和生育等情况下获得帮助和补偿。

    A. 年老　　　　　　B. 患病　　　　　　C. 工伤　　　　　　D. 失业

2. 社会保险水平应当与（　　）相适应。

    A. 社会经济发展水平　　　　　　　B. 社会承受能力

    C. 劳动者的实际生活需要　　　　　D. 用人单位的实际支付能力

3. 劳动者在下列情形下，依法享受社会保险待遇的包括（　　）。

A. 退休　　　　　　　　　　　B. 患病
C. 因工伤残或者患职业病　　　D. 失业

4. 劳动者享受社会保险待遇的条件和标准由（　　　）规定。
A. 法律　　　　　　B. 法规　　　　　　C. 部门规章　　　　　　D. 政府规章

5. 社会保险基金经办机构依照法律规定（　　　）社会保险基金，并负有使社会保险基金保值增值的责任。
A. 收支　　　　　　B. 管理　　　　　　C. 运营　　　　　　D. 使用

6. 社会保险作为国家社会政策的一部分，具有下列特点（　　　）。
A. 社会性　　　　　　B. 互济性　　　　　　C. 强制性　　　　　　D. 补偿性

7. 社会保险与商业保险的区别包括（　　　）。
A. 保险的性质不同　　B. 保险对象不同　　C. 权利义务关系不同　　D. 给付标准不同

8. 市场经济条件下，社会保险的作用包括（　　　）。
A. 保障劳动者基本生活，维护社会安定
B. 实现社会财富再分配，分配有利于低收入者
C. 促进投资和经济发展
D. 促进就业

9. 我国社会保险的基本原则包括（　　　）。
A. 社会保险水平与社会生产力发展水平相适应原则
B. 社会保险权利与社会保险义务相统一的原则
C. 公平与效率、保障功能与激励机制相结合的原则
D. 政事分开，服务社会化的原则

10. 我国社会保险的种类包括（　　　）。
A. 养老保险　　　　B. 医疗保险　　　　C. 工伤保险　　　　D. 失业保险

（三）案例分析题

上班途中发生交通事故工伤的认定

申诉人：王某，男，38岁，某公司职工

被诉人：某公司

2007年4月，申诉人王某之妻刘某到当地劳动争议仲裁委员会，诉称：王某2006年年底上班途中被一卡车撞伤，因肇事者逃逸，医疗费等各项费用没有着落，要求享受工伤待遇遭到公司拒绝。请求劳动争议仲裁委员会裁决某公司给予王某工伤待遇。

要求：根据上述情况，结合劳动法的有关规定，分析王某是否应当享受工伤保险待遇？为什么？

二、习题答案

（一）单项选择题

1. B　　2. D　　3. B　　4. A　　5. A　　6. D　　7. B　　8. C

（二）多项选择题

1. ABCD   2. AB   3. ABCD   4. AB   5. ABC   6. ABCD   7. ABCD
8. ABCD   9. ABCD   10. ABCD

（三）案例分析题

答：经调查查明：2006 年 12 月 16 日早上 7 点多，王某离家骑车上班。车行至离公司不远的地方时，一卡车忽然拐入自行车道并将王某撞伤。事故发生后，卡车逃逸，王某被过路群众送往医院抢救治疗。交通管理部门对事故进行调查后认定肇事责任完全应由卡车司机承担，但因肇事者逃逸，去向不明，此案只好暂时搁置。但王某的医疗费却无人支付。王某之妻刘某去找公司解决，公司认为：人是卡车司机撞的，与我们无关，我们不能出钱。王某为治疗债台高筑。王某出院后落下残疾，经鉴定为六级伤残。王某又多次找公司，要求给予工伤待遇，均无结果。

根据《工伤保险条例》规定，职工在上下班途中，受到机动车事故伤害的，应当认定为工伤。王某早上 7 点多上班途中被卡车撞伤，应当认定为工伤。

王某被鉴定为六级伤残，根据《工伤保险条例》的规定，应享受以下工伤待遇：第一，职工因工作遭受事故伤害或者患职业病进行治疗，享受工伤医疗待遇；第二，治疗工伤所需费用符合工伤保险诊疗项目目录、工伤保险药品目录、工伤保险住院服务标准的，从工伤保险基金支付；第三，职工住院治疗工伤的，由所在单位按照本单位因公出差伙食补助标准的 70% 发给住院伙食补助费，经医疗机构出具证明，报经办机构同意，工伤职工到统筹地区以外就医的，所需交通、食宿费用由所在单位按照本单位职工因公出差标准报销；第四，工伤职工因日常生活或者就业需要，经劳动能力鉴定委员会确认，可以安装假肢、矫形器、假眼、假牙和配置轮椅等辅助器具，所需费用按照国家规定的标准从工伤保险基金支付；第五，职工因工作遭受事故伤害或者患职业病需要暂停工作接受工伤医疗的，在停工留薪期内，原工资福利待遇不变，由所在单位按月支付。停工留薪期一般不超过 12 个月。伤情严重或者情况特殊，经市级劳动能力鉴定委员会确认，可以适当延长，但延长期不得超过 12 个月。工伤职工评定伤残等级后，停发原待遇，享受伤残待遇。工伤职工在停工留薪期满后仍需治疗的，继续享受工伤医疗待遇；第六，生活不能自理的工伤职工在停工留薪期需要护理的，由所在单位负责。工伤职工已经评定伤残等级并经劳动能力鉴定委员会确认需要生活护理的，从工伤保险基金按月支付生活护理费；第七，职工因工致残被鉴定为六级伤残的，享受以下待遇：从工伤保险基金按伤残等级支付一次性伤残补助金，标准为 14 个月的本人工资；保留与用人单位的劳动关系，由用人单位安排适当工作。难以安排工作的，由用人单位按月发给伤残津贴，标准为：六级伤残为本人工资的 60%，并由用人单位按照规定为其缴纳应缴纳的各项社会保险费。伤残津贴实际金额低于当地最低工资标准的，由用人单位补足差额。经工伤职工本人提出，该职工可以与用人单位解除或者终止劳动关系，由用人单位支付一次性工伤医疗补助金和伤残就业补助金。具体标准由省、自治区、直辖市人民政府规定。

第十一章　工会与职工民主管理

一、练习题

(一) 单项选择题

1. 工会作为工人阶级的群众性（　　）。
   A. 自治组织　　　　B. 政治组织　　　　C. 工党组织　　　　D. 国家机关

2. 中华全国总工会、地方总工会、产业工会具有（　　）法人资格。
   A. 国家机关　　　　B. 事业单位　　　　C. 社会团体　　　　D. 企业

3. 劳动者有权依法参加和组织工会。工会代表和维护（　　）的合法权益，依法独立自主地开展活动。
   A. 劳动者　　　　　　　　　　　B. 国家
   C. 用人单位　　　　　　　　　　D. 劳动者和用人单位

4. 《中华人民共和国全民所有制工业企业法》规定，职工代表大会是企业实行民主管理的基本形式，是职工行使（　　）的机构。
   A. 政治权利　　　　B. 企业管理权利　　C. 民主管理权利　　D. 社会管理权利

5. 劳动者依照法律规定，通过职工大会、职工代表大会或者其他形式，参与民主管理或者就保护劳动者合法权益与用人单位进行（　　）。
   A. 共同管理　　　　B. 斗争　　　　　　C. 管理　　　　　　D. 平等协商

6. 工会的基本职责是（　　）。
   A. 建立政治组织　　　　　　　　B. 维护职工合法权益
   C. 参与企业管理　　　　　　　　D. 维护国家利益

(二) 多项选择题

1. 在主要的资本主义国家，关于工会的法律地位等问题的立法，大体经历了以下三个发展阶段（　　）。
   A. 禁止阶段　　　　B. 限制阶段　　　　C. 承认阶段　　　　D. 鼓励阶段

2. 工会的特点包括（　　）。
   A. 工会的阶级性　　B. 工会的群众性　　C. 工会的强大性　　D. 工会的独立性

3. 下列各项中，属于工会职能的包括（　　）。
   A. 代表和组织职工参与国家社会事务管理和参加用人单位的民主管理
   B. 维护职工的合法权益
   C. 代表和组织职工实施民主监督
   D. 选举企业经营管理人员

4. 下列各项中，属于工会的义务的包括（　　）。

A. 协助政府开展工作，巩固人民民主专政的政权和支持企业行政的经营管理

B. 动员和组织职工参加经济建设

C. 教育职工提高思想政治觉悟和文化技术素质

D. 共同参与企业的经营管理工作

5. 在全民所有制企业中，职工代表大会的职权包括（　　）。

A. 审议企业生产经营决策　　　　B. 审查企业重要规章制度

C. 审议决定企业职工福利问题　　D. 评议、监督企业行政领导干部

二、习题答案

（一）单项选择题

1. A　　2. C　　3. A　　4. C　　5. D　　6. B

（二）多项选择题

1. ABC　　2. ABD　　3. ABC　　4. ABC　　5. ABCD

第十二章 劳动法执行的监督检查

一、练习题

（一）单项选择题

1. 县级以上各级人民政府劳动行政部门依法对用人单位遵守劳动法律、法规的情况进行（　　）。
   A. 业务指导　　　B. 监督检查　　　C. 行政处罚　　　D. 行政处分

2. 县级以上各级人民政府劳动行政部门依法对用人单位遵守劳动法律、法规的情况进行监督检查，对违反劳动法律、法规的行为有权制止，并进行（　　）。
   A. 行政处分　　　B. 行政处罚　　　C. 业务指导　　　D. 责令改正

3. 县级以上各级人民政府劳动行政部门监督检查人员执行公务，有权进入用人单位了解执行劳动法律、法规的情况，查阅必要的资料，并对（　　）进行检查。
   A. 劳动场所　　　B. 劳动人员　　　C. 有关商品　　　D. 有关货物

4. 县级以上各级人民政府劳动行政部门监督检查人员执行公务，必须出示（　　），秉公执法并遵守有关规定。
   A. 证件　　　B. 通知　　　C. 协查通知　　　D. 协查要求

5. 各级工会依法维护（　　）的合法权益，对用人单位遵守劳动法律、法规的情况进行监督。
   A. 用人单位　　　B. 劳动者　　　C. 用人单位和劳动者　　D. 职工代表大会

6. 任何组织和个人对于违反劳动法律、法规的行为有权检举和（　　）。
   A. 起诉　　　B. 控告　　　C. 上访　　　D. 批评

7. 国家授权的监督检查机关、政府有关部门、各级工会组织，为了实现行政管理职能和法律赋予的权利，维护正常的法律秩序，对被管理人执行劳动法的情况进行监督检查或惩戒的活动是（　　）。
   A. 劳动执法　　　B. 劳动监督检查　　C. 劳动检察　　　D. 劳动仲裁

（二）多项选择题

1. 根据劳动法律、法规的规定，我国劳动法律、法规执行的监督检查机构包括（　　）。
   A. 县级以上各级人民政府劳动行政部门
   B. 县级以上人民政府有关部门，主要是企业、事业单位的主管部门和相关部门
   C. 各级工会组织
   D. 各级人民检察院

2. 对劳动法执行的监督检查是我国法律监督体系的一个组成部分。监督机构在自己的职责和权限范围内，依照法律对用人单位即企业、个体经济组织和国家机关、事业组

织、社会团体遵守劳动法律、法规的情况进行监督、检查。具体包括对用人单位和有关人员在职工的招收、用工制度、职业培训、劳动报酬、社会保险、生活福利、劳动保护、（　　）等方面遵守劳动法的情况进行监督检查。

  A. 休息休假制度   B. 女职工

  C. 未成年工的特殊保护   D. 奖惩

 3. 劳动法执行的监督检查的意义包括（　　）。

  A. 加强劳动法执行的监督检查，有利于劳动者的合法权益，改善劳动者的生活福利，预防、减少工伤事故和职业疾病，保护劳动者在生产劳动中的生命安全和健康

  B. 加强劳动法执行的监督检查，有利于预防、减少劳动争议，加强企业的凝聚力，稳定职工的生活和生产秩序，建立和谐的劳动关系，促进企业生产经营活动的正常进行和经济效益的提高

  C. 加强劳动法执行的监督检查，有利于增强用人单位的劳动法制观念，认真贯彻执行劳动法律、法规，实现依法管理劳动关系，保障劳动者真正享有权利和履行义务

  D. 加强劳动法执行的监督检查，有利于促进和完善劳动立法工作

 4. 劳动行政部门开展监督检查主要采用（　　）方式。

  A. 经常性的监督检查   B. 集中力量突击性的监督检查

  C. 有针对性的监督检查   D. 临时性的监督检查

 5. 各级劳动行政部门监督检查劳动法律、法规遵守和执行情况的具体内容包括（　　）。

  A. 监督社会劳务中介机构和社会培训机构遵守有关规定的情况

  B. 监督劳动合同订立和履行情况

  C. 监督用人单位招聘职工以及对职工安全教育和培训等行为

  D. 监督单位和劳动者缴纳社会保险费以及社会保险金给付情况

 6. 各级工会依法维护劳动者的合法权益，对用人单位遵守劳动法律、法规的情况进行监督。工会监督用人单位执行劳动法的情况主要包括（　　）。

  A. 劳动合同和集体合同的签订和履行 B. 劳动者的录用和辞退

  C. 社会保障和福利待遇管理   D. 对劳动保护及安全卫生采取的措施

 7. 劳动监察机构的职责主要包括（　　）。

  A. 宣传国家劳动方针政策和劳动法律、法规，督促用人单位和劳动者贯彻、执行

  B. 依法拟订劳动标准、制定规章制度

  C. 对用人单位和劳动者遵守劳动法律、法规情况进行监督检查，依法纠正和查处违反规定的行为

  D. 审查安全工程设施，检查劳动安全卫生，参与安全事故调查处理

 8. 劳动监察机构和劳动监察员在履行职责时，享有的权利包括（　　）。

  A. 检查权   B. 审查认证权

  C. 处置权   D. 处罚权

二、习题答案

（一）单项选择题

1. D　　2. D　　3. A　　4. A　　5. B　　6. B　　7. B

（二）多项选择题

1. ABC　　2. ABCD　　3. ABCD　　4. ABC　　5. ABCD　　6. ABCD

7. ABCD　　8. ABCD

第十三章 法律责任

一、练习题

（一）单项选择题

1. 用人单位制定的劳动规章制度违反法律、法规规定的，由劳动行政部门给予警告，责令改正；对劳动者造成损害的，应当承担（　　）。

  A. 法律责任   B. 赔偿责任   C. 改正责任   D. 修改责任

2. 用人单位违反《劳动法》规定，延长劳动者工作时间的，由劳动行政部门给予警告，责令改正，并可以处以（　　）。

  A. 罚金   B. 罚款   C. 吊销营业执照 D. 吊销资格证书

3. 用人单位的劳动安全设施和劳动卫生条件不符合国家规定或者未向劳动者提供必要的劳动防护用品和（　　）的，由劳动行政部门或者有关部门责令改正，可以处以罚款。

  A. 劳动条件   B. 劳动场所   C. 劳动保护设施 D. 劳动工具

4. 用人单位强令劳动者违章冒险作业，发生（　　），造成严重后果的，对责任人员依法追究刑事责任。

  A. 较大安全事故 B. 重大安全事故 C. 较大伤亡事故 D. 重大伤亡事故

5. 用人单位非法招用未满 16 周岁的未成年人的，由劳动行政部门责令改正，处以（　　）。

  A. 罚金   B. 罚款

  C. 吊销营业执照   D. 责令停产、停业

6. 由于用人单位的原因订立的无效合同，对劳动者造成损害的，应当承担（　　）。

  A. 法律责任   B. 行政责任   C. 刑事责任   D. 赔偿责任

7. 用人单位违反《劳动法》规定的条件解除劳动合同或者故意拖延不订立劳动合同的，由（　　）责令改正。

  A. 政府   B. 劳动行政部门 C. 劳动争议仲裁机构 D. 人民法院

8. 用人单位违反《劳动法》规定的条件解除劳动合同或者故意拖延不订立劳动合同的，由劳动行政部门责令改正；对劳动者造成损害的，应当承担（　　）。

  A. 法律责任   B. 行政责任   C. 赔偿责任   D. 经济责任

9. 用人单位招用尚未解除劳动合同的劳动者，对原用人单位造成经济损失的，该用人单位应当依法承担（　　）。

  A. 法律责任   B. 连带赔偿责任 C. 赔偿责任   D. 行政责任

10. 用人单位无故不缴纳社会保险费的，由劳动行政部门责令其限期缴纳；逾期不缴的，可以加收（　　）。

  A. 罚款   B. 滞纳金   C. 罚金   D. 赔偿金

11. 用人单位无理阻挠劳动行政部门、有关部门及其工作人员行使监督检查权，打击报复举报人员的，由劳动行政部门或者有关部门处以（　　）。

  A. 法律责任 B. 民事责任 C. 罚金   D. 罚款

12. 劳动者违反《劳动法》规定的条件解除劳动合同或者违反劳动合同中约定的保密事项，对用人单位造成经济损失的，应当依法承担（　　）。

  A. 赔偿责任 B. 法律责任 C. 行政责任 D. 刑事责任

（二）多项选择题

1. 用人单位制定的劳动规章制度违反法律、法规规定的，由劳动行政部门（　　）；对劳动者造成损害的，应当承担赔偿责任。

  A. 给予警告 B. 责令改正 C. 给予罚款 D. 给予罚金

2. 用人单位违反本法律规定，延长劳动者工作时间的，由劳动行政部门（　　）。

  A. 给予警告 B. 责令改正 C. 可以处以罚款 D. 可以处以罚金

3. 用人单位有下列侵害劳动者合法权益情形之一的，由劳动行政部门责令支付劳动者的工资报酬、经济补偿，并可以责令支付赔偿金的是（　　）。

  A. 克扣或者无故拖欠劳动者工资的

  B. 拒不支付劳动者延长工作时间工资报酬的

  C. 低于当地最低工资标准支付劳动者工资的

  D. 解除劳动合同后，未依照《劳动法》规定给予劳动者经济补偿的

4. 用人单位的劳动安全设施和劳动卫生条件不符合国家规定或者未向劳动者提供必要的劳动防护用品和劳动保护设施的，由劳动行政部门或者有关部门（　　）。

  A. 责令改正 B. 可以处以罚款 C. 协助制定 D. 可以处以罚金

5. 用人单位有下列行为之一的，由公安机关对责任人员处以15日以下拘留、罚款或者警告；构成犯罪的，对责任人员依法追究刑事责任的是（　　）。

  A. 以暴力、威胁或者非法限制人身自由的手段强迫劳动的

  B. 侮辱、体罚、殴打、非法搜查和拘禁劳动者的

  C. 拖欠劳动者工资数额较大的

  D. 较长时间内不与劳动者签订劳动合同的

6. 用人单位违反劳动法的法律责任包括（　　）。

  A. 用人单位订立无效合同、故意拖延订立合同的法律责任

  B. 制定的规章制度违反法律、法规的法律责任

  C. 用人单位违法或违约解除劳动合同的法律责任

  D. 违反工作时间规定的法律责任

7. 用人单位违反劳动法的法律责任包括（　　）。

  A. 侵害劳动者经济权利的法律责任

  B. 违反劳动保护规定的法律责任

  C. 违反女工和未成年工特殊保护规定的法律责任

  D. 侵犯劳动者人身权利的法律责任

8. 劳动者违反劳动法的法律责任包括（　　　）。
　　A. 劳动者违法解除劳动合同的法律责任
　　B. 劳动者违反约定保密条款的法律责任
　　C. 劳动者违反约定培训后工作期限条款的法律责任
　　D. 劳动者不签订劳动合同的法律责任

（三）案例分析题

用人单位不得招用童工
申诉人：李某，女，14 岁，某乡镇企业工人
被诉人：某乡镇企业

2005 年 11 月，申诉人李某以被诉人在其生病期间，将其无故辞退为由，向县劳动监察部门申诉，要求被诉人承担其医疗费和生活费。

经调查查明：2005 年 8 月，被诉人某乡镇企业到申诉人家乡招收女工，申诉人前去报名被录取，但被诉人要求其必须在招工登记表上填为 16 岁，不能填真实年龄（14 岁）。进厂后，由于劳动强度较大，又没有正常休息日，两个月后，申诉人李某患了重病。被诉人见状，决定一次性给付申诉人 1000 元生活费，将其辞退，让其回家。解除与李某的劳动关系。

要求：根据上述情况，结合劳动法的有关规定，分析对某乡镇企业的行为应当如何处罚？为什么？

二、习题答案

（一）单项选择题

1. B　　2. B　　3. C　　4. D　　5. B　　6. D　　7. B　　8. C　　9. B
10. B　　11. D　　12. A

（二）多项选择题

1. AB　　2. ABC　　3. ABCD　　4. AB　　5. AB　　6. ABCD　　7. ABCD　　8. ABC

（三）案例分析题

答：某县劳动监察部门经立案调查核实后，分别依据《劳动法》和《禁止使用童工规定》中关于"用人单位非法招用未满 16 周岁的未成年人的，由劳动行政部门责令改正，处以罚款""违反本规定使用童工的单位或者个人，对被送回原居住地之前患病或者伤残的童工应当负责治疗，并承担医疗期间的全部医疗和生活费用""对违反本规定使用童工单位的法定代表人（或者主要负责人）和直接责任者，由县级以上劳动行政部门提请有关主管部门给予行政处分""单位或者个人使用童工的，由县级以上劳动行政部门处以罚款，对使用童工的单位，给予从重处罚"的规定，做出处理决定：

（1）对被诉人非法招用童工行为从重处以罚款；
（2）提请被诉人上级主管单位对被诉人法定代表人和招工直接责任人给予相应行政

处分；

（3）责令被诉人对申诉人李某负责治疗，并承担治疗期间全部医疗和生活费用。

这起劳动侵权案因被诉人某乡镇企业违法使用童工而引发。根据国务院《禁止使用童工规定》，童工是指未满16周岁，与单位或者个人发生劳动关系，从事有经济收入的劳动或者从事个体劳动的少年儿童。《中华人民共和国义务教育法》、《劳动法》和《禁止使用童工规定》就禁止使用童工分别规定："禁止任何组织或者个人招收应该接受义务教育的适龄儿童、少年就业""禁止用人单位招用未满16周岁的未成年人""禁止国家机关、社会团体、企业事业单位和个人工商户、农民、城镇居民使用童工"。本案被诉人明知申诉人李某没有达到法定招工年龄，却有意让其隐瞒年龄进行招用，从事繁重劳动。该行为严重损害了申诉人的身心健康和合法权益，扰乱了劳动力市场的正常秩序。劳动监察部门应依法追究其责任，做出严肃处理。

第十四章　劳动争议的处理

一、练习题

（一）单项选择题

1. 劳动争议是指劳动关系双方当事人在执行劳动法律、法规或履行劳动合同、集体合同过程中因（　　）的权利、义务发生分歧而引起的争议。

    A. 民事　　　　　　B. 劳动　　　　　　C. 行政管理　　　　　　D. 劳务

2. 解决劳动争议，应当根据事实，遵循合法、公正、及时、（　　）调解的原则，依法保护当事人的合法权益。

    A. 必须　　　　　　B. 可以　　　　　　C. 着重　　　　　　D. 应当

3. 发生劳动争议，劳动者可以与用人单位协商，也可以请（　　）或者第三方共同与用人单位协商，达成和解协议。

    A. 工会

    B. 劳动行政部门

    C. 用人单位上级主管部门

    D. 职工代表大会

4. 发生劳动争议的劳动者一方在（　　）人以上，并有共同请求的，可以推举代表参加调解、仲裁或者诉讼活动。

    A. 3　　　　　　B. 4　　　　　　C. 6　　　　　　D. 10

5. 县级以上人民政府劳动行政部门会同工会和企业方面代表建立协调劳动关系的（　　）机制，共同研究解决劳动争议的重大问题。

    A. 常设　　　　　　B. 临时　　　　　　C. 三方　　　　　　D. 应急

6. 用人单位违反国家规定，拖欠或者未足额支付劳动报酬，或者拖欠工伤医疗费、经济补偿或者赔偿金的，劳动者可以向（　　）投诉，接受投诉的部门应当依法处理。

    A. 劳动行政部门

    B. 工商行政管理部门

    C. 各级工会组织

    D. 用人单位上级主管部门

7. 企业劳动争议调解委员会主任由（　　）或者双方推举的人员担任。

    A. 用人单位成员

    B. 工会成员

    C. 劳动行政部门的代表

    D. 用人单位上级主管部门的代表

8. 自劳动争议调解组织收到调解申请之日起（　　）日内未达成调解协议的，当事人可以依法申请仲裁。

    A. 7　　　　　　B. 10　　　　　　C. 15　　　　　　D. 30

9. 在劳动争议的调解过程中，达成调解协议后，一方当事人在协议约定期限内不履行调解协议的，另一方当事人可以依法（　　）。

    A. 提起诉讼

    B. 申请仲裁

    C. 再次申请调解

    D. 请劳动行政部门解决

10. 因支付拖欠劳动报酬、工伤医疗费、经济补偿或者赔偿金事项达成调解协议，用人单位在协议约定期限内不履行的，劳动者可以持调解协议书依法向人民法院申请（　　）。

    A. 强制执行　　　　B. 支付令　　　　C. 起诉　　　　D. 再审

11. 劳动争议仲裁委员会由劳动行政部门代表、工会代表和（　　）代表组成。

    A. 用人单位方面　　B. 行业协会方面　　C. 政府方面　　D. 企业方面

12. 劳动争议由劳动合同履行地或者（　　）的劳动争议仲裁委员会管辖。

    A. 劳动者所在地　　　　　　　　B. 用人单位所在地

    C. 拖欠工资所在地　　　　　　　D. 劳动行政部门所在地

13. 劳动争议申请仲裁的时效期间为（　　）。

    A. 三个月　　　　B. 六个月　　　　C. 一年　　　　D. 二年

14. 在劳动争议仲裁过程中，仲裁庭在做出裁决前，（　　）。

    A. 可以先行调解　　B. 应当先行调解　　C. 必须先行调解　　D. 视情况调解

15. 仲裁庭裁决劳动争议案件，应当自劳动争议仲裁委员会受理仲裁申请之日起（　　）日内结束。

    A. 15　　　　B. 30　　　　C. 45　　　　D. 60

16. 在劳动争议仲裁过程中，仲裁裁决被人民法院裁定撤销的，当事人可以自收到裁定书之日起（　　）日内就该劳动争议事项向人民法院提起诉讼。

    A. 7　　　　B. 10　　　　C. 15　　　　D. 30

（二）多项选择题

1. 中华人民共和国境内的用人单位与劳动者发生的下列争议，属于劳动争议的是（　　）。

    A. 因确认劳动关系发生的争议

    B. 因订立、履行、变更、解除和终止劳动合同发生的争议

    C. 因除名、辞退和辞职、离职发生的争议

    D. 因工作时间、休息休假、社会保险、福利、培训以及劳动保护发生的争议

2. 发生劳动争议，当事人可以到下列调解组织申请调解的是（　　）。

    A. 企业劳动争议调解委员会

    B. 依法设立的基层人民调解组织

    C. 在乡镇、街道设立的具有劳动争议调解职能的组织

    D. 人民法院设立的劳动争议调解委员会

3. 因支付拖欠（　　）事项达成调解协议，用人单位在协议约定期限内不履行的，劳动者可以持调解协议书依法向人民法院申请支付令。人民法院应当依法发出支付令。

    A. 劳动报酬　　B. 工伤医疗费　　C. 经济补偿　　D. 赔偿金

4. 劳动争议仲裁委员会由（　　）组成。

    A. 劳动行政部门代表　　　　　　B. 工会代表

    C. 企业方面代表　　　　　　　　D. 行业协会方面代表

5. 劳动争议仲裁委员会依法履行的职责包括（　　）。

    A. 聘任、解聘专职或者兼职仲裁员　　B. 受理劳动争议案件

C. 讨论重大或者疑难的劳动争议案件　　D. 对仲裁活动进行监督

6. 劳动争议仲裁委员会应当设仲裁员名册。仲裁员应当公道正派并符合下列条件之一的是（　　）。

A. 曾任审判员的

B. 从事法律研究、教学工作并具有中级以上职称的

C. 具有法律知识、从事人力资源管理或者工会等专业工作满 5 年的

D. 律师执业满 3 年的

7. 在劳动争议仲裁过程中，仲裁员有下列情形之一，应当回避，当事人也有权以口头或者书面方式提出回避申请的是（　　）。

A. 是本案当事人或者当事人、代理人的近亲属的

B. 与本案有利害关系的

C. 与本案当事人、代理人有其他关系，可能影响公正裁决的

D. 私自会见当事人、代理人，或者接受当事人、代理人的请客送礼的

8. 在劳动争议仲裁过程中，仲裁庭对追索（　　）的案件，根据当事人的申请，可以裁决先予执行，移送人民法院执行。

A. 劳动报酬　　　　B. 工伤医疗费　　　C. 经济补偿　　　　　　D. 赔偿金

9. 在下列劳动争议中，除劳动争议调解仲裁法另有规定的外，仲裁裁决为终局裁决，裁决书自做出之日起发生法律效力的是（　　）。

A. 追索劳动报酬、工伤医疗费、经济补偿或者赔偿金，不超过当地月最低工资标准 12 个月金额的争议

B. 因执行国家的劳动标准在工作时间、休息休假、社会保险等方面发生的争议

C. 用人单位违法辞退劳动者的劳动争议

D. 用人单位制定的劳动规章制度违法争议

10. 用人单位有证据证明劳动争议仲裁裁决有下列情形之一，可以自收到仲裁裁决书之日起 30 日内向劳动争议仲裁委员会所在地的中级人民法院申请撤销裁决的是（　　）。

A. 适用法律、法规确有错误的　　　　　B. 劳动争议仲裁委员会无管辖权的

C. 违反法定程序的　　　　　　　　　　D. 裁决所依据的证据是伪造的

11. 劳动争议的特征包括（　　）。

A. 劳动争议必须是发生在劳动法律关系主体之间的争议

B. 劳动争议的内容必须是因执行劳动法律、法规或履行劳动合同、集体合同过程中引起的有关劳动权利、劳动义务方面的冲突

C. 劳动争议的标的必须是劳动法律关系中权利和义务共同指向的对象

D. 劳动争议一般都是劳动者胜诉的比较多

12. 下列纠纷不属于劳动争议的是（　　）。

A. 劳动者请求社会保险经办机构发放社会保险金的纠纷

B. 劳动者与用人单位因住房制度改革产生的公有住房转让纠纷

C. 劳动者对劳动能力鉴定委员会的伤残等级鉴定结论或者对职业病诊断鉴定委员会的职业病诊断鉴定结论的异议纠纷

D. 家庭或者个人与家政服务人员之间的纠纷

13. 劳动争议处理的原则包括（　　）。

    A. 依法处理原则　　B. 公正原则　　C. 及时处理原则　　D. 着重调解原则

（三）案例分析题

发生劳动争议是否可以直接向人民法院起诉案

2008 年 1 月 1 日，某日用化工厂聘用 50 名工人，对其生产的香皂进行手工包装。双方签订了一份书面劳动合同。劳动合同中约定，劳动合同有效期为 2 年，从 2008 年 1 月 1 日至 2009 年 12 月 31 日，月工资 2200 元。2008 年 5 月，该厂进行技术更新，决定购买香皂包装机械，实行自动化香皂包装，代替香皂的手工包装，这样不仅能够提高工作效率，从长远来看还节约资金。2008 年 6 月 15 日，香皂包装机械运到化工厂并开始安装调试。日用化工厂书面通知 50 名职工，由于该厂香皂包装机械已经开始运行，厂里已经取消了香皂的手工包装，双方签订的劳动合同只能履行 1 年，2008 年 12 月 31 日前 50 名职工应全部离开化工厂，厂里对此表示歉意，愿意再给每人 1 个月的工资作为补偿。接到厂里的通知后，这 50 名工人中当即就有人表示反对。厂里多次派人与这批工人协商也没有达成一致意见。双方发生争议。2008 年 7 月，50 名职工向人民法院提起诉讼，要求该厂继续履行劳动合同。

要求：根据上述情况，回答下列问题：

（1）发生劳动争议后，50 名职工直接向人民法院提起诉讼是否合法？为什么？

（2）该厂解除劳动合同是否合法？为什么？

二、习题答案

（一）单项选择题

1. B　　2. C　　3. A　　4. D　　5. C　　6. A　　7. B　　8. C　　9. B
10. B　　11. D　　12. B　　13. C　　14. B　　15. C　　16. C

（二）多项选择题

1. ABCD　　2. ABC　　3. ABCD　　4. ABC　　5. ABCD　　6. ABCD
7. ABCD　　8. ABCD　　9. AB　　10. ABCD　　11. ABC　　12. ABCD　　13. ABCD

（三）案例分析题

答：（1）发生劳动争议后，50 名职工直接向人民法院提起诉讼不合法。应当首先向劳动争议仲裁委员会申请劳动仲裁，对仲裁不服的，可以向人民法院提起诉讼。

根据《劳动法》的规定，劳动争议发生后，当事人可以向本单位劳动争议调解委员会申请调解；调解不成，当事人一方要求仲裁的，可以向劳动争议仲裁委员会申请仲裁。当事人一方也可以直接向劳动争议仲裁委员会申请仲裁，对仲裁裁决不服的，可以向人民法院提起诉讼。可见，仲裁是劳动争议处理的必经程序，只有不服仲裁裁决的，才可以向人民法院起诉。《劳动法》同时还规定，劳动争议当事人对仲裁裁决不服的，可以自收到仲裁裁决书之日起 15 日内向人民法院提起诉讼。一方当事人在法定期限内不起诉又不履行仲裁裁决的，另一方当事人可以申请人民法院强制执行。《劳动争议调解仲裁法》规定，发生劳动争议，当事人不愿协商、协商不成或者达成和解协议后不履行的，可以向调解组织申请调解；不愿调解、调解不成或者达成调解协议后不履行的，可以向劳动争议仲裁委员会申请仲裁；对仲裁裁决不服的，除本法另有规定的外，可以向人民法院提起诉讼。

（2）化工厂解除劳动合同是合法的。

根据《劳动法》的规定，劳动合同订立时所依据的客观情况发生重大变化，致使原劳动合同无法履行，经当事人协商不能就变更合同达成协议的。用人单位可以解除劳动合同，但是应当提前 30 日以书面形式通知劳动者本人。本案中，合同订立时，化工厂并没有购买香皂包装机械，在劳动合同履行中，化工厂不仅购买而且已安装调试了香皂包装机械，使得化工厂需人工包装香皂的情况不存在了，可以说"劳动合同订立时所依据的客观情况发生重大变化"。为此厂里书面通知到工人，并和工人多次进行协商，在未能达成一致意见的情况下，化工厂是可以解除劳动合同的，但是应当给予工人适当的补偿。《劳动法》规定，用人单位解除劳动合同，应当按照国家有关规定给予经济补偿。《违反和解除劳动合同的经济补偿办法》规定，劳动合同订立时所依据的客观情况发生重大变化，致使原劳动合同无法履行，经当事人协商不能就变更劳动合同达成协议，由用人单位解除劳动合同，用人单位按劳动者在本单位工作的年限，工作时间满 1 年发给相当于 1 个月工资的经济补偿金。本案中，所雇工人在化工厂工作近 1 年，因此化工厂发给每人 1 个月的经济补偿也是合法的。《劳动合同法》也规定，劳动合同订立时所依据的客观情况发生重大变化，致使劳动合同无法履行，经用人单位与劳动者协商，未能就变更劳动合同内容达成协议的，用人单位可以解除劳动合同，同时，用人单位应当向劳动者支付经济补偿，经济补偿按劳动者在本单位工作的年限，每满 1 年支付 1 个月工资的标准向劳动者支付。6 个月以上不满 1 年的，按 1 年计算；不满 6 个月的，向劳动者支付半个月工资的经济补偿。